HANS-LUDWIG KRÖBER ▮ MAX STELLER ▮ (Hrsg.)

Psychologische Begutachtung im Strafverfahren

HANS-LUDWIG KRÖBER · MAX STELLER
(Hrsg.)

Psychologische Begutachtung im Strafverfahren

Indikationen, Methoden und Qualitätsstandards

Zweite, überarbeitete und erweiterte Auflage

Prof. Dr. med. Hans-Ludwig Kröber
Institut für Forensische Psychiatrie
Charité-Universitätsmedizin Berlin
Limonenstr. 27, 12203 Berlin

Prof. Dr. phil. Max Steller
Dipl.-Psychologe
Institut für Forensische Psychiatrie
Charité-Universitätsmedizin Berlin
Limonenstr. 27, 12203 Berlin

ISBN 3-7985-1508-5 Steinkopff Verlag, Darmstadt

Bibliografische Information Der Deutschen Bibliothek
Die Deutsche Bibliothek verzeichnet diese Publikation in der Deutschen Nationalbibliografie; detaillierte bibliografische Daten sind im Internet über <http://dnb.ddb.de> abrufbar.

Steinkopff Verlag Darmstadt
ein Unternehmen von Springer Science+Business Media

www.steinkopff.springer.de

© Steinkopff Verlag Darmstadt 2000, 2005
  Printed in Germany

Redaktion: Sabine Ibkendanz   Herstellung: Klemens Schwind
Umschlaggestaltung: Erich Kirchner, Heidelberg
Satz: K + V Fotosatz GmbH, Beerfelden

SPIN 11419440   85/7231-5 4 3 2 1 0 – Gedruckt auf säurefreiem Papier

Inhaltsverzeichnis

Autoren und Herausgeber

Priv.-Doz. Dr. phil.
Klaus-Peter Dahle
Dipl.-Psych.
Institut für Forensische
Psychiatrie
Charité-Universitätsmedizin Berlin
Limonenstr. 27
12203 Berlin

Prof. Dr. med.
Hans-Ludwig Kröber
Institut für Forensische
Psychiatrie
Charité-Universitätsmedizin Berlin
Limonenstr. 27
12203 Berlin

Dr. phil.
Eckhard Littmann
Dipl.-Psych.
Klinik für Psychiatrie
Charité-Universitätsmedizin Berlin
Schumannstr. 20/21
10098 Berlin

Dr. phil. Paul Richter
Dipl.-Psych.
Psychiatrische
Universitätsklinik
Voßstr. 4
69115 Heidelberg

Dr. phil. Heinz Scheurer
Dipl.-Psych.
Sozialtherapeutische Anstalt
Baden-Württemberg
Postfach 1244
71674 Asperg

Prof. Dr. phil. Max Steller
Dipl.-Psych.
Institut für Forensische
Psychiatrie
Charité-Universitätsmedizin Berlin
Limonenstr. 27
12203 Berlin

Priv.-Doz. Dr. phil.
Renate Volbert
Dipl.-Psych.
Institut für Forensische
Psychiatrie
Charité-Universitätsmedizin Berlin
Limonenstr. 27
12203 Berlin

Psychologische Diagnostik – Menschenkenntnis oder angewandte Wissenschaft?

Max Steller

1.1 Qualitätsstandards psychologischer Diagnostik

Standards der forensisch-psychologischen Begutachtung im Strafverfahren lassen sich unter 4 Aspekten diskutieren (Steller 1988). Unter dem *praktischen Aspekt* geht es um das Aufstellen von Regeln für die Abfassung von Gutachten, um sogenannte Gutachtentechnik. Die Trivialität solcher Gütemaßstäbe (z. B. die strikte Trennung von Ergebnisberichten und den daraus zu ziehenden Schlussfolgerungen) steht im auffallenden Kontrast dazu, wie häufig in der Praxis gegen sie verstoßen wird. Die Forderung nach Transparenz der diagnostischen Schlussfolgerungen beinhaltet, dass der forensische Gutachter nicht nur ein diagnostisches Ergebnis mitteilt, sondern dass er seine Datenerhebungen und seine schlussfolgernden Schritte nachvollziehbar und ausführlich darstellt. Der praktische Aspekt von Standards psychologischer Gutachten ist nicht Gegenstand der folgenden Abhandlung.

Auch auf *ethisch-moralische* oder *rechtliche Standards* der forensisch-psychologischen Begutachtung wird nicht näher eingegangen. Hier wären Zielkonflikte zwischen der rein diagnostischen Aufgabenstellung und dem beruflichen Selbstverständnis auch vieler Psychologen (nicht nur von Ärzten) als Behandelnde, als Therapeuten zu diskutieren. Es ginge auch um die Grenzen forensisch-psychologischer Begutachtung unter den möglicherweise konkurrierenden Gesichtspunkten der individuellen Rechte des zu Begutachtenden und den Ansprüchen der Rechtsgemeinschaft. Nicht alles, was methodisch möglich ist, muss gesetzlich erlaubt sein. Andererseits können rechtliche und ethisch-moralische Bewertungen sich ändern, wie die Beurteilung der sogenannten Polygraphie („Lügendetektion") durch den Bundesgerichtshof zeigt. In 2 Urteilen[1] vom 17. Dezember 1998 hält der 1. Strafsenat des BGH nicht mehr an der Entscheidung vom 16. Februar 1954 fest, in der die Auffassung vertreten wurde, die Anwendung polygraphischer Untersuchungsmethoden verstoße gegen die Menschenwürde. Jedenfalls bei freiwilliger Mitwirkung des Beschuldigten kann die Durchführung einer solchen Untersuchung des seine Entlastung erstrebenden Beschuldigten eher dem Schutzgebot der Verfassung und seinem Verteidigungsinteresse gerecht werden. (Andererseits ist nach Auffassung des BGH

---

[1] BGH St 44, 308; vgl. NJW 1999, S. 657 ff.

die polygraphische Untersuchungsmethode im gerichtlichen Verfahren aus methodischen Gründen als Beweismittel völlig ungeeignet.)

Natürlich gehören *inhaltliche Kenntnisse* eines Gegenstandsbereichs zu Aspekten der Qualitätssicherung. Aus ihnen ergeben sich die Anwendungsfelder (Indikationen). Auf inhaltliche Aspekte wird in diesem einleitenden Beitrag, der eher übergreifende Gesichtspunkte ansprechen soll, nur insoweit eingegangen werden, wie es zur Exemplifizierung des Hauptgedankens nötig ist. Dieser beinhaltet eine Reflexion über forensisch-psychologische Diagnostik zwischen den Polen Diagnostik als Menschenkenntnis oder als angewandte Wissenschaft. Gegenstand der folgenden Überlegungen ist also der *theoretische Aspekt* von Standards der forensisch-psychologischen Begutachtung. Dabei geht es um eine Modellvorstellung für psychodiagnostisches Handeln und Denken.

Psychologische Diagnostik ist in der Vorstellung der meisten psychologischen Laien mit der Zielsetzung verbunden, die individuelle Eigenart von Menschen festzustellen. Historisch lassen sich 2 Entwicklungslinien der Menschenbeurteilung erkennen (Hehlmann 1963). Die eine besteht in der Auffassung, dass Seelisches sich im Körperlichen ausdrücke und damit im Körperlichen zu erkennen sei. Die zweite Entwicklungslinie besteht in der Beschreibung charakteristischer Grundzüge von Menschen in so genannten Typologien. Für beide Entwicklungslinien lassen sich in Anlehnung an Hehlmann (a. a. O.) prägnante Beispiele anführen: u. a. die 4 Temperamente der alten Griechen mit ihrer Beziehung zur Beschaffenheit des Blutes, der Zusammenhang von Temperament und Physiognomie bei Johann Caspar Lavater im 18. Jahrhundert und die Kretschmerschen Körperbautypen mit ihrer Beziehung zu typischen Charakteren (Kretschmer 1931). Wesentliche Komponenten dieses (historischen) Diagnostikverständnisses sind „Abbildung" (des Eigentlichen, aber Verborgenen) im Körperlichen und „Deuten" (des Vordergründigen, des Erkennbaren) im Sinne des Eigentlichen (aber eben Verborgenen). Das Erkennen der individuellen Eigenart (von sich selbst und den Mitmenschen) stellt offensichtlich ein menschliches Grundbedürfnis dar. Die Indikatorfunktion des Körperlichen kann dabei verfeinert (z. B. Chiromantie, Phrenologie) bzw. auch ganz ersetzt werden durch menschliche Äußerungsformen (Mimik, Pantomimik) oder Gestaltungen (z. B. Graphologie). Das Grundbedürfnis nach Menschenkenntnis kann auch begünstigen, dass die interpretierende Begrifflichkeit bestimmter Persönlichkeits- oder Entwicklungstheorien (z. B. Metapher wie das Drei-Instanzen-Modell von Über-Ich, Ich und Es oder die psychoanalytische Entwicklungslehre mit der schicksalhaften Bedeutung bestimmter Körperregionen für ein gedeihliches Heranwachsen) wegen ihrer Anschaulichkeit nicht nur bei psychologischen Laien gern zu vermeintlichen Realitäten mutieren.

Das hier nur kurz skizzierte Abbildkonzept von psychologischer Diagnostik, das einen Höhepunkt in der Entwicklung psychologischer Tests hatte, geriet in den 60er Jahren in den USA und mit der üblichen Verzögerung bei uns etwas später in eine tiefe Krise. In dieser „Krise der Diagnostik"

(Pulver 1975) wurde die Zielsetzung von Psychodiagnostik als Menschenkenntnis aus methodischen und ethischen Gesichtspunkten in Frage gestellt. Schließlich kam es zu einer Absage an die Notwendigkeit und Möglichkeit zur umfassenden Menschenbeurteilung. Als Ergebnis der Erschütterung und anschließender konstruktiver Aufarbeitung der Krise im Sinne einer „Diagnose der Diagnostik" (Pawlik 1976) kam es zu einer Neubestimmung der Aufgabe von Psychodiagnostik. Als ihr Ziel wurde die „Optimierung von Problemlösungen" und nicht (mehr) die umfassende Persönlichkeitsbeurteilung definiert. Mit dem Paradigmenwechsel war die Betonung verbunden, dass Psychodiagnostik keinen Aufdeckungs- und Deutungsprozess für Verborgenes, sondern einen hypothesengeleiteten Prüfprozess darstellt, um zu Entscheidungen bei praktischen Problemstellungen beizutragen. Anwendungsbereiche können Schullaufbahn- bzw. Berufsentscheidungen, die Behandlung von Verhaltensproblemen und vieles andere mehr sein, eben auch die forensisch-psychologische Begutachtung zur Entscheidungsvorbereitung bei rechtlichen Problemstellungen.

Die methodischen Implikationen eines Verständnisses von psychologischer Diagnostik als problemlöseorientiertem Urteilsprozess wurden bereits an anderer Stelle dargestellt (Steller 1994). Der folgende Beitrag ergänzt die methodischen Überlegungen aus dem Blickwinkel der Persönlichkeitspsychologie. Es geht um die Bedeutung von Persönlichkeitskonstrukten für forensisch-psychologische Begutachtungen. Ziel der Erörterungen ist es, auf Fehler aufmerksam zu machen, die mit einer ausschließlich oder vorwiegend persönlichkeitsbeurteilenden Perspektive im Rahmen forensisch-psychologischer Begutachtungen verbunden sind. Die angestrebte Problematisierung soll zunächst am Beispiel des Persönlichkeitskonstruktes „Intelligenz" verdeutlicht werden, anschließend soll sie für verschiedene Anwendungsfelder der forensisch-psychologischen Begutachtung vorgenommen werden.

1.2 Paradigmenwechsel der Psychodiagnostik: von der Abbildung zur Diskrepanzfeststellung – am Beispiel der testpsychologischen Intelligenzdiagnostik

Der vorstehend erwähnte Paradigmenwechsel von der Menschenbeurteilung zur Problemlösung soll im Folgenden durch eine Reflexion von Methodik und Stellenwert testpsychologischer Intelligenzdiagnostik weiter erläutert werden[2]. Das Beispiel wurde gewählt, da es bei der Intelligenztestung in der Praxis häufig Berührungspunkte von Psychologen mit anderen Berufsgruppen gibt. Dabei auftretende Missverständnisse haben möglicherweise den Hintergrund, dass die Tradition der Persönlichkeitsbeurteilung, das Röntgenmodell von psychologischer Diagnostik (Hartmann 1970, S. 9f.),

---

[2] Dieser Abschnitt ist aus Steller (1994) entnommen.

auch in der Psychologie zu Fehlentwicklungen geführt hat. Zielvorstellung der Intelligenztestentwicklung war nämlich, die intellektuelle Leistungsfähigkeit eines Menschen umfassend zu beschreiben, zu vermessen.

Die Entwicklung von Intelligenztests ist mit der Kreation des sogenannten Intelligenzquotienten verbunden. Die Definition eines Intelligenzquotienten zur Charakterisierung der intellektuellen Leistungsfähigkeit einer Person berührt die jahrzehntelange wissenschaftliche Diskussion darüber, ob Intelligenz eine einheitliche globale Fähigkeit eines Individuums darstellt oder ob Intelligenz eher durch verschiedene Einzelfähigkeiten bestimmt wird (vgl. Conrad 1983).

Für beide Grundannahmen gibt es wissenschaftliche Theorien, und für beide Grundannahmen können landläufige, laienhafte Vorstellungen über Intelligenz als Belege herangezogen werden. Das wissenschaftliche Generalfaktormodell der Intelligenz nach Spearman (vgl. Conrad, a.a.O.) stimmt mit laienhaften Konzepten darin überein, dass wir unsere Mitmenschen global als eher dumm oder klug einschätzen. Im wissenschaftlichen Modell der gleichberechtigten sog. Primärfaktoren nach Thurstone (vgl. Conrad, a.a.O.) werden intelligente Leistungen nicht als durch einen Generalfaktor determiniert angesehen, sondern durch sehr spezifische Faktoren bestimmt. Auch hier haben wir laienhafte Entsprechungen in der Vorstellung darüber, dass es durchaus sehr unterschiedliche Spezialbegabungen gibt.

Was hat die ungelöste wissenschaftliche Kontroverse über die Natur menschlicher Intelligenz mit der testpsychologischen Intelligenzmessung zu tun?

Bei der Konstruktion von Intelligenztests und bei der Rezeption des Intelligenzquotienten in und außerhalb der Fachwelt scheint die Kontroverse über die Natur von Intelligenz weitgehend vergessen worden zu sein. Als Endergebnis verschiedener *Leistungs*testungen wird ein Intelligenzquotient bestimmt. Obwohl dieser lediglich ein arithmetisches Mittel aus sehr unterschiedlichen Teilleistungen darstellt, entfaltet der errechnete IQ im Einzelfall häufig ein interessantes Eigenleben: das arithmetische Mittel, das keinerlei tatsächliche Entsprechung aufseiten des Individuums hat, mutiert zu einem vermeintlich tatsächlich existierenden Merkmal wie Körpergröße oder Augenfarbe. Nicht nur Laien, auch Psychologen formulieren fälschlich, dass der Proband XY einen IQ von soundso habe. Dabei vergessen sie, dass dieser Proband eben diesen IQ keinesfalls besitzt, sondern ihn aufgrund einer Testdurchführung nur zugeschrieben bekommen hat – im Falle mehrfacher Testungen mit unterschiedlichen Verfahren können durchaus IQ-Attributionen unterschiedlicher Höhe erfolgen [3].

---

[3] Die Gefahr der Fehlinterpretation von gemessenen Leistungswerten als Indikatoren für „Intelligenz" wird minimiert, wenn statt der Graduierung mit Hilfe des „IQ" eine andere (völlig gleichberechtigte) Skalierung vorgenommen wird (z.B. in T-Werten oder z-Werten u.Ä.).

Der Wunsch, die intellektuelle Leistungsfähigkeit eines Menschen in einem Kennwert zusammenzufassen, entspricht dem Modell der Menschenbeurteilung in der Diagnostik. Es wäre eine interessante psychologiehistorische Analyse zu prüfen, wieso gerade der „IQ" außerhalb der Psychologie als wichtiges Forschungsergebnis der Psychologie bekannt und übernommen wurde. Das einleitend erwähnte Grundbedürfnis nach Menschenbeurteilung – nach Menschenkategorisierung, um nicht zu sagen nach Vermessen von Menschen – dürfte dabei eine Rolle gespielt haben.

Im Problemlösemodell von Psychodiagnostik besteht keine Notwendigkeit für eine Intelligenzdiagnostik im beschriebenen umfassenden Sinne. Man kann sich mit der Ebene der Leistungsdiagnostik begnügen, ohne auf Intelligenz als Persönlichkeitsmerkmal zu generalisieren. Wenn man also nicht das Ziel verfolgt, Intelligenz als irgendwie gedachte (aber verborgene) absolute Größe eines Menschen festzustellen, sondern wenn man von einem Lebenssachverhalt, einem Problem ausgeht, so stellt sich Intelligenzdiagnostik in folgender Weise dar: Bei zahlreichen Hypothesenbildungen im Problemlöseprozess geht es um die Frage, ob ein zu Begutachtender angesichts mangelnden Schul- bzw. Berufserfolges Leistungen, die offenbar etwas mit Intelligenz zu tun haben, in einer Weise erbringen kann, die nicht dem Niveau seiner defizitären Schul- bzw. Berufsleistungen entspricht.

Es kann gezeigt werden, dass Feststellungen einer Diskrepanz zwischen biografischen Daten und Leistungstestergebnissen für die diagnostische Hypothesenbildung erheblichen Wert haben können. So ist die Diagnose eines „underachievement" auch bei der Analyse der Entstehung kriminellen Verhaltens von möglicherweise unmittelbarer Bedeutung, da solche Diskrepanzen zwischen eigentlichem Leistungsvermögen und tatsächlichen Erfolgen natürlich vom Individuum erlebt und verarbeitet werden.

Wenn man sich vergegenwärtigt, dass die moderne forensisch-psychologische oder forensisch-psychiatrische Diagnostik multimethodal vorgeht, d.h. Erhebungen aus verschiedenen Datenbereichen (Biografie, Beobachtung, Exploration und psychologische Tests) benutzt, so ist im Falle diskrepanter Informationen nicht die Frage aufzuwerfen, welcher Befund eigentlich der zutreffende sei. Es geht ja nicht darum, diskrepante diagnostische Daten zu einem einheitlichen Menschenbild zu glätten. Vielmehr ist die Feststellung einer Diskrepanz zwischen unterschiedlichen Befunden bereits wesentliches Ergebnis einer psychologischen Diagnostik – und ein wichtiger Ausgangspunkt für weitere Hypothesenbildung und -überprüfung (z. B. der [Teil-]Erklärung individueller Kriminalitätsentwicklung im Sinne eines Bewältigungsversuchs für erlebte Frustrationen im Leistungsbereich).

Das Gesagte soll folgendermaßen verallgemeinert werden: Das Aufdecken von Diskrepanzen zwischen verschiedenen Verhaltensbereichen oder Datenquellen ist in der Psychodiagnostik von zentraler Bedeutung. Eine hypothesengeleitete problemlöseorientierte Individualdiagnostik kann methodisch in Abgrenzung zur traditionellen „Abbilddiagnostik" unter methodischen und theoretischen Gesichtspunkten als „Diskrepanzdiagnostik" verstanden werden (Steller 1994).

Die neuropsychologische Diagnostik kann als besonders klares Beispiel für eine so verstandene Diskrepanzdiagnostik genannt werden. Bei der neuropsychologischen Diagnostik geht es ganz grundsätzlich um die Interpretation von Diskrepanzen, sei es um Diskrepanzen zwischen verschiedenen Leistungsbereichen oder um Diskrepanzen in Leistungen zu verschiedenen Messzeitpunkten (vgl. den Beitrag von Littmann in diesem Band).

In der folgenden Darstellung soll der angeklungene Gedankengang für ausgewählte Fragestellungen forensisch-psychologischer Begutachtungen weiter ausgeführt werden. Die aus dem Abbildungsmodell der Menschenbeurteilung resultierende Zentrierung psychodiagnostischer Bemühungen auf Personenparameter wird als ungeeignet für eine problemlöseorientierte forensisch-psychologische Individualdiagnostik angesehen. Statt dessen wird die Notwendigkeit einer Analyse der psychologischen Auswirkungen von Bedingungsvariablen außerhalb der Person als Aufgabe forensisch-psychologischer Begutachtung betont. Dabei wird deutlich werden, dass in der forensisch-psychologischen Begutachtung eine Begrifflichkeit dominiert, die die Gefahr personenzentrierter diagnostischer Kurzschlüsse begünstigt.

1.3 Glaubwürdigkeit von Zeugen oder Glaubhaftigkeit von Aussagen

In Fällen, in denen Zeugen zugleich die vermeintlichen Opfer darstellen, andere Personal- oder Sachbeweise fehlen oder besondere Schwierigkeiten der Aussagebewertung vorliegen, bestellen Staatsanwaltschaften und Gerichte zuweilen Psychologen als Sachverständige. Aus den genannten Voraussetzungen ergibt sich, dass die Mehrzahl der Fälle Sexualdelikte an Kindern (meistens Mädchen) oder Frauen betrifft. Der Gutachtenauftrag lautet in der Regel dahin gehend, dass die Glaubwürdigkeit der Zeugin oder des Zeugen XY beurteilt werden möge.

Psychologen haben nun seit den 50er Jahren immer wieder darauf hingewiesen, dass das personale Konstrukt einer allgemeinen Glaubwürdigkeit problematisch ist (Undeutsch 1954). Es ist wissenschaftlich nämlich nicht gelungen, eine eindeutige Definition von allgemeiner Glaubwürdigkeit im Sinne eines Eigenschaftskonzeptes zu erstellen (Köhnken 1990). Für das aussagebezogene Konzept der speziellen Glaubwürdigkeit gilt außerdem die Frage, warum die spezielle Glaubwürdigkeit eines Zeugen nicht gleich als Glaubhaftigkeit seiner Aussage bezeichnet wird. Dies hätte den Vorteil, konzeptionelle Irrtümer zu vermeiden, die sich aus der Wortkombination allgemeine und spezielle Glaubwürdigkeit ergeben. Diese Begrifflichkeit birgt nämlich die Gefahr, eine hierarchische Beziehung zwischen allgemeiner und spezieller Glaubwürdigkeit anzunehmen. Eine solche ist natürlich nicht gegeben. Es ist trivial, dass Feststellungen über die allgemeine Glaubwürdigkeit einer Person keine hinreichend eindeutigen Beziehungen zu der Glaubhaftigkeit von spezifischen Bekundungen dieser Person aufweisen. Bereits der Volksmund weist auf die weite Verbreitung einer charakterbezogenen Glaubhaftigkeitseinschätzung hin („Wer einmal lügt, dem glaubt man nicht ..."), gleichzeitig macht der Volksmund aber die Fehlerhaftigkeit dieser Beurteilungsstrategie deutlich („... und wenn er auch die Wahrheit spricht").

Es erscheint einleuchtend, statt von spezieller Glaubwürdigkeit einer Person schlicht von der Glaubhaftigkeit einer Aussage zu sprechen – nur Feststellungen zu dieser Frage sind letztlich bei der gerichtlichen Rekonstruktion von Lebenssachverhalten von Bedeutung. Auch die so genannte Zeugentüchtigkeit, also die Fähigkeit zur sachgerechten Wahrnehmung, Speicherung und Reproduktion von Ereignissen, lässt sich nicht personen-, sondern nur sachverhaltsbezogen beurteilen. Allenfalls bei sehr jungen Kindern, in Grenzbereichen schwerer geistiger Behinderung oder geistiger Erkrankung kann die Einschränkung von Zeugentüchtigkeit „allgemein" gegeben sein (vgl. ausführlich Steller u. Volbert 1997).

In der forensisch-psychologischen Glaubhaftigkeitsbeurteilung wurden die vorgetragenen Überlegungen seit Jahrzehnten konsequent in die Praxis umgesetzt (jedenfalls dort, wo sie sachgerecht durchgeführt wird): Statt einer Personenbegutachtung (Zeugenbegutachtung) wird eine Aussagebegutachtung vorgenommen (vgl. auch den Beitrag von Volbert in diesem Band). Eine Begutachtung der Aussage führt zu ganz anderen diagnostischen Suchstrategien als eine Persönlichkeitsbegutachtung. Die systematische Analyse des Inhalts von Aussagen anhand definierter so genannter Realkennzeichen oder Glaubwürdigkeitsmerkmale führt heute zu recht sicheren Unterscheidungen von Bekundungen über tatsächliche Erlebnisse von erlogenen Darstellungen. Dass die personale Kompetenz des Aussagenden den Bezugspunkt für die qualitative Aussageanalyse bildet, widerspricht nicht den dargelegten Überlegungen.

Es ist nur relativ selten der Fall, dass Staatsanwaltschaften oder Gerichte sich bei der Auftragserteilung der vorstehend favorisierten Terminologie bedienen und die Beurteilung der Glaubhaftigkeit einer Aussage in Auftrag geben. In der Regel entstehen dennoch keinerlei Probleme und Verständigungsschwierigkeiten, wenn Sachverständige den Auftrag zur Begutachtung der Glaubwürdigkeit einer Zeugin oder eines Zeugen in einen Auftrag zur Beurteilung des Realitätsgehalts ihrer Aussagen umdefinieren.

Problematisch könnte es allerdings werden, wenn ein Gutachtenauftrag tatsächlich explizit darauf abgestellt werden würde, die allgemeine Glaubwürdigkeit einer Person zu begutachten. Diese würde den beauftragten aussagepsychologischen Sachverständigen vor Probleme stellen. Es würde sich die Frage stellen, ob es mit den eigenen Standards zu vereinbaren ist, eine Begutachtung im Hinblick auf ein personales Konzept vorzunehmen, für dessen Existenz keine wissenschaftliche Grundlage besteht. Es stellt sich außerdem die Frage der ethischen Verantwortbarkeit der Erfüllung eines derartigen Auftrages, wenn man als Sachverständiger damit rechnen muss, dass eine negativ ausfallende Persönlichkeitsbeurteilung beim Rezipienten des Gutachtens zu dem Trugschluss führen kann, dass eine Person mit schlechtem Leumund notwendigerweise im konkreten Fall gelogen hat.

Man vergegenwärtige sich dazu die nicht selten vorkommende Diskreditierung von (Opfer-)Zeuginnen in Vergewaltigungsprozessen, deren Ziel jeweils in der Problematisierung der Glaubhaftigkeit ihrer Bekundungen besteht.

Einem tatsächlichen Auftrag zur Begutachtung der personalen Glaubwürdigkeit müsste sich ein psychologischer Sachverständiger meines Erachtens verweigern, denn er bedeutet, dass der Sachverständige Befunde und Theorien seines Faches zu ignorieren hätte, d.h., dass er genau diejenigen Sachverhalte, die ihn zum Sachverständigen machen, auftragsgemäß in seiner Begutachtung nicht berücksichtigen könnte. Dennoch wurde in jüngster Zeit im juristischen Schrifttum gefordert, psychologische Gutachter in Zukunft nur noch zur allgemeinen Glaubwürdigkeit einer Person und nicht zur Glaubhaftigkeit einer konkreten Bekundung Stellung nehmen zu lassen (Fischer 1994, S.5). Diese Forderung beinhaltet ein Zurück zu vorwissenschaftlichen Konzepten und wird daher nur eine vereinzelte Stimme ohne nachhaltige Wirkung bleiben.

Der Bundesgerichtshof hat in einem Grundsatzurteil vom 30. Juli 1999 über wissenschaftliche Anforderungen an aussagepsychologische Begutachtungen[4] eindeutig Stellung bezogen: „Gegenstand einer aussagepsychologischen Begutachtung ist (…) nicht die Frage einer allgemeinen Glaubwürdigkeit des Untersuchten im Sinne einer dauerhaften personalen Eigenschaft. Es geht vielmehr um die Beurteilung, ob auf ein bestimmtes Geschehen bezogene Angaben zutreffen, d.h. einem tatsächlichen Erleben der untersuchten Person entsprechen (…).“ Konsequent spricht der BGH daher auch von Glaubhaftigkeits- und nicht mehr von Glaubwürdigkeitsbegutachtungen.

1.4 Suggestibilität kindlicher Zeugen oder Suggestivität von Aufdeckungsarbeit

Durch zeitgeistige Fehlentwicklungen im Umgang mit dem Verdacht auf sexuellen Kindesmissbrauch spielt in zahlreichen aussagepsychologischen Begutachtungsaufträgen seit Beginn der 90er Jahre weniger die Problematik „Lüge oder Wahrheit" als vielmehr die Frage eine Rolle, ob die kindliche Aussage erlebnisbasiert ist oder ob sie ein Produkt suggestiver Beeinflussung durch so genannte Aufdeckungsarbeit darstellt (vgl. ausführlich Steller u. Volbert 1997 sowie auch Volbert in diesem Band). Auch für diese Fragestellung lässt sich zeigen, dass ein personenbezogenes Konzept von kindlicher Suggestibilität inadäquat ist. Nicht die Kinder stellen das Problem dar, sondern die pseudopsychologisch begründeten Befragungstechniken von engagierten Missbrauchsfahndern. Suggestive Strategien in der Befragung von Kindern können dazu führen, dass diesen vermeintliche Vorstel-

---

[4] BGH St 45, 164. Vgl. NJW 37, 1999, S. 2746–2751

lungen (Pseudoerinnerungen) über einen sexuellen Missbrauch induziert werden. Die adäquate Problemstellung ist nicht die Suggestibilität kindlicher Zeugen, sondern es geht um potenziell suggestive Komponenten im Umgang mit dem Verdacht auf sexuellen Kindesmissbrauch.

Die Probleme suggestiver Aufdeckungsarbeit wurden einem breiten Publikum durch vermeintliche Massenmissbrauchsverfahren wie zum Beispiel dem so genannten Montessori-Prozess vor dem Landgericht Münster (Köhnken 1997) oder den sogenannten Wormser Verfahren vor dem Landgericht Mainz bekannt (zu den Wormser Missbrauchsprozessen vgl. Steller 1998 und 1999), die sämtlich mit Freisprüchen endeten.

Im Verfahren Worms III stellte ein Mädchen eine zentrale Zeugin dar, die als 5-jährige über mehr als 1 Jahr lang einer extremen Beeinflussung durch wiederholte Fragen nach einem sexuellen Missbrauch mit entsprechenden expliziten Vorgaben ausgesetzt war. Nach anfänglichem Verneinen produzierte sie verschiedene Aussagekomplexe mit unterschiedlichen Beschuldigten, die sie teilweise auch widerrief. Ein Inhaltskomplex tauchte erst nach ca. einem Jahr massiver Beeinflussung des Kindes auf. Er betraf unter anderem angebliche sexuelle Missbrauchshandlungen in einem „Polizistenhaus" und schloss als Täter mittlerweile mehr als 40 Personen ein (u. a. eben Polizisten, die dem Mädchen erst während der Befragungen bekannt geworden waren).

Ein Psychologe, der bereits im Ermittlungsverfahren der Wormser Prozesse durch die Staatsanwaltschaft hinzugezogen worden war, behauptete in einem Glaubwürdigkeitsgutachten über diese kindliche Zeugin, dass Suggestion „nur möglich (sei) auf dem Nährboden einer psychopathologisch relevanten Persönlichkeitsstruktur". In einem Ergänzungsgutachten fügte er später noch hinzu, dass für Suggestionseffekte „eine Geisteskrankheit aus dem psychotischen Formenkreis vorliegen müsste"[5]. Da diese Voraussetzungen bei dem Mädchen nicht gegeben waren, beurteilte der Gutachter die (zum Teil bizarren) Äußerungen der Zeugin als glaubhaft. Die individuell geprägte und von jedem Fachwissen unabhängige Betrachtungsweise von Suggestion durch den Gutachter dürfte neben anderen Faktoren mitverursachend dafür gewesen sein, dass die klaren Indikatoren einer sich anbahnenden Justizkatastrophe vor dem Landgericht Mainz nicht rechtzeitig, nämlich schon im Ermittlungsverfahren, erkannt wurden. Für das Wirksamwerden von Suggestionen bedarf es keiner psychopathologischen Dispositionen aufseiten eines Kindes. Persönliche Dispositionen können allenfalls moderierende Einflüsse darstellen, sind aber keine Voraussetzungen für das Entstehen von Suggestionseffekten.

Die personenbezogene Befangenheit des Gutachters hat in diesem Fall zu massiven Fehlschlüssen geführt. Sie hat ihn von einer Analyse der suggestiven Bedingungen abgehalten, denen das Kind über eine lange Zeit ausgesetzt war. Bereits im Ermittlungsverfahren lagen die Anknüpfungstatsa-

---

[5] Wörtliche Zitate aus den Glaubwürdigkeitsgutachten des Dr. H. aus H. über eine 5-jährige Zeugin vom 23.08.1993 (S. 17/18) und vom 26.09.1993 (S. 11).

chen vor, die in der Hauptverhandlung dazu geführt haben, dass nicht die Beurteilung der Zeugenpersönlichkeiten, sondern die Analyse der Entstehungsbedingungen ihrer Aussagen im Vordergrund stand. Nur am Rande sei dazu angemerkt, dass sich damit auch das Lamento von interessierten Personen darüber erledigt, dass die Zweitgutachter in den Wormser Verfahren die Kinder nicht selbst untersucht haben. Zur Rekonstruktion der Aussageentwicklungen lag zahlreiches Material in den Akten vor, das in der Hauptverhandlung reproduziert wurde. Dieses Material war der adäquate Gegenstand der aussagepsychologischen Begutachtungen, nicht der „klinische" Eindruck von den kindlichen Zeugenpersönlichkeiten, den insbesondere eine Erstgutachterin der Wormser Verfahren betonte, bevor sie – dem Eindruck nach erstmals – während der Mainzer Hauptverhandlungstermine auch mit aussagepsychologischen Kenntnissen konfrontiert wurde.

1.5 Schuld- oder Zurechnungsfähigkeit

Als weiteres Beispiel für potenzielle Fehler einer überwiegend personenbezogenen diagnostischen Perspektive soll kurz auf die Schuldfähigkeitsbegutachtung eingegangen werden.

Unter dem hier diskutierten Paradigmenwechsel forensisch-psychologischer Diagnostik kann bereits der Begriff der Schuldfähigkeit problematisiert werden. Schuldfähigkeit hieß ja früher – d.h. vor der Strafrechtsreform – Zurechnungsfähigkeit[6] (und war damals in § 51 StGB definiert). Der Begriff der Zurechnungsfähigkeit stellt sich im Kontext der hier angestellten Überlegungen wegen der Wortkomponente „Fähigkeit" auch nicht als optimal dar, er war aber weniger personenbezogen als der Begriff der Schuldfähigkeit.

Der juristische Terminus Schuldfähigkeit legt nämlich für die forensische Begutachtung nahe, dass es sich um ein personales Konstrukt handele, das per Diagnostik erkannt bzw. aufgedeckt werden könne (und auch noch in Ausprägungen – mehr oder weniger schuldfähig – eingestuft werden könne). Für die Existenz eines personalen Konstrukts von Schuldfähigkeit gibt es aber keine logischen Begründungen. Man braucht sich ja nur vor Augen zu halten, dass dasselbe Individuum bei verschiedenen Delikten und unter verschiedenen Bedingungen durchaus unterschiedlich schuldfähig sein kann bzw., richtiger ausgedrückt, unterschiedlich klassifiziert werden kann.

So wenig wie Menschen einen IQ oder eine allgemeine Glaubwürdigkeit besitzen, so wenig besitzen sie Schuldfähigkeit. Schuldfähigkeit entsteht vielmehr am Ende eines juristischen Wertungsprozesses, der die Interaktion von personalen und situativen Bedingungen zum Gegenstand hat.

---

[6] Ebenso in § 15 Strafgesetzbuch der DDR.

Schuldfähigkeitsbeurteilung ist damit ein Zuschreibungsprozess und nicht ein Ergebnis diagnostischer Aufdeckungsarbeit im Sinne der eingangs dargestellten Persönlichkeitsbeurteilung.

Im Rahmen der Schuldfähigkeitsbegutachtung stellt die Kategorie der tiefgreifenden Bewusstseinsstörung einen besonderen konzeptuellen Leckerbissen im hier diskutierten Sinne dar. Erneut soll die Analogie zur Intelligenzdiagnostik bemüht werden. Der Freiburger Psychologe Heiss (1960) ironisierte, dass Psychologen in einer beneidenswerten Situation seien: Sie wüssten zwar nicht, was Intelligenz sei, aber sie könnten sie (mit ihren Tests) messen. Für das Konzept der tiefgreifenden Bewusstseinsstörung gilt die analoge Feststellung: Forensische Psychiatrie und forensische Psychologie haben noch keine verbindliche Beschreibung des Phänomens geliefert, das dem juristischen Konzept einer (affektbedingten) „tiefgreifenden Bewusstseinsstörung" entsprechen könnte (siehe auch Greuel 1997), im gutachterlichen Alltag erfolgen aber Graduierungen des unbekannten Phänomens. Die tiefgreifende Bewusstseinsstörung als rechtlicher Begriff ist ja nicht ohne weiteres gleichzusetzen mit psychiatrischen Definitionen von Bewusstseinszuständen bzw. ihren Störungen. Kröber (1993, S. 93) plädierte daher für eine enge psychiatrische Definition der tiefgreifenden Bewusstseinsstörung, eben um diese nicht zu einem – wie er sagte – „inhaltsleeren Begriff" zu machen. Letzteres geschehe, wenn man Täterverfassungen (psychische Zustände) durch das Nadelöhr der „tiefgreifenden Bewusstseinsstörung" presse, die zwar eine hohe Angespanntheit, aber eben nichts krankheitsartig Gestörtes erkennen ließen.

Ganz im Sinne der hier vorgetragenen Analyse lässt sich in der wissenschaftlichen Literatur eine Entwicklung weg von der Analyse des Affekt*täters* (z.B. Buchtitel von Diesinger 1976) hin zur Analyse der Affekt*tat* (stellvertretend sei das Herausgeberbuch von Saß (1993) genannt) feststellen. Kröber (1993, S.77) formulierte: „Unmöglich ist wohl eine *täterbezogene Definition* des Affektdelikts." (Hervorhebung im Original)

Betrachtet man die Erscheinungsjahre der Bücher von Diesinger und Saß, so darf die eindeutig tatbezogene Analyse von Rasch (1964) über die Tötung des Intimpartners getrost als unzeitgemäß (im positiven Sinne einer Pionierleistung) bezeichnet werden. Es kann an dieser Stelle offen bleiben, ob derzeit ein Wandel weg von der Handlungsanalyse (vgl. den Buchtitel von Gerchow 1983) zu beobachten ist. Eine Rückverlagerung auf die Personenperspektive würde zeitgeistigen Entwicklungen durchaus entsprechen: Abscheu und Rachegelüste lassen sich sinnhafter am Sexualstraftäter festmachen als an seiner Tat.

Nur als Randbemerkung sei auf Folgendes hingewiesen: Das Fehlen einer realen psychischen Entität, das dem Konzept Schuldfähigkeit entspricht, hat für die Sachverständigen durchaus Vorteile. Aus dem Blickwinkel möglicher vorwerfbarer Fehler ist die Schuldfähigkeitsbegutachtung nämlich im Vergleich etwa zur Begutachtung der Glaubhaftigkeit von Zeugenaussagen und zur Prognosebegutachtung ausgesprochen unproblematisch, um nicht zu sagen ungefährlich. Da Schuldfähigkeit eben keine tatsächliche Entsprechung hat, kann ein Sachverständiger nie durch eine Realität widerlegt werden – ein anderer Sachverständiger oder ein Gericht können nur anderer Meinung sein. Anders ist es bei der Begutachtung der Glaubhaftigkeit einer Aussage (wohlgemerkt: nicht bei der Begutachtung der personalen Glaubwürdigkeit eines Zeugen). Hier gibt es eine entsprechende Realität (oder es gibt sie eben nicht), die der Zeugenaussage vorausging. Prinzipiell ist daher denkbar, dass die Beurteilung eines Gutachters durch Außenkriterien widerlegt werden kann.

1.6 Gefährlichkeitsprognose oder probabilistische Verhaltensvorhersage

Auch bei Prognoseentscheidungen besteht Gefahr: Nach der Vorhersage eines Sachverständigen in Bezug auf eine geringe Wahrscheinlichkeit einer neuen gefährlichen Tat eines Straftäters kann in der Realität prinzipiell das Gegenteil eintreten. Allerdings kann der Sachverständige sein diesbezügliches Fehlerrisiko minimieren. Er kann das dadurch tun, dass er möglichst häufig statt einer konkreten Verhaltensvorhersage die Gefährlichkeit der Person diagnostiziert. Diese Diagnose hat prognostische Implikationen, die zu sichernden Maßnahmen führen werden. Eine aus der Gefährlichkeitsdiagnose abgeleitete negative Prognose bleibt immer „richtig", sie wird nicht etwa durch das Nichteintreten eines gefährlichen Ereignisses (einer Tat) falsifiziert – nein: Durch geeignete Maßnahmen wurde ja das Schlimme verhütet.

Nur die gegenteilige Diagnose der Nichtgefährlichkeit birgt Gefahr, Gefahr für die Gesellschaft, aber auch Gefahr für den Sachverständigen. Denn diese Diagnose führt ja gegebenenfalls zu Lockerungen oder zur Aufhebung restriktiver bzw. kontrollierender Maßnahmen für den Begutachteten. Tritt dann eine nicht prognostizierte Handlung dennoch ein, erscheint die Vorhersage widerlegt. Der Sachverständige muss damit rechnen, dass ihm der Fehler angekreidet wird – im glimpflichen Fall wird ihm das abgesprochen, was ihn gerade ausmacht: sein Sachverstand; im ungünstigen Fall wird er zur Verantwortung gezogen.

Die vorstehenden Überlegungen zur Gefährlichkeit von Nichtgefährlichkeitsdiagnosen mit ihren prognostischen Implikationen lassen eine ziemlich sichere prognostische Aussage über das Verhalten von Sachverständigen bei Prognoseentscheidungen zu: Sachverständige werden klare Nichtgefährlichkeitsentscheidungen vermeiden. Sie werden diesbezügliche Meinungen immer mit einem „Aber" versehen, das die Möglichkeit des Gegenteils offenlässt. Diese Art von Aussagen von Prognosesachverständigen wird häufig als zu uneindeutig kritisiert. Das beschriebene Verhalten von Sachverständigen ist aber problemangemessen: Bei qualitativen Wenn-dann-Aussagen handelt es sich nur um vermeintliche Uneindeutigkeiten. Tatsächlich sind ausschließlich solche Aussagen wissenschaftlich begründbar, da sie Personen- und Situationsparameter beinhalten. Menschliches Verhalten

– auch gefährliches Verhalten – ist nach allem Wissen keine ausschließliche Funktion von Personenmerkmalen. Gefährliches Verhalten ist das Resultat der Interaktion von Personen- und Situationsparametern. Diese Binsenweisheit gilt auch in Zeiten medienangeheizter Aufgeregtheiten.

In einer Studie über Einweisungs- und Entlassungsprognosen in Bezug auf den Maßregelvollzug – also die Unterbringung psychisch kranker Rechtsbrecher gemäß § 63 StGB – wurde gefunden, dass Prognosegutachter häufig die personenbezogene Perspektive bevorzugen. Während § 63 StGB situations- und deliktbezogene Verhaltensvorhersagen von Sachverständigen fordert, entledigen sich manche Gutachter ihres Auftrages relativ kurzschlüssig durch ausschließlichen Verweis auf Persönlichkeitsdiagnosen (Konrad 1991 und 1993). Damit handeln sie contra legem.

Die interaktionistische Betrachtungsweise, d. h. die Berücksichtigung von Merkmalen sowohl der Person als auch der Situation und die Berücksichtigung ihrer Wechselwirkungen für Verhaltensprognosen, beinhaltet für Forschung und Praxis andere Suchrichtungen als die einseitige Favorisierung der Personenperspektive (vgl. Dahle in diesem Band). Eine „gute" Prognose ist gegeben, wenn die wahrscheinlich verhaltensdeterminierenden Anteile von Personen- und Situationsfaktoren herausgearbeitet und durch (gegebenenfalls alternative) Wenn-dann-Aussagen auf denkbare zukünftige Situationen projiziert werden.

1.7 Therapieeignung oder geeignete Therapie

Ein besonders dauerhaftes (dennoch fehlerhaftes) personenbezogenes Konzept stellt das Stereotyp der mangelnden Therapieeignung von Straftätern aufgrund ihres fehlenden Leidensdrucks dar. Eine grundlegende Fragestellung der Behandlungspraxis und Behandlungsforschung mit Straffälligen betrifft deren motivationale Voraussetzungen für (resozialisierende) Behandlungsmaßnahmen unter den besonderen Bedingungen einer geschlossenen („totalen") Institution. Die seit langem kontrovers diskutierte Problematik hat durch neue gesetzliche Vorgaben („Gesetz zur Bekämpfung von Sexualdelikten und anderen gefährlichen Straftaten" – BGBl. 1998, I) an Brisanz gewonnen: Die Neuformulierung des § 9 Strafvollzugsgesetz sieht bei bestimmten Tätergruppen – namentlich bei Sexualstraftätern – nicht mehr notwendig die Freiwilligkeit der Betroffenen für die Einleitung einer sozialtherapeutischen Behandlung vor, die sozialtherapeutische Behandlung soll vielmehr in gewisser Weise obligatorisch werden. Für die Sozialtherapie erscheint es insofern notwendig, sich über die motivationalen Gegebenheiten dieser ihr gesetzlich neu zugewiesenen „unfreiwilligen" Klientel Rechenschaft abzulegen, d. h. wissenschaftliche Konzepte darüber zu entwickeln, welche motivationalen Voraussetzungen eine Behandlung tatsächlich erfordert und durch welche Strategien diese gegebenenfalls beeinflussbar sind.

Natürlich sind nicht alle Straftäter als behandlungsbedürftig zu klassifizieren, schon gar nicht in dem Sinne, dass eine Indikation für psychotherapeutische Interventionen im engeren Sinne vorliegt. Andererseits ist durch empirische Erhebungen belegt, dass zahlreiche Strafgefangene „sich selbst als gestört und leidend" erleben (Rasch u. Kühl 1973, S. 242; vgl. auch Rasch u. Kühl 1977; Stemmer-Lück 1980; Steller u. Hunze 1984). Das Erleben von Behandlungsbedürftigkeit ist aber nicht ohne weiteres mit einer Behandlungsbereitschaft bzw. Therapieeignung verbunden. Neben empirischen Befunden über Selbstdarstellungen von Strafgefangenen als behandlungsbedürftig sind Konzepte und Befunde über ihre Ursachen- bzw. Änderungsattributionen für erlebte persönliche Probleme von Bedeutung (Steller 1974, 1977). Dahle (1995, 1998) hat ein komplexes „Strukturmodell der Therapiemotivation inhaftierter Straftäter" erstellt. Neben den klassischen Faktoren von Therapiebereitschaft (Ursachen- und Änderungsattributionen) enthält das Modell verschiedene Faktoren, die das instrumentelle Verhältnis von Strafgefangenen zu Psychotherapie beschreiben (u.a. Wissen über Ziele und Funktionsweisen von Psychotherapie, therapiebezogene Handlungskompetenz). Eine misstrauisch-negative Einstellung von Straftätern gegenüber der Justiz bzw. Institutionen des Straf- oder Maßregelvollzugs kann ihre Therapiebereitschaft trotz subjektiv erlebter Behandlungsbedürftigkeit und trotz prinzipiell gegebenen Leidensdrucks sowie Änderungswunsches überlagern.

Das Strukturmodell über Therapiebereitschaft von Dahle macht deutlich, dass ein antitherapeutisches Anstaltsklima als solches von den Gefangenen wahrgenommen wird und sich auf ihre Behandlungsbereitschaft auswirkt. So war die Wahrnehmung eines positiven Anstaltsklimas durch Inhaftierte im Jugendvollzug mit höheren Fragebogenwerten für Behandlungsbereitschaft und geringen Werten für aggressive Abwehr gegenüber der Justizbehandlung verbunden (Dahle u. Steller 1990). Behandlungsbereitschaft ist also unter Bedingungen nicht zu erwarten, in denen antitherapeutische offizielle oder informelle Anstaltsstrukturen eine Selbstdefinition der Insassen in diesem Sinne gar nicht zulassen. Befunde dieser Art stellen das personenbezogene Konzept der fehlenden Therapiebereitschaft in Frage. Therapieeignung stellt sich somit insgesamt nicht mehr als Personeneigenschaft, sondern als interaktives Personen-Angebot-Konzept dar. Die Verkürzung auf die Personenperspektive (diese Person ist geeignet/nicht geeignet für diese Therapie) steht in eigenartigem Kontrast zu der sich eigentlich aufdrängenden Methodenperspektive (diese Therapie ist geeignet/nicht geeignet für diese Person). Der Festschreibung von Therapieeignung als Personeneigenschaft kommt im Kontext von Straftäterbehandlung wahrscheinlich Entlastungsfunktion zu: Sie enthebt von der Notwendigkeit, „ungeeignete" Einstellungen von Strafgefangenen als Resultat interaktiver Verflechtungen von Methoden-, Institutionen- und Personenvariablen zu sehen. Diese Sichtweise würde nämlich die Notwendigkeit systematischer zielgruppenspezifischer Entwicklung von Behandlungsmethoden anstelle selektiver Indikationsstellungen nahe legen.

1.8 Schlussbemerkungen

Der rote Faden der Erörterungen besteht in der folgenden Aussage: In der forensisch-psychologischen Diagnostik spielen Konzepte eine Rolle, die eine personenbezogene Definition nahe legen (wie Glaubwürdigkeit, Schuldfähigkeit, Gefährlichkeit u. a.). Eine forensisch-psychologische Begutachtung, die ausschließlich oder vorwiegend unter persönlichkeitsdiagnostischer Perspektive stattfindet, ist aber notwendigerweise mit Fehlern behaftet. In der wissenschaftlichen Psychologie wurde eine unauflösbare Person-Situation-Interaktion wohl spätestens seit Kurt Lewin [7] ausreichend theoretisch und empirisch begründet (vgl. auch Amelang u. Bartussek 1997). Natürlich kann nicht grundsätzlich in Frage gestellt werden, dass aus der intersituativen Konstanz persönlicher Verhaltensstile mit einiger Berechtigung auf die Existenz überdauernder Persönlichkeitskonstrukte (wie zum Beispiel Extra- und Introversion u. Ä.) geschlossen werden kann (vgl. Scheurer und Richter, in diesem Band), es soll aber noch einmal betont werden, dass Psychodiagnostik eben nicht das Ziel verfolgt oder die Aufgabe hat, Verborgenes im Menschen aufzudecken oder irgendwie abzubilden. Forensisch-psychologische Begutachtung besteht in der hypothesengeleiteten Beantwortung von Fragen des Rechts.

Das Konzept von Psychodiagnostik als hypothesengeleiteter Problemlöseprozess mit einer Absage an eine vorwiegend eigenschaftsorientierte Verhaltenserklärung stellt auch die Logik rein persönlichkeitsbeschreibender psychologischer Zusatzgutachten zu psychiatrischen Gutachten in Frage. Eine routinemäßige und eben nicht fallbezogen begründete „Testpsychologie in psychiatrischen Gutachten" (vgl. Heim 1985) ist unvereinbar mit der Vorstellung von Psychodiagnostik als hypothesengeleitetes Vorgehen zur Bearbeitung spezifischer forensischer Fragestellungen. Eine von einer konkreten Fragestellung losgelöste Testdiagnostik gleicht dem Kaffeesatzlesen. Sie ist methodisch nicht möglich und fachlich nicht zu verantworten.

Diese Feststellung schließt nicht aus, dass bei vielen von Psychiatern bearbeiteten forensischen Fragestellungen psychologische Verfahren, auch psychologische Tests, sinnvoll eingesetzt werden können und sollten. Es wird auch nicht das Zusammenwirken von Psychologen und Psychiatern im konkreten Fall in Frage gestellt. Es wird kritisiert, wenn psychologische Tests nicht in die diagnostischen Schlussfolgerungen von Psychiatern integriert werden bzw. wenn der Stellenwert von Tests im Verbund der anderen Befunde (z. B. biografische Daten, Verhaltensdaten) nicht explizit deutlich gemacht wird.

Das Bedürfnis, die individuelle Eigenart von sich selbst und von seinen Mitmenschen zu erkennen, ist offenbar so ursprünglich und elementar im Menschen verankert, dass auch Leerformeln gern übersehen werden. Auch

---

[7] Klassisch ist die Darstellung vom Verhalten eines Individuums im Sinne einer Funktion der Person und ihrer Umwelt, eben: V = f (P, U) in Lewins Feldtheorie; vgl. dazu den Nachdruck Lewin (1963).

vor Gerichten kann man mit Tautologien wie „Der Proband verhält sich so gewalttätig, weil er einen aggressiven Charakter hat" oder „Der sexuelle Übergriff ist auf eine sexuelle Devianz zurückzuführen" durchaus bestehen, zumal, wenn diese Tautologien weniger offenkundig, d. h. mit nicht allgemein gebräuchlichen Begriffen vorgebracht werden.

Die personenbezogene Perspektive mit dem Hang zur Typenbildung kann auch dazu führen, dass einfache Sprachregelungen (im Sinne von konzeptionellen und terminologischen Übereinkünften), wie sie das internationale Klassifikationssystem (ICD) und das diagnostisch-statistische Manual (DSM) darstellen, nicht nur von Laien, sondern nicht selten auch von so genannten Sachverständigen dahin gehend missverstanden werden, dass den vorgefundenen Klassifikationen psychische Realitäten entsprechen würden. Das führt dann zu folgendem Denkfehler: Nach der Feststellung von Merkmalen in ausreichender Menge, um gemäß Glossar des jeweiligen Systems zu einer diagnostischen Klassifikation eines Individuums zu kommen, werden der zu begutachtenden Person stillschweigend auch alle anderen Merkmale der diagnostizierten Störung zugeordnet, obwohl dafür keine Befunde vorliegen.

Dazu das folgende Beispiel: Im Rahmen einer gerichtlich angeordneten Glaubwürdigkeitsbegutachtung eines Jugendlichen in einem Verfahren gegen seinen Vater wegen sexuellen Missbrauchs von Schutzbefohlenen wurde durch eine Chefärztin eines Fachkrankenhauses für Psychiatrie und Neurologie die Behauptung aufgestellt, dass Borderlinepatienten häufig lügen würden, außer bei sexuellem Missbrauch, in solchen Fällen würden sie immer die Wahrheit sagen. Empirische Belege konnte die Ärztin für den behaupteten Sachverhalt auf Fragen des Gerichts nicht angeben, sie bezog sich zur Begründung auf das Merkmal B 10 der diagnostischen Kriterien der Borderlinestörung nach DSM-III-R und gab als Quelle dafür das Lehrbuch von Remschmidt (1992) über „Psychiatrie der Adoleszenz" an. Eine kontroverse Diskussion des behaupteten Sachverhalts beschäftigte das Gericht mehrere Tage. Anschließend wurde der Verfasser dieses Beitrages mit der (erneuten) Glaubwürdigkeitsbegutachtung des Jugendlichen beauftragt. Als Randprodukt der Begutachtung ergab sich der Fund[8], dass in dem Lehrbuch von Remschmidt ein Druckfehler enthalten ist: Die Tabelle 22.2 (S. 354) mit der Überschrift „Borderlinestörung" beinhaltet nämlich tatsächlich die Merkmale für die antisoziale Persönlichkeitsstörung. Der Erstgutachterin war nicht nur nicht aufgefallen, dass die aufgelisteten Merkmale (z. B. „hat oft Schule geschwänzt", ... „benutzte in mehr als einer Schlägerei eine Waffe" u. ä.) so gar nicht zu ihrer Borderlinediagnose passten, sie hatte darüber hinaus den Denkfehler begangen, aus dem Merkmal B 10 für die antisoziale Persönlichkeitsstörung, nämlich: „log häufig (außer zur Verhinderung körperlicher Misshandlung oder sexuellem Missbrauch)", die oben erwähnte absurde Schlussfolgerung abzuleiten. Ein Bedürfnis nach vereinfachender Checklistendiagnostik zusammen mit personenbezogen

---

[8] Ich danke Herrn Dr. Busse, Berlin, für die gründliche Recherche.

verallgemeinernder Perspektive darf hinter der berichteten Groteske vermutet werden [9].

Zum Schluss sei der folgende Hinweis erlaubt: Das Konzept von psychologischer Diagnostik als hypothesengeleitete Prüfstrategie zur Problemlösung bzw. zur Optimierung von Entscheidungen (Steller 1994) mag trivial erscheinen. Dieser Eindruck ist gerechtfertigt und beabsichtigt. Eine hypothesengeleitete Prüfstrategie ist ein generelles Modell wissenschaftlichen Denkens. Auch die naturwissenschaftliche Vorgehensweise von Rechtsmedizinern und die logischen Prüfprozesse von Kriminalisten oder Strafjuristen lassen sich entsprechend beschreiben. Die Entmystifizierung forensisch-psychologischer Begutachtung, d.h. die Absage an eine psychologische Röntgendiagnostik als Durchleuchtung der Seele, sollte aber nicht dazu führen, die Leistungsfähigkeit psychologischer Diagnostik im Allgemeinen und die wissenschaftlichen Grundlagen zur Beantwortung forensisch-psychologischer Problemstellungen im Speziellen zu unterschätzen.

Literatur

Amelang M, Bartussek D (1997) Differentielle Psychologie und Persönlichkeitsforschung, 4. Aufl. Kohlhammer, Stuttgart
Conrad W (1983) Intelligenzdiagnostik. In: Groffmann K-J, Michel L (Hrsg) Enzyklopädie der Psychologie. Intelligenz- und Leistungsdiagnostik, Bd 2. Hogrefe, Göttingen, S 104–201
Dahle K-P (1995) Therapiemotivation hinter Gittern. S. Roderer, Regensburg
Dahle K-P (1998) Therapiemotivation und Forensische Psychotherapie. In: Wagner E, Werdenich W (Hrsg) Forensische Psychotherapie – Psychotherapie im Zwangskontext von Justiz, Medizin und sozialer Kontrolle. Facultas, Wien, S 97–112
Dahle K-P, Steller M (1990) Coping im Strafvollzug: eine Untersuchung zu Haftfolgen bei Jugendlichen. Z Exper Angew Psychol 37: 31–51

---

[9] Nur am Rande sei vermerkt, dass sich im konkreten Fall für eine Borderlinediagnose überhaupt keine Indikatoren finden ließen, dass allerdings multiples kriminelles Verhalten bei diesem Jugendlichen vorlag, was die Diskussion einer Klassifikation als antisoziale Persönlichkeit nahe gelegt hätte, wenn der Jugendliche nicht noch unter 18 Jahren gewesen wäre, womit sein Status bereits das Eingangsmerkmal sowohl für die Klassifikation als Borderline- als auch als antisoziale Persönlichkeitsstörung verfehlte. Im Übrigen sagte der Jugendliche wahrscheinlich in Bezug auf sexuelle Missbrauchserfahrungen mit seinem Vater die Wahrheit – so jedenfalls das Ergebnis beider Glaubwürdigkeitsgutachten und nachfolgender Urteile von Amts- und Landgericht. Die positive Glaubwürdigkeitsfeststellung war durch die Argumentation der Erstgutachterin durchaus gefährdet, da sie durch ihre abenteuerliche Begründung bei allen Verfahrensbeteiligten Reaktanz provoziert hatte.

Diesinger I (1976) Der Affekttäter. Eine Analyse seiner Darstellung in forensisch-psychiatrischen Gutachten. Dissertation Universität Freiburg

Fischer T (1994) Glaubwürdigkeitsbeurteilung und Beweiswürdigung – Von der Last der „ureigenen Aufgabe". Zeitschrift für Strafrecht 1: 1–56

Gerchow J (1983) (Hrsg) Zur Handlungsanalyse einer Tat. Springer, Berlin Heidelberg New York

Greuel L (1997) Schuldfähigkeitsbegutachtung. In: Steller M, Volbert R (Hrsg) Psychologie im Strafverfahren. Ein Handbuch. Huber, Bern, S 105–118

Hartmann H (1970) Psychologische Diagnostik. Kohlhammer, Stuttgart

Hehlmann U (1963) Geschichte der Psychologie. Kröner, Stuttgart

Heiss R (1960) Zum Begriff der Intelligenz. Diagnostica 6: 3–11

Heim N (1985) Zur Testpsychologie im Rahmen der forensisch-psychiatrischen Begutachtung von Aggressionstätern im Jugendstrafverfahren. Forensia 5: 175–184

Köhnken G (1990) Glaubwürdigkeit. Untersuchungen zu einem psychologischen Konstrukt. Psychologie Verlags Union, München

Köhnken G (1997) Suggestive Prozesse in Zeugenbefragungen: Formen und theoretische Erklärungsansätze. Mschr Krim 5: 290–299

Konrad N (1991) Fehleinweisungen in den psychiatrischen Maßregelvollzug. NStZ 11: 315–321

Konrad N (1993) Psychiatrisch-psychologische Begutachtung im Unterbringungsverfahren gem. § 63 StGB – Nahtstelle zwischen Maßregelindikation und Behandlungsauftrag. In: Steller M, Dahle K-P, Basqué M (Hrsg) Straftäterbehandlung. Centaurus Verlagsgesellschaft, Pfaffenweiler, S 201–212

Kretschmer E (1931) Körperbau und Charakter. Springer, Berlin

Kröber H-L (1993) Persönlichkeit, konstellative Faktoren und die Bereitschaft zum „Affektdelikt". In: Saß H (Hrsg) Affektdelikte – Interdisziplinäre Beiträge zur Beurteilung von affektiv akzentuierten Straftaten. Springer, Berlin, S 77–94

Lewin K (1963) Feldtheorie in den Sozialwissenschaften. Huber, Bern

Pawlik K (1976) Modell- und Praxisdimensionen psychologischer Diagnostik. In: Pawlik K (Hrsg) Diagnose der Diagnostik. Klett-Cotta, Stuttgart, S 13–43

Pulver U (1975) Die Krise der psychologischen Diagnostik – eine Koartationskrise. Schweiz Z Psychol 34: 212–221

Rasch W (1964) Tötung des Intimpartners. Enke, Stuttgart

Rasch W, Kühl KP (1973) Subjektives Leiden als sozialtherapeutisches Behandlungskriterium – FPI-Ergebnisse bei Tätergruppen des § 65 Abs. 1 2. StrRG. Mschr Krim 56: 237–245

Rasch W, Kühl KP (1977) Psychologische Kriterien für die Unterbringung in einer sozialtherapeutischen Anstalt. In: Rasch W (Hrsg) Forensische Sozialtherapie. CF Müller, Heidelberg, S 203–259

Remschmidt H (1992) Psychiatrie der Adoleszenz. Thieme, Stuttgart

Saß H (Hrsg) (1993) Affektdelikte – Interdisziplinäre Beiträge zur Beurteilung von affektiv akzentuierten Straftaten. Springer, Berlin Heidelberg New York

Steller M (1974) Leidensdruck als Indikation für Sozialtherapie? Unveröff. Diss., Kiel

Steller M (1977) Sozialtherapie statt Strafvollzug – Psychologische Probleme der Behandlung von Delinquenten. Kiepenheuer & Witsch, Köln

Steller M (1988) Standards der forensisch-psychologischen Begutachtung. Mschr Krim 71:16–27

Steller M (1994) Diagnostischer Prozess. In: Stieglitz R-D, Baumann U (Hrsg) Psychodiagnostik psychischer Störungen. Enke, Stuttgart, S 37–46

Steller M (1998) Aussagepsychologie vor Gericht – Methodik und Probleme von Glaubwürdigkeitsgutachten mit Hinweisen auf die Wormser Missbrauchsprozesse. Recht & Psychiatrie 16:11–18

Steller M (1999) Forensische Aussagepsychologie – Beurteilung des Realitätsgehalts von Kinderaussagen über sexuellen Missbrauch. In: Egg R (Hrsg) Sexueller Missbrauch von Kindern – Täter und Opfer. Kriminologie und Praxis, Schriftenreihe der Kriminologischen Zentralstelle e.V. Wiesbaden (in Vorbereitung)

Steller M, Hunze D (1984) Zur Selbstbeschreibung von Delinquenten im Freiburger Persönlichkeitsinventar (FPI) – eine Sekundäranalyse empirischer Untersuchungen. Z Differ Diagn Psychol 5:87–109

Steller M, Volbert R (1997) Glaubwürdigkeitsbegutachtung. In: Steller M, Volbert R (Hrsg) Psychologie im Strafverfahren. Ein Handbuch. Huber, Bern, S 12–39

Stemmer-Lück M (1980) Die Behandlungsindikation bei Straffälligen. Otto Schwarz, Göttingen

Undeutsch U (1954) Die Entwicklung der gerichtspsychologischen Gutachtertätigkeit. In: Wellek A (Hrsg) Bericht über den 19. Kongreß der Deutschen Gesellschaft für Psychologie in Köln 1953. Hogrefe, Göttingen, S 132–154

2 Qualitätssicherung bei der Schuldfähigkeitsbegutachtung

HANS-LUDWIG KRÖBER

2.1 Schuldunfähigkeit und verminderte Schuldfähigkeit

Etwa in 2 Prozent aller Straftaten wird im Rahmen des Strafverfahrens ein Sachverständiger mit der Erstellung eines Gutachtens zur Frage der Schuldfähigkeit beauftragt. Es soll klären, ob eine psychische Krankheit oder eine andere gravierende psychische Störung vorliegt, die Auswirkungen auf die Schuldfähigkeit (§§ 20, 21 StGB) haben könnte. Zugleich wird häufig nach den Voraussetzungen einer „Maßregel der Besserung und Sicherung" gemäß den §§ 63, 64 und 66 StGB gefragt.

Das Strafrecht unterstellt, dass jeder ab dem Alter von 14 Jahren im Grundsatz, ab dem Alter von 21 Jahren uneingeschränkt für sein soziales Tun verantwortlich ist, es sei denn, eine psychische Krankheit raube ihm gänzlich die Fähigkeit zu selbstbestimmtem Handeln. In solchen Fällen wird ein Straftäter *exkulpiert*, d.h. er handelt objektiv rechtswidrig, aber ohne individuell zurechenbare Schuld. Da wir kein Tat-, sondern ein Schuldstrafrecht haben, richtet sich die Strafe nicht primär nach der Schwere der rechtswidrigen Tat, sondern nach der Schwere der individuellen, ihm als Subjekt zurechenbaren Schuld des Täters.

Neben der Exkulpation wegen krankheitsbedingter Schuldunfähigkeit gibt es die *Dekulpation*, die Schuld*minderung* infolge einer psychischen Störung. Zwischen Dekulpation und Exkulpation besteht ein kategorialer Unterschied: Der vermindert Schuldfähige bleibt ein strafrechtlich verantwortlicher Mensch, die Zubilligung verminderter Schuldfähigkeit führt allein (wenn auch nicht zwingend) zu einer Herabsetzung des Strafmaßes; der Schuldunfähige hingegen ist freizusprechen. Die Dekulpation ist mithin eine unter mehreren Möglichkeiten, die Schuldschwere zu bestimmen, die auch durch andere individuelle Faktoren gemindert werden kann (mildernde Umstände), die nicht in den §§ 20, 21 StGB genannt sind. Diese beiden Paragrafen des Strafgesetzbuches benennen allein die spezifisch psychiatrischen Gründe aufgehobener oder geminderter Schuldfähigkeit. Anders als andere Schuldminderungsgründe können sie aber zur Unterschreitung der Mindeststrafe führen, was insbesondere bei Mord (Unterschreitung der lebenslangen Strafe) und bei Raubdelikten (Unterschreitung der Mindeststrafe von 5 Jahren Freiheitsentziehung) relevant wird. Zudem kann nur gestützt auf die Zuerkennung von zumindest § 21 StGB die Maßregel der unbefristeten Unterbringung in einem psychiatrischen Krankenhaus verhängt werden.

Die beiden entscheidenden Paragrafen des Strafgesetzbuches lauten:
§ 20 StGB Schuldunfähigkeit wegen seelischer Störungen:
Ohne Schuld handelt, wer bei Begehung der Tat wegen einer krankhaften see-lischen Störung, wegen einer tiefgreifenden Bewusstseinsstörung oder wegen Schwachsinns oder einer schweren anderen seelischen Abartigkeit unfähig ist, das Unrecht der Tat einzusehen oder nach dieser Einsicht zu handeln.
§ 21 StGB Verminderte Schuldfähigkeit:
Ist die Fähigkeit eines Täters, das Unrecht der Tat einzusehen oder nach die-ser Einsicht zu handeln, aus einem der in § 20 bezeichneten Gründe bei Be-gehung der Tat erheblich vermindert, so kann die Strafe nach § 49 Abs. 1 ge-mildert werden.

Die Schuldfähigkeitsbegutachtung hat in einem 2-schrittigen Vorgehen zu-nächst festzustellen, ob bei dem Beschuldigten zum Zeitpunkt der Tat eine psychische Störung vorgelegen hat, die einem der in § 20 StGB genannten 4 Rechtsbegriffe zuzuordnen ist. Es sind dies:

- *krankhafte seelische Störung:* psychotische Störungen aus dem schizo-phrenen und manisch-depressiven Formenkreis, psychotische Residual-syndrome, hirnorganisch bedingte psychische Störungen, akute hirn-organische Störungen wie Intoxikationen, insbesondere akute Berau-schung, schwere Angst- und Zwangskrankheiten.
- *tiefgreifende Bewusstseinsstörung:* normalpsychologisch durch hochgra-dige affektive Erregung bedingte Bewusstseinseinengung.
- *Schwachsinn:* angeborene intellektuelle Minderbegabung mit u. a. weit-gehender Unfähigkeit zum Lesen und Schreiben oder zu basalen Rechen-operationen (testpsychologisch im IQ-Bereich von unter ca. 70).
- *schwere andere seelische Abartigkeit:* schwere Persönlichkeitsstörungen, suchtbedingte Persönlichkeitsveränderungen, sexuelle Deviationen, in-tensive länger dauernde Anpassungsstörungen.

Falls eine psychische Störung vorliegt, die einer dieser 4 Eingangsvorausset-zungen entspricht, ist gutachterlich in einem zweiten Schritt zu prüfen, ob eine relevante Kausalbeziehung zwischen der Störung und der konkret vorgeworfenen Tat besteht. Es geht um die Frage, ob die Störung zu einer *Aufhebung* (§ 20 StGB) oder aber zumindest *erheblichen Beeinträchtigung* (§ 21 StGB) der Einsichtsfähigkeit oder der Steuerungsfähigkeit (synonym: des Hemmungsvermögens) geführt hat.

Einsichtsfähigkeit ist im Wesentlichen das kognitive Wissen, dass die Tat verboten ist; sie ist entweder vorhanden oder nicht vorhanden (also nicht „erheblich gemindert") und auch bei psychotischen Tätern selten verloren. Aufgehobene Einsichtsfähigkeit führt in der Regel zum Sachverhalt des Verbotsirrtums, der bereits in § 16 des StGB verhandelt wird. In der prak-tischen Begutachtung geht es in aller Regel um die *Steuerungsfähigkeit,* also um die Frage, ob der Täter sein Handeln gemäß der Einsicht um das Verbotene seines Tuns bestimmen konnte. Diese Frage stellt sich aber nicht stets, sondern nur dann, wenn eine der 4 Eingangsvoraussetzungen rele-vanter psychischer Störung erfüllt ist.

2.2 Wesentliche Marksteine bei der Erörterung der Schuldfähigkeitsfrage

Die Jahre 1948–1980 waren im forensischen Bereich geprägt durch Diskussionen um die verminderte Schuldfähigkeit, und zwar insbesondere bei Menschen mit Sexualstraftaten und bei persönlichkeitsgestörten Tätern. Giese (1962) hatte mit der „psychopathologischen Entwicklung" eine Bresche geschlagen für die Dekulpierung von sexuell devianten Angeklagten, insbesondere von Homosexuellen. Lange zuvor hatte Kurt Schneider mit der schmalen Schrift „Die Beurteilung der Zurechnungsfähigkeit" (1948) jedoch eine Vorgabe gemacht, die letztlich auf die Bewahrung einer nosologischen Grundlegung der forensischen Psychiatrie und der Schuldfähigkeitsbeurteilung hinauslief. Nicht soziale oder psychische Belastungen, die verständlich ein bestimmtes Handeln nahelegen, sondern allein schicksalhaft erlittene, willentlich nicht beeinflussbare „Krankheit" könne der Bezugspunkt der Schuldunfähigkeit sein – solcherart „Krankheit" gebe es aber nur in der Sphäre des Leiblichen. Interessanterweise hat Berner (1996) gleich in den ersten Sätzen seiner Hamburger Antrittsvorlesung dieses Somatosepostulat erneuert, und in Zeiten florierender „Hirnforschung" wehrt sich kaum noch einer gegen den Gedanken, dass psychische Krankheiten ein somatisches Substrat, zumindest ein funktionelles Korrelat haben – wie auch immer es entstanden sein mag. Für fast 3 Jahrzehnte jedoch reichte das zumeist kaum verstandene „Somatosepostulat" für einen „Schulenstreit" zwischen gut und böse, fort- und rückschrittlich, zumal im Hinblick auf die Strafrechtsreform 1975. Es etablierten sich aber im Laufe der Zeit bestimmte Sichtweisen zur Beurteilung von Sexualstraftätern durch die Arbeiten von Giese (1962) und Schorsch (1971), Schorsch u. Becker (1977) und die Rezeption von Stoller (1979). Die Diskussion über die Frage der „tiefgreifenden Bewusstseinsstörung" konnte auf die Arbeit von Rasch (1964) über die „Tötung des Intimpartners" aufbauen und wurde unter dem Stichwort „Affektdelikte" fortgesetzt von Saß (1983, 1993). Ebenso gab es eine längere Diskussion über den Umgang mit Persönlichkeitsgestörten und die psychiatrische Erfassung der „schweren anderen seelischen Abartigkeit" (Saß 1987, Kröber 1995, Herpertz 2001); eine gewisse Fortsetzung findet diese Debatte in der Risikoforschung (Hare 1991, Webster et al. 1994, Müller-Isberner et al. 1998, Monahan et al. 2001). Eine wichtige Bezugsgröße bleiben dabei natürlich auch die strukturellen und therapeutischen Möglichkeiten des psychiatrischen Maßregelvollzugs (Leygraf 1988, 1998, Nedopil u. Müller-Isberner 1995, Kröber 1999, Müller-Isberner 2004).

Im Beginn der 80er Jahre des letzten Jahrhunderts entwickelte sich die „Quantifizierungsdebatte"; für kurze Zeit kam die Hoffnung auf, man könne Schuldfähigkeit und dann auch Schuldschwere mit empirischen Methoden quantifizieren wie den Blutalkoholspiegel (Schöch 1983, Foerster u. Heck 1991, skeptisch dazu Kröber et al. 1994). In dieser Zeit ging ein Strafsenat des Bundesgerichtshofs bereits so weit, die psychiatrische Begutachtung von Rauschzuständen für obsolet zu erklären (BGH, Urteil vom 22.11.1990

– 4 StR 117/90) und alles von einer gemessenen oder aber vermuteten Blutalkoholkonzentration abhängig zu machen, bis man dann 1997 (BGH, Urteil vom 29.4.1997 – 1 StR 511/95) doch dem einheitlichen Druck von Rechtsmedizin und forensischer Psychiatrie nachgab und die Bedeutung „psychodiagnostischer Kriterien" wieder konzedierte (Kröber 2001). Einen wesentlichen Einfluss nehmen schließlich die Lehrbücher der forensischen Psychiatrie, also Nedopil (2002), Rasch u. Konrad (2004), Venzlaff u. Foerster (2004).

2.3 Kritik an Gutachtenmängeln und Antworten darauf

Insbesondere nach der Ermordung von Kindern zur Ermöglichung oder Verdeckung sexueller Handlungen und nach schwerwiegenden Zwischenfällen mit Untergebrachten im psychiatrischen Maßregelvollzug gab es seit Mitte der 90er Jahre zunehmende öffentliche Kritik an der Qualität psychiatrischer und psychologischer Gutachten. Dies betraf nicht zuletzt kriminalprognostische und Lockerungsentscheidungen, es betraf aber auch die Frage der Schuldfähigkeit, der Fehleinweisung in den Maßregelvollzug wie auch der fehlerhaft nicht erkannten Voraussetzungen einer psychiatrischen Maßregel. Parallel dazu gab es hinsichtlich der aussagepsychologischen Gutachtertätigkeit wachsende Kritik, die bei den Prozessen in Münster und Mainz wegen vermeintlichen massenhaften sexuellen Missbrauchs nachdrücklich bestätigt wurde (siehe die Beiträge von Steller und Volbert in diesem Band).

Die forensischen Psychologen und Psychiater haben darauf mit einer Qualifizierungsoffensive geantwortet und die Bemühungen verstärkt, eine berufsvorbereitende und -begleitende lebenslange Fortbildung zu etablieren. Es wurden von den Fachgesellschaften Zertifikate für Rechtspsychologie (BDP) und für Forensische Psychiatrie (DGPPN) etabliert, die inzwischen mehrere hundert Sachverständige erworben haben. Von der Deutschen Ärztekammer ist zudem 2003, aufbauend auf dem Facharzt für Psychiatrie und Psychotherapie, die Schwerpunktbezeichnung „Forensische Psychiatrie" eingeführt worden, die anschließend an die 5-jährige Facharztausbildung innerhalb von 3 Jahren in einem bestimmten Curriculum erworben werden kann; das Curriculum umfasst, wie beim DGPPN-Zertifikat, ein Jahr Tätigkeit im psychiatrischen Maßregelvollzug oder einem psychiatrischen Haftkrankenhaus, 240 Stunden theoretische Fortbildung spezifisch in forensisch-psychiatrischen und rechtspsychologischen Themen, 70 supervidierte Gutachten in mehreren Rechtsgebieten, jedoch mit dem strafrechtlichen Schwerpunkt Schuldfähigkeit und Kriminalprognose. Es wäre zu erwägen, nach diesem Beispiel auch die erheblich geringeren Voraussetzungen des Zertifikats „Rechtspsychologie" anzuheben, nicht zuletzt auch hinsichtlich der zu fordernden klinisch-psychologischen Basiskompetenz.

Eine weitere Gegenmaßnahme zur Verminderung schlechter und gefährlicher forensischer Gutachten bestand in der wissenschaftlich fundierten Diskussion über Qualitätsanforderungen. Ein wegbereitendes Grundsatzurteil war jenes des 1. Strafsenats des Bundesgerichtshofs vom 30. Juli 1999 (1 StR 618/98) zu den wissenschaftlichen Anforderungen an aussagepsychologische Gutachten, das auf Vorarbeiten und schließlich auch der Gutachtenerstattung von Steller und Volbert beruhte (siehe deren Beiträge in diesem Band). Davon ausgehend verstärkte sich die Diskussion, ob entsprechende Vorgaben auch für Schuldfähigkeitsgutachten entwickelt werden könnten.

2.4 Votum der Arbeitsgruppe beim BGH

Eine an forensisch-psychiatrischen Fragen besonders interessierte interdisziplinäre Arbeitsgruppe aus Juristen, forensischen Psychiatern und Psychologen sowie Sexualmedizinern hat sich schließlich auf Initiative von Axel Boetticher und Norbert Nedopil in den Jahren 2003 und 2004 getroffen und die nachfolgend erläuterten Empfehlungen für die forensische Schuldfähigkeitsbeurteilung nach §§ 20, 21 StGB erarbeitet. Die Mitglieder der Arbeitsgruppe waren: VRinBGH Dr. Rissing-van Saan, VRiBGH Nack, RiBGH Basdorf, RiBGH Dr. Bode, RiBGH Dr. Boetticher, RiBGH Dr. Detter, RiBGH Maatz, RiBGH Pfister, VRiBGH a. D. Dr. Schäfer, die Bundesanwälte Hannich und Altvater, der Kriminologe Prof. Dr. Schöch (München), der Rechtsanwalt Dr. Deckers (Düsseldorf), die forensischen Psychiater Prof. Dr. Berner (Hamburg), Prof. Dr. Dittmann (Basel), Prof. Dr. Foerster (Tübingen), Dr. Habermeyer (Rostock), Prof. Dr. Kröber (Berlin), Prof. Dr. Leygraf (Essen), Dr. Müller-Isberner (Gießen), Prof. Dr. Nedopil (München), Prof. Dr. Saß (Aachen), die Sexualmediziner Prof. Dr. Dr. Beier (Berlin), Prof. Dr. Bosinski (Kiel) und der Rechtspsychologe Prof. Dr. Köhnken (Kiel). Die gemeinsam erarbeiteten „Mindestanforderungen für Schuldfähigkeitsgutachten", die natürlich in bestimmten Punkten umkämpft waren, aber schließlich als gut vertretbarer Kompromiss von allen mitgetragen wurden, wurden im Februar 2005 in der „Neuen Zeitschrift für Strafrecht" (NStZ) veröffentlicht (Boetticher et al. 2005).

Die interdisziplinäre Arbeitsgruppe beim BGH wies darauf hin, dass sie naturgemäß nur einen Ausschnitt der umfangreichen Problematik der Schuldfähigkeitsbeurteilung erörtern konnte. Sie hat den Schwerpunkt ihrer Beratungen auf das aktuell am häufigsten vorkommende und schwer zu beurteilende Störungsbild der schweren anderen seelischen Abartigkeit gelegt. Zudem hat sie sich mit dem Vorgehen bei Verdacht auf eine paraphil motivierte Sexualstraftat befasst; grundsätzlich seien bei diesen Beschuldigten die gleichen Prinzipien und Methoden anzuwenden wie bei allen anderen Tätergruppen; die Begutachtung dieser Probanden unterliege aber einer besonderen öffentlichen Aufmerksamkeit, Fehler in der Beurteilung können besonders schwerwiegende Konsequenzen haben.

Die Empfehlungen der beteiligten forensischen Sachverständigen richten sich in erster Linie an die psychologischen und psychiatrischen Fachkollegen für die Erstattung von psychologischen und psychiatrischen Gutachten zur Frage der aufgehobenen oder verminderten Schuldfähigkeit. Hinsichtlich ihrer Auswirkungen auf die rechtliche Beurteilung haben sie die Zustimmung der Juristen gefunden. Die Empfehlungen sind auch nach dem Votum der Bundesrichter keine rechtlichen Kriterien für die revisionsgerichtliche Überprüfung im Sinne verbindlicher Mindeststandards, deren Nichtbeachtung in jedem Einzelfall einen Rechtsfehler begründen kann. Dessen ungeachtet gehen die beteiligten Juristen davon aus, dass die Empfehlungen in der Rechtsprechung der 5 Strafsenate des Bundesgerichtshofs Berücksichtigung finden werden.

Die Empfehlungen können nach Einschätzung der Arbeitsgruppe die fachgerechte Erstellung von Schuldfähigkeitsgutachten und den Verfahrensbeteiligten die Bewertung von deren Aussagekraft erleichtern. Sie können auch für die Auswahl des Sachverständigen nach §§ 73 ff. StPO und für das Beweisrecht nach § 244 StPO herangezogen werden. Sie können bei der Entscheidung helfen, ob die Sachkunde des Gutachters zweifelhaft ist, ob das Gutachten von unzutreffenden tatsächlichen Voraussetzungen ausgeht, ob das Gutachten Widersprüche enthält und ob einem anderen Sachverständigen überlegene Forschungsmittel zur Verfügung stehen.

2.5 Mindestanforderungen für Schuldfähigkeitsgutachten aus juristischer Sicht

Bei der Frage der Anordnung von freiheitsentziehenden Maßregeln der Besserung und Sicherung – psychiatrische Maßregel, Unterbringung in der Entziehungsanstalt und Sicherungsverwahrung – ist nach den gesetzlichen Vorgaben ein Sachverständiger zu hören. Ansonsten kommt es bei der Frage, ob ein Gutachter betraut wird, auf die eigene Sachkunde des Richters an. Für die Beurteilung der Voraussetzungen der §§ 20, 21 StGB reicht diese nach der BGH-Rechtsprechung jedenfalls dann regelmäßig nicht mehr aus, wenn sich aufgrund von Auffälligkeiten oder gar Störungen Zweifel an der strafrechtlichen Verantwortlichkeit ergeben. Dann muss ein Sachverständiger hinzugezogen werden. Sachverständige sind Personen, die aufgrund besonderer Sachkenntnis über Tatsachen, Wahrnehmungen oder Erfahrungssätze Auskunft geben oder einen bestimmten Sachverhalt beurteilen können. Der Staatsanwalt oder der Richter hat die Tätigkeit des Sachverständigen zu leiten (§ 78 StPO). Das Gericht hat den Sachverständigen anzuleiten in dem, *was* er erforschen soll, nicht aber in der Arbeitsweise, *wie* er es erforschen soll: Diese muss der Sachverständige von sich aus in angemessener Weise beherrschen, wenn er sachverständig ist.

Der Aufsatz von Boetticher et al. (2005) weist darauf hin, dass die 5 Strafsenate des Bundesgerichtshofs schon früher für einzelne Bereiche der Schuldfähigkeitsbeurteilung Vorgaben der Psychiatrie und der Rechtspsychologie übernommen und den Tatrichtern auferlegt haben, im Urteil die aus der Begutachtung gewonnenen Erkenntnisse darzulegen und ihre richterlichen Entscheidungen bei der ihnen obliegenden Beantwortung der Rechtsfragen zu begründen. Dies gilt u. a. für die Affektdelikte, die Beeinträchtigung der Schuldfähigkeit bei Drogenabhängigen und den Umgang mit psychodiagnostischen Kriterien für das Leistungsverhalten bei Beurteilung einer unter Alkoholeinfluss begangenen Straftat.

Wichtige Entscheidungen zum Themenbereich „schwere seelische Abartigkeit" waren:

- *BGH, Urt. vom 4. Juni 1991 – 5 StR 122/91 – BGHSt 37, 397;*
- *BGH, Beschl. vom 2. Dezember 1997 – 4 StR 581/97 – NStZ-RR 1998, 189;*
- *BGH, Beschl. vom 6. Mai 1997 – 1 StR 17/97 – NStZ 1997, 485;*
- *BGH, Beschl. vom 2. Dezember 1997 – 4 StR 581/97 – NStZ-RR 1998, 189;*
- *BGH, Beschl. vom 22. August 2001 – 1 StR 316/01 – StV 2002, 17;*
- *BGH, Beschl. vom 22. August 2003 – 2 StR 267/03;*
- *BGH, Urt. vom 21. Januar 2004 – 1 StR 346/03 – NStZ 2004, 437.*

Als wichtige Entscheidung zum Thema Psychose verweisen die Autoren des BGH auf:

- *BGH, Beschl. vom 9. April 2002 – 5 StR 100/02 – NStZ-RR 2002, 202.*

Entscheidungen zum Themenbereich tiefgreifende Bewusstseinsstörung und Affekt:

- *BGH, Urt. vom 14. Dezember 2000 – 4 StR 375/00 – StV 2001, 228.*

Und schließlich wird bei den Entscheidungen zur akuten Alkoholwirkung verwiesen auf:

- *BGH, Urt. vom 29. April 1997 – 1 StR 511/95 – BGHSt 43, 66 = NJW 1997, 2460;*
- *BGH, Urt. vom 27. März 2003 – 3 StR 435/02 – NStZ 2003, 480;*
- *BGH, Urt. vom 17. August 2004 – 5 StR 93/04, StV 2004, 591.*

Aus dieser Rechtsprechung und den Ergebnissen ihrer Diskussion hat die interdisziplinäre Arbeitsgruppe die folgenden allgemeinen Grundsätze für forensische Schuldfähigkeitsgutachten abgeleitet (Boetticher et al. 2005, S. 58):

„I. Die von der Rechtsprechung entwickelten Grundsätze"

▌ 1. Wahl der Untersuchungsmethode

Der Sachverständige bedient sich bei der Gutachtenerstattung methodischer Mittel, die dem aktuellen wissenschaftlichen Kenntnisstand gerecht werden. Existieren mehrere anerkannte und indizierte Verfahren, so steht deren Auswahl in seinem pflichtgemäßen Ermessen. In diesem Rahmen steht es dem Sachverständigen – vorbehaltlich der Sachleitungsbefugnis durch das Gericht – frei, wie er die maßgeblichen Informationen erhebt und welche Gesichtspunkte er für seine Bewertung für relevant hält.

▌ 2. Klassifikationssysteme

Die Juristen gehen aufgrund der interdisziplinären Diskussion davon aus, dass ein forensisch tätiger Sachverständiger bei der Beurteilung der strafrechtlichen Verantwortlichkeit in der Regel nach den Kriterien der in der forensischen Psychiatrie gebräuchlichen diagnostischen und statistischen Klassifikationssysteme vorgeht (ICD-10; DSM-IV-TR).

▌ 3. Ausmaß der psychischen Störung

Gelangt der Sachverständige zu der Feststellung, dass das Störungsbild die Merkmale eines oder mehrerer Muster oder einer Mischform der Klassifikationen in ICD-10 oder DSM-IV-TR erfüllt, ist auch das Ausmaß der psychischen Störung und deren Auswirkung auf die Tat(en) zu bestimmen, die vom Sachverständigen aufgrund einer Gesamtbetrachtung der Persönlichkeit des Beschuldigten, des Ausprägungsgrads der Störung und ihrer Auswirkung auf seine soziale Anpassungsfähigkeit ermittelt werden kann. Rechtlich besagt die Zuordnung eines Befundes zu einem in den Klassifikationen ICD-10 oder DSM-IV-TR noch nichts über das Ausmaß der psychischen Störungen und deren forensische Bedeutung. Allerdings weist eine solche Zuordnung in der Regel auf eine nicht ganz geringfügige Beeinträchtigung hin.

▌ 4. Nachvollziehbarkeit und Transparenz

Das Gutachten muss nachvollziehbar und transparent sein. Darin ist darzulegen, aufgrund welcher Anknüpfungstatsachen (Angaben des Probanden, Ermittlungsergebnisse, Vorgaben des Gerichts zum Sachverhalt und möglichen Tathandlungsvarianten), aufgrund welcher Untersuchungsmethoden und Denkmodelle der Sachverständige zu den von ihm gefundenen Ergebnissen gelangt ist.

5. Beweisgrundlagen des Gutachtens

Die sozialen und biografischen Merkmale sind unter besonderer Berücksichtigung der zeitlichen Konstanz der psychopathologischen Auffälligkeiten zu erheben. Es muss deutlich werden, ob und welche Angaben des Beschuldigten als Anknüpfungstatsachen zugrunde gelegt wurden; insbesondere sind die gerichtlich noch zu überprüfenden Zusatztatsachen besonders hervorzuheben. Die Gutachtenerstattung in der Hauptverhandlung muss auf das dort gefundene Beweisergebnis – ggf. mit vom Gericht vorgegebenen Sachverhaltsvarianten – eingehen. Grundlage für die richterliche Urteilsfindung ist allein das in der Hauptverhandlung mündlich erstattete Gutachten. Der vorläufige Charakter des schriftlichen Gutachtens muss dem Sachverständigen und dem Gericht bewusst bleiben.

II. Beratung des Tatrichters durch den Sachverständigen

1. Diagnose und Eingangsmerkmale der §§ 20, 21 StGB

Die psychiatrische Diagnose nach ICD-10 und DSM-IV-TR ist nicht mit einem Eingangsmerkmal des § 20 StGB gleichzusetzen. Ob der sachverständige Befund unter ein Eingangsmerkmal des § 20 StGB zu subsummieren ist, entscheidet nach sachverständiger Beratung der Richter.

2. Ausprägungsgrad der Störung

Mit der bloßen Feststellung, bei dem Beschuldigten liege eines der 4 Merkmale des § 20 StGB vor, ist die Frage, ob die Voraussetzungen der §§ 20, 21 StGB vorliegen, noch nicht abschließend beantwortet. Dafür sind der Ausprägungsgrad der Störung und der Einfluss auf die soziale Anpassungsfähigkeit entscheidend. Die Beeinträchtigung der psychischen Funktionsfähigkeit durch die festgestellten psychopathologischen Verhaltensmuster ist zu untersuchen.

So ist bei die Tat überdauernden Störungen für die Bewertung der Schwere insbesondere maßgebend, ob es im Alltag außerhalb des beschuldigten Deliktes zu Einschränkungen des beruflichen und sozialen Handlungsvermögens gekommen ist.

III. Beurteilung der Schuldfähigkeit bei Begehung der Tat

Der Richter hat die Anwendung der §§ 20, 21 StGB anhand der gesetzlichen Voraussetzungen und der daraus von der höchstrichterlichen Rechtsprechung aufgestellten Anforderungen zu entscheiden.

▊ 1. Auswirkungen auf die konkrete Tat

Für das Vorliegen der §§ 20, 21 StGB kommt es nicht darauf an, ob die Steuerungsfähigkeit generell aufgehoben oder rechtlich erheblich einge-schränkt ist. Maßgeblich kommt es vielmehr auf den Zustand bei Begehung der Tat an. Zur Beurteilung dieser Rechtsfrage überprüft der Tatrichter die vom Sachverständigen gestellte Diagnose, den Schweregrad der Störung und deren innere Beziehung zur Tat. Die Prüfung erfolgt auf der Grundlage des Beweisergebnisses der Hauptverhandlung. Tatvarianten hat der Richter mit dem Sachverständigen zu erörtern.

▊ 2. Erheblichkeit ist Rechtsfrage

Die Frage der Erheblichkeit im Sinne des § 21 StGB ist eine Rechtsfrage, die der Richter nach sachverständiger Beratung in eigener Verantwortung zu beantworten hat (s.o. III.1). Hierbei fließen normative Gesichtspunkte ein. Entscheidend sind die Anforderungen, die die Rechtsordnung an jeder-mann stellt. Diese Anforderungen sind um so höher, je schwerwiegender das in Rede stehende Delikt ist.

IV. Revisionsrechtlicher Prüfungsmaßstab

Für die revisionsgerichtliche Überprüfung der Schuldfähigkeitsbeurteilung gelten die bisherigen Prüfungsmaßstäbe. Insbesondere gilt weiter, dass ein „forensischer Sachverständiger in eigener Verantwortung über die Heran-ziehung von Unterlagen, seine Untersuchungsmethoden und den Umfang seiner Erhebungen entscheidet."

2.6   Katalog der formellen und inhaltlichen Mindestanforderungen für psychologische und psychiatrische Schuldfähigkeitsgutachten

Die Vorschläge der BGH-Arbeitsgruppe zur Qualitätssicherung von Schuld-fähigkeitsgutachten sind in erster Linie ausgerichtet auf die Abfassung des schriftlichen Gutachtens. Dafür empfehle sich die Einhaltung einer relativ schematischen Struktur, um wesentliche Punkte nicht zu übersehen und dem Leser die Orientierung zu erleichtern. Verbindlich ist die Verwendung kriterienorientierter Diagnosen entsprechend ICD-10 (Dilling et al. 1991) oder DSM-IV-TR (APA 2003). Der Katalog ist ausgerichtet auf die Begutach-tung aller Störungsbilder, die im Rahmen der Prüfung des Vorliegens der rechtlichen Voraussetzungen der §§ 20 und 21 StGB in Betracht kommen.

Die Arbeitsgruppe betont, dass die Beachtung von Mindestanforderun-gen das Studium von Lehrbüchern und die Auseinandersetzung mit der ak-tuellen wissenschaftlichen Literatur nicht ersetzt. Diese auf Literaturkenntnis gestützte Sachkompetenz ist zwangsläufiger Bestandteil eines wissenschaftlich begründeten Gutachtens. Einigkeit bestand auch darin, dass der Bezug auf Klassifikationssysteme und Lehrbücher keiner Zitierung im Gutachten bedarf.

Aufgelistet wird zunächst ein Katalog von **formellen Mindestanforderungen,** also basalen Formerfordernissen, wie diese auch in Lehrbüchern der forensischen Psychiatrie (Nedopil 2002, Rasch u. Konrad 2004, Venzlaff u. Foerster 2004) seit Jahrzehnten stets verfochten worden sind:

Nennung von Auftraggeber und Fragestellung; Darlegung von Ort, Zeit und Umfang der Untersuchung; Dokumentation der Aufklärung; Darlegung der Verwendung besonderer Untersuchungs- und Dokumentationsmethoden (z. B. Videoaufzeichnung, Tonbandaufzeichnung, Beobachtung durch anderes Personal, Einschaltung von Dolmetschern);

Exakte Angabe und getrennte Wiedergabe der Erkenntnisquellen (Akten; subjektive Darstellung des Untersuchten; Beobachtung und Untersuchung; zusätzlich durchgeführte Untersuchungen, z. B. bildgebende Verfahren, psychologische Zusatzuntersuchung). Gefordert wird weiter: Eindeutiges Kenntlichmachen der interpretierenden und kommentierenden Äußerungen und deren Trennung von der Wiedergabe der Informationen und Befunde; Trennung von gesichertem medizinischen (psychiatrischen, psychopathologischen, psychologischen) Wissen und subjektiver Meinung oder Vermutungen des Gutachters; Offenlegung von Unklarheiten und Schwierigkeiten und den daraus abzuleitenden Konsequenzen, ggf. rechtzeitige Mitteilung an den Auftraggeber über weiteren Aufklärungsbedarf; Kenntlichmachung der Aufgaben- und Verantwortungsbereiche der beteiligten Gutachter und Mitarbeiter; bei Verwendung wissenschaftlicher Literatur Beachtung der üblichen Zitierpraxis; klare und übersichtliche Gliederung; schließlich der Hinweis auf die Vorläufigkeit des schriftlichen Gutachtens.

Tatsächlich scheitert eine Vielzahl von unverwertbaren Gutachten bereits infolge der Nichteinhaltung dieser basalen Regeln, die natürlich auch essenzieller Bestandteil der forensischen Ausbildung sein müssen.

Als **inhaltliche Mindestanforderungen** werden dann weiter genannt:

Vollständigkeit der Exploration, insbesondere zu den delikt- und diagnosespezifischen Bereichen (z. B. ausführliche Sexualanamnese bei sexueller Devianz und Sexualdelikten, detaillierte Darlegung der Tatbegehung); Benennung der Untersuchungsmethoden; Darstellung der Erkenntnisse, die mit den jeweiligen Methoden gewonnen wurden. Bei nicht allgemein üblichen Methoden oder Instrumenten ist eine Erläuterung der Erkenntnismöglichkeiten und ihrer Grenzen erforderlich.

Diagnosen sind unter Bezugnahme auf das zugrundeliegende Diagnosesystem zu stellen (i. d. R. ICD-10 oder DSM–IV-TR). Bei Abweichung von diesen Diagnosesystemen ist eine Erläuterung erforderlich, warum welches andere System verwendet wurde. Gefordert wird eine Darlegung der differenzialdiagnostischen Überlegungen; die Darstellung der Funktionsbeeinträchtigungen, die im Allgemeinen durch die diagnostizierte Störung bedingt werden, soweit diese für die Gutachtensfrage relevant werden könnten; die Überprüfung, ob und in welchem Ausmaß diese Funktionsbeeinträchtigungen bei dem Untersuchten bei Begehung der Tat vorlagen. Gefordert wird die korrekte Zuordnung der psychiatrischen Diagnose zu den gesetzlichen Eingangsmerkmalen, eine transparente Darstellung der Bewertung des Schweregrades der Störung. Zu erörtern ist die tatrelevante Funktionsbeeinträchtigung unter Differenzierung zwischen Einsichts- und Steuerungsfähigkeiten und die Darstellung von alternativen Beurteilungsmöglichkeiten.

2.7 Mindestanforderungen der Schuldfähigkeitsbeurteilung bei Persönlichkeitsstörungen oder sexueller Devianz

Obwohl bei der Begutachtung von Menschen mit Persönlichkeitsstörungen oder sexueller Devianz im Prinzip die gleichen methodischen Anforderungen wie bei anderen Störungen gestellt werden, hat sich die Arbeitsgruppe wegen der besonderen Abgrenzungsschwierigkeiten mit diesen beiden Störungsbildern besonders befasst. Eine Reihe der hier dargestellten Anforderungen finden als allgemeine Grundsätze bei allen Schuldfähigkeitsbegutachtungen analog Anwendung. Es gehört zu einer sorgfältigen forensischen Begutachtung im psychiatrisch/psychotherapeutischen und psychologischen Bereich, dass diagnostisch auch auf die Persönlichkeit und eine eventuelle Persönlichkeitsstörung eingegangen wird. Die hier vorgelegten Anhaltspunkte sind immer dann heranzuziehen, wenn die Untersuchung Hinweise für akzentuierte Persönlichkeitsmerkmale und Auffälligkeiten ergibt, die unter dem Begriff der schweren anderen seelischen Abartigkeit zu fassen sind. Dies betrifft auch Gutachten bei Sexualstraftaten, da Störungen der psychosexuellen Entwicklung in der Mehrzahl der Fälle eng mit Persönlichkeitsauffälligkeiten verschränkt sind.

2.7.1 Begutachtung von Persönlichkeitsstörungen

Beispielhaft soll hier auch dargestellt werden, wie im Besonderen die Begutachtung zur Frage der „schweren seelischen Abartigkeit" bei Menschen mit Persönlichkeitsstörungen erfolgen soll; diese Gruppe stellt ja das größte Kontingent der psychisch auffälligen Straftäter. Entsprechend häufig ist diese Fragestellung Kernpunkt der Begutachtung. Auf Initiative insbesondere von Saß, Leygraf und Habermeyer hat die Arbeitsgruppe beim BGH sich schließlich auf folgende Kriterien geeinigt, die hier nochmals vollständig zitiert werden, um entsprechend den Intentionen der Arbeitsgruppe ihre weite Verbreitung zu sichern:

▌ „1. Sachgerechte Diagnostik"

1.1. Das Gutachten sollte die Kriterien von ICD-10 oder DSM-IV-TR zur Diagnose einer Persönlichkeitsstörung berücksichtigen. Von besonderer Bedeutung ist die Beachtung der allgemeinen definierenden Merkmale von Persönlichkeitsstörungen in den beiden Klassifikationssystemen. Darüber hinaus ist in jedem Fall die Diagnose anhand der diagnostischen Kriterien der einzelnen Persönlichkeitsstörungen zu spezifizieren.

1.2. Da zum Konzept der Persönlichkeitsstörungen eine zeitliche Konstanz des Symptomenbildes mit einem überdauernden Muster von Auffälligkeiten in den Bereichen Affektivität, Kognition und zwischenmenschlichen Beziehungen gehört, kann eine zeitlich umschriebene Anpassungsstörung die Diagnose nicht begründen. Um die Konstanz des Symptombildes sachgerecht begründen zu können, darf sich das Gutachten nicht auf die Darstellung von Eckdaten beschränken, sondern muss die individuellen Interaktionsstile, die Reaktionsweisen unter konflikthaften Belastungen sowie Veränderungen infolge von Reifungs- und Alterungsschritten oder eingeleiteter therapeutischer Maßnahmen darlegen. Da biografische Brüche oder Tendenzen zu stereotypen Verhaltensmustern bei Konflikten bzw. Stressoren für die Diagnosestellung von besonderer Bedeutung sind, bedürfen sie auch im Gutachten einer entsprechenden Hervorhebung.

1.3. Rezidivierende sozial deviante Verhaltensweisen müssen sorgfältig von psychopathologischen Merkmalen einer Persönlichkeitsstörung getrennt werden. Auswirkungen von Persönlichkeitsstörungen zeigen sich nicht nur im strafrechtlichen Kontext.

1.4. Die klinische Diagnose einer Persönlichkeitsstörung darf nicht per se mit dem juristischen Begriff der schweren anderen seelischen Abartigkeit gleichgesetzt werden.

▌ 2. Sachgerechte Beurteilung des Schweregrads

2.1. Stellungnahmen zum Schweregrad der diagnostizierten Persönlichkeitsstörung sollten getrennt werden von der Diskussion der Einsichts- bzw. Steuerungsfähigkeit, die eng mit der Analyse der Tatsituation verbunden ist.

2.2. Der Orientierungsrahmen, anhand dessen der Schweregrad der Persönlichkeitsstörung eingeschätzt wird, muss jedem Gutachten entnommen werden können.

2.3. Nur wenn die durch die Persönlichkeitsstörung hervorgerufenen psychosozialen Leistungseinbußen mit den Defiziten vergleichbar sind, die im Gefolge forensisch relevanter krankhafter seelischer Verfassungen auftreten, kann von einer schweren anderen seelischen Abartigkeit gesprochen werden.

2.4. Gründe für die Einstufung einer Persönlichkeitsstörung als schwere andere seelische Abartigkeit können sein:

▌ erhebliche Auffälligkeiten der affektiven Ansprechbarkeit bzw. der Affektregulation,

▌ Einengung der Lebensführung bzw. Stereotypisierung des Verhaltens,
▌ durchgängige oder wiederholte Beeinträchtigung der Beziehungsgestaltung und psychosozialen Leistungsfähigkeit durch affektive Auffälligkeiten, Verhaltensprobleme sowie unflexible, unangepasste Denkstile,
▌ durchgehende Störung des Selbstwertgefühls,
▌ deutliche Schwäche von Abwehr- und Realitätsprüfungsmechanismen
2.5. Gegen die Einstufung einer Persönlichkeitsstörung als schwere andere seelische Abartigkeit sprechen:
▌ Auffälligkeiten der affektiven Ansprechbarkeit ohne schwerwiegende Beeinträchtigung der Beziehungsgestaltung und psychosozialen Leistungsfähigkeit,
▌ weitgehend erhaltene Verhaltensspielräume,
▌ Selbstwertproblematik ohne durchgängige Auswirkungen auf die Beziehungsgestaltung und psychosoziale Leistungsfähigkeit,
▌ intakte Realitätskontrolle, reife Abwehrmechanismen,
▌ altersentsprechende biografische Entwicklung.

▌ 3. Psycho(patho)logisch-normative Stufe: Einsichts- und Steuerungsfähigkeit

3.1. Eine relevante Beeinträchtigung der Einsichtsfähigkeit allein durch die Symptome einer Persönlichkeitsstörung kommt in der Regel nicht in Betracht.

3.2. Selbst wenn eine schwere andere seelische Abartigkeit vorliegt, muss geprüft werden, ob ein Zusammenhang zwischen Tat und Persönlichkeitsstörung besteht. Hierbei ist zu klären, ob die Tat Symptomcharakter hat, also Ausdruck der unter C.I.1.8 genannten Charakteristika einer schweren anderen seelischen Abartigkeit ist.

3.3. Die Beurteilung der Steuerungsfähigkeit erfordert eine detaillierte Analyse der Tatumstände (u. a. Verhalten vor, während und nach der Tat, Beziehung zwischen Täter und Opfer, handlungsleitende Motive).

3.4. Für forensisch relevante Beeinträchtigungen der Steuerungsfähigkeit sprechen über den vorgenannten Aspekt hinausgehend folgende Punkte:
▌ konflikthafte Zuspitzung und emotionale Labilisierung in der Zeit vor dem Delikt,
▌ abrupter impulshafter Tatablauf,
▌ relevante konstellative Faktoren (z. B. Alkoholintoxikation),
▌ enger Zusammenhang zwischen („komplexhaften") Persönlichkeitsproblemen und Tat.

3.5. Gegen eine erhebliche Beeinträchtigung der Steuerungsfähigkeit bei Persönlichkeitsstörungen, nicht aber notwendigerweise bei anderen Störungen (z. B. beim Wahnsyndrom) sprechen Verhaltensweisen, aus denen sich Rückschlüsse auf die psychischen Funktionen herleiten lassen:
▌ Tatvorbereitung,
▌ Hervorgehen des Deliktes aus dissozialen Verhaltensbereitschaften,
▌ planmäßiges Vorgehen bei der Tat,
▌ Fähigkeit, zu warten, lang hingezogenes Tatgeschehen,

▌ komplexer Handlungsablauf in Etappen,
▌ Vorsorge gegen Entdeckung,
▌ Möglichkeit anderen Verhaltens unter vergleichbaren Umständen.
  3.6. In der Regel kommt für den Bereich der schweren anderen seelischen Abartigkeit „allenfalls eine erhebliche Verminderung der Steuerungsfähigkeit in Betracht."

2.7.2 Begutachtung von Sexualstraftätern

Wegen der besonderen öffentlichen Aufmerksamkeit für den Umgang mit
Sexualstraftätern hat die Arbeitsgruppe auch hierzu detaillierte Arbeitsvor-
gaben gemacht (Boetticher et al. 2005, S. 61–62). Einigkeit bestand darin,
dass hier im Grundsatz dieselben Gesichtspunkte anzuwenden sind, wie sie
bei den Persönlichkeitsstörungen entwickelt worden sind. Hingewiesen
wurde darauf, dass wegen der häufigen Diskrepanzen zwischen den Einlassungen der Beschuldigten einerseits, den Zeugenaussagen und Tatortbefun-
den andererseits auch hier (wie stets) eine sorgfältige Analyse der Akten
und die explizite Darlegung von Anknüpfungstatsachen erforderlich sind.
Auf der Hand lag natürlich, dass bei diesen Probanden eine gründliche Sexualanamnese zu erheben ist, auch wenn diese bei vielen nicht sexuell
Straffälligen (z. B. Gewalttätern) nicht minder interessant sein kann und
andererseits viele Sexualstraftäter Besonderheiten nicht in der sexuellen,
sondern in der sozialen Anamnese aufweisen; die einzelnen Elemente der
Sexualanamnese werden im Beitrag von Boetticher et al. dargestellt, wichtig ist sicher der Hinweis, dass der Proband auch eingehend zu seiner
früheren Sexualdelinquenz zu befragen ist, wenn eine solche aktenkundig
ist.
  Auch die diagnostische Einordnung paraphiler Neigungen bzw. von Pa-
raphilien soll anhand der gängigen Klassifikationssysteme erfolgen und ist
anhand der Einzelkriterien zu erläutern. Es soll beschrieben werden, welchen Umfang und welche Bedeutung paraphile Strebungen an der gesamten Sexualstruktur haben. Gerade für die Einordnung einer Paraphilie als
schwere andere seelische Abartigkeit bedürfe es der Prüfung des Anteils
der Paraphilie an der Sexualstruktur, der Intensität des paraphilen Musters
im Erleben, der Integration der Paraphilie in das Persönlichkeitsgefüge und
der bisherigen Fähigkeit des Probanden zur Kontrolle paraphiler Impulse.
  Daraus ergäben sich u. a. folgende mögliche Gründe für die Einstufung
einer Paraphilie als schwere andere seelische Abartigkeit:
▌ Die Sexualstruktur ist weitestgehend durch die paraphile Neigung bestimmt;
▌ eine ich-dystone (ich-fremde) Verarbeitung führt zur Ausblendung der
  Paraphilie;
▌ eine progrediente Zunahme und „Überflutung" durch dranghafte paraphile Impulse mit ausbleibender Satisfaktion beherrscht zunehmend das
  Erleben und drängt zur Umsetzung auf der Verhaltensebene;

andere Formen soziosexueller Befriedigung stehen dem Beschuldigten aufgrund (zu beschreibender) Persönlichkeitsfaktoren und/oder (zu belegender) sexueller Funktionsstörungen erkennbar nicht zur Verfügung.

Eine forensisch relevante Beeinträchtigung der Steuerungsfähigkeit könne bei Vorliegen folgender Aspekte diskutiert werden:

- konflikthafte Zuspitzung und emotionale Labilisierung in der Zeit vor dem Delikt mit vorbestehender und länger anhaltender triebdynamischer Ausweglosigkeit;
- Tatdurchführung auch in sozial stark kontrollierter Situation;
- abrupter, impulshafter Tatablauf, wobei jedoch ein paraphil gestaltetes und zuvor (etwa in der Phantasie) „durchgespieltes" Szenario kein unbedingtes Ausschlusskriterium für eine Verminderung der Steuerungsfähigkeit ist, sofern dieses Szenario einer diagnostizierten Paraphilie entspricht und eine zunehmende Progredienz nachweisbar ist;
- archaisch-destruktiver Ablauf mit ritualisiert wirkendem Tatablauf und Hinweisen für die Ausblendung von Außenreizen;
- konstellative Faktoren (z.B. Alkoholintoxikation, Persönlichkeitsstörung, eingeschränkte Intelligenz), die unter Umständen auch kumulativ eine erheblich verminderte Steuerungsfähigkeit bedingen können.

Die interdisziplinäre Arbeitsgruppe hat sich inzwischen geeinigt, nun auch Qualitätskriterien zu entwickeln für kriminalprognostische Gutachten. Dies betrifft sowohl die sachverständige Beurteilung der Fragen, ob die Voraussetzungen einer Maßregel diagnostisch und kriminalprognostisch gegeben sind, wie auch die Beurteilung im Haft- und Unterbringungsverlauf zur Frage der bedingten Entlassung, von Lockerungen und therapeutischen Vollzugsmaßnahmen unter Bezugnahme auf eine Risikoanalyse und Gefährlichkeitseinschätzung. Die Ergebnisse werden im Jahr 2006 zu erwarten sein.

Literatur

American Psychiatric Association (2003) Diagnostische Kriterien – DSM-IV-TR. Dt Bearb von H Saß, H-U Wittchen, M Zaudig, I Houben. Hogrefe, Göttingen
Berner W (1996) Wann ist das Begehren krank? Vom Perversionsbegriff zur Paraphilie. Z Sexualforsch 9: 62–75
Boetticher A, Nedopil N, Bosinski HAG, Saß H (2005) Mindestanforderungen für Schuldfähigkeitsgutachten. Neue Zeitschrift für Strafrecht 25: 57–62
Dilling H, Mombour W, Schmidt MH (Hrsg) (1991) Internationale Klassifikation psychischer Störungen ICD-10 Kapitel V (F). Huber, Bern Göttingen Toronto, S 3
Foerster K, Heck C (1991) Zur Quantifizierung der sogenannten schweren seelischen Abartigkeit. Mschr Krim 74: 49–53
Giese H (1962) Leitsymptome sexueller Perversionen. In: Giese H (Hrsg) Psychopathologie der Sexualität. Enke, Stuttgart, S 420–470
Hare RD (1991) Manual for the Hare Psychopathy Checklist – Revised. Multi Health Systems, Toronto

Herpertz SC (2001) Impulsivität und Persönlichkeit. Zum Problem der Impuls-kontrollstörungen. Kohlhammer, Berlin Stuttgart Köln

Kröber H-L (1995) Konzepte zur Beurteilung der „schweren anderen seelischen Abartigkeit" Nervenarzt 66: 532–541

Kröber H-L (1999) Gang und Gesichtspunkte der kriminalprognostischen psychiatrischen Begutachtung. Neue Zeitschrift für Strafrecht 19: 593–599

Kröber H-L (1999) Wandlungsprozesse im psychiatrischen Maßregelvollzug. Z Sexualforsch 12: 93–107

Kröber H-L (2001) Die Beeinflussung der Schuldfähigkeit durch Alkoholkonsum. Sucht 47: 341–349

Kröber H-L, Faller U, Wulf J (1994) Nutzen und Grenzen standardisierter Schuldfähigkeitsbegutachtung – Eine Überprüfung des FPDS. Mschr Krim 77: 339–352

Leygraf N (1988) Psychisch kranke Straftäter – Epidemiologie und aktuelle Praxis des psychiatrischen Maßregelvollzuges. Springer, Berlin Heidelberg New York

Leygraf N (1998) Zur Wirksamkeit des psychiatrischen Maßregelvollzuges. In: Kröber H-L, Dahle KP (Hrsg) Sexualstraftaten und Gewaltdelinquenz. Verlauf – Behandlung – Opferschutz. Kriminalistik-Verlag, Heidelberg, S 164–173

Monahan J, Steadman HJ, Silver E, Appelbaum PS, Robbins PC, Mulvey EP, Roth LH, Grisso T, Banks S (2001) Rethinking risk assessment: the MacArthur Study of mental disorder and violence. Oxford University Press, New York

Müller-Isberner R (2004) Therapie im psychiatrischen Maßregelvollzug (§ 63 StGB). In: Foerster K (Hrsg) Psychiatrische Begutachtung, 4. Aufl. Urban & Fischer, München, S 417–436

Müller-Isberner R, Jöckel D, Gonzalez Cabeza S (1998) Die Vorhersage von Gewalttaten mit dem HCR 20. Institut für Forensische Psychiatrie, Haina

Nedopil N (2002) Forensische Psychiatrie, 2. Aufl. Thieme, Stuttgart

Nedopil N, Müller-Isberner R (1995) Psychiatrischer Maßregelvollzug gemäß § 63 StGB. Rechtsgrundlagen – Derzeitige Situation – Behandlungskonzepte – Perspektiven. Nervenarzt 66: 793–801

Rasch W (1964) Tötung des Intimpartners. Enke, Stuttgart. Reprint 1995: Psychiatrie Verlag, Bonn

Rasch W, Konrad N (2004) Forensische Psychiatrie, 3. Aufl. Kohlhammer, Stuttgart

Saß H (1983) Affektdelikte. Nervenarzt 54: 557–572

Saß H (1987) Psychopathie – Soziopathie – Dissozialität. Zur Differentialtypologie der Persönlichkeitsstörungen. Springer, Berlin Heidelberg New York

Saß H (Hrsg) (1993) Affektdelikte. Springer, Berlin Heidelberg New York

Schneider K (1948) Die Beurteilung der Zurechnungsfähigkeit. Thieme, Stuttgart

Schöch H (1983) Die Beurteilung von Schweregraden schuldmindernder oder schuldausschließender Persönlichkeitsstörungen aus juristischer Sicht. Mschr Krim 66: 333–343

Schorsch E (1971) Sexualstraftäter. Enke, Stuttgart

Schorsch E, Becker N (1977/2000) Angst, Lust, Zerstörung – Sadismus als soziales und kriminelles Handeln. Psychosozial Verlag, Gießen

Stoller RM (1975/79) Perversion – Die erotische Form von Haß. Nachdruck 2001. Psychosozial Verlag, Gießen

Venzlaff U, Foerster K (Hrsg) (2004) Psychiatrische Begutachtung, 4. Aufl. Urban & Fischer, München Jena

Webster CD, Harris GL, Rice ME, Cormier C, Quinsey VL (1994) The Violence Prediction Scheme. University of Toronto, Toronto

3 Psychologische Persönlichkeitsdiagnostik: Zur Bedeutung von Persönlichkeitsfragebogen bei der Begutachtung der Schuldfähigkeit

Heinz Scheurer und Paul Richter

3.1 Vorbemerkungen

Der täterorientierte Ansatz, dem die Untersuchung von Persönlichkeitseigenschaften zuzurechnen ist, war lange Zeit „Main-stream-Forschung" in Kriminologie und Forensik. Zwischenzeitlich hatte man sich anderen Forschungsschwerpunkten zugewandt. Themen wie Sanktions- und Behandlungsforschung, Kriminalprognose, Längsschnittuntersuchungen, Prävention, Intensivtäter, Viktimologie und moderne Kriminalitätsformen waren Forschungsschwerpunkte geworden (Kaiser 1988; Kerner 1988; Kury 1986). In den letzten Jahren erfährt der täterorientierte Ansatz mit der Diskussion von Sexualstraftätern und gefährlichen Verbrechern eine Wiederbelebung (Deegener 1999; Rehn et al. 2001).

Unbestreitbar sind Persönlichkeitseigenschaften sehr wichtige Konstrukte. Dies gilt für die kriminologische und forensische Theorienbildung, vor allem aber auch für die forensische Praxis. Persönlichkeitsmerkmale sind in Mehrebenenmodellen als zentrale Begriffe integriert: In Persönlichkeitseigenschaften haben sich biologisch-physiologische Faktoren und biografische Erfahrungen niedergeschlagen. Persönlichkeitseigenschaften bestimmen, verbunden mit dem gegebenen situativen und sozialen Kontext, das konkrete Verhalten. Weiterhin sind sie in praktischer Hinsicht von Bedeutung, wie bei der forensischen Therapie oder in forensischen Begutachtungssituationen.

Um vorab Missverständnisse zu vermeiden, sei explizit darauf verwiesen, dass forensische Begutachtung nicht primär in der Erstellung von Persönlichkeitsbildern besteht. Diagnostik ist immer ein hypothesengeleiteter Prozess (Jäger 1986; Steller 1993 b). Aufgrund vorgegebener Fragestellungen werden spezifische Hypothesen aufgestellt, die mit geeigneten Untersuchungsmethoden überprüft werden. In diesem hypothesengeleiteten Problemlöseprozess erfahren die Untersuchungen von Persönlichkeitsmerkmalen ihre Bedeutung und Begrenzung.

Persönlichkeit bzw. Persönlichkeitseigenschaften eines Gutachtenprobanden können mit unterschiedlichen methodischen Zugängen analysiert werden. Vorläufige Hypothesen zur Persönlichkeit wird man sich aufgrund der Aktenanalyse bilden; biografische Anamnese und Exploration zur Sache werden das Persönlichkeitsbild weiter präzisieren. Als spezifische psychologische Persönlichkeitsverfahren werden in der praktischen Begutachtungssituation vor allem psychometrische Fragebogen, teilweise auch projektive Verfahren eingesetzt. Ein wichtiges Hilfsmittel zur Persönlichkeitsbeurteilung ist weiterhin die Verhaltensbeobachtung. Grundsätzlich möglich sind psychophysiologische Methoden, indirekte Verfahren und objektive Persönlichkeitstests, allerdings werden sie faktisch seltener eingesetzt.

Da in der wissenschaftlichen Psychologie *Persönlichkeitsfragebogen*, die testtheoretischen Gütekriterien genügen, als Standardmethode und als adäquateste Möglichkeit zur Erhebung von Persönlichkeitseigenschaften gelten (Lösel 1988), werden sie in dem hier vorliegenden Beitrag in den Mittelpunkt gestellt.

Außerdem konzentriert sich der vorliegende Beitrag auf die *Begutachtung der Schuldfähigkeit*. Andere wichtige forensische Aufgabengebiete (Kriminalprognose, Glaubhaftigkeitsdiagnostik) werden im vorliegenden Buch von anderen Autoren dargestellt.

3.2 Bedeutung von Persönlichkeitseigenschaften für die Erklärung kriminellen Verhaltens

Will man die Bedeutung von Verfahren zur Persönlichkeitsdiagnostik im Rahmen forensischer Begutachtung ersehen, so ist es zunächst einmal ratsam, sich über die Bedeutung von Persönlichkeitseigenschaften für kriminelles Verhalten klar zu werden. Der Stellenwert von Persönlichkeitseigenschaften bei der Erklärung von Delinquenz bestimmt Form und Inhalt der Diagnostik von Persönlichkeitsmerkmalen im Rahmen der forensischen Begutachtung.

Bei der Erklärung kriminellen Verhaltens sollte man 3 wichtige Prinzipien beachten:

1. Verlaufsbetrachtung (Entwicklungsgesichtspunkt): Delinquentem Verhalten liegt eine Entwicklung, also eine Vorgeschichte, zugrunde (Farrington 1991). Delinquenz kann zwar zu einem gegebenen Zeitpunkt durch einen Faktor oder auch ein Bündel von Faktoren ausgelöst werden. Um delinquentes Verhalten aber adäquat zu erklären oder auch zu verstehen, muss man die Vorgeschichte eines Menschen betrachten. Die Vorgeschichte wird zu bestimmten Dispositionen führen (Lösel 1975). Erst auf Grundlage solcher Dispositionen kann kriminelles Verhalten durch bestimmte Faktoren ausgelöst werden.

In der Psychiatrie würde man solche Dispositionen Vulnerabilitäten nennen (Olbrich 1987; Zubin u. Spring 1977). Vulnerabilität kann man im vorliegenden Kontext als individuelle Gefährdung bzw. Anfälligkeit betrachten, d.h. als Wahrscheinlichkeit, mit der eine Person delinquente Verhaltensweisen entwickelt. In anderer Bedeutung meint Vulnerabilität einen Mangel an protektiven Möglichkeiten bzw. an Resistenzen einer Person angesichts kriminogener situativer Konstellationen, die dann eher zu delinquentem Verhalten führen (Schmidt-Degenhard 1988).

Der Begriff der prämorbiden Persönlichkeit geht in die gleiche Richtung wie die Begriffe Disposition und Vulnerabiltät (Baumann 1993; v. Zerssen 1994). Es wird eine Beziehung zwischen (prämorbider) Persönlichkeit und psychischer Erkrankung (statt Delinquenz) angenommen, die je nach theoretischem Ansatz unterschiedlich konzipiert wird (Blankenburg 1986).

Die Erklärung von Delinquenz aufgrund von Situationen allein und mit Außerachtlassung von Dispositionen ist nicht ausreichend. In den allerwenigsten Fällen werden Stimuli so „stark" – in der Terminologie von Mischel (1976) – sein, dass sie allein zur Erklärung ausreichen, d.h. dass sie jedermann dazu bringen, sich in gleicher Weise zu verhalten. In der Regel wird es sich um „schwache" Situationen handeln, die nicht bei allen Personen gleiches Verhalten auslösen (Carver u. Scheier 1992).

Zur Explizierung von Dispositionen und Vulnerabilitäten spielen als psychologische Konstrukte Persönlichkeitseigenschaften eine dominierende Rolle. Gemäß der Lewin-Gleichung $V = f\,(P, U)$ wird das Verhalten V (Delinquenz) als Funktion f von Persönlichkeit P und Umwelt U (Situation) gesehen, wobei das Zusammenspiel von Persönlichkeit und Umwelt als multiplikativ angesehen werden kann und die Umwelt in interaktionistischer Sichtweise als kognitiv interpretierte Situation, die wiederum von der Persönlichkeit abhängig ist.

Um die Vorgeschichte zu rekonstruieren, sind bestimmte Untersuchungsebenen von Bedeutung: die biologisch-physiologische und die biografische Ebene. Die Persönlichkeitsebene ist – neben der Umweltebene (siehe z. B. soziale Stützsysteme) – wichtig zur Rekonstruktion der Dispositionen oder Vulnerabilitäten. Einzelne Kriminalitätstheorien, aber auch sozialwissenschaftliche Disziplinen allgemein versuchen diese Ebenen zu erhellen bzw. Verbindungen zwischen ihnen herzustellen. So sind viele Ergebnisse der Psychopathieforschung oder Aussagen der Kriminalitätstheorie von Eysenck (1977) für die biologisch-physiologische Ebene wichtig. Psychoanalytische Ansätze liefern wichtige Beiträge zur frühkindlichen Entwicklung und damit zur biografischen Ebene (Mundt 1985). Persönlichkeitspsychologische Ansätze nennen und beschreiben wichtige Persönlichkeitskonstrukte. Lerntheoretische und Labelingansätze konzentrieren sich auf soziale Beziehungen (Umweltebene).

Es sind ganz bestimmte Persönlichkeitsmerkmale, die in Kriminologie und Forensik besonders interessieren und denen eine wichtige Rolle bei der Entstehung von kriminellem Verhalten zugeschrieben wird: Intelligenz, Extraversion, Neurotizismus, Impulsivität, Aggressivität, Selbstkonzept, Kontrollüberzeugung, moralische Entwicklung, Empathie, „sensation-seeking", Ängstlichkeit, Ichstärke und Persönlichkeitsstörungen (Amelang 1986; Lösel 1993; Scheurer 1993; Scheurer et al. 1995). Auf solche Persönlichkeitseigenschaften wird man bei der Erklärung von Delinquenz und damit auch in der forensischen Diagnostik seine Aufmerksamkeit richten.

▌ **2. Mehrfachverursachung (Bunge 1987; Gadenne 1988):** Delinquenz ist grundsätzlich als mehrfaktoriell verursacht anzusehen, d. h., Delinquenz kann durch unterschiedliche Faktoren – auf der Grundlage bestimmter Dispositionen oder Vulnerabilitäten – ausgelöst werden. Insofern wäre es eigentlich besser, von „Mehrfachauslösung" zu sprechen. So können Arbeitslosigkeit, Verschuldung oder auch Druck durch andere Personen ein Delikt wie einen Raub auslösen. Zumeist sind als Auslöser kriminellen Verhaltens eine Menge von Faktoren, die miteinander in Wechselwirkung stehen, zu betrachten und nicht ein einziger Faktor allein.

▌ **3. Deliktspezifität:** Um spezifische Deliktarten zu erklären, muss man die allgemeinen Parameter des hier vorgeschlagenen Erklärungsmodells spezifizieren. So mögen zur Erklärung von Körperverletzungen auf der Persönlichkeitsebene Erregbarkeit und Aggressivität von Bedeutung sein. Zur Auslösung von Körperverletzungen sind Alkoholkonsum oder auch Erwartungen des sozialen Umfeldes, sich in einer bestimmten Weise zu verhalten, von Bedeutung.

Der Deliktspezifität tragen idealtypische Situationen Rechnung, wie sie von Rasch (1964) mit seiner Typologie von Tötungssituationen oder von Simons (1988) mit seinen kognitions-emotionspsychologischen Modellen zu Tötungsdelikten entwickelt wurden. In die gleiche Richtung geht auf der Ebene der forensischen Begutachtung die Forderung von Steller (1988, 1993 a), für spezifische forensische Fragestellungen auch spezifische Konstrukttheorien und damit spezifische Erhebungsansätze zu entwickeln.

3.3 Bedeutung von Persönlichkeitseigenschaften in der Forensik allgemein und bei der Begutachtung der Schuldfähigkeit

In praktischer Hinsicht sind Persönlichkeitseigenschaften bei verschiedenen Aufgaben der forensischen Psychologie und forensischen Begutachtung von Bedeutung.

In der *forensischen Therapie* wird versucht, die Persönlichkeit in erwünschter Richtung zu verändern. So nennt Kühne (1983) die folgenden allgemeinen Therapieziele: Stärkung positiver sozialer Einstellungen, Erhöhung der Selbstkontrolle, Erhöhung der Frustrationstoleranz, Förderung der Interaktions- und Kommunikationsfähigkeit usw.

Je nach therapeutischem Ansatz haben Persönlichkeitseigenschaften eine unterschiedliche Bedeutung und stehen ganz bestimmte Persönlichkeitseigenschaften im Vordergrund. In der Gesprächstherapie wird versucht, die Selbstakzeptanz des Delinquenten zu verbessern (Minzel u. Howe 1983). Die Psychoanalyse strebt die Akzeptierung verdrängter Gefühle und Strebungen an, sie will die Ichstärke erhöhen und teilweise auch das Über-Ich verändern (Böllinger 1983). In der klassischen Verhaltenstherapie waren allerdings Persönlichkeitseigenschaften weniger von Bedeutung; es wurde die Veränderung konkreter Verhaltensweisen angestrebt. In neueren verhaltenstherapeutischen Ansätzen, wie beim Selbstmanagementansatz von Kanfer (Kanfer, Reinecker, Schmelzer 1996) oder beim Einüben sozialer Kompetenz durch Modelllernen und Rollenspiel, sind Persönlichkeitseigenschaften wieder wichtig (Farrington 1991; Kury 1983).

Bei der *Kriminalprognose*, die der Vorhersage zukünftiger Legalbewährung dient (siehe bedingte Entlassung oder Strafaussetzung zur Bewährung) werden Persönlichkeitseigenschaften immer wieder diskutiert (Leygraf 1994; Schneider 1979, 1983). Zur Vorhersage stützt man sich aber eher auf „harte" Daten aus dem biografischen und Verhaltensbereich, wie Vorstrafen, Vorhandensein eines festen Arbeitsplatzes und Wohnsitzes, intakte soziale Netze, Abusus von Drogen oder Alkohol usw. (Göppinger 1980). Die geringere praktische Relevanz von Persönlichkeitseigenschaften mag damit zusammenhängen, dass Persönlichkeitsfragebogen mit ihrer Möglichkeit zur Verfälschung oft in diesen forensischen Kontexten als nicht geeignet angesehen werden. Grundsätzlich könnte man aber durch Heranziehen von relevanten Persönlichkeitseigenschaften, die durch relativ verfälschungsfreie Verfahren erfasst werden, die Kriminalprognose unterstützen (Scheurer u. Kröber 1998).

Die Bedeutung von Persönlichkeitsmerkmalen und damit auch von persönlichkeitsdiagnostischen Verfahren zur *Beurteilung der Schuldfähigkeit* ergibt sich aus den oben aufgeführten Erklärungsprinzipien für kriminelles Verhalten und aus den so genannten „Schuldfähigkeitsparagrafen" (§§ 20, 21) des StGB, die die Prüfung bestimmter Persönlichkeitseigenschaften implizieren.

▌ Persönlichkeitseigenschaften, verstanden als Dispositionen oder Vulnerabilitäten, können zur *allgemeinen Täterbeschreibung* herangezogen werden. Da sich biologisch-physiologische Faktoren und biografische Erfahrungen in Persönlichkeitseigenschaften niedergeschlagen haben, sind sie es gerade, die eine Person charakterisieren und damit ihr Verhalten erhellen können.

Der vom Gericht vorgegebene Gutachtenauftrag zur Prüfung der Schuldfähigkeit mag zwar spezifisch formuliert sein, in der Regel wird aber doch vom Sachverständigen neben der Beantwortung der spezifischen diagnostischen Fragestellung eine allgemeine Persönlichkeitsbeschreibung erwartet (Rasch 1986).

▌ Neben den eher allgemeinen Persönlichkeitsmerkmalen sollte man *die für eine bestimmte Straftat relevanten Persönlichkeitsmerkmale* beachten (siehe dazu das Erklärungsprinzip der Deliktspezifität). Von allgemeinem Interesse und damit wichtig für die allgemeine Täterbeschreibung mögen die Eysenck-Dimensionen Extraversion, Neurotizismus und Psychotizismus, weiterhin Selbstkonzept und moralische Entwicklung sein. Für spezifische Delikte wie Körperverletzung sind aber Persönlichkeitskonstrukte wie Erregbarkeit, Impulsivität und Aggressivität von besonderer Bedeutung. Beim Raub sind Persönlichkeitsmerkmale wie Handlungskompetenz und Zukunftsperspektive wichtig.

In den §§ 20, 21 StGB wird die Prüfung *bestimmter Persönlichkeitseigenschaften* gefordert. In den Eingangsvoraussetzungen der Schuldfähigkeitsparagrafen werden mit dem Begriff „Schwachsinn" insbesondere die Intelligenz, mit dem Begriff „schwere andere seelische Abartigkeit" u. a. Persönlichkeitsstörungen als ex- bzw. dekulpierungsrelevante Persönlichkeitsmerkmale angesprochen.

Auf der psychologischen Ebene wird in den Schuldfähigkeitsparagrafen bei allen ex- bzw. dekulpierungsrelevanten Merkmalen auf Einsichts- und Steuerungsfähigkeit zum Tatzeitpunkt verwiesen. Diese Persönlichkeitskonstrukte sind allerdings weniger als Trait-, sondern eher als State-variablen anzusehen. Sie sind also weniger als relativ zeit- und situationsstabile Merkmale zu betrachten, sondern als von bestimmten Bedingungen (wie psychiatrische Erkrankungen bzw. tiefgreifende Bewusstseinsstörungen) abhängige Merkmale. Die in der Literatur getroffene Unterscheidung zwischen Tatzeit- und Testzeitpersönlichkeit ist gerade für die Einsichts- und Steuerungsfähigkeit von Bedeutung (Göppinger 1972; Rasch 1986).

Mit Recht verweist Janzarik (1991) darauf, dass Einsicht (Kognitionen) und Steuerung (Emotionen) in konkreten Handlungsabläufen eine faktische Einheit bilden. Trotzdem kann man sie definitorisch abgrenzen und damit auch getrennt beurteilen. Allerdings ist die Steuerungsfähigkeit bei der Begutachtung der Schuldfähigkeit von viel größerem Interesse als die Einsichtsfähigkeit. So ist zumindest für Kernbereiche des Verbrechens (z. B. Tötungsdelikte) die Einsichtsfähigkeit fast immer gegeben (Kröber 1993).

3.4 Empfehlungen zur Verwendung von Persönlichkeitsfragebogen im Rahmen der Begutachtung der Schuldfähigkeit

Zur *allgemeinen Täterbeschreibung* kann man allgemeine (mehrdimensionale) Persönlichkeitsfragebogen heranziehen, wie FPI-R (Freiburger Persönlichkeitsinventar, revidierte Fassung; Fahrenberg et al. 1984), PRF (Deutsche Personality-Research-Form; Stumpf et al. 1985), 16 PF (16 Persönlichkeits-Faktoren-Test; Schneewind et al. 1983), NEO-FFI (Neo-Fünf-Faktoren-Inventar; Borkenau u. Ostendorf 1992) oder GT (Gießen-Test; Beckmann et al. 1983). Anregungen für solche Verfahren kann man den einschlägigen Testhandbüchern entnehmen (z. B. Brickenkamp 1997; Staudenmayer et al. 1987; Wehner u. Durchholz 1980). Entsprechend spezifischer Fragestellung, theoretischer Orientierung und gewünschter testtheoretischer Kriterien wird man die Fragebogen auswählen.

Zur Untersuchung der *für eine bestimmte Straftat relevanten Persönlichkeitseigenschaften* kann man natürlich keinen Standard von Persönlichkeitsfragebogen nennen. Die Auswahl relevanter Persönlichkeitsfragebogen sind von der jeweiligen Fragestellung und damit den interessierenden

Persönlichkeitskonstrukten, wie Erregbarkeit, Aggressivität, Impulsivität, Handlungskompetenz oder Zukunftsperspektive, abhängig. Skalen für solche Persönlichkeitskonstrukte sind schon in allgemeinen Persönlichkeitsfragebogen enthalten, es gibt aber auch spezielle Skalen zu ihrer Erfassung (siehe Brickenkamp 1997; Staudenmayer et al. 1987; Wehner u. Durchholz 1980; ZUMA-Handbuch Sozialwissenschaftlicher Skalen 1983). Es ist weiterhin Gewinn bringend, die Literatur zu den speziellen Persönlichkeitskonstrukten zu sichten, da hier Hinweise auf Operationalisierungsverfahren und damit auch auf Persönlichkeitsfragebogen gegeben werden.

Im Rahmen der Prüfung auf „*krankhafte seelische Störungen*" (endogene und exogene Psychosen) kann man allgemeine, klinisch orientierte Selbstbeurteilungsfragebogen, wie MMPI (Minnesota Multiphasic Personality Inventory; Spreen 1977) oder FPI-A1 (Freiburger Persönlichkeitsinventar, Aktualisierung der Form A; Fahrenberg et al. 1984) einsetzen. Diese beziehen sich auf Persönlichkeitsmerkmale, die Bezüge zu Psychosen haben, sei es, dass sie als begleitende Persönlichkeitsveränderungen bei der Psychose oder auch als prämorbide Persönlichkeitsfaktoren angesehen werden. Von den klinisch orientierten Persönlichkeitsfragebogen sind spezielle klinische Selbstbeurteilungsfragebogen abzugrenzen, die sich nicht auf Persönlichkeitseigenschaften, sondern auf Symptome und Syndrome von Psychosen beziehen (siehe CIPS 1986 oder von Zerssen 1976).

Zur Prüfung der „*tiefgreifenden Bewusstseinsstörung*" sind die Exploration zur Sache, unterstützt mit Kriterienlisten, von ausschlaggebender Relevanz (Saß 1983, 1993). Ergänzend und Gewinn bringend können Persönlichkeitsfragebogen herangezogen werden, die sich auf Kriterien für Affektdelikte beziehen, wie Fragebogen zur Aggressivität oder Neigung zu impulsivem Verhalten.

Bei der Beurteilung des „*Schwachsinns*" interessiert in erster Linie die Intelligenz, die mit Leistungstests erfasst wird. Persönlichkeitsfragebogen sind hier auch deshalb weniger von Bedeutung, weil zur Bearbeitung von Persönlichkeitsfragebogen ein bestimmtes Intelligenzniveau (Mindest-IQ von 80 als Daumenregel) vorausgesetzt wird (Stieglitz 1993).

Bei der „*schweren anderen seelischen Abartigkeit*" haben die Persönlichkeitsstörungen den Status von Persönlichkeitseigenschaften. Für diese gibt es eine Reihe allgemeiner (z. B. MMPI) und spezifischer Selbstbeurteilungsverfahren (z. B. Narzissmusinventar NAI; Deneke u. Hilgenstock 1989). Neurosen, Triebdeviationen und Süchte stellen natürlich keine Persönlichkeitseigenschaften im engeren Sinne dar. Persönlichkeitseigenschaften spielen aber auch hier eine zentrale Rolle, sei es als konstituierende Elemente solcher Störungen, als prämorbide Bedingungen oder als Folgen solcher Störungen.

Einsichts- und Steuerungsfähigkeit sind als Statevariablen (für den Tatzeitpunkt) konzipiert. Persönlichkeitsfragebogen, die sich auf Einsichts- und Steuerungsfähigkeit im Sinne von Traitvariablen beziehen, gibt es kaum. Allerdings gibt es Persönlichkeitsfragebogen zu Korrelaten der Einsichts- und insbesondere Steuerungsfähigkeit, wie zu Selbstregulation, Impulsivität/Reflexivität, Erregbarkeit oder Zukunftsperspektive (siehe Wehner u. Durchholz

Tabelle 3.1. Persönlichkeitsfragebogen im Rahmen der Begutachtung der Schuldfähigkeit

Relevanz von Persönlichkeitseigenschaften	Persönlichkeitsfragebogen
1. **Allgemeine Täterbeschreibung:** Persönlichkeitseigenschaften als Dispositionen	Allgemeine (mehrdimensionale) Persönlichkeitsfragebogen wie FPI-R, PRF, 16 PF, NEO-FFI, GT
2. **Straftatsbezogene Persönlichkeitseigenschaften** (siehe Deliktspezifität)	Auswahl der Persönlichkeitsfragebogen abhängig von jeweiliger Fragestellung (interessierenden Persönlichkeitseigenschaften)
3. **Persönlichkeitseigenschaften im Rahmen der §§ 20, 21 StGB:** ▌ **Eingangsvoraussetzungen:**	
Krankhafte seelische Störung	Klinisch orientierte Persönlichkeitsfragebogen mit Bezug zu Psychosen wie MMPI, FPI-A1
Tief greifende Bewusstseinsstörung	Persönlichkeitsfragebogen mit Bezug zu Kriterien für Affektdelikte
Schwachsinn	Persönlichkeitsfragebogen wegen mangelnder Intelligenz nicht einsetzbar
Schwere andere seelische Abartigkeit	Persönlichkeitsfragebogen zu Persönlichkeitsstörungen wie MMPI, NAI; Fragebogen mit Bezug zu Neurosen, Triebstörungen und Sucht
▌ **Psychologische Merkmale:** Statevariablen Einsichtsfähigkeit Steuerungsfähigkeit	Persönlichkeitsfragebogen zu Korrelaten der Steuerungsfähigkeit wie Selbstregulation, Impulsivität, Erregbarkeit

1980; ZUMA-Handbuch Sozialwissenschaftlicher Skalen 1983). Gibt man solche Persönlichkeitsfragebogen vor, wird man allerdings den Probanden zu instruieren haben, sich selbst – im Sinne einer Statevariablen – für den Tatzeitpunkt zu beurteilen.

Tabelle 3.1 fasst die Ausführungen der beiden vorausgehenden Kapitel zusammen.

3.5 Allgemeine Probleme von Persönlichkeitsfragebogen

Persönlichkeitsfragebogen beinhalten Feststellungen zu Verhalten, Kognitionen und Emotionen der eigenen Person, die aufgrund vorgegebener Antwortalternativen zu bewerten sind (Fisseni 1990; Lösel 1988). Persönlichkeitsfragebogen sind also Selbstbeurteilungsverfahren (Mummendey 1987). Aus dem Prinzip der Selbstbeurteilung erwachsen verschiedene Probleme:

1. Persönlichkeitsfragebogen verlangen vom Untersuchten eine gewisse *Kompetenz zur Selbstbeschreibung* und zwar auf Meinungs- (kognitiver), Gefühls- (affektiver) und Verhaltensebene (behavioraler Ebene). In der Regel können Probanden ihr Verhalten besser beurteilen als ihre Meinungen und Gefühle. Es fällt ihnen leichter, eigene aktuelle und vergangene Reaktionen und Reaktionen anderer ihnen gegenüber zu beschreiben als ihre Interessen, Einstellungen, Überzeugungen, Wünsche oder auch Gefühle. Weiterhin müssen die Probanden bei der Itembeantwortung häufig über verschiedene Situationen hinweg einen „Mittelwert" bilden. Dies kommt in Itemformulierungen wie „oft", „häufig" oder „selten" zum Ausdruck.

Mit der Forderung nach Kompetenz zur Selbstbeschreibung besteht allerdings die Gefahr, das Problem vom Testkonstrukteur auf den Probanden zu verlagern. Zuerst sind bestimmte Kompetenzen vom Testkonstrukteur zu fordern, insbesondere klare Formulierungen der Items (Amelang u. Borkenau 1986; Edwards 1957a). Natürlich werden auch vom Probanden Voraussetzungen gefordert, wie eine gewisse Intelligenz oder Einsichtsfähigkeit (Stieglitz 1993). Auf keinen Fall sollte man Persönlichkeitsfragebogen ablehnen, weil man die Kompetenz zur Selbstbeschreibung grundsätzlich bezweifelt. Die qualitative Forschung macht mit Recht darauf aufmerksam, dass auf Selbstbeschreibungen nicht verzichtet werden kann. Der Proband ist die Person, die sich selbst am besten kennt (Lamnek 1988).

2. *Antworttendenzen* („response sets") können ein gravierendes Problem bei Persönlichkeitsfragebogen darstellen. Bei Antworttendenzen werden die Reaktionen auf die Items eher durch die spezifische Form des Fragebogens bzw. die diagnostische Situation bestimmt als durch die Ausprägung des fraglichen Merkmals (Michel u. Conrad 1982). Die in der Literatur diskutierten Antworttendenzen kann man 3 Gruppen zuordnen (Fisseni 1990):

- *Tendenz, einem vorgegebenen Antwortmuster zu folgen*: Dazu gehören die Jasagetendenz („aquiescence") und die Neinsagetendenz. Diesen Tendenzen kann durch unterschiedliche Polung der Items entgegengewirkt werden (Amelang u. Bartussek 1990). Der Tendenz zur Mitte will man durch geradzahlige Antwortkategorien begegnen.
- *Tendenz zur sozial erwünschten Antwort* („social desirability", SD): Tendenz, in seinem Antwortverhalten ein Bild zu bieten, das sozial erwünschte Züge enthält.
- *Absichtliches Verfälschen („faking")*: Problematische Sachverhalte werden vorgespiegelt (Simulation) oder verschwiegen (Dissimulation). Aggravation und Diminution sind Abschwächungen dieser Tendenzen (Mittenecker 1982).

Mit der Tendenz zur sozial erwünschten Antwort und mit absichtlichem Verfälschen muss man insbesondere in selektiven Entscheidungssituationen rechnen. So wird in forensischen Kontexten wie bei der Begutachtung der Schuldfähigkeit, bei der Persönlichkeitsdiagnostik im Strafvollzug oder bei der Kriminalprognose damit zu rechnen sein, dass der Proband ein günstiges Bild von sich selbst bieten will (Kury 1983; Simons 1985; siehe auch den Beitrag von Littmann in diesem Band). So kann sich, aus guten Gründen, eine Person bei der Schuldfähigkeitsbegutachtung als besonders gestört präsentieren, bei der Begutachtung zur bedingten Entlassung dann als besonders kompetent und ungestört, ohne dass dies eine Veränderung seiner tatsächlichen psychischen Verfassung belegen würde. In Beratungs- und Forschungssituationen spielen diese Fehlerquellen weniger eine Rolle (Amelang u. Bartussek 1990).

Allerdings scheint die Betonung von Verfälschungstendenzen bei der Schuldfähigkeitsbegutachtung überzogen zu sein. Zumeist hat man es mit Personen zu tun, die gut kooperieren und offensichtlich um Ehrlichkeit bemüht sind. Gerade bei der Begutachtung der Schuldfähigkeit ist es für den Untersuchten schwierig, sich Hypothesen darüber zu bilden, wie seine Selbstdarstellungen und Selbstbeschreibungen bewertet werden. Damit bietet sich für ihn die Rolle der „ehrlichen Versuchsperson" (Mertens 1975) an. Dagegen ist es in vielen anderen selektiven Entscheidungssituationen viel leichter, sich Hypothesen zu bilden, z. B. bei der Kriminalprognose. Hier sind dann Verfälschungstendenzen wahrscheinlicher.

In der Literatur wird eine Reihe von Möglichkeiten zur *Kontrolle von SD-Tendenz und absichtlichem Verfälschen* empfohlen (Mittenecker 1982; Mummendey 1987; Tränkle 1983). Einige Empfehlungen sind in der forensischen Praxis, wie bei der Begutachtung der Schuldfähigkeit, ohne weiteres realisierbar und sollten auch hier verwendet werden:

- Persönlichkeitsfragebogen sollten nach der Erhebung von Anamnese und Exploration eingesetzt werden. Wenn durch Anamnese und Exploration schon persönliche Daten bekannt sind, wird der Proband eher bemüht sein, bei der Beantwortung des Fragebogens Inkonsistenzen zu vermeiden.
- An den Anfang der Fragebogen sollten entsprechende Instruktionen gestellt sein, was bei vielen standardisierten Fragebogen auch der Fall ist. In der Regel wird die „Tempoinstruktion" gegeben: „Bitte denken Sie nicht lange nach und bearbeiten Sie den Fragebogen so zügig wie möglich." Die Tempoinstruktion versucht, durch Zeitdruck Beschönigungstendenzen zu minimieren.
- Weiterhin können SD-Kontrollskalen für die SD-Tendenz herangezogen werden. Für den englisch- und deutschsprachigen Raum sind eine ganze Reihe von SD-Skalen entwickelt worden (Edwards 1957b; Wehner u. Durchholz 1980).

Offenheitsskalen können zur Kontrolle des absichtlichen Verfälschens eingesetzt werden. Solche Skalen sind in vielen mehrdimensionalen Persönlichkeitstests, wie beim FPI-R/FPI-A1 oder MMPI, schon enthalten. Gerade bei der Anwendung mehrerer Persönlichkeitsfragebogen werden SD- und Offenheitsskalen eine lohnende Kontrollmöglichkeit darstellen.

Allerdings ist in der diagnostischen Praxis weniger mit „response styles" im Sinne von übergreifenden Persönlichkeitsmerkmalen, sondern mit situationsspezifischen „response sets" zu rechnen, deren Ausprägung bei einer Person je nach Situation, vielleicht auch je nach Testverfahren variieren kann. Der Wert der Kontrollskalen, die zur Erfassung von Verfälschungstendenzen im Sinne von Traits (zeit- und situationsübergreifenden Merkmalen) konstruiert sind, ist damit in Frage gestellt (Wegener u. Steller 1986).

▌ Auf die naheliegendste Kontrollmöglichkeit, die Beobachtung des konkreten Antwortverhaltens, hinzuweisen, wird in der Literatur gewöhnlich versäumt. So wird man im Allgemeinen bei kurzen Antwortzeiten weniger Verfälschungstendenzen anzunehmen haben als bei langen Antwortzeiten (siehe hierzu kritisch Schneider-Düker u. Schneider 1977).

▌ Andere empfohlene Kontrollmöglichkeiten sind von bestimmten Randbedingungen abhängig und oft weniger praktikabel (Mummendey 1987). In den seltensten Fällen werden Items, die hinsichtlich SD-Tendenz nicht durchschaubar sind, vorliegen. Ebenso gibt es sehr wenige Tests mit Items in Forced-choice-Form, die Antwortkategorien mit gleicher sozialer Erwünschtheit enthalten. Manchmal wird vorgeschlagen, die Items zu eliminieren, die den (ersten) Faktor des Tests hoch laden, der häufig für soziale Erwünschtheit steht. Mit dieser Methode bekäme man eine reduzierte Testversion und damit inhaltlich einen anderen Test. Ebenso hätte man einen anderen Test, wenn man die Items mit hohem SD-Wert eliminieren würde. Bei einem solchen reduzierten Test ließen sich die üblichen Summenbildungen und Normbestimmungen nicht mehr vornehmen. Die Anwendung des Bogus-Pipeline-Paradigmas (Mummendey 1987) setzt physiologische Messgeräte voraus, die zumeist in der diagnostischen Praxis nicht zur Verfügung stehen.

3. Die Kritik, Persönlichkeitsfragebogen würde ein *vereinfachtes Reiz-Reaktions-Schema* zugrunde liegen (Fisseni 1990), ist sicherlich in dieser Form nicht richtig. Nach dieser Kritik sollen Persönlichkeitsfragebogen unter der Annahme konzipiert sein, dass die Items wie verbale Reize wirken, auf die die Probanden unmittelbar antworten. Testautoren bieten zwar für den Bezug von Item und Antwort keine ausgearbeiteten Modelle an, sie sind sich aber bewusst, dass sich zwischen Item und Antwortverhalten viele kognitive und emotionale Prozesse abspielen. Die Items werden vielfältig interpretiert, bevor die Antwort gegeben wird. Diese Interpretationen werden von Proband zu Proband unterschiedlich sein. Daher kann vom Iteminhalt nicht unmittelbar auf den Merkmalsinhalt geschlossen werden.

Trotz gelegentlicher Bemühungen (z. B. Jackson 1986; Schneider-Düker u. Schneider 1977) liegen zu diesem Sachverhalt keine differenzierten, ausgearbeiteten Modelle vor. Verschiedene Ansätze kann man aber als rudimentäre Modelle verstehen, die auf bestimmte Aspekte der Beziehung von Item und Antwort eingehen (Mummendey 1987, 1990). So verweist die Diskussion der Antworttendenzen auf Verfälschungstendenzen, insbesondere in selektiven Entscheidungssituationen, und auf Möglichkeiten zu ihrer Kontrolle. Die Selbstkonzeptforschung sieht in Persönlichkeitsfragebogen Messinstrumente für das eigene Selbstkonzept, wobei Antworttendenzen im Sinne von sozial erwünschter Antwort und absichtlichem Verfälschen nicht als Fehlerquellen, sondern als wesentliche Elemente des Selbstkonzepts zu werten sind. Nach der Impression-Management-Theorie von Tedeschi (1981) arbeiten wir an dem Bild, das andere von uns haben, aktiv mit. Fragebogen sind ein Mittel zur Selbstdarstellung. Unter Öffentlichkeitsbedingungen, wie sie in selektiven Entscheidungssituationen geschaffen werden, wird ein hohes Bedürfnis nach Selbstdarstellung geweckt, bei Anonymität ist die Selbstdarstellungstendenz reduziert.

4. Nach einem weiteren Kritikpunkt messen Persönlichkeitsfragebogen – auf kognitiver und affektiver Ebene – Vorstellungen über die eigene Person und damit eher *Dispositionen zum Verhalten* als tatsächliches Verhalten. Es wird häufig auf sehr geringe Korrelationen zwischen Selbstbeschreibungen in Fragebogen und konkretem Verhalten hingewiesen (Mischel 1973). Dagegen äußern sich andere Autoren optimistischer und weisen auf hohe Korrelationen zwischen Selbsteinschätzungen auf der einen Seite und behavioralen Indikatoren sowie Fremdratings auf der anderen Seite hin (Amelang u. Bartussek 1990). Weiterhin sind Selbstbeschreibungen nicht mit spezifischem, konkretem Verhalten, sondern mit Verhaltensklassen (multiplen Verhaltenskriterien) zu korrelieren (Wittmann 1985; Wittmann u. Schmidt 1983). Dies entspricht auch den Intentionen der psychologischen Diagnostik. Hier sind weniger spezifische Verhaltensweisen von Interesse, sondern generelle Verhaltenstendenzen.

5. Für die Individualdiagnostik mit Persönlichkeitsfragebogen sind *adäquate Normen (Vergleichsdaten)* von Bedeutung. Manchmal haben Persönlichkeitsfragebogen überhaupt keine Normen und sind damit für eine Individualdiagnostik im Sinne eines Vergleichs mit Normpopulationen untauglich. Häufig sind die Normen veraltet, und die Normwerte sind infolgedessen mit Vorsicht zu betrachten (Kury u. Beckers 1983).

6. Oft fehlt Persönlichkeitsfragebogen die *theoretische Verankerung*. Ihre Konstruktvalidität und damit das Konstrukt, das sie erfassen sollen, sind nicht klar genug herausgearbeitet. Nur bei der rationalen Skalenkonstruktion werden die Items aus einem elaborierten Konstrukt systematisch abgeleitet. Dagegen sind die meisten Persönlichkeitsfragebogen nach anderen Validierungsmodellen erstellt: Bei der kriteriumsorientierten Skalenkonstruktion werden die Items nach ihrer Korrelation mit Außenkriterien ausgewählt; bei der faktorenanalytischen Skalenkonstruktion werden hoch miteinander korrelierende Items, die für bestimmte Faktoren stehen, ausgewählt (Lösel 1988; Mittenecker 1982).

3.6 Spezielle Probleme von Persönlichkeitsfragebogen in forensischen Kontexten

Neben den oben dargestellten allgemeinen Problemen von Persönlichkeitsfragebogen gibt es eine Reihe von spezifischen Problemen, die für die praktische Forensik und die Delinquenzforschung wichtig sind (Kury u. Beckers 1983; Wegener 1981; Wegener u. Steller 1986).

1. Viele Items von Fragebogen sind *nicht inhaftierungsadäquat.* So heißt ein Item des FPI-A1: „Ich gehe abends gerne aus." Ein solches Item hat für einen langzeitlich Inhaftierten wenig Sinn.

Die Konstruktion von inhaftierungsadäquaten Fragebogen (Seitz 1983) wird dieser Schwierigkeit nur teilweise gerecht. Die Ergebnisse von Fragebogen, die auf Straffällige zugeschnitten sind, sind zwar – bezogen auf Straffällige – analysierbar, sie sind jedoch nicht mit der „Normalpopulation" vergleichbar. Vergleichende Aussagen zur „Normalpopulation" sind aber ein zentrales Anliegen der Individualdiagnostik.

2. Viele Fragebogen sind hinsichtlich Inhalt oder auch Sprachstil zu sehr auf die *Mittelschicht bezogen* (Kury u. Beckers 1983). Ein Extremfall ist die „Sensation Seeking Scale V" von Zuckerman (1979), die im Rahmen der Delinquenzforschung häufig eingesetzt wurde und viele mittelschichtspezifische Präferenzen und Verhaltensweisen enthält wie Parties besuchen, Wellenreiten, Wasserski fahren, Tauchen. Aufgrund solcher Präferenzen und Verhaltensweisen kann man „sensation seeking" bei Delinquenten, die gehäuft aus der Unterschicht kommen, nicht valider erforschen (Kröber et al. 1993; Möller et al. 1998).

3. Wegener u. Steller (1986) weisen auf ein anderes wichtiges Problem hin. Die *Bezugsgruppen,* mit denen sich Häftlinge vergleichen, verändern sich während der Haftzeit. Am Anfang und am Ende der Haft vergleicht man sich eher mit der „Außenwelt", da noch bzw. wieder intensivere Kontakte zur Familie, zu Freunden oder Bekannten bestehen. Dazwischen vergleicht man sich eher mit Mitgefangenen. Entsprechend unterschiedlich können dann die Selbstbeurteilungen in den einzelnen Items ausfallen.

Bei der Konstruktion von Persönlichkeitsfragebogen wird die Annahme zugrunde gelegt, dass sich die Probanden bei der Beantwortung der einzelnen Items „absolut" in dem Sinne beurteilen, dass sie keine soziale Bezugsgruppe heranziehen. Bezugsgruppen werden erst bei der Bestimmung der Normwerte herangezogen, wenn die Rohwerte hinsichtlich Bezugsgruppen relativiert werden. Dass die Probanden schon bei der Beantwortung der einzelnen Items bestimmte Bezugsgruppen, die über die Zeit hinweg wechseln können, heranziehen, leuchtet ein. Allerdings gibt es keine adäquate Möglichkeit, solche sozialen Kontexteffekte wirkungsvoll zu kontrollieren.

Das Problem nichtinhaftierungsadäquater Fragebogen ist für die Begutachtung der Schuldfähigkeit weniger von Bedeutung. Der Gutachter sieht den Probanden in der Regel zu Beginn der Haft (in der Untersuchungshaft). Hier wird der Proband sich noch nicht so sehr aus der Lebenswelt der Haft heraus beurteilen. Ähnliches gilt für die Bezugsgruppeneffekte. Auch hier ist wichtig, dass der Gutachter den Probanden in der Regel zu Beginn der Haft sieht, wo er sich noch mit seiner „Außenwelt" vergleicht, also mit der Bezugspopulation, mit der sich auch die „Normalperson" vergleicht. Hinsichtlich der Mittelschichtbezogenheit sollte man jedoch die einzelnen Fragebogen, die man zur Begutachtung heranziehen will, prüfen und zu sehr mittelschichtorientierte Fragebogen ausschließen.

3.7 Weitere Methoden der Persönlichkeitsdiagnostik

In der persönlichkeitsorientierten Delinquenzforschung spielen heutzutage Persönlichkeitsfragebogen die dominierende Rolle. Früher wurden häufig *projektive Verfahren* herangezogen (Quay 1965; Schuessler u. Cressey 1950). So wurde in der klassischen Studie von Glueck u. Glueck (1972) das Rorschach-Verfahren verwendet. In der Zwischenzeit gelten projektive Verfahren, gerade in wissenschaftlicher Hinsicht, als obsolet. Insbesondere ihre Validität wird angezweifelt (Hörmann 1982).

Eine ähnliche Entwicklung, wenn auch nicht so ausgeprägt, gibt es in der forensischen Begutachtung. Hier kommen, gerade in den letzten Jahren, bevorzugt Persönlichkeitsfragebogen zur Anwendung, projektive Verfahren werden immer seltener verwendet. Dies liegt nicht nur an methodisch-kritischen Bedenken (Hörmann 1982), sondern auch an der immer seltener werdenden (universitären) Ausbildung in projektiven Verfahren sowie an deren zeitintensiver Durchführung und Auswertung. Allerdings erfassen projektive Verfahren viele forensisch relevante, psychodynamisch orientierte Persönlichkeitskonstrukte. So sind Messintentionen des Rorschach-Verfahrens unter anderem die Dynamik der Persönlichkeit, Ichkontrolle, Art und Umgang mit zwischenmenschlichen Beziehungen und Sensibilität für Umweltreize (Klopfer u. Davidson 1971). Der TAT (thematischer Apperzeptionstest; Murray 1943) interessiert sich für Motive, Einstellungen, Konflikte und Konfliktlösungen (Revers 1973). Damit sind projektive Verfahren, insbesondere Rorschach-Verfahren und TAT, gerade auch für die forensische Begutachtung von Interesse und können dort Gewinn bringend eingesetzt werden, vorausgesetzt, man hat genügend Erfahrung, um ihre Aussagekraft und auch Begrenzung zu ersehen. Ein wesentlicher Vorteil projektiver Verfahren besteht weiterhin darin, dass sie weniger verfälschbar sind. Um nichts „Falsches" zu sagen, halten sich aber viele Probanden in der forensischen Begutachtung zurück. Entsprechend geben sie im Rorschach-Verfahren auf die einzelnen Tafeln nur wenige Antworten (Cantarelli 1997; Rösler u. Hengesch 1992) und erzählen beim TAT keine „dramatischen Geschichten", wie in der Instruktion gefordert, sondern geben zu den Tafeln nur dürre Bildbeschreibungen.

Manchmal werden in der Delinquenzforschung bestimmte Methoden zur Erforschung von Persönlichkeitseigenschaften herangezogen, die sich den *getarnten Messverfahren*, einer Untergruppe der nichtdirektiven Methoden (Petermann u. Noack 1984), zuordnen lassen. So wurde die Zukunftsperspektive von Delinquenten mit dem Life-Space-Sample (von Wallace) erfasst. Hier soll man aufschreiben, was man in der Zukunft bei welchem

Lebensalter macht (Lösel 1975 a). Von Hormuth et al. (1977) wurde die Impulsivität mit der Aufgabe untersucht, eine Figur zwischen 2 vorgegebenen Linien so langsam wie möglich nachzuzeichnen. Solche nichtdirektiven Methoden sind auch in der forensischen Begutachtung grundsätzlich möglich. Allerdings sind die nichtdirektiven Verfahren zur Erfassung der einzelnen Persönlichkeitskonstrukte wenig erforscht und eignen sich aufgrund fehlender Normen nicht für genauere individualspezifische Aussagen, sondern eher für die individualdiagnostische Hypothesenbildung.

3.8 Abschließende Bewertung

Persönlichkeitseigenschaften stellen zentrale Konstrukte für Kriminologie und Forensik dar. Sie sind wichtig für die Erklärung von Delinquenz, aber auch für die forensische Diagnostik wie für die Begutachtung der Schuldfähigkeit, sei es zur allgemeinen Täterbeschreibung, zur Beschreibung der für die spezifische Straftat relevanten Persönlichkeitsmerkmale oder für die vom Gesetz geforderte Prüfung auf bestimmte psychische Störungen und damit auch auf bestimmte Persönlichkeitsmerkmale. Damit stellt sich die Frage der adäquaten Erhebung von Persönlichkeitseigenschaften.

Als zentrale Methoden der Persönlichkeitsdiagnostik gelten (psychometrische) Persönlichkeitsfragebogen. In den obigen Ausführungen wurde auf unterschiedliche Probleme von Persönlichkeitsfragebogen hingewiesen. Solche Probleme treten aber auch bei alternativen Methoden zur Erhebung von Persönlichkeitseigenschaften auf.

Als alternative Methoden der Persönlichkeitsuntersuchung kommen grundsätzlich projektive Tests wie Rorschach-Verfahren oder TAT, aber auch biografische Anamnese, Exploration zur Sache, Verhaltensbeobachtungen, psychophysiologische Methoden und objektive Persönlichkeitstests in Frage (Wegener u. Steller 1986).

Sieht man einmal von der Tatsache ab, dass viele dieser Verfahren in Durchführung, Auswertung und Interpretation nicht standardisiert und damit nicht objektiv (im psychometrischen Sinne) sind bzw. dass für viele Persönlichkeitskonstrukte keine Operationalisierungsmöglichkeiten innerhalb dieser Methoden vorliegen, so beinhalten die alternativen Methoden zumindest teilweise auch die für die Persönlichkeitsfragebogen genannten Probleme. Allerdings werden sie nicht so explizit diskutiert und kontrolliert wie bei Persönlichkeitsfragebogen:

▌ Es wird zwar nicht explizit Kompetenz zur Selbstbeschreibung gefordert, aber bei einem Großteil der Alternativmethoden ist sprachliche Ausdrucksfähigkeit wichtig, wie bei vielen projektiven Verfahren, bei Anamnese und Exploration.

▌ Verfälschungstendenzen im Sinne von Simulation/Dissimulation und sozial erwünschter Antwort können auch bei den Alternativmethoden auftreten. Verfälschen kann man auch bei projektiven Verfahren, wenn auch nicht so bewusst und gezielt wie bei Persönlichkeitsfragebogen. Ebenso können die Angaben in Anamnese und Exploration verfälscht sein. So stellte Kury (1994) aufgrund einer Literatursichtung und eigener Forschung bei der mündlichen Datenerhebung eine stärkere Tendenz zur sozialen Erwünschtheit, insbesondere bei sensiblen Sachverhalten, fest als bei schriftlicher Datenerhebung. Auch bei offener (dem Probanden bewusster) Verhaltensbeobachtung kann man vortäuschen, weniger jedoch bei objektiven Persönlichkeitstests und bei physiologischen Methoden. Jedoch spielen die 2 letztgenannten Alternativmethoden in der diagnostischen Praxis der Schuldfähigkeitsbegutachtung keine Rolle (Wegener u. Steller 1986).

▌ Differenzierte und elaborierte Modelle für den Bezug von Index (Messwerte) und Indiziertem (Persönlichkeitsmerkmale) gibt es bei den Alternativmethoden ebenso wenig bzw. noch weniger als bei Persönlichkeitsfragebogen.

▌ Normdaten sind bei projektiven Verfahren, Anamnese, Exploration, Verhaltensbeobachtung, psychophysiologischen Methoden und objektiven Persönlichkeitstests nicht vorhanden. Allerdings gibt es bei einigen projektiven Testverfahren (z.B. Rorschach-Verfahren und TAT) Normdaten im Sinne von Erfahrungswerten.

▌ Ebenso wenig sind die Alternativmethoden aus theoretischen Persönlichkeitskonstrukten stringent abgeleitet, zudem dienen Anamnese, Exploration und psychophysiologische Methoden primär der Erhebung anderer Sachverhalte und nicht der Erhebung von Persönlichkeitsmerkmalen.

Für die konkrete Praxis der forensischen Diagnostik wie die Begutachtung der Schuldfähigkeit folgt hiermit:

▌ Persönlichkeitsfragebogen werden weiterhin ihre dominierende Rolle bei der psychologischen Persönlichkeitsdiagnostik spielen. Allerdings sollte man auf die oben erwähnten Schwierigkeiten achten und vor allem Verfälschungstendenzen durch praktikable Möglichkeiten kontrollieren, wie Vorgabe der Persönlichkeitsfragebogen nach Anamnese und Exploration, Vorschaltung entsprechender Instruktionen vor die Fragebogen, Einsatz von SD-Skalen und Kontrollskalen und Beobachtung des Antwortverhaltens. Findet man Hinweise auf gravierende Verfälschungstendenzen, sollte man konsequenterweise auf die Heranziehung der Ergebnisse verzichten.

▌ Grundsätzlich sollte eine multimethodale Diagnostik (Seidenstücker u. Baumann 1978) durchgeführt werden. Ergebnisse sind nach diesem Ansatz durch mehrere Verfahren abzusichern, um methodenspezifische Fehler zu vermeiden (Baer 1988). Dies ist insbesondere bei der Untersuchung relevanter Persönlichkeitskonstrukte zu fordern. Hier sollte man sich nicht nur auf die Ergebnisse von Fragebogen verlassen, sondern auch die Ergebnisse von projektiven Verfahren, Anamnese und Verhaltensbeobachtung heranziehen. Insbesondere die biografische Anamnese spielt eine wichtige Rolle bei der Herausarbeitung von Persönlichkeitseigenschaften. Sie kann dazu anregen, vermutete Persönlichkeitseigenschaften mit Persönlichkeitsfragebogen genauer zu untersuchen, bzw. kann sie die aufgrund von Persönlichkeitsfragebogen gewonnenen Ergebnisse korrigieren und ergänzen.

▎ Die diagnostische Urteilsbildung im Rahmen der Untersuchung der Schuldfähigkeit ist klinischer und nicht statistischer Natur (Bierkens 1968; Dahle 1998; Steller 1993b). Ausgehend von bestimmten Fragestellungen werden entsprechende Untersuchungsinstrumente ausgewählt; aus den aus Akten, Anamnese, Exploration, Tests, Fragebogen usw. gewonnenen Daten wird zur Beantwortung der Fragestellungen nach und nach ein umfassendes und konsistentes Bild über die Tatzeitpersönlichkeit gewonnen. Im Rahmen dieses diagnostischen Prozesses erfahren die Daten aus Persönlichkeitsfragebogen ihre Bedeutung und ihre Begrenzung. Die Verknüpfungsregeln der Daten sind natürlich zu explizieren, womit die Rationalität der diagnostischen Urteilsbildung gewährleistet wird (Steller 1988).

▎ Die von Persönlichkeitsfragebogen gelieferten Informationen sollte man auch vollständig berücksichtigen. Nach gängiger Praxis werden oft nur die Skalenwerte von Persönlichkeitsfragebogen analysiert. Damit wird Information verschenkt. Die Analyse der Einzelitems der Skalen kann auch wertvolle Informationen zu Verhalten, Kognitionen und Affekten liefern.

▎ Abschließend ist festzuhalten, dass Persönlichkeitsfragebogen immer dann die Methode der Wahl sind, wenn man im Rahmen einer bestimmten Fragestellung Persönlichkeitseigenschaften genauer, d.h. normorientiert erfassen will. Für die genauere, quantitative Erfassung von bestimmten Persönlichkeitseigenschaften im Sinne einer Normierung gibt es durch alternative Methoden der Persönlichkeitsdiagnostik keine Konkurrenz.

Literatur

Amelang M, Bartussek D (1990) Differentielle Psychologie und Persönlichkeitsforschung. Kohlhammer, Stuttgart

Amelang M, Borkenau P (1986) The trait concept: current theoretical considerations, empirical facts, and implications for personality inventory construction. In: Angleitner A, Wiggins JS (Hrsg) Personality assessment via questionnaires. Springer, Berlin, S 7–34

Amelang M (1986) Sozial abweichendes Verhalten. Springer, Berlin

Baer R (1988) Psychiatrie für Juristen. Beck, München

Baumann U (1993) Persönlichkeitsforschung in der Psychiatrie. In: Berger M, Möller HJ, Wittchen HU (Hrsg) Psychiatrie als empirische Wissenschaft. Zuckschwerdt, München, S 40–50

Beckmann D, Brähler E, Richter HE (1983) Der Gießen-Test (GT). Huber, Bern

Bierkens PB (1968) Die Urteilsbildung in der Psychodiagnostik. Barth, München

Blankenburg M (1986) Persönlichkeit, prämorbide. In: Müller Ch (Hrsg) Lexikon der Psychiatrie. Springer, Berlin, S 505–507

Böllinger L (1983) Psychoanalytisch orientierte Sozialtherapie. In: Lösel F (Hrsg) Kriminalpsychologie. Beltz, Weinheim, S 239–247

Borkenau P, Ostendorf F (1992) Neo-Fünf-Faktoren-Inventar (NEO-FFI) nach Costa und McCrae. Hogrefe, Göttingen

Brickenkamp R (1997) Handbuch psychologischer und pädagogischer Tests. Hogrefe, Göttingen

Bunge M (1987) Kausalität, Geschichte und Probleme. Mohr, Tübingen

Cantarelli Th (1997) Psychologische Zusatzgutachten im Rahmen der Schuldfähigkeitsbeurteilung. Unveröffentlichte Diplomarbeit, Universität Mannheim

Carver Ch S, Scheier MF (1992) Perspectives on personality. Allyn and Bacon, Boston

CIPS (1986) Internationale Skalen für Psychiatrie. Beltz, Weinheim

Dahle KP (1998) Kriminalprognosen im Strafrecht. Psychologische Aspekte individueller Verhaltensvorhersagen. In: Steller M, Volbert R (Hrsg) Psychologie im Strafverfahren. Huber, Bern, S 119–141

Deegener G (Hrsg) (1999) Sexuelle und körperliche Gewalt. Therapie jugendlicher und erwachsener Täter. Beltz, Weinheim

Deneke FW, Hilgenstock B (1989) Das Narzißmusinventar. Huber, Bern

Dittmann V, Stieglitz RD (1993) Diagnostik von Persönlichkeitsstörungen. In: Stieglitz RD, Baumann U (Hrsg) Psychodiagnostik psychischer Störungen. Enke, Stuttgart, S 230–244

Edwards AL (1957a) Techniques of attitude scale construction. Appleton-Crofts, New York

Edwards AL (1957b) The social desirability variable in personality assessment and research. Dryden, New York

Eysenck HJ (1977) Kriminalität und Persönlichkeit. Europa-Verlag, Wien

Fahrenberg J, Hampel R, Selg H (1984) Das Freiburger Persönlichkeitsinventar FPI-R. Revidierte Fassung FPI-R und teilweise geänderte Fassung FPI-A1. Hogrefe, Göttingen

Farrington DP (1991) Psychologische Beiträge zur Erklärung, Verhütung und Behandlung von Kriminalität. Gruppendynamik 22: 141–160

Fisseni HJ (1990) Lehrbuch der psychologischen Diagnostik. Hogrefe, Göttingen

Gadenne V (1988) Hypothesen, Erklärungen und Prognosen in der Psychologischen Diagnostik. In: Jäger RS (Hrsg) Psychologische Diagnostik. Ein Lehrbuch. Psychologie Verlags Union, München, S 276–285

Glueck S, Glueck E (1972) Jugendliche Rechtsbrecher. Enke, Stuttgart

Göppinger H (1972) Das Gutachten. In: Bresser P et al. (Hrsg) Handbuch der forensischen Psychiatrie, Bd II. Springer, Berlin, S 1485–1530

Göppinger H (1980) Kriminologie. Beck, München

Hörmann H (1982) Theoretische Grundlagen der projektiven Verfahren. In: Groffmann K-J, Michel L (Hrsg) Grundlagen psychologischer Diagnostik. In: Reihe Enzyklopädie der Psychologie. Hogrefe, Göttingen, S 173–247

Hormuth S, Lamm H, Michelitsch I, Scheuermann H, Trommsdorf G, Vögele I (1977) Impulskontrolle und einige Persönlichkeitscharakteristika bei delinquenten und nichtdelinquenten Jugendlichen. Psychol Beitr 19: 340–354

Jackson DN (1986) The process of responding in personality assessment. In: Angleitner A, Wiggins JS (Hrsg) Personality assessment via questionnaires. Springer, Berlin, S 123–142

Jäger RS (1986) Der diagnostische Prozeß. Eine Diskussion psychologischer und methodischer Randbedingungen. Hogrefe, Göttingen

Janzarik W (1991) Grundlagen der Einsicht und das Verhältnis von Einsicht und Steuerung. Nervenarzt 62: 423–427

Kaiser G (1988) Kriminologie. Müller, Heidelberg

Kanfer FH, Reinecker H, Schmelzer D (1996) Selbstmanagement – Therapie. Ein Lehrbuch für die klinische Praxis. Springer, Berlin

Kerner HJ (1988) Kriminologische Forschung an den Universitäten. In: Kaiser G, Kury H, Albrecht HJ (Hrsg) Kriminologische Forschung in den 80er Jahren. Freiburg, S 113–137

Klopfer B, Davidson HH (1971) Das Rorschach-Verfahren. Huber, Bern

Kröber HL (1993) Persönlichkeit, konstellative Faktoren und die Bereitschaft zum „Affektdelikt". In: Saß H (Hrsg) Affektdelikte. Springer, Berlin, S 77–92

Kröber HL, Scheurer H, Richter P (1993) Ätiologie und Prognose von Gewaltdelinquenz. Roderer, Regensburg

Kühne H (1983) Psychotherapie mit Delinquenten. In: Seitz W (Hrsg) Kriminal- und Rechtspsychologie: ein Handbuch in Schlüsselbegriffen. Urban & Schwarzenberg, München, S 172–177

Kury H, Beckers Ch (1983) Probleme der Psychodiagnostik bei sozial Auffälligen, insbesondere im Bereich des Strafvollzugs. Mschr Krim 66: 63–72

Kury H (1983) Verfälschungstendenzen bei Persönlichkeitsfragebogen im Strafvollzug. Mschr Krim 66: 72–74

Kury H (1983) Verhaltenstherapie bei Delinquenten – unter besonderer Berücksichtigung des Trainings sozialer Fertigkeiten. In: Lösel F (Hrsg) Kriminalpsychologie. Beltz, Weinheim, S 259–272

Kury H (1986) Vorwort. In: Kury H (Hrsg) Entwicklungstendenzen kriminologischer Forschung: Interdisziplinäre Wissenschaft zwischen Politik und Praxis. Heymanns, Köln, S 9–32

Kury H (1994) Zum Einfluß der Art der Datenerhebung auf die Ergebnisse von Umfragen. Mschr Krim 77: 20–33

Lamnek S (1988) Qualitative Sozialforschung, Bd 1. Methodologie. Psychologie Verlags Union, München

Leygraf N (1994) Die Begutachtung der Prognose im Maßregelvollzug. In: Venzlaff U, Förster K (Hrsg) Psychiatrische Begutachtung. Fischer, Stuttgart, S 469–484

Lösel F (1975) Persönlichkeitspsychologische Aspekte delinquenten Verhaltens. In: Abele A, Mitzlaff St, Nowack W (Hrsg) Abweichendes Verhalten: Erklärungen, Scheinerklärungen und praktische Probleme. Frommann-Holzboog, Stuttgart, S 155–177

Lösel F (1975 a) Handlungskontrolle und Jugenddelinquenz. Enke, Stuttgart

Lösel F (1988) Persönlichkeitsdaten (Tests). In: Jäger RS (Hrsg) Psychologische Diagnostik. Ein Lehrbuch. Psychologie Verlags Union, München, S 303–320

Lösel F (1993) Täterpersönlichkeit. In: Kaiser G, Kerner H-J, Sack F, Schellhoss H (Hrsg) Kleines Kriminologisches Wörterbuch. Müller, Heidelberg, S 529–540

Mertens W (1975) Sozialpsychologie des Experiments. Hoffmann & Campe, Hamburg

Michel L, Conrad W (1982) Theoretische Grundlagen psychometrischer Tests. In: Groffmann KJ, Michel L (Hrsg) Grundlagen psychologischer Diagnostik. In: Reihe Enzyklopädie der Psychologie. Hogrefe, Göttingen, S 1–129

Minzel WR, Howe J (1983) Gesprächstherapie bei Delinquenten. In: Lösel F (Hrsg) Kriminalpsychologie. Beltz, Weinheim, S 248–258

Mischel W (1973) Toward a cognitive social learning reconceptualization of personality. Psychol Rev 80: 252–283

Mischel W (1976) Introduction to personality. Holt, Rinehart and Winston, New York

Mittenecker E (1982) Subjektive Tests zur Messung der Persönlichkeit. In: Groffmann KJ, Michel L (Hrsg) Persönlichkeitsdiagnostik. In: Reihe Enzyklopädie der Psychologie. Hogrefe, Göttingen, S 57–131

Möller A, Hell D, Kröber HL (1998) Sensation Seeking – Kritische Sichtung eines persönlichkeitspsychologischen Konzepts und seiner Anwendungen. Fortschr Neurol Psychiatr 66: 487–495

Mummendey HD (1987) Die Fragebogen-Methode. Hogrefe, Göttingen

Mummendey HD (1990) Psychologie der Selbstdarstellung. Hogrefe, Göttingen

Mundt Ch (1985) Der tiefenpsychologische Ansatz in der forensischen Beurteilung der Schuldfähigkeit. In: Janzarik W (Hrsg) Psychopathologie und Praxis. Enke, Stuttgart, S 124–133

Murray HA (1943) Thematic Apperception Test manual. Harvard University Press, Cambridge

Olbrich R (1987) Die Verletzbarkeit der Schizophrenen: J. Zubins Konzept der Vulnerabilität. Nervenarzt 58: 65–71

Petermann F, Noack H (1984) Nichtreaktive Messverfahren. In: Roth E (Hrsg) Sozialwissenschaftliche Methoden. Oldenbourg, München, S 450–470

Quay HC (1965) Personality and delinquency. In: Quay HC (Hrsg) Juvenile delinquency. Van Nostrand, Princeton, S 139–169

Rasch W (1964) Tötung des Intimpartners. Enke, Stuttgart

Rasch W (1986) Forensische Psychiatrie. Kohlhammer, Stuttgart

Rehn G, Wischka B, Lösel F, Walther M (Hrsg) (2001) Behandlung gefährlicher Straftäter. Centaurus, Herbolzheim

Revers W (1973) Der Thematische Apperzeptionstest. Huber, Bern

Rösler M, Hengesch G (1992) Psychiatrische Diagnostik im Vorfeld der Schuldfähigkeitsbeurteilung. Enke, Stuttgart

Saß H (1983) Affektdelikte. Nervenarzt 54: 557–572

Saß H (1993) Affekt und Schuldfähigkeit: ein psychopathologischer Lösungsvorschlag. In: Saß H (Hrsg) Affektdelikte. Springer, Berlin, S 214–231

Scheurer H (1993) Persönlichkeit und Kriminalität. Roderer, Regensburg

Scheurer H, Kröber HL, Schramm J, Richter P (1995) Persönlichkeitsmerkmale straffälliger Frauen und Männer – Ein Vergleich mit Selbstbeurteilungsfragebogen. Z Differ Diagn Psychol 16: 94–102

Scheurer H, Kröber HL (1998) Einflüsse auf die Rückfälligkeit von Gewaltstraftätern. In: Kröber HL, Dahle KP (Hrsg) Sexualstraftaten und Gewaltdelinquenz. Verlauf – Behandlung – Opferschutz. Kriminalistik, Heidelberg, S 39–46

Schmidt-Degenhard M (1988) Disposition – Vulnerabilität – Verletzbarkeit. Nervenarzt 59: 573–585

Schneewind KA, Schröder G, Cattell RB (1983) Der 16-Persönlichkeits-Faktoren-Test. Huber, Bern

Schneider HJ (1979) Kriminalprognose. In: Sieverts R, Schneider HJ (Hrsg) Handwörterbuch der Kriminologie, Ergänzungsband. de Gruyter, Berlin, S 214–231

Schneider HJ (1983) Kriminalprognose. In: Schneider HJ (Hrsg) Kindlers „Psychologie des 20. Jahrhunderts". Kriminalität und abweichendes Verhalten, Bd 2. Beltz, Weinheim, S 212–249

Schneider-Düker M, Schneider JF (1977) Untersuchungen zum Beantwortungsprozeß bei psychodiagnostischen Fragebogen. Z Exper Angew Psychol 24: 282–302

Schuessler KF, Cressey DR (1950) Personality characteristics of criminals. Am J Sociology 55: 476–484

Seidenstücker G, Baumann U (1978) Multimethodale Diagnostik. In: Baumann U, Berbalk H, Seidenstücker G (Hrsg) Klinische Psychologie. Trends in Forschung und Praxis, Bd 1. Huber, Bern, S 134–182

Seitz W (1983) Zur Struktur und Erfassung der Persönlichkeit von Inhaftierten – am Beispiel eines inhaftierungsadäquaten Persönlichkeitsfragebogens. Z Differ Diagn Psychol 4: 261–281

Simons D (1985) Die „Erforschung der Persönlichkeit" gemäß § 6 StVollzG: – Probleme und Alternativen. Z Strafvollzug Straffälligenhilfe 34: 278–283

Simons D (1988) Tötungsdelikte als Folge misslungener Problemlösungen. Hogrefe, Göttingen

Spreen O (1977) MMPI Saarbrücken. Handbuch zur deutschen Ausgabe des Minnesota Multiphasic Personality Inventory. Huber, Bern

Staudenmayer P, Bremm H, Jäger RS (1987) Testdokumentation. 2. Teildokumentation: Persönlichkeits-Fragebogen. Deutsches Institut für Internationale Pädagogische Forschung, Frankfurt

Steller M (1988) Standards der forensisch-psychologischen Begutachtung. Mschr Krim 71: 16–27

Steller M (1993 a) Strategien zur Verbesserung der forensischen Diagnostik. In: Egg R (Hrsg) Brennpunkte der Rechtspsychologie. Forum, Bonn, S 385–399

Steller M (1993 b) Diagnostischer Prozess. In: Stieglitz RD, Baumann U (Hrsg) Psychodiagnostik psychischer Störungen. Enke, Stuttgart, S 37–46

Stieglitz RD (1993) Selbstbeurteilungsverfahren. In: Stieglitz RD, Baumann U (Hrsg) Psychodiagnostik psychischer Störungen. Enke, Stuttgart, S 67–78

Stumpf H, Angleitner A, Wieck Th, Jackson DN, Belloch-Till H (1985) Deutsche Personality Research Form (PRF). Hogrefe, Göttingen

Tedeschi JT (1981) (Hrsg) Impression management theory and social psychological research. Academic Press, New York

Tränkle U (1983) Fragebogenkonstruktion. In: Feger H, Bredenkamp J (Hrsg) Datenerhebung. In: Reihe Enzyklopädie der Psychologie. Hogrefe, Göttingen, S 222–301

Wegener H (1981) Einführung in die Forensische Psychologie. Wissenschaftliche Buchgesellschaft, Darmstadt

Wegener HW, Steller M (1986) Psychologische Diagnostik vor Gericht. Methodische und ethische Probleme forensisch-psychologischer Diagnostik. Z Differ Diagn Psychol 7: 103–126

Wehner EG, Durchholz E (1980) Persönlichkeits- und Einstellungstests. Kohlhammer, Stuttgart

Wittmann WW, Schmidt J (1983) Die Vorhersagbarkeit des Verhaltens aus Trait-Inventaren. Theoretische Grundlagen und empirische Ergebnisse mit dem Freiburger Persönlichkeitsinventar (FPI). Forschungsberichte des Psychologischen Instituts (Nr. 10), Freiburg

Wittmann WW (1985) Evaluationsforschung. Aufgaben, Probleme und Anwendungen. Springer, Berlin

Zerssen D v. (1976) Klinische Selbstbeurteilungsskalen (KSb-S) aus dem Münchner Psychiatrischen Informations-System (PSYCHIS München). Beltz, Weinheim

Zerssen D v. (1994) Diagnostik der prämorbiden Persönlichkeit. In: Stieglitz RD, Baumann U (Hrsg) Psychodiagnostik psychischer Störungen. Enke, Stuttgart, S 216–229

Zubin J, Spring B (1977) Vulnerability – a new view of schizophrenia. J Abnorm Psychol 86: 103–126

Zuckerman M (1979) Sensation seeking: Beyond the optimal level of arousal. Lawrence Earlbaum Association, New Jersey

ZUMA-Handbuch Sozialwissenschaftlicher Skalen (1983) Bd 1–3. Informationszentrum Sozialwissenschaften, Mannheim

4 Forensische Neuropsychologie – Aufgaben, Anwendungsfelder und Methoden

Eckhard Littmann

4.1 Einführung

Zu den neueren Anwendungsbereichen, für die die klinische Neuropsychologie einen wichtigen Beitrag liefern könne, gehört nach Preilowskis (1998) Lagebericht zur Neuropsychologie in Deutschland auch die Forensik. Zwar sei dieser Anwendungsbereich eigentlich nicht neu, aber hierzulande doch noch so selten vertreten, dass er einem neu erscheinen müsse. Während in den USA der Terminus Forensische Neuropsychologie erstmals zu Beginn der 80er Jahre in Veröffentlichungen auftauchte und seitdem eine stetig zunehmende Zahl von Monografien und Reports (vgl. Kurlyschek 1984; Golden et al. 1986; Valcioukas 1988; Faust 1991; 1995; Barth et al. 1991; Adams et al. 1992, 1996; McCaffrey et al. 1992; Sweet 1999; Larrabee 2000, 2005; Essig et al. 2001; Horton et al. 2003) von der Etablierung dieses neuen Zweiges forensischer Psychowissenschaften künden, fand dies im deutschsprachigen Schrifttum bislang nur sehr vereinzelten Niederschlag.

Dies erstaunt angesichts einer Mitgliederzahl von derzeit etwa 1400 klinischen Neuropsychologen in der 1986 gegründeten Gesellschaft für Neuropsychologie (GNP), welche zwar schon 1988 Empfehlungen für die neuropsychologische Gutachtertätigkeit gegeben hatte (Romero et al. 1994), dabei aber eher auf die Erfordernisse einer rehabilitativ orientierten klinischen Neuropsychologie fokussierte, die in Deutschland in den letzten Jahren wieder einen deutlichen Zuwachs an Interesse, Betätigungsmöglichkeiten und Forschungsaktivitäten zu verzeichnen hat (Preilowski 1998).

Aus den USA ist zu erfahren (Adams et al. 1992, 1996), dass etwa 15–20% aller „Psychogutachten" forensisch-neuropsychologische sind, dabei ganz überwiegend im Zivilrecht, weitaus seltener (3%) im Strafrecht. Geht es bei Ersteren etwa um Kausalitätsfeststellungen und die Quantifizierung neuropsychologischer Beeinträchtigungen für Schadensersatzansprüche bzw. Schmerzensgeldfestsetzungen nach Verkehrs- und Arbeitsunfällen und bei ärztlichen Kunstfehlern, zentrieren sich Letztere auf Fragen der Prozess-, Verhandlungs- und Verteidigungsfähigkeit von Zeugen und Angeschuldigten, sehr viel seltener auf neuropsychologische Aspekte der strafrechtlichen Verantwortlichkeit Beschuldigter. Auf die enge Bindung neuropsychologischer Gutachtertätigkeit an das adversarische Rechtssystem der USA und die damit begrenzte Übertragbarkeit auf die hiesige forensische Begutachtungspraxis haben Gothard et al. (1995) hingewiesen. Gleichwohl gilt es auch hierzulande neuropsychologische Ressourcen für die psychologisch-psychiatrische Sachverständigentätigkeit in verschiedenen Rechtszweigen zu erschließen und die Aussagemöglichkeiten und -grenzen forensisch-neuropsychologischer Diagnostik im Rahmen der Gutachtenerstellung für Gerichte, Berufsgenossenschaften und Versicherungen zu diskutieren. Die forensische Neuropsychologie kann in vielfältiger Weise zu Entscheidungsfindungen beitragen.

Auf die Tatsache, dass auch in der modernen *Delinquenzforschung* „neuropsychologische Marker" eine zunehmende Rolle spielen, kann hier nur hingewiesen werden (Dywan et al. 1991; Nestor 1992; Kröber et al. 1994; Sbordone et al. 2003; Denney et al. 2004). Delinquentengruppen, vor allem Aggressions-, Rückfall- und aggressive Sexualtäter wiesen (wenngleich bei uneinheitlicher Befundlage und Befundinterpretation) gegenüber Nichtdelinquenten überproportional häufig neuropsychologisch objektivierbare kognitive und sozial-personale Defizite auf, deren Stellenwert und Gewicht in der Kriminogenese allerdings unterschiedlich beurteilt werden (vgl. Littmann 1992).

4.2 Zu Gegenstand und Aufgaben der klinischen und forensischen Neuropsychologie

Forensische Neuropsychologie ist die Anwendung der ehemals in Deutschland begründeten und besonders etablierten klinischen Neuropsychologie (Zihl et al. 1998) auf verschiedenste rechtspsychologische Fragestellungen in Praxis und Forschung. Die klinische Neuropsychologie befasst sich mit der Erforschung und Untersuchung von Zusammenhängen zwischen gestörten Hirnfunktionen und gestörten Leistungs- und Verhaltensabläufen. Dies geschieht auf der Grundlage systematischer Analysen von Störungen der Kognitionen, der Affektivität, der Motivations- und Willensfunktionen nach primären oder assoziierten ZNS-Schädigungen (Spreen 1977; Wittling 1983, 1990; Kolb et al. 1993; Hartje et al. 1997; Sturm 2000). Sie stützt sich dabei auf bisherige Forschungsergebnisse der Psychologie, Psychiatrie und Neurologie, wobei auch enge Berührungen zur *Verhaltensneurologie* (Schnider 1997; Flinberg et al. 1997) bestehen, die als ärztliches Aufgabengebiet eher den neurologischen Zugang zur Neuropsychologie sucht, sich indes vergleichbarer (wenngleich auch nur Screening-) Diagnostikverfahren wie der Neuropsychologie bedient.

Neuropsychologische Störungen sind zerebral bedingte (bzw. mitbedingte) Leistungs- und Verhaltensstörungen, die direkte oder indirekte Folgen von morphologisch-strukturellen und/oder funktionellen Hirnveränderungen darstellen und durch deren spezielle Ätiologie definiert zu werden pflegen (Spreen 1977; Wittling 1990; Cramon et al. 1993; Hartje u. Poeck 1997; Lautenbacher/Guggel 2004). Einen Überblick gibt Tabelle 4.1.

Diese Störungen können sich in spezifischen neuropsychologischen Syndromen (v. a. Aphasien, Apraxien, Agnosien, Amnesien), in globaleren Minderungen der allgemeinen zerebralen Leistungsfähigkeit und/oder in Persön-

Tabelle 4.1. Ätiologie neuropsychologischer Störungen (nach Wittling 1990)

1. Auswirkungen von Hirnerkrankungen und -verletzungen

▍ Traumatische Hirnschädigungen
▍ Zerebrovaskuläre Störungen
▍ Intrakranielle Tumoren
▍ Intrakranielle Infektionen (Meningitis, Enzephalitis)
▍ Alkoholintoxikationen
▍ Epilepsien
▍ Degenerative Hirnerkrankungen (Demenzen, M. Parkinson, multiple Sklerose)
▍ Prä- und perinatale Komplikationen (frühkindliche Hirnschädigungen)

2. Auswirkungen allgemeinmedizinischer Erkrankungen

▍ Kardiovaskuläre und hämolytische Erkrankungen
▍ Respiratorische Erkrankungen
▍ Gastrointestinale Erkrankungen
▍ Nephrologische Erkrankungen
▍ Endokrine und metabolische Erkrankungen

3. Auswirkungen medizinischer Behandlungsmaßnahmen

▍ Hirnoperationen
▍ Pharmakobehandlungen (Psychopharmaka, Zytostatika etc.)
▍ Herzoperationen
▍ Hämodialyse

4. Zerebrale Korrelate psychiatrischer Erkrankungen

▍ Erkrankungen des schizophrenen Formenkreises
▍ Depressive Erkrankungen bzw. Störungen

lichkeitsveränderungen manifestieren. Das im Einzelfall dominierende Störungsmuster entscheidet über den Einsatz von speziellen neuropsychologischen oder/und allgemein-leistungsdiagnostischen Verfahren, wobei hier aber die Übergänge fließend sind (Döpfner 1992; Rist et al. 1996). In ätiologischer Hinsicht ist begrifflich zu unterscheiden zwischen dem Terminus *Hirn- oder Zerebralschädigung* für die Bezeichnung neuropsychologischer Veränderungen der Hirnstrukturen, deren Diagnostik ärztlich-medizinische Aufgabe ist, und dem Terminus *Hirnfunktionsstörungen oder zerebrale Dysfunktionen*, deren Diagnostik Aufgabe des (Neuro-) Psychologen ist, wobei beide Begriffe wiederum Ursachen neuropsychologischer Störungen bezeichnen können.

Das Störungsspektrum ist so umfangreich wie die Vielzahl psychischer Fähigkeiten und Funktionen, wobei die neuropsychologische Diagnostik versucht, sowohl basale psychische Funktionen als auch komplexe Leistungen und ihre Störungen nach erworbener Hirnschädigung in folgenden wesentlichen *Störungsbereichen* zu erfassen (Zihl et al. 1998; Sturm et al. 2000; Lautenbacher/Guggel 2004):

▍ einfache sensorische und Wahrnehmungsfunktionen,
▍ Motorik,

- Aufmerksamkeit und Konzentration,
- Gedächtnis und Lernfähigkeit,
- Denken,
- Planen und Problemlösen,
- Sprache und Sprechen,
- Erleben, Motivation und Affektivität.

Für die forensisch-psychologisch-psychiatrische Begutachtungspraxis ist hervorzuheben, dass es der Neuropsychologie nicht mehr nur um die Diagnostik und Differenzialdiagnostik „hirnorganischer Psychosyndrome" (HOPS) geht (Littmann 1991, 1992). (Das DSM-IV unterscheidet inzwischen übrigens 10 ätiologisch unspezifische hirnorganische Psychosyndrome.) Sie befasst sich ebenso mit den neuropsychologischen Korrelaten der anderen psychiatrischen Erkrankungen, also von Schizophrenien, Depressionen und Demenzen (Wittling 1990; Zihl 1996; Keefe 1995; Lautenbacher/ Guggel 2004).

Die *neuropsychologische Diagnostik* stellt den derzeit noch am weitesten entwickelten Bereich der Neuropsychologie dar (vgl. hierzu im Überblick: Littmann 1975, 1980; Wittling 1983, 1990; Wolfram et al. 1989: v. Cramon et al. 1993; Kolb u. Whislaw 1993; Berg et al. 1994; Lezak 1995, 1997; Adams et al. 1996; Rist et al. 1996; Rao 1996; Goldenberg 1997; Spreen et al. 1998; Sturm et al. 2000). Ihre Aufgaben kennzeichnet Döpfner (1992) wie folgt:

- Unterstützung bei der (ärztlichen) Diagnostik von Hirnfunktionsstörungen (z. B. Hinweise auf deren Vorliegen bzw. Indikation für die Durchführung weiterer Diagnostik (im Sinne von *Psychopathognostik*, vgl. Littmann 1975).
- Differenzierte Defizitobjektivierung in einzelnen psychischen Funktionsbereichen (im Sinne von *Psychopathometrie*).
- Erfassung basaler Defizite und Komponenten bei komplex leistungsgestörten Probanden.
- Erhebung differenzierter Leistungsprofile mit Defiziten und (eventuell kompensatorisch einsetzbaren) Kompetenzen des Patienten als Grundlage der Behandlungs- und Rehabilitationsplanung.
- Prognosen über die weitere Entwicklung sowie Verlaufsdiagnostik vor, während und nach der Therapie.

Die in Anlehnung an die Erlanger Schule um Wieck (vgl. Littmann 1975, 1980) vorgenommene Unterscheidung eines *psychopathognostischen* (Fragestellung: Hirnschädigung: ja/nein bei ärztlich nicht oder noch nicht abgesicherter Hirnschädigung) und eines *psychopathometrischen Diagnostikansatzes* (Fragestellung: Quantifizierung und Spezifizierung von neuropsychologischen Folgen bei medizinisch gesicherter Hirnschädigung) erscheint nur noch von historischem Interesse.

Der psychopathognostische Ansatz einer univariaten, am neuropsychologisch untauglichen bzw. unhaltbaren eindimensional-generalisierten Hirnschadenskonzept orientierten Diagnostik bildete in den 40er bis 70er Jahren (Döpfner 1992; Littmann 1975) den Nährboden für die Entwicklung einer Flut von vorgeblich hirnschadenssensiblen und -spezifischen „Hirnorganiker"-*Einzeltests*. Die unkritische Nutzung dieser „Hirnorganizitätstests" und sog. „Schnell- bzw. Screeningtests" (zunehmend auch als Reklamematerial von der Pharmaindustrie auf den Markt gebracht) rechnet allerdings Preilowski (1998) auch gegenwärtig noch zu den „wirklich" problematischen Dauerthemen der Neuropsychologie (vgl. Wolfram et al. 1993). Nachfolgend kamen auch multivariat-statistisch (faktoren- bzw. diskriminanzanalytisch) begründete (meist eklektische) *Testbatterien* hinzu, mit dem Anspruch einer über die Psychopathognostik hinausgehenden Binnendifferenzierung von Hirnorganikerpatientengruppen, die sich bzgl. Ausmaß, Lokalisation und anderer Charakteristika der Hirnläsionen unterschieden.

4.2.1 Methodische Probleme

Als methodisches Handikap erwies sich die angenommene, tatsächlich aber fehlende Isomorphie zwischen Hirn- und psychischen Funktionen, weshalb auch neuropsychologische Tests Hirnfunktionsstörungen nicht unmittelbar abzubilden vermögen, sondern allenfalls Verhaltensindikatoren derselben (Döpfner 1992). Erwies sich die Trennfähigkeit solcher Einzeltests und Testbatterien zwischen klinischen Patientenkollektiven mit primären und assoziierten Hirnschadensfolgen einerseits, normalen Kontrollgruppen Hirngesunder andererseits allenthalben gruppenstatistisch noch als recht zufrieden stellend, fiel ihr differenzialdiagnostischer Beitrag zur Unterscheidung zwischen hirnorganischen und nichtorganisch bedingten Funktionseinbußen weitaus unbefriedigender aus, insbesondere für die Zwecke der Einzelfalldiagnostik. Dies ist umso belangvoller, als sich Effizienzstudien zumeist auf unzweifelhaft und eher schwer hirngeschädigte Patienten bezogen, wohingegen es in der Begutachtungspraxis sehr viel häufiger um unklare Verdachtsfälle mit meist leichter und subtiler Symptomatik geht. Metaanalysen ergaben eine mittlere Trefferrate neuropsychologischer Leistungsdiagnostik von 77% (mit einer Variationsbreite von 12–90%!) bei der Unterscheidung zwischen „organisch" und „nichtorganisch" (psychiatrisch) bedingten kognitiven Defiziten (Zihl et al. 1996; Lautenbacher/Guggel 2004). Die Erfolgsquote fiel vergleichsweise höher für HOPS versus gemischte affektive Störungen sowie akute Schizophrenien aus, sank aber in den Bereich der Zufallswahrscheinlichkeit (54%) beim Vergleich mit chronischen Prozessschizophrenien. Methodenbezogen zeigte sich, dass gemeinhin als „Klassiker" neuropsychologischer Diagnostik angesehene Einzeltests (Hooper-, Bendertest, WCST, vgl. unten) und Testbatterien (HRNTB, Stroop, WAIS/R) mit Trefferraten zwischen 54 und 86%, mit Falsch-positiv-Klassifikationen zwischen 17 und 23%, sowie falsch-negativen zwischen 30 und 42% ungeeignet sind zur Abgrenzung zwischen hirnorganischen und schizophrenen kognitiven Defiziten. Dies wird unter anderem dem *Gesetz der Unspezifität* zugeschrieben (Zihl 1996).

Auch in eigenen Untersuchungen (Littmann u. Denk 1980) konnten mittels einer recht umfänglichen leistungs- und persönlichkeitsdiagnostischen Testbatterie (Leistungsprüfsystem/LPS von HORN, Test d2, Benton-Test, Wiener Determinationsgerät/WDG, Freiburger Persönlichkeitsinventar/FPI) gruppen-, aber nicht einzelfalldiagnostisch befriedigende, diskriminanzanalytisch ermittelte Trefferraten um 80% zwischen (bzgl. Alter, Geschlecht und beruflicher Qualifikation) homogenisierten Untersuchungsgruppen von je n=50 Hirngeschädigten, Neurotikern mit subjektiv geklagten Leistungsminderungen und normalen Kontrollpersonen, sowie n=120 Patienten mit zerebrovaskulärer Insuffizienz (CVI) erzielt werden.

Mit der Entwicklung und ständigen Verbesserung *bildgebender und technischer Diagnostikverfahren* (Kruggel et al. 1994) ging es im Sinne der Psychopathometrie nicht mehr um die Aufdeckung, sondern um die differenzierte Erfassung von gestörten und erhaltenen Teilleistungen, die Erhebung von Leistungsprofilen sowie die Untersuchung der Beziehungen zwischen basalen und komplex-höheren psychischen Funktionen. Der neuropsychologischen Diagnostik wurde eine komplementäre Aufgabe innerhalb einer umfassenden, von verschiedenen Teildisziplinen getragenen Neurodiagnostik zugewiesen, wobei trotz der Segnungen medizinisch-apparativer Diagnostik die neuropsychologische Diagnostik aus folgenden Gründen keineswegs entbehrlich wurde oder werden wird:

▌ Bei wiederholt vorgenommenen Effizienzvergleichen (Wolfram et al. 1989; Lezak 1995) schnitten leistungsdiagnostische Verfahren mindestens ebenbürtig, oft sogar mit durchschnittlich höheren Trefferraten ab als apparativ-neurodiagnostische Verfahren. Daraus leiten übrigens Fischer et al. (1995) für die Begutachtung der Verhandlungsfähigkeit ab, dass neuropsychologische Diagnostik ein der ärztlichen „überlegenes Forschungsmittel" im Sinne der Strafprozessordnung (StPO) darstellt.

▌ Nach wie vor gilt das Postulat einer relativen Unabhängigkeit zwischen morphologisch-funktionellen ZNS-Veränderungen einerseits und psychischen Hirnschadensfolgen andererseits. Morphologische Veränderungen müssen im Einzelfall keine psychischen Veränderungen bewirken und vice versa müssen psychische Auffälligkeiten nicht auf hirnorganischen Schäden beruhen. Ärztliche und psychologische „Hirnschadensdiagnostik" können also voneinander abweichen und tun dies auch nicht selten, wobei dann erst die neuropsychologisch orientierte Diagnostik genauere Aufschlüsse über das aktuelle Leistungsbild des zu Begutachtenden liefern kann. Zudem gehen bei vielen ZNS-Erkrankungen im Frühstadium neuropsychologische Beeinträchtigungen den medizinisch-neurologisch fassbaren Symptomen zeitlich weit voraus.

▌ Insbesondere kann die Reversibilität versus Irreversibilität von Hirnschadensfolgen mittels bildgebender Verfahren nicht zuverlässig bestimmt werden. Die bildgebende Diagnostik (vor allem Magnetresonanztomografie) ist bei lokalisatorischen und ätiologischen Fragestellungen überlegen, die neuropsychologische Diagnostik bei der Analyse kognitiver Defizite und sonstiger Dysfunktionen, die sich der bildlichen Erfassung naturgemäß entziehen.

Neuropsychologische Diagnostik umfasst traditionell wie auch derzeit sowohl die Anwendung von Diagnostikverfahren, die explizit aus dem neuropsychologischen Ansatz heraus theoriegeleitet entwickelt wurden, als auch die Beiziehung praxisüblicher Verfahren der traditionellen Leistungs- und Persönlichkeitsdiagnostik (vgl. Stieglitz et al. 2001) – Letztere als Ergänzung und anstelle spezifisch neuropsychologischer Tests, falls sie bestimmte psychische Teilfunktionen differenzierter und besser (etwa unter Verwendung von Normdaten) erfassen lassen. Kennzeichen neuropsychologischer Diagnostik ist nach Döpfner (1992, S. 63) also „weniger die Anwendung einer als neuropsychologisch etikettierten Testbatterie, sondern vielmehr eine an den Vorstellungen über die Funktionsweise des Gehirnes orientierte systematische Diagnostik". Die derzeit neue Phase neuropsychologischer Diagnostik ist dabei durch eine stärkere Betonung der ökologischen Validität der Instrumente zur Erfassung des Funktionsniveaus der Patienten bei der Bewältigung lebensalltäglicher Anforderungen („everyday-life-functions") charakterisiert.

4.2.2 Standardisierte oder flexible Testbatterien?

Die angelsächsische Literatur diskutiert ebenso permanent wie kontrovers die jeweiligen Vor- und Nachteile des Einsatzes fixiert-standardisierter gegenüber flexiblen neuropsychologischen Testbatterien (Kane 1991), auch und besonders bei forensischen Begutachtungen, zu exemplifizieren an den beiden dort weit verbreiteten Testbatterien, der Halsteadt-Reitan und der Luria-Nebraska-Batterie.

Der *fixierte („fixed") Testansatz* repräsentiert die eher quantitativ-nomothetisch ausgerichtete angloamerikanische Neuropsychologie. Hier kommt eine vorher festgelegte Testbatterie mit einem breiten Spektrum neuropsychologisch relevanter Funktionen routinemäßig zum Einsatz. Die Subtests wurden einer gemeinsamen Testkonstruktion und -standardisierung unterworfen und stehen auf einer gemeinsamen Normierungsgrundlage, womit sich auch Subtestdifferenzen leichter bewerten lassen. Ein weiterer Vorteil ist nach Döpfner (1992) darin zu sehen, dass solche Batterien durch die Datenaggregation eine systematische Datenbasis für verschiedene klinisch und forensisch relevante Untersuchungsgruppen liefern. Dem steht eine erhebliche, mehrstündige Untersuchungsdauer gegenüber.

Als Prototyp kann die aus 10 Subtests bestehende *Halsteadt-Reitan-Batterie (HRNTB)* genannt werden (vgl. u. a. Kolb u. Whisaw 1993), bei der allerdings – ein erheblicher Mangel – jegliche Gedächtnisprüfung fehlt und nonverbale Leistungen stärker repräsentiert sind. Mit 2 Hauptsummenscores (Störungs- und NP-Defizit-Index) sind Konsistenz und Schweregraduierung einer Störung eingrenzbar, es stehen weiterhin Alters-, Geschlechts- und Bildungsnormen zur Verfügung (Cut-off-Werte). Für die HRNTB liegen in den USA eine Vielzahl von Untersuchungen auch aus dem forensischen Anwendungsbereich vor. Eine deutschsprachige Fassung ist zumindest nicht anwendungsbereit publiziert.

Beim *flexiblen Ansatz* erfolgt ein am Einzelfall orientierter, störungsspe-zifisch-hypothesengeleiteter Einsatz von zumeist hochsensiblen Einzel-tests, die mit höherer Testökonomie eine ausführlichere und differenzier-tere Untersuchung einzelner Funktionsbereiche gestatten sollen. Damit ist dieser Ansatz eher dem ideografisch-qualifizierenden Herangehen der russischen neuropsychologischen Schule von Luria verpflichtet, dessen Verfahren aber standardisierend und psychometrisch fundierend.

Die *Luria-Nebraska-Batterie* (Golden 1984; Lezak 1995), wie auch die HRNTB mehrfach modifiziert und überarbeitet, liegt in 2 Formen (Hand- und Computerauswertung) mit je ca. 270 (überwiegend ver-balen) Items vor und gestattet mit 13 Subskalen die Bildung eines Sum-menscores als Screening für HOPS, die Bestimmung von Lateralität und Schweregrad hirnorganischer Störungen sowie Lokalisationsscores für die Erfassung fokaler Defizite. Alters- und Bildungsnormen liegen vor. Als deutsches Pendant könnte, mit Einschränkungen und Methodenkri-tik bedacht (Zihl et al. 1996; Hartje 1989), die *Tübinger Luria-Christen-sen Neuropsychologische Testbatterie (TÜLUC)* von Hamster et al. (1980) genannt werden. Ihre nicht psychometrisch fundierten und nicht nor-mierten Skalen sind wie folgt benannt: Motorik, akustisch-motorische Organisation, kutane und kinästhetische Funktionen, höhere visuelle Funktionen, rezeptive und expressive Funktionen, Schriftsprache, Re-chenfertigkeit, mnestische und intellektuelle Prozesse.

Die HRNTB und die Luria-Nebraska-Batterien weisen zwar hohe Übereinstimmungen ihrer Geltungsbereiche auf, aber auch Unterschiede. So soll die HRNTB zu mehr falsch-positiven, die Luria-Nebraska zu mehr falsch-negativen Hirnschadensdiagnosen führen (Döpfner 1992).

Döpfner (1992) stellt den beiden Ansätzen noch *eklektische Batterien* zur Seite. Da in Deutschland neuere neuropsychologische Tests ebenso fehlten wie psychometrischen Anforderungen genügende Testbatterien, sei dies die einzige Möglichkeit einer an neuropsychologischen Prinzipien orientierten Diagnostik. Die Zukunft liege indes bei *prozessorientierten Ansätzen*, die die Vorteile quantifizierender Standardbatterien und flexibler Batterien mit denen der ideografisch-qualitativen Diagnostik in einem sequenziellen Mehrstufenprozess zu verknüpfen suchten. Neuropsychologische Defizit-screenings könnten auf der untersten Stufe der Feststellung von Ausfällen in den wesentlichsten Funktionsbereichen dienen. Im Falle des Defizitscree-nings von Reischies (1987) sind dies Orientierung, Merkfähigkeit, Be-haltensspanne für Zahlen, Wortproduktivität, Zahlensubtraktion, kognitives Tempo, Konzentration und nonverbale Intelligenz. Im nächsten Schritt seien diese mittels standardisierter Subtestbatterien zu quantifizieren, wo-ran sich letztlich eine vollkommen individualisierte Form der Einzeltestung anschließen lasse. Diese impliziert auch ein computergestütztes adaptives Testen. Ohnehin stehen auch für die neuropsychologische Diagnostik seit längerem *computergestützte Einzelverfahren und Testbatterien* (Kane et al.

1992; Brähler et al. 2002) zur Verfügung (Wiener Testsystem der Fa. Schuh-fried, LEILA/Hogrefe, FEPSY, COGPACK, TAP/Zimmermann u. Fimm (1995) u. v. a.).

4.2.3 Topografische Funktionsanalyse

Die klinisch-neuropsychologische Diagnostik unterscheidet nach Wittling (1983, 1990) und Sturm et al. (2000) die *topografische* und die *inhaltliche Funktionsanalyse*.

Die *topografische Funktionsanalyse* fragt nach überhaupt gegebenen Hinweisen auf hirnfunktionale Defizite sowie danach, welche Hirnregionen davon (vorwiegend) betroffen sind. Sie kann sich dabei auf ein Wissen über topografisch-lokalisatorische Zuordnungen von Leistungs- und Persönlichkeitsfunktionen zu Hirnarealen stützen, das sich aus mehr als 100 Jahren neuropsychiatrischer und -psychologischer Forschung ergeben hat. Dabei gilt natürlich, dass insbesondere komplexe psychische Funktionen nicht nur einzelnen Hirnregionen zuzuordnen sind.

Selbst die „Lateralisationsfaustregel", wonach (bei Rechtshändern) links-hemisphärisch lokalisierte Hirnschäden bevorzugt verbal-symbolische, d. h. sprachliche Prozesse (Lesen, Schreiben, Sprache, Verstehen, Rechnen) beeinflussen, und rechtshemisphärische Störungen eher nonverbale, auch visuell-räumliche und Gedächtnisstörungen nach sich ziehen können, ist sehr vereinfachend. Sie ist gleichwohl (Schnider 1977; Wittling 1990) empirisch vielfach gesichert (zutreffend bei 95% der Rechtshänder und 60–70% der Linkshänder und Ambidexter) und beim Vergleich sprachgebundener mit nonverbalen Testleistungen zumindest dann gut reproduzierbar, wenn bei gesicherter Hirnschädigung eine schon prämorbid bestehende individual-typische Präferenz (verbaler versus nonverbaler intellektueller Leistungs-fähigkeit) verlässlich ausgeschlossen werden kann.

Am Beispiel der auch forensisch bedeutsamen *Frontalhirnschädigungen* sei in Tabelle 4.3 das prinzipiell multimethodale Vorgehen neuropsychologischer Diagnostik verdeutlicht, wobei das Konzept eines einheitlichen Frontalhirn-syndroms längst zugunsten einer Differenzierung von Subsyndromen aufgegeben worden ist (Kolb et al. 1993; Koch 1994; Schnider 1997; Lautenbacher/Guggel 2004).

Die Notwendigkeit einer *Integration von Anamnese, Verhaltensbeobachtung und neuropsychologischen Testbefunden* muss dabei besonders betont werden – nicht nur, weil bekanntlich manche Frontalhirnsyndrome in konventionellen Leistungstests unauffällig und damit unentdeckt bleiben können. Zur Erfassung von verschiedenen Frontalhirnfunktionen und deren Störungen steht eine ganze Reihe standardisierter und nichtstandardisierter, neuropsychologisch orientierter Einzeltests zur Verfügung (Tabelle 4.3), die nach Literatursichtung (Kolb et al. 1993; Koch 1994; Lezak 1995; v. Cramon et al. 1993; Sturm et al. 2000) zusammengestellt wurden.

Dennoch bedarf es auch hier des Hinweises, dass die Kriterien der Sensibilität und Spezifität von so genannten „Frontalhirntests" – als prototy-

Tabelle 4.2. Topografische Zuordnung von Frontalhirnstörungen (nach Schnider 1997)

1. Dimension	Rechts	Links
▌ Modalitätsspezifik	Raumverarbeitung: Neglekt	Sprache: Aphasie
▌ Antrieb	Gestörte figurale Fluenz	Gestörte verbale Fluenz
▌ Sprache	Hyperverbalisierung	Sprachliche Antriebshemmung
▌ Emotionen	Manie	Depression
2. Dimension	**Posterior**	**Frontopolar**
▌ Defizitmessung	Gut messbar	Schwer messbar
▌ Modalitätsspezifik	Spezifisch	Unspezifisch
	Links: Aphasie	Persönlichkeitsstörung
	Rechts: Neglekt	
▌ Emotion	Eher Depression	Eher Manie
3. Dimension	**Dorsomedial**	**Orbitofrontal**
▌ Antrieb	Akinetischer Mutismus	Enthemmung, Manie
	Apathie	
▌ Gedächtnis	Weitgehend intakt	Abrufstörung, Konfabulation
4. Dimension	**Dorsolateral**	**Dorsomedial, orbitofrontal**
▌ Kognition	Konzeptstörung	Gestörte Antriebsmodulation
	Planungsstörung	

pisch sei der *Wisconsin-Kartensortiertest* (Heaton et al. 1993) angeführt – nach mehr oder weniger konsistenten empirischen Befunden deutlich niedriger und unbefriedigender ausfallen als von den Testautoren behauptet und dann oft ungeprüft in der Sekundärliteratur fortgeschrieben wird.

In gleicher Weise stellt die Neuropsychologie auch Testverfahren für die bevorzugte Erfassung der an andere Hirnregionen gebundenen Funktionen zur Verfügung (vgl. Tabelle 4.3).

So geht es bei Schädigungen des *Temporalhirns* stärker um die Messung von Funktionen der auditorischen (z.B. dichotischer Hörtest für Wörter und Melodien) und visuellen (z.B. Hooper-Test, Testbatterie VOPS, Becker et al. 1992) Informationsverarbeitung, des verbalen (z.B. VLMT/Rey, Luria-Lerntest) bzw. nonverbalen Gedächtnisses (z.B. RVDLT/Rey, Benton-Test, DCS/Weidlich, komplexer Figuren-Test/Rey). Letzteres lässt sich optimal durch Gedächtnistestbatterien erfassen (z.B. Jenaer Gedächtnistestbatterie JGT/Wolfram, Mnestische Lerntestbatterie/Wolfram, Berliner Amnesietest BAT, Rivermead-Behavioural-Test, Wechsler-Memory-Scale, Wechsler-Memory-Scale WMS/R, Lern- und Gedächtnistest LGT-3/Bäumler). Bei *Parietalhirnschäden* prävalieren Untersuchungen der Sensumotorik, der taktilen, visuellen und Raumwahrnehmung und der Praxie (z.B. Formentest v. Seguin/Goddard, VOPS-

Tabelle 4.3. Auswahl neuropsychologischer Tests zur Erfassung von Frontalhirnfunktionen

Frontalhirnfunktionen	Standardisierte Testverfahren
Antriebsfunktionen	
Motorik	Fingertapping; WDG/Aktionsversuch
Verbale Produktivität/Wortflüssigkeit	RWFT; UT 6/LPS
Nonverbale Produktivität	5-Punkte-Test
Aufmerksamkeit/Konzentration	
Reaktionsgeschwindigkeit, -sicherheit	WDG/Reaktionsversuch; WRG; HTS
„alertness"/Wachheit/Reagibilität	TAP/UT Tonische u. phasische „alertness"
Selektive Aufmerksamkeit	TAP/UT GoNoGo, Test d2
Geteilte Aufmerksamkeit	TAP/UT Geteilte Aufmerksamkeit; WDG
Vigilanz/Daueraufmerksamkeit	TAP/UT Visuelle/akustische Vigilanz
Konzeptbildung/Schlussfolgerndes Denken	
Logisch-abstrahierendes Denken	LPS/UT 3+4; SPM von Raven
Analogiebildung	IST-2001/R-UT Analogien
Gemeinsamkeitenfinden	IST-2001/R-UT Gemeinsamkeiten
Ordnen und Sequenzieren von Handlungen	HAWIE/R-UT Bilderordnen
Bedeutungs- und Symbolverständnis	Sprichworttests (z. B. MSWT)
Prozessorientiertes Problemlösen/Planungs- und Handlungsbefähigung/ Exekutive Funktionen	
Problemlösen	Turm von London; Turm von Hanoi; Link-Probe
Kategorisierungsfähigkeiten	WCST; CVK
Regelbeachtung	Labyrinthtests
Dysexekutives Syndrom	BADS (Wilson et al. 2000)
Planungs- und Handlungsbefähigung	Beurteilungsskala (Gauggel et al. 1998)
Umstellfähigkeit/Interferenzanfälligkeit	
Verbal-optisch	Stroop-Test; TMT A/B
Verbal	JZT
Mentale Rotation	LPS/UT 7
Sprachfunktionen	
Sprachfluss/Worteinfall	RWFT; Wortflüssigkeitstests von Benton
Benennleistungen	Boston-Naming-Test
Aphatische Sprachstörungen	Aachener Aphasietest (AAT); Token-Test

Abkürzungen s. Tabelle 4.4

Batterie, Kartentest v. Kimura, Neglecttest pp.), bei *Okzipitalhirnschäden* solche von gnostischen Funktionen (Agnosietests, VOPS usf.). Der interessierte Leser sei auf die vorzüglichen Verfahrensüberblicke, nebst dort angegebenen Literatur- und Bezugsquellen verwiesen (Littmann 1985; v. Cramon et al. 1993; Lezak 1995; Kolb et al. 1993; Schnider 1997; Sturm et al. 2000; Lautenbacher/ Guggel 2004).

4.2.4 Inhaltliche Funktionsanalyse

Bei der *inhaltlichen Funktionsanalyse* geht es um die Objektivierung und Quantifizierung neuropsychologischer Störungen in den in Tabelle 4.4 aufgeführten Funktionsbereichen, denen dort die vom Verfasser in seiner klinischen und forensischen Begutachtungspraxis präferierten, an deutschsprachigen Eichpopulationen normierten Diagnostikverfahren zugeordnet werden. Diese Zuordnungen erfolgten aufgrund von Konventionen und der Inhaltsvalidität der Verfahren. Da die meisten Instrumente bzgl. der zu messenden Funktionen nicht „rein" sind (vgl. Döpfner 1992), müssten sie eigentlich mehrfach aufgelistet werden, was hier aus Platzgründen unterbleibt.

4.2.5 Neuropsychologische Befundbeurteilung

Auch neuropsychologische Diagnostik lässt sich in das von Wegener u. Steller (1986) inaugurierte *Strukturmodell forensischer Psychodiagnostik* einordnen – dieses unterscheidet die Ebenen (a) einer (hier: neuro-) psychologischen und (b) einer forensischen *Inferenz* (schlussfolgernde Interpretation der erhobenen Befunde). *Neuropsychologische Inferenz* impliziert wiederum eine normativ-nomothetische und eine ipsativ-ideografische Vorgehensweise bei der Interpretation neuropsychologischer Befunddaten.
▐ Die *normative Einordnung* des zu Begutachtenden in das Raster üblicher Alters- und Geschlechtsnormen ist zwar notwendig, aber besonders bei neuropsychologischen Fragestellungen nicht hinreichend, mitunter sogar inadäquat und irreführend.

So kann etwa der deutlich hirnorganische Leistungsabbau eines prämorbid überdurchschnittlich intelligenten und leistungsfähigen Probanden aufgrund seiner altersnormbezogen noch durchschnittlichen Leistungsresultate „unentdeckt" bleiben. Für die Mehrzahl von Tests liegen außerdem nur Grobnormen vor. Es fehlen insbesondere intelligenz- und bildungskorrigierte Mehrfachnormierungen. *Effekte folgender Variablen* auf die Ergebnisse neuropsychologischer Tests können als überwiegend konsistent nachgewiesen gelten (Wittling 1990; Wolfram et al. 1989): Normale und pathologische *Alterungsprozesse* manifestieren sich z.B. sehr viel stärker in Aspekten der abbausensiblen „flüssigen" (nonverbalen) Intelligenz als in solchen der eher abbaustabilen (verbalen) „kristallisierten" Intelligenz, vor allem also in Defiziten der komplexen Aufmerksamkeitsprozesse, der psychomotorisch-kognitiven Leistungsgeschwindigkeit, aller visuoperzeptiven Fähigkeiten und des abstrakt-logischen Denkens und Problemlöseverhaltens (Helmchen et al. 1998).
Für die Begutachtung *alter Menschen* liegen inzwischen einige Testverfahren vor, sei es mit Altersnormen (bis 90 Jahre) für herkömmliche Leistungstests (z.B. LPS-50+/Horn, Jenaer Leistungstestbatterie/Wolfram et al. 1989), seien es speziell für die Altersdiagnostik konzipierte Verfahren

Tabelle 4.4. Diagnostikverfahren zur inhaltlichen Funktionsanalyse (vgl. Text)

Funktionsbereiche	Testverfahren
Intellektuelle und exekutive Funktionen	
▌ Allgemeines Intelligenzniveau	HAWIE/R; WIP/R; HAWIE-III (i.V.)
▌ Intellektuelle Verbalbefähigung	MWT/B; WST; HAWIE/R-Verbalteil
(„Kristallisierte" Intelligenz)	LPS/LPS 50+ : UT 1+2, 5, 6+11
	IST-2001/R: Verbalteil
▌ Nonverbale Intelligenz	HAWIE/R – Handlungsteil; SPM von Raven
▌ („Flüssige Intelligenz")	LPS/LPS 50+ – UT 3+4
▌ Semantische und lexikalische	LPS/LPS 50+: UT 5+6
Wortflüssigkeit/Kategorienwechsel	RWFT
▌ Symbolverständnis/Sprichworterklärungen	Sprichworttests (z. B. MSWT)
▌ Verbales Abstrahieren	HAWIE/R-UT GF; IST-2001/R: UT WA
▌ Nonverbales Abstrahieren	SPM Raven; LPS-UT 3+4
▌ Lesefähigkeiten	LRT
▌ Rechnerische Fähigkeiten	HAWIE/R-UT RD; ZVR; KRT
▌ Visuoperception und -konstruktion	HAWIE/R-UT FL/MT; LPS/LPS 50+: UT 10
▌ Räumliches Vorstellen/Denken	LPS/UT 8+9; IST-2001/R-UT AN
▌ Mentales Rotieren	LPS/UT 7; HAWIE/R-UT ZN rü.
▌ Konzeptbildung/Kategorisierung/Kognitive Flexibilität	WCST; CVK
▌ Problemlösen	Turm von Hanoi; Turm von London; Link-Probe
▌ Dysexekutive Funktionen	BADS
▌ Intelligenztestbatterien	HAWIE/R; LPS+LPS 50+; IST-2001/R
Psychomotorik, kognitives Tempo, Reaktionsverhalten:	
▌ Einfache und Wahlreaktionszeit	TAP-UT „alertness"; WRT; WDG
▌ Informationsaufnahme- und Verarbeitungsgeschwindigkeit	TMT/A; ZVT/A; HTS
▌ Kognitive Umstellfähigkeit	Stroop; JZT; TMT/B; ZVT/B; WCST; CVK
Aufmerksamkeit, Konzentration und Belastbarkeit:	
▌ Wachheit/„alertness"	TAP-UT „alertness"; TLT
▌ Selektive Aufmerksamkeit	TAP-UT GoNoGo; Test d2; KVT
▌ Geteilte Aufmerksamkeit	TAP-UT Geteilte Aufmerksamkeit; WDG
▌ Vigilanz/Daueraufmerksamkeit	TAP-UT optische+akustische Vigilanz
Gedächtnis/Lernfähigkeiten	
▌ Verbale und nonverbale Merkspanne,	HAWIE/R-UT ZN; Corsi-Böcke; TAP-UT Arbeitsgedächtnis; CPT
▌ Bildhaft-anschauliches Gedächtnis	JGT-UT 1; MLTB-UT BLT; SKT/UT 1,2+5
▌ Verbal-semantisches Gedächtnis (für Assoziative Wortlisten, Sätze, Geschichten und Wortpaare)	JGT-UT 2+4; MLTB-UT VLMT+WLF; VLT; VLMT
▌ Nonverbal-figural	Benton-Test; DCS; JGT-UT 5; NVLT
▌ Räumlich-topografisch	JGT-UT 3; MLTB-UT SPLT
▌ Gesichternamen	GNT

Tabelle 4.4 (Fortsetzung)

Funktionsbereiche	Testverfahren
▌ Altgedächtnis (semantisch und episodisch)	Autobiografisches und semantisches Altgedächtnisinventar; HAWIE/R: UT AW; WT
▌ Gedächtnistestbatterien	WMS/R; BAT; LGT-3; JGT; MLTB; RMBT
Sprachfunktionen	
▌ Benennfähigkeiten	Boston-naming-Test; CERAD
▌ Rechtschreibkenntnisse	RT; RST
▌ Aphasische Störungen	Token-Test; AAT; KAP
Sensomotorische und Wahrnehmungsfunktionen:	
▌ Komplexes Reaktionsverhalten	WDG; COGPACK
▌ Objekt- und Raumwahrnehmung	VOPS-Batterie
▌ Neglectstörungen	Neglecttest (NET)
▌ Visuelle Figur-/Grunddifferenzierung	Projektionstachistoskopie
▌ Visuomotorische Koordination	Motorische Leistungsserie (MLS)
Emotionale und motivationale Verhaltenskontrolle	
▌ Subjektive Leistungsbeurteilung	FEDA; F-A-G
▌ Befindlichkeit/Beschwerden	BEB; SCL-90/R
▌ Persönlichkeitsmerkmale	FPI/R; MMPI-2 u. v. a.
Computerbasierte Leistungstestverfahren:	
▌ HTS-Hogrefe-Testsystem	
▌ WTS-Wiener Testsystem (Schuhfried)	

UT Untertest; *AAT* Aachener Aphasietest; *BADS* Behavioural Assessment of the Dysexecutive Syndrom; *BAT* Berliner Amnesietest; *BEB* Beschwerdeerfassungsbogen; *CVK* Veränderter Kartensortiertest; *DCS* Diagnostikum für Zerebralschädigung; *FEDA* Fragebogen erlebter Defizite der Aufmerksamkeit; *FAG* Fragebogen zur Erfassung subjektiver Gedächtnisleistungen im Alltag; *GNLT* Gesichter-Namen-Lerntest; *FPI/R* Freiburger Persönlichkeitsinventar; *GNT* Gesichter-Namen- Lerntest; *IST-2001/R* Intelligenzstrukturtest; *JGT* Jenaer Gedächtnistestbatterie; *JZT* Jahreszeitenumstelltest; *HAWIE/R* Hamburg-Wechsler-Intelligenztest; *KAP* Kurze Aphasieprüfung; *KLT* Konzentrationsleistungstest; *KVT* Konzentrationsverlaufstest; *LGT-3* Lern- und Gedächtnistest; *LPS/LPS 50* Leistungsprüfsystem; *MWT/B* Mehrfachwahlwortschatztest; *MLS* Motorische Leistungsserie; *MLTB* Mnestische Lerntestbatterie; *MSWT* Metaphern-Sprichwort-Test; *MMPI-2* „Minnesota Multiphasic-Personality-Inventory" (Deutsche Fassung); *RT* Rechtschreibtest; *RST* Rechtschreibungstest; *RWFT* Regensburger Wortflüssigkeitstest; *RMB* River-Mead-Behavioural-Batterie; *SPM* Standard-Progressive-Matritzen; *SKT* Syndromkurztest; *TAP* Testbatterie zur Aufmerksamkeitsprüfung; *TMT* „Trail-Making-Test"; *VLMT* Verbaler Lern- und Merkfähigkeitstest; *VLT/NVLT* Verbaler/Nonverbaler Lerntest; *WCST* „Wisconsin-Card-Sorting-Test"; *WST* Wortschatztest; *WDG* Wiener Determinationsgerät; *WMS/R* „Wechsler-Memory-Scale", Deutsche Fassung; *WRT* Wiener Reaktionsgerät; *VOPS* Testbatterie für visuelle Objekt- und Raumwahrnehmung; *WIP/R* Reduzierter Wechsler-Intelligenztest für psychiatrische Patienten; *ZRT* Zahlenverarbeitungs- und Rechentest.

Hinweis Nähere Angaben zu den hier aufgeführten Testverfahren sind den einschlägigen Katalogen der Testverlage (Hogrefe, Huber; Swets und Zeitlinger) bzw. der letzten Auflage des Brickenkamp-Handbuches Psychologischer und Pädagogischer Tests (vgl. Brähler et al. 2002) zu entnehmen! Weitere Verfahrensdarstellungen finden sich bei Wolfram et al. (1989)

(z. B. Nürnberger Altersinventar NAI von Oswald u. Fleischmann 1995). Littmann (1992) hat die *Jenaer und Nürnberger Testbatterien* vergleichend gegenübergestellt.

▌ Meist fehlende *Bildung*snormen zwingen – was vielfach unberücksichtigt bleibt – zur Vorsicht bei der Ergebnisinterpretation von Probanden mit „extremen" Bildungsgraden, wobei niedrige besonders bei der Begutachtung von Straftätern überrepräsentiert sind.

▌ Auch *ethnische und kulturelle* Effekte sind nachgewiesen (Lezak 1995) – aber keines der deutschsprachigen Verfahren ist etwa an Ausländern und Minoritäten normiert bzw. validiert!

▌ *Geschlechtsspezifische* Effekte werden zwar als eher vernachlässigenswert erachtet – dennoch: Frauen sollen tendenziell bessere verbale Gedächtnisleistungen aufweisen, bei Männern soll der alterungsbedingte Leistungsabfall stärker ausgeprägt sein (Helmchen et al. 1998).

▌ Gesichert sind auch *Komorbiditätseffekte* hirnorganischer mit psychiatrischen Störungen. Sie sind durch neuropsychologische Testdaten schwer abgrenzbar (Zihl et al. 1998). So rechnet man mit 10–30% Fehlklassifikationen depressiver Patienten als dement, freilich nur, wenn allein neuropsychologische Querschnittsbefunde zugrunde gelegt werden.

▌ Auch potenziell leistungsbeeinträchtigende *Medikationseffekte,* vor allem von Antidepressiva mit anticholinergen Wirkungen, von Antikonvulsiva und Anxiolytika sind mitzubedenken. Die Forderung nach Medikationsfreiheit des Patienten während neuropsychologischer Untersuchungen ist in praxi aber weder realisierbar noch immer wünschenswert, vor allem dann nicht, wenn es um die Beurteilung der Leistungsfähigkeit unter voraussichtlich notwendiger Dauermedikation geht.

▌ Betrachtet man schließlich noch die wesentlichen *Determinanten neuropsychologischer Störungen* nach Hirnschäden (vgl. Tabelle 4.5), so wären sogar noch subgruppenspezifische Normierungen neuropsychologischer Tests vorstellbar, wie sie z. B. für die HRNTB-Batterie (Lezak 1995) vorliegen.

Tabelle 4.5. Determinanten neuropsychologischer Störungen (vgl. Text)

▌ Grad der Umschriebenheit der Hirnschädigung (diffus versus lokal)

▌ Interhemisphärische Lateralisierung (rechts, links, bilateral)

▌ Intrahemisphärische Lokalisation (frontal, temporal, parietal, okzipital bzw. „Kombinationen")

▌ Kortikale versus subkortikale Lokalisation

▌ Schwere der Läsion

▌ Läsionsart/-typik (Traumata, Sklerosen, Atrophien)

▌ Manifestationsart (plötzlich-akut versus langsam-progredient)

▌ Lebensalter zum Schädigungszeitpunkt

▌ Verlaufsgestaltungen (progredient versus nichtprogredient)

Als Beispiel für eine *nosologieorientierte* (neuropsychologische) Testbatterie sei der (leider nicht voll anwendungsbereit publizierte) *Defekttest* von Kinzel (1979) genannt. Dieser zielt auf die multimethodale Erfassung (Beschwerdefragebögen, Simulations- und Dissimulationsskalen, kognitive Schnelligkeits- und Gestaltungstests) spätkontusioneller (leistungs- und persönlichkeitsseitiger) Hirnschadensfolgen bei der im klinischen und forensischen Begutachtungsalltag nicht seltenen Klientel von Patienten mit (gedeckten) Schädelhirntraumen (2 Jahre nach dem SHT) ab. Nach eigenen Erfahrungen (Littmannn 1980) bedarf es allerdings der Ergänzung durch Gedächtnistests, auch die interne Validierung des Verfahrens steht noch aus.

Für das normative Messkonzept misslich erweist sich auch, dass die Basis- bzw. Vorkommensraten hirnorganischer Syndrome und/oder diese indizierender Testindikatoren in forensischen Populationen weit gehend unbekannt sind oder vernachlässigt werden (Larrabee 2000, 2003; Rao 1996; Lezak 1997), obwohl diese sich entscheidend auf die Trefferraten von Tests auswirken.

▍ Der *ipsative Ansatz* fokussiert demgegenüber auf den Vergleich der aktuellen Befundlage bei einem Patienten mit dessen prämorbider Leistungsausstattung und Persönlichkeit. Zur Abschätzung des prämorbiden Niveaus dienen neben eher „weichen" eigen- und fremdanamnestischen Angaben *Sozialformeln* aus demografischen und bildungsanamnestischen Daten (vgl. Leplow et al. 1998; Wolfram et al. 1989), *Wortschatztests* als Indikatoren der prämorbiden Intelligenz, die Methode der *Leistungsspitzen*, der *IQ-Abbauquotient*, die *Subtestprofilanalyse* (Scatteranalyse) und, bei (seltenem) Vorliegen prämorbid erhobener Testdaten, der *intraindividuelle Leistungsvergleich*. Indes: Keine der genannten methodischen Annäherungsweisen ist fehlerfrei, jede kann vielmehr zu Fehleinschätzungen der prämorbiden Leistung in der einen oder anderen Richtung führen. Wortschatztests und Sozialformeln bewirken z.B. bei Straftätern eher eine Unterschätzung der Intelligenz. Eine Prädiktorenkombination beider Variablen wird gegenwärtig als optimal angesehen (Leplow et al. 1998). Das HAWIE/R-Abbaukonzept erweist sich nicht als generell überholt oder invalide. Wie es *die* Hirnschädigung nicht gibt, so auch nicht *den* allgemeingültigen Abbauquotienten (Littmann 1975). Noch am ehesten scheint dieses Konzept für leichtere und diffuse Hirnschäden Gültigkeit zu haben. Die meisten der IQ-Abbauquotienten beruhen auf einer Inbezugsetzung zeitlimitierter mit Niveautests. Indes ist bei der neuropsychologischen Leistungsdiagnostik immer auch auf ein ausgeglichenes Verhältnis zwischen „Speed-" und „Power-" Tests mit wechselseitig *identischem Gültigkeitsbereich* zu achten.

Sind – günstigenfalls – *testpsychologische Vorbefunde* eines zu Begutachtenden zugänglich, entfallen zwar die methodischen Probleme der Abschätzung des prämorbiden IQ. Dennoch gestaltet sich der Vergleich mit den aktuell erhobenen Befunden keineswegs unproblematisch. Erinnert sei an die mangelnde Äquivalenz von Testverfahren und Weiterentwicklungen gleicher Tests, an Normwertverschiebungen (die bei 3 IQ-Einheiten pro Dekade liegen sollen) oder an die intermodal mangelnde Vergleichbarkeit verschiedener Intelligenz- und Leistungstests mit angeblich analogem Gültigkeitsbereich. Insofern neuropsychologische Leistungsdiagnostik häufige Verlaufskontrollen impliziert (z.B. bei hirnorganischen Progredienzsyndromen), stellt sich dann auch die Problematik von *Retest- und Übungseffekten* (McCaffrey et al. 1993, 1995).

Methodisch noch schwieriger als die Abschätzung einstiger Intelligenz und Leistungsfähigkeit stellt sich diejenige der prämorbiden Persönlichkeit im Verhältnis zu eventuellen (primär oder sekundär hirnorganisch bedingten) *Persönlichkeitsveränderungen* dar (Lamberti 1993). Die traditionell eher an Leistungen und Leistungsdefiziten orientierte Neuropsychologie sah psychogene Überlagerungen als unerwünschte Verschleierung tatsächlicher Leistungspotenzen an – eine Betrachtungsweise, die zu einer geringen Beachtung psychodynamischer und funktioneller Prozesse nach Hirnschädigungen führte. Dem nicht nur im älteren Schrifttum noch verwendeten Begriff der *hirnorganischen Wesensänderung* (Spreen 1977; Hartje u. Poeck 1997) bzw. dem in den neueren Klassifikationssystemen verwandten der *organischen Persönlichkeitsveränderung* (gemäß ICD-10 oder DSM-IV) werden primäre hirnorganisch bedingte Persönlichkeitsveränderungen und sekundär-reaktive Anpassungsprobleme subsummiert, wobei Letztere die gleiche Ausgestaltung wie auch andere (v.a. neurotische) psychische Fehlhaltungen und Abwehrmechanismen haben können. Art und Ausmaß der Persönlichkeitsveränderungen sind abhängig (a) von der Ausgangspersönlichkeit des zu Begutachtenden, (b) den Reaktionen seiner Umwelt und (c) den Reflexionen des Patienten über seine selbst erlebten Veränderungen (Spreen 1977). Primär-hirnorganische und sekundär-reaktive Symptome und Fehlhaltungen sind phänomenologisch – und damit natürlich auch testpsychologisch – im Einzelfall schwer voneinander abgrenzbar. Letztere finden sich vor allem als depressive und Katastrophenreaktionen, als Angst und Phobien, Konversions- und andere psychogene Symptomatiken bis hin zu Beschwerdeaggravationen und -simulationen (Hartje u. Poeck 1997; Lezak 1995; Hauslotter 1995).

Forensisch-neuropsychologische Untersuchungen müssen eine (Vortest-) Exploration, Daten aus der Verhaltensanalyse (Selbst- und Fremdbeobachtung) und die neuropsychologische (Test-) Untersuchung umfassen. Natürlich hat man sich zuvor über die Händigkeit und über die Intaktheit basaler sensumotorischer Funktionen zu vergewissern. Jede Begutachtungssituation ist für den Betroffenen subjektiv sehr bedeutungsvoll und folgenreich-risikobelastet (Littmann 1993). Eine Vielzahl personaler, situativer und interaktioneller Variablen sind bekanntlich im psychodiagnostischen Setting wirksam und können in unerwünschter Weise mit den neuropsychologischen Resultaten konfundieren (Dorward et al. 1993; Littmann 1988).

4.2.6 Forensische Befundbeurteilung

Forensische Inferenz (Wegener u. Steller 1986) bedeutet die Transformation der klinisch-neuropsychologischen Befunde und Diagnosen auf die Ebene der begutachtungsrelevanten Rechtsbegriffe in verschiedenen Zweigen des Zivil-, Sozial- und Strafrechts. Dies ist ein Prozess von noch weitgehend subjektiver gutachterlicher Urteilsbildung, der allerdings durch neuropsychologische Daten untermauert, mehr an Transparenz und Nachvollziehbarkeit für alle Prozessbeteiligten erlangen dürfte (Littmann 1985).

Im angelsächsischen Schrifttum stehen sich Befürworter (Barth et al. 1991; Lees-Haley et al. 1996) und Skeptiker (Faust 1991) der forensischen Neuropsychologie gegenüber. Faust (1991) sprach dieser neuen Disziplin „Wissenschaftlichkeit" (zumindest zu Beginn der 1990er Jahre) noch ab. Lezak (1995) verweist auf die Herkunft der meisten Diagnostikverfahren aus der klinischen Neuropsychologie – eine Adaptation für Zwecke der Forensik sei erst noch zu leisten. Larrabee (2000) befürchtet ein Überdiagnostizieren von Hirnschädigungen aufgrund neuropsychologischer (Test-) Befunde. Anwälte zu Begutachtender seien durch ihre Standesvertretungen inzwischen in profunder Weise über die „Schwachstellen" neuropsychologischer Diagnostik so umfassend aufgeklärt, dass sie ihre Mandanten gezielt auf die neuropsychologische Untersuchung vorbereiten bzw. präparieren könnten (sog. „Advokatencoaching"). Anwaltliche Argumentationsstrategien zielten dabei vor allem auf die Uneinheitlichkeit des neuropsychologischen Untersuchungsinstrumentariums, dessen mangelnde ökologische Validität und Untersucherinkompetenzen etc. ab (Adams et al. 1992). Nahezu alle Standardwerke der forensischen Neuropsychologie in den USA geben den neuropsychologischen Gutachtern deshalb umfangreiche „Argumentationshilfen" für die dort üblichen Kreuzverhöre.

Eine informative Übersicht über die Hauptauftraggeber und ihre Fragestellungen an die (forensische) Neuropsychologie in Deutschland legten Romero et al. (1994) und Hartje (2003) vor. Hierzu nur noch einige ergänzende Bemerkungen und weiterführende Literaturhinweise:

1. *Versicherungs- und versorgungsrechtliche Fragestellungen* machen den Hauptanteil der neuropsychologischen Gutachtertätigkeit aus (Hartje 1989, 2003; Steinmeyer 1994; Guilmette et al. 1994). Nach Hartje (2003) prävalieren hier die 4 folgenden Fragestellungen nach dem Grad der (1) Minderung der Erwerbsfähigkeit (MdE), der (2) körperlichen und geistigen Leistungsfähigkeit, der (3) Behinderung (GdB) und der (4) teilweisen oder vollen Erwerbsminderung. Der Leser sei ausdrücklich auf die instruktiven Ausführungen von Hartje (2003) verwiesen. Bei der *Minderung der Erwerbsfähigkeit (MdE)* geht es um „Beeinträchtigungen der geistigen und seelischen Funktionen", weshalb die Defizitobjektivierung auf dem Hintergrund der prämorbiden Verfassung des zu Begutachtenden im Vordergrund steht und ideografische Inferenzstrategien gefordert sind. Bei der Beurteilung von *Berufs- (BU) und Erwerbsunfähigkeit (EU)* geht es hin-

gegen eher um diagnostische Aussagen über Leistungsreste dessen, was der zu Begutachtende in seinem speziellen Beruf und im allgemeinen Erwerbsleben noch leisten kann. Für die neuropsychologische Testung bestehen dabei relativ gute Ausgangsbedingungen (Steinmeyer 1994), da mit objektiven Verfahren die gerade (noch) vorhandenen Leistungsfähigkeiten recht gut erfassbar sind und eine methodisch schwierige Einschätzung des prämorbiden Leistungsniveaus nicht gefordert wird. Bei der *BU* wird die verbliebene Leistungsfähigkeit zu den berufsspezifischen Anforderungen in Bezug gesetzt (was den Einsatz von Verfahren mit spezifisch eignungsdiagnostischer Relevanz erfordern kann!). Bei der *EU* dienen hingegen als Bezugsmaßstab „alle Tätigkeiten auf dem Arbeitsmarkt", womit die neuropsychologische Diagnostik vor allem auf die Dauer der Belastbarkeit im Arbeitsleben fokussiert – die divergenten Fragestellungen müssten zukünftig auch die Methodenauswahl stärker differenzieren als dies bisher der Fall war. So legte Steinmeyer (1994) ein *prozessdiagnostisch* orientiertes Diagnostikkonzept für die Zwecke der *Rentenbegutachtung* vor, welches verschiedene Hierarchieebenen einer Leistungstaxonomie unterscheidet.

Freilich ist auch in dieser Begutachtungsmaterie vor einer einseitigen Überbewertung (manchmal „pseudoobjektiver") neuropsychologischer Testbefunde – mangels ökologischer Validität der Instrumente – zu warnen. Nach Faust (1995) ist z. B. die Schulbildungsanamnese ein validerer Prädiktor des beruflichen Rehabilitationserfolges bei Hirngeschädigten als die doch augenscheinlich sehr differenzierten Ergebnisse der HRNTB-Testbatterie, deren entsprechender Vorhersagewert nicht wesentlich, nämlich nur maximal 19%, über der Zufallserwartung lag.

2. Neuropsychologischer Handlungsbedarf besteht auch bei der psychiatrisch-psychologischen Sachverständigentätigkeit im Rahmen des 1992 etablierten *Betreuungsgesetzes* (vgl. Konrad 1992), wobei es hier um qualifizierte Aussagen über den Umfang und die voraussichtliche Dauer der Betreuungsbedürftigkeit von Patienten mit psychischen Krankheiten bzw. körperlichen, geistigen oder seelischen Behinderungen geht und um die umfassende diagnostische Beurteilung des gesamten Behinderungsbildes mit seinen Auswirkungen in verschiedenen Lebensbereichen. Auch hierbei ist das Verhältnis von Defiziten zu erhaltenen (und eventuell kompensatorisch einsetzbaren) Kompetenzen der Lebensbewältigung zu bestimmen. Krampen (1994) spezifiziert die relevanten diagnostischen Fragestellungen an den (Neuro-)Psychologen und unterbreitet Methodenvorschläge, wobei neben der Leistungsdiagnostik auch standardisierte Anamneseschemata und andere Fremdbeurteilungsinstrumente zur Einschätzung der Fähigkeiten zur Bewältigung von Alltagsaktivitäten stärker in den Vordergrund gerückt werden. Populationsunabhängige ideografische Normwerte müssten hierbei gegenüber den in der Psychometrie dominierenden sozialen Normwerten prävalieren (Krampen 1994). Neuropsychologische Begutachtungen der Frage der *Geschäfts- und* (als deren Sonderfall) *Testierfähigkeit* werden seltener angefordert (vgl. Hartje 2003).

3. Bei *Schuldfähigkeitsbegutachtungen gemäß §§ 20/21 StGB* könnten neuropsychologische Zusatzgutachten bzw. -befunde größere Bedeutung gewinnen:

▮ für die Beurteilung von Störungs- und Krankheitsbildern hirnorganischer Ätiologie bzw. Mitverursachung, am ehesten unter dem Gesetzesmerkmal einer überdauernden *krankhaften seelischen Störung*, ggf. auch einer *tiefgreifenden Bewusstseinsstörung* (z. B. organisch bedingte Amnesien) oder – dann differenzialdiagnostisch – eines *Schwachsinns* (unbekannter, aber nicht hirnorganischer Genese) und einer *schweren anderen seelischen Abartigkeit* (z. B. sekundär-neurotische Fehlhaltungen bei organischer Persönlichkeitsstörung) subsummierbar. Hier könnte unter Umständen die (neuro-)psychologische Sachverständigenkompetenz gegenüber der psychiatrischen favorisiert sein und den ohnehin in der Literatur nicht unumstrittenen medizinisch-gutachterlichen Alleinvertretungsanspruch bezüglich *aller* Eingangsmerkmale der §§ 20/21 StGB als sehr relativierungsbedürftig ansehen lassen;

▮ für Begutachtungen der *Verantwortungsreife* (z. B. vermutlich oder gesichert frühkindlich hirngeschädigter) Jugendlicher und Heranwachsender gemäß §§ 3, 105 JGG;

▮ bei gutachterlichen Fragestellungen zur *Amnesieproblematik* bei Angeschuldigten, aber auch Zeugen, zur Abgrenzung organischer gegenüber psychogen bedingten oder gegenüber simulierten Amnesien (Pankratz u. Paar 1988);

▮ sowie für *aussagepsychologische Begutachtungen* eingeschränkter oder aufgehobener Voraussetzungen der *Aussagefähigkeit* von Zeugen und Angeschuldigten mit neuropsychologischen Störungen.

4. Begutachtungen der *Verhandlungs- und Verteidigungsfähigkeit* gem. § 140 Abs. 2 StPO gewannen nach Fischer et al. (1994, 1995) in den letzten Jahren zunehmende Bedeutung bei den Gruppen der NS-, der Staatsschutz- und der Wirtschaftstäter, bei den hochbetagten Repräsentanten der Staats- und Parteiführung der ehemaligen DDR, des Weiteren bei BtM-Abhängigen und AIDS-Patienten. Eine Vielzahl von Diagnostikinstrumenten aus dem angloamerikanischen Sprachraum (Sporer 1987; Guilmette et al. 1991; Gothard et al. 1995) sind aber auf hiesige Rechtsverhältnisse nicht übertragbar. In den USA geht es häufig um die Erfassung unterschiedlicher Prozessrollen. In Deutschland stehen die oft erheblichen Auswirkungen einer Vielzahl neurologisch-psychiatrischer und internistischer Erkrankungen auf die geistige Leistungsfähigkeit und eine ggf. hieraus folgende *graduelle Minderung der Verteidigungsfähigkeit gem. § 140 Abs. 2 StPO* im Vordergrund (wohingegen i. d. R. eine völlig aufgehobene Verteidigungs- und damit Verhandlungsfähigkeit nach Fischer et al. 1995 in der neuropsychologischen Begutachtungspraxis keine Rolle spielt). Als Zielsymptomatik fungieren nach diesen Autoren *basale kognitive Grundfunktionen*, vor allem Aufmerksamkeits- und Konzentrationsfähigkeit, weiterhin die *Sprache* in den Facetten von Sprachverständnis und -produktion sowie *exekutive Funktionen*

der Planungsbefähigung und Handlungsorganisation. Die Autoren schluss-folgern, dass im Ergebnis neuropsychologischer Untersuchungen dem Ge-richt ein „differenziertes, die Komplexität des Prozessstoffes berücksichti-gendes Bild der Leistungsminderungen, der zeitlichen Dauerbelastbarkeit, vermittelt werden und die Möglichkeit einer auf die Fähigkeiten des zu Be-gutachtenden ausgerichteten Verhandlungsführung und -planung eröffnet werden könne" (ebenda, S. 318). Eine Bemessung der eventuell einge-schränkten Verteidigungsfähigkeit (nur) an Altersnormen des zu Begutach-tenden wird (vergleichbar anderen neuropsychologischen Fragestellungen, siehe oben) dabei als relativ untauglich angesehen, da zum Beispiel im un-teren Altersnormbereich angesiedelte Leistungswerte noch nicht zur Ver-neinung der Verhandlungsfähigkeit führen könnten. Vielmehr müssten *ab-solute Mindestwerte* Beurteilungsmaßstab sein, was erst noch die Entwick-lung entsprechender diagnostischer Kriterien und Normwerte erfordere.

An dieser Stelle sei auf die enormen Fortschritte, aber auch Grenzen der psychometrischen *Demenzdiagnostik* hingewiesen – diese ist multidimen-sional und multimethodal angelegt, auch nicht mehr an einem klinisch nicht existenten „Einheitskonzept" Demenz orientiert (vgl. Sturm 2000; Lautenbacher/Guggel 2004). Auf die „Fallstricke" bei der Differenzialdiag-nostik des normalen und pathologischen kognitiven Alterns verweisen u. a. Helmchen et al. (1998). Im neuropsychologischen Querschnitt seien beson-ders Beeinträchtigungen des Lernens und der Orientierung sowie solche der Wortfindung demenzhinweisender als allgemein-alterungsbedingte kog-nitive Tempoverlangsamungen. Indes könne bei niedriger Primärintelligenz bei alten Personen ein Demenzsyndrom ohne dessen tatsächlichem Vorlie-gen (fehl-) diagnostiziert werden, und vice versa bei hoher Primärbega-bung ein tatsächliches Demenzsyndrom übersehen bzw. erst im fortge-schrittenen Stadium diagnostiziert werden. Als wesentliches Kriterium der Demenzdiagnose wird zukünftig die präzisierte Erfassung der Verlaufs-*geschwindigkeit* des kognitiven Abbaus mittels veränderungssensitiver Tests mit empirisch belegten Schwellenwerten („cut-offs") vorgeschlagen (Helm-chen et al. 1998). Dass hierfür einige praxisübliche Demenztests (Übersich-ten bei Littmann 1992; Helmchen et al. 1998; Wolfram et al. 1993) – allen voran marktorientierte „Kurz- bzw. Schnelltests" (wie z. B. c. I.-Test/Lehrl, SKT/Erzigkeit et al., KAI-Test pp.) kaum in Frage kommen dürften, da sie z. B. aufgrund ihres geringen Schwierigkeitsgrades bei Querschnitttestun-gen vermehrt zu falsch-positiven Demenzdiagnosen führen können, haben Pausch et al. (1997) empirisch nachweisen können.

5. Auch *Fahrtauglichkeitsuntersuchungen* bei Personen mit ZNS-Erkrankun-gen können neuropsychologische Fragestellungen aufwerfen (vgl. Hartje 2003).

6. Auf die Diagnostik der *Simulation oder Aggravation von Beschwerden* und neuropsychologischen Leistungseinbußen wird nachfolgend eingegangen.

4.3 Neuropsychologische „Aggravations- und Simulationsdiagnostik"

Bei forensisch-neuropsychologischen Begutachtungen im Zivil-, Sozial-, Versicherungs-, aber vor allem auch im Strafrecht (zu Letzterem vgl. Dywan et al. 1991; Martell 1992; Littmann 1993; Larrabee 2003, 2005; Denney 1996; Denney et al. 2004; Essig et al. 2001; McCaffrey et al. 2004) kann sich das Problem eines suboptimalen Leistungsverhaltens (vgl. Green 2004; Merten 2002, 2004) und als *eines* seiner Erscheinungsformen auch dasjenige „unlauterer Motivlagen" des zu Begutachtenden und damit einer neuropsychologischen *Diagnostik von Aggravation und Simulation* stellen. Deren Erforschung hat sich seit den 90iger Jahren zunächst in den USA, nachfolgend aber auch in den kontinentaleuropäischen Ländern und in Deutschland erheblich intensiviert, wie die wachsende Literaturflut (vgl. Lynch 2004) zu den Stichworten *„malingering", „deception", „exaggeration", „simulation"* und *„fakebad"*-Verhalten (Rogers 1990, 1997; Martell 1992; Franzen et al. 1990, 1997; Lezak 1995, 1997; Resnick 1994; Millis et al. 1996; Nies et al. 1994; Faust 1995; Palermo et al. 1996; McCann 1998; Cima et al. 2003 a; Larrabee 2000, 2003, 2005; Frederick et al. 2004; Hayes et al. 2004) zeigt. Nach Angaben von Lynch (2004) lagen bis 1985 allein 600 Zitierungen des Begriffs „malingering" vor, von 1985 bis 2004 waren es dann bereits 1000!

Deutschsprachige Literaturübersichten stammen von Heubrock (1995), Heubrock et al. (2002), Littmann (2000), Merten (2001 b, 2004) und Steck et al. (2000). Dort wird auch auf die konzeptionellen Probleme und auf die der begrifflich-diagnostischen Abgrenzungen der *Simulation* (gem. DSM-IV verstanden als bewusst-absichtliches Erzeugen von Symptomen bei Vorliegen externer Zielstellungen bzw. Anreize, hier vor allem unberechtigte bzw. unbegründete Renten- und andere finanziellen Ausgleichs- bzw. Rehabilitationsansprüche bzw. Ex- und Dekulpierungsstreben im Strafverfahren) gegenüber *somatoformen bzw. Konversionsstörungen* und den *artifiziellen* (nicht identisch mit vorgetäuschten!) *Störungen* (Einnehmen einer Patienten- bzw. Krankenrolle ohne externale Zielstellungen, aber zur Erreichung eines primären Krankheitsgewinnes) näher eingegangen, wobei natürlich nach Merten (2003) eine testpsychologische Differenzierung dieser verschiedenen Arten von unzureichendem Leistungsbemühen bzw. negativen Verzerrungstendenzen nicht zu leisten ist. Simulation wird mitunter auch (vgl. Rogers 1990) als Sammelbezeichnung eines Kontinuums von bewusst-zweckintendierter Täuschung bis hin zu psychogenen, eher bewusstseinsfern erzeugten bzw. bewirkten Defiziten benutzt, oder Simulation und geringe Testmotivation (Green 2004 und Merten 2004 sprechen hier deskriptiv-neutraler von suboptimalem Leistungsverhalten) werden als eine quantitative Übergangsreihe angesehen, innerhalb derer eine diagnostische Schwellenwertfestlegung sowohl definitorisch als auch empirisch erhebliche Schwierigkeiten bereiten kann. Ohnedies bekommt man es in praxi erfahrungsgemäß häufiger mit Symptom- bzw. Defizit*aggravationen* (d.h., aber auch mit Konfundierungen authentischer, organisch bedingter und gezielt-bewusster oder nicht direkt gesteuerter unbewusster Verfälschungstendenzen!) als mit echten Simulationen zu tun, da sich tatsächlich vorhandene, d. h. authentische (v. a. leichte) Hirnleistungsschwächen viel leichter übertreiben als dass sich nicht vorhandene bzw. vom zu Begutachtenden nicht selbst erfahrene und erlebte Defizienzen simulieren lassen. Das tatsächliche Vorkommen (d. h., die so genannte Basis- oder Grundrate) von aggravatorisch-simulativen Tendenzen in neuropsychologischen Inanspruchnahmepopulationen ist schwer abschätzbar. Demzufolge schwanken die Schätzungen in der Literatur in Abhängigkeit von der diagnostischen Zielstellung, Fragestellung und Erfassungsmethodik erheblich (Merten 2002). Namentlich das Fehlen eines geeigneten Sets von externen Validierungskriterien erweist sich als Handikap. Nach Mittenberg et al. (2002) sei im Ergebnis von Expertenbefragungen in den USA bei Begutachtungen wegen Schadensersatzansprüchen von einer beträchtlichen Vorkommensrate auszugehen, u. z. 41% bei zu Begutachtenden mit leichten Schädelhirntraumen, 35% bei Patienten mit Fibromyalgie und chronischem Fatiguesyndrom, 31% bei Schmerz- und somatoformen und 27% bei neurotoxischen Störungen sowie 22% bei Stromunfällen, wobei im Mittel 4–5 (DSM-IV) Kriterien für die Diagnose von „verzerrten" Symptomschilderungen zugrunde gelegt wurden. Aufgrund empirischer Befunde belaufe sich die entsprechende Basisrate bei Zivilrechtsstreiten auf ca. 30%, bei Strafrechtsbegutachtungen auf ca. 20%, in klinischen Patientensamples auf 7–12% (vgl. auch Resnick 1994). Die Variable „finanziell-materieller Krankheitsgewinn" stellte sich bei (diagnoseparallelisierten) Vergleichen von Gruppen leicht hirntraumatisch geschädigter Patienten mit und ohne solche Ausgleichsansprüche als bester Prädiktor aggraviert-simulierter Gedächtnisdefizite bei neuropsychologischen Testuntersuchungen dar (Guilmette et al. 1994). Dabei erwiesen sich nach Studien (vgl. Faust 1991) selbst qualifizierte Neuropsychologen als unfähig, sowohl die neuropsychologischen Testprotokolle dieser beiden Vergleichsgruppen als auch diejenigen von Patienten mit klinisch-paraklinisch gesicherten hirnorganischen Psychosyndromen anhand von Testdaten zu unterscheiden, die von experimentell zur Defizitsimulation angehaltenen (auch minderjährigen!) Probanden stammten. Allerdings konnten die Testdaten nur „blinddiagnostisch", also ohne die üblicherweise zur Verfügung stehenden anamnestischen und sonstigen diagnostischen Zusatzinformationen ausgewertet werden. Diese – methodisch nicht unwidersprochen gebliebenen – Befunde von Faust (1991) standen bezeichnenderweise in Diskrepanz zur hohen Selbstüberzeugtheit der Neuropsychologen von der Treffsicherheit und Richtigkeit ihrer Testdiagnosen. Tatsächlich seien viele Kliniker zu wenig für die Täuschungsproblematik sensibilisiert, deren diagnostische Ignoranz aber namentlich bei forensischen Begutachtungspatienten zu verhängnisvollen (falsch-positiven) Fehldiagnosen (als hirngeschädigt) sowie zu iatrogenen Behandlungen führen könne. Das unterstreicht die Notwendigkeit einer multimethodalen (nachfolgend trotz des eigentlich mit Merten zu präferierenden wert- und voraussetzungsfreieren Konzepts des suboptimalen Leistungsverhaltens/-bemühens hier weiterhin kurz so bezeichneten) *Simulationsdiagnostik*, die nicht erst neuerlich und nunmehr auch hierzulande als integraler Bestandteil und Qualitätsstandard jeder neuropsychologischen Begutachtungsuntersuchung eingefordert wird (vgl. Rogers 1997; Merten 2005), nachdem sich ausschließlich klinische Expertenurteile als unzureichende diagnostische Entscheidungsbasis erwiesen. In einem Positionspapier schlugen Slick et al. (1999) in den USA Definitionen und Diagnosekriterien für „mögliche – wahrscheinliche – sichere" Vortäuschungen bzw. Simulationen neurokognitiver Dysfunktionen vor. Neben einem externen Anreiz (Kriterium A) werden je 6 Evidenzkriterien aus neuropsychologischen Testuntersuchungen (Kriterium B) und aus Selbstbeurteilungen (Kriterium C) sowie für die Kriterien A–C die Ausschließbarkeit anderer psychiatrischer, neurologischer oder Entwicklungsstörungen, gefordert. Patientenselbstbeurteilungen seien dabei für die Diagnosestellung weniger „gewichtig" als die anderen Diagnoseebenen. Das relativiert die in der neuerlichen Rechtsprechung hierzulande juristischerseits eindeutig einseitig präferierte Betonung des Aussagewertes subjektiver Beschwerdeschilderungen durch zu Begutachtende (vgl. Merten 2002).

Die traditionelle *klinisch-verhaltensbeobachtende Diagnostik* fokussiert auf jedwede „Inkonsistenzen", d.h. auf Unstimmigkeiten diagnostischer Informationen aus verschiedenen Quellen. Der Verdacht auf das Vorliegen einer nicht organisch, sondern eher psychogen bedingten Symptomatik ergibt sich (vgl. Lezak 1995; Heubrock 1995, Merten 2002; Sturm 2000; Hartje 2003; Hom et al. 2003) danach

▌ bei auffälligen Nichtübereinstimmungen von Anamnese und Befunden, wenn die vorgetragenen Beschwerden und Syndrommuster neurologisch nicht erklärbar sind sowie der psychodynamische, soziale und biografische Kontext des Patienten in diese Richtung deuten und/oder sich aus den psychischen Reaktionen des Patienten auf die Beschwerden Hinweise auf einen sekundären Krankheitsgewinn ergeben;

▌ bei Nichtübereinstimmungen zwischen der neurologischen Anamnese und Diagnose und den vom zu Begutachtenden vorgetragenen Beschwerden und Symptomen einerseits sowie den neuropsychologischen (Test-) Befunden andererseits (Pankratz et al. 1988; Heubrock 1995, 2000). Für den Nachweis neuropsychologischer Störungen stellen dabei die Schilderung und das Vorbringen von subjektiven Beschwerden zwar eine notwendige, aber sicher nicht auch hinreichende und nicht überzubewertende oder gar prävalierende diagnostische Informationsquelle dar – qualifizierte diagnostische Aussagen sind erst aus der Zusammenschau aller Befunde (Exploration und Verhaltensbeobachtung, Tests, Klinik und Paraklinik, v.a. bildgebende Diagnostik usw.) zu erwarten. Die etwa bei Depressiven (und insofern vergleichbar zu diesen auch bei Patienten mit „Verdeutlichungstendenzen"!) fast regelhaft zu beobachtende Diskrepanz zwischen subjektiv als erheblich gestört deklarierten kognitiven Fähigkeiten einerseits und neuropsychologisch (v.a. unter Berücksichtigung der Moderatorvariable „Leistungsmotivation"; vgl. Green 2004) nur als dezent gemindert bis als noch normvariant objektivierten tatsächlichen Leistungen andererseits, ist empirisch vielfach belegt (vgl. Rohling et al. 2002);

▌ wenn die vorgetragenen Beschwerden und Symptommuster neurologisch nicht erklärbar sind.

Hartje (2003) beschreibt in seinem kürzlich erschienenen Buch zur neuropsychologischen Begutachtung das Erkennen von Aggravation und Simulation als einen „komplexen diagnostischen Prozess"', der nun vor allem dadurch erschwert sei, dass solche eventuellen Verzerrungstendenzen natürlich auch bei tatsächlich vorliegenden hirnorganischen Beeinträchtigungen vorliegen (können). Ein positiver Nachweis von Simulation sei nur selten mit der notwendigen Sicherheit zu erbringen, leichter ließen sich aus der Beobachtung des Leistungsverhaltens bei der psychologischen Untersuchung Anhaltspunkte gegen vermutete Verdeutlichungstendenzen aufzeigen. Hartje (2003) listet sodann sehr instruktive verbale und nonverbale Hinweise für die Beobachtung der Leistungsmotivation (des Testverhaltens) auf, beschreibt diverse Besonderheiten des Testverhaltens und sieht unter anderem als indikativ für eventuelle Verdeutlichungstendenzen ein Versagen bei einfachsten Aufgabenstellungen (ausgenommen bei fortgeschrittenen demenziellen Zuständen), etwa dem Nachsprechen regelmäßiger Zahlenreihen (2-4-6...), extreme Reaktionsverlangsamungen (einfache Reaktionszeiten über 1000 ms) (ausgenommen bei Hirnstammläsionen) sowie hohe Diskrepanzwerte zwischen durchschnittlichen Reaktionszeiten ohne (länger) versus mit (kürzer) vorangegangenen Warnreizen an, wobei die „Regelumkehr" natürlich keinen Manipulationsbeweis erbringen könne. Der psychometrisch basierten „Simulationsdiagnostik" steht der Autor (Hartje 2003) dabei offensichtlich eher zurückhaltend gegenüber; er widmet ihr nur wenige Zeilen in seinem zur Lektüre sehr empfohlenen Buch.

Unter Beiziehung *neuropsychologischer Testbefunde* stellt sich der Aggravations- bzw. Simulationsverdacht (vgl. Haines et al. 1995; Heubrock et al. 2000; Merten 2002; Hartje 2003) bei

▌ einem Versagen des Patienten selbst bei einfachsten Testanforderungen, die in der Regel selbst von (mittelschwerer) hirngeschädigten Patienten noch befriedigend gelöst werden können,

▌ groben Abweichungen seiner Testleistungen von klinischen und statistischen Norm- und Erwartungswerten,

▌ Unstimmigkeiten zwischen neurologischen und neuropsychologischen Befunden,

▌ Unstimmigkeiten zwischen Testbefunden und lebensalltäglichen Kompetenzen und Fähigkeiten des Patienten,

▌ sowie bei auffällig inkonsistenten Testbefunden selbst (z.B. bei Wiederholungsuntersuchungen mit dem gleichen Verfahren und/oder zwischen Verfahren mit vergleichbarer diagnostischer Zielsetzung, z.B. visuelles Gedächtnis).

Die *psychometrisch orientierte Simulationsdiagnostik* beruht auch auf diesen Paradigmen des klinischen Ansatzes, will darüber hinaus aber zu quantifizierenden (Wahrscheinlichkeits-) Aussagen über das eventuelle Vorliegen suboptimalen Leistungsverhaltens, ggf. („einige" Symptomvalidierungstechniken; vgl. Merten 2003) auch aggravatorisch-simulativer bzw. intentionaler Verzerrungstendenzen gelangen (vgl. Frederick 2004). Sie kann gleichwohl damit nicht schon per se auch zur Bedingungsanalyse bzw. Motivationsklärung eventuell testpsychologisch ermittelten „Leistungsversagens" beitragen – eine solche obliegt der Klärung durch den Neuropsychologen. Denn: Neben bewusster Vortäuschung können auch noch vielfältige andere personal-situative Faktoren (Littmann 1988) leistungshemmend wirksam werden (z. B. Tagesverfassung, Erschöpfung, Angst und Testphobie, Pharmaka usw.). Vice versa lässt ein statistisch unauffälliges Antwortbzw. Testverhalten einen klinischen Verdacht auf Täuschungsverhalten nicht zwangsläufig widerlegen (Merten 2002), da in solchen Fällen (Pankratz et al. 1988) auch noch an andere Manipulationsmöglichkeiten zu denken wäre und/oder beim zu Begutachtenden – damit wird man auch hierzulande zukünftig öfter zu rechnen haben – eine selbsterworbene oder durch „Couching" zustande gekommene gute Kenntnis der Funktionsprinzipien und einzelner Tests zur Täuschungsaufdeckung vorliegt. Insofern eher unspezifische bzw. ubiquitäre kognitive Leistungsminderungen – seien es Verlangsamungen, seien es Konzentrations- und Gedächtnisminderungen – nahezu jedermann gut bekannt sind, lassen sie sich ohne hohes Entdeckungsrisiko relativ leicht vortäuschen bzw. übertreiben – man braucht (vgl. Heubrock 1995) in den meist speedorientierten Leistungstests nur *etwas* langsamer und in Gedächtnistests nur *etwas* vergesslicher zu reagieren, um zu schlechteren als den tatsächlich aber realisierbaren kognitiven Leistungen zu gelangen. Zumindest gegen solche gleichsam *dosierten* Aggravationen dürften *hirnschadenssensible neuropsychologische Einzeltests* relativ immun sein. Dies gilt auch dann, wenn sich die Spezifik zu simulierender Störungen (z. B. Mnestik) und der diagnostische Geltungsbereich des Tests (z. B. Konzentrationstests) nicht „entsprechen", wenn etwa der „Amnesiesimulant" die Vortäuschung in einem allgemeinen Leistungstest für sich als irrelevant ansieht und davon absieht. Einzeltests, wie z. B. der visuelle Merkfähigkeitstest von Benton (Lezak 1995; Loewer und Ulrich 1971) können dennoch brauchbar für die Täuschungsaufdeckung sein, da es als vielfach empirisch gesichert gilt, dass Probanden mit suboptimalem Leistungsbemühen (Green 2004) in der Regel noch deutlich (quantitativ und/ oder qualitativ) schlechtere Leistungen erbringen als selbst schwerer gestörte „Hirnorganiker", deren tatsächliche Leistungsfähigkeit sie in Unkenntnis des Störungsbildes deutlich unterschätzen, sodass sie in ihrem Übertreibungsbegehren gleichsam „über das Ziel hinausschießen". Nach Green (2004) zeige die Leistungsmotivationsforschung der letzten 15 Jahre, dass leistungsdiagnostisch Untersuchte (v. a. aber zu Begutachtende) oft keine ausreichende Anstrengungsbereitschaft aufbrächten. Die Leistungsmotivation – hier mit dem WMT von Green gemessen (vgl. unten) – hätte in Untersuchungen des Autors an ca. 900 Begutachtungsfällen (Invaliditätsund Entschädigungsfälle) allein 50% der Varianz aller anderen Leistungstestergebnisse aufgeklärt, damit weitaus mehr als das Bildungsniveau (11%)

oder das Lebensalter (4%). Und: In Begutachtungsfällen wirke sich die Leistungsmotivation stärker als eine schwere Hirnschädigung auf die Testergebnisse aus (Green et al. 2001) – in Untersuchungen an 500 Patienten mit Schädel-Hirn-Trauma (SHT) lagen solche mit schwerem SHT oder Hirntumorpatienten 0,4 s (Standardabweichungen) unterhalb des Erwartungswertes bei insgesamt 34 neuropsychologischen Einzelmessungen, Patienten mit leichtem SHT *und* unauffälligen Befunden in „Verzerrungstests" 0,16 s gegenüber solchen *mit* Verzerrungseffekten aber 1,25 s. In Praxis und Forschung der Leistungsdiagnostik könne man ohne Routineuntersuchungen der Moderatorvariable „Leistungsmotivation" zu Fehlschlüssen dahin gehend kommen, dass viele Menschen (z. B. Depressive) kognitive Defizite aufwiesen, obwohl dies so gar nicht der Fall sei. Studien, die das nicht berücksichtigten, hält der Autor für nicht (mehr) publikationsfähig (!).

In der Literatur zur Simulationsdiagnostik werden 3 methodische Herangehensweisen unterschieden: (a) die Einzeltestanalyse, (b) die intraindividuelle Profilanalyse und (c) die Anwendung spezieller, simulationssensibler Tests, wobei diese Strategien oft kombiniert zum Einsatz kommen:

a) In den USA und inzwischen auch in Deutschland liegen eine Vielzahl von allgemein-leistungsdiagnostischen und spezielleren neuropsychologischen *Einzeltests* (meist zur primären Erfassung intellektueller und kognitiver Defizite) vor (vgl. oben), für die teilweise auch zusätzlich *simulationshinweisende Indikatoren und Auswertungsparameter* entwickelt und validiert wurden – Letzteres nahezu ausschließlich aber meist nur in so genannten Analogstudien an Stichproben experimentell instruierter bzw. zur (entweder „unspezifischen" oder mehr oder weniger störungs- und diagnosespezifischeren) Simulation angehaltener Probanden. Auf die vielfältigen methodischen Probleme und Einschränkungen dieses Validierungsansatzes ist seit Rogers (1997) immer wieder (vgl. Frederick 2004) kritisch hingewiesen worden. Eine Adaptation und Erprobung in empirischen Untersuchungen (z. B. Kreuzvalidierungen, Neunormierungen und Cut-off-Festlegungen) scheint dennoch angesichts der guten Aufwandsökonomie lohnenswert. Zu nennen wären unter vielen anderen der progressive Matrizentest von Raven (vgl. McKinsey et al. 2002), der Stroop-Interferenztest (Osimani et al. 1997), der Kategorientest (Davis et al. 1997), der Benton-Test (Lezak 1995; Loewer et al. 1971), der Zahlennachsprechtest (Pritigano et al. 1993) und der Rey-Figurentest, der Wisconsin-Kartensortiertest (Bernard et al. 1996), der auditive (Barrash et al. 2004) und der California-verbale-Lerntest (Lezak 1995), der Subtest logisches Gedächtnis aus der WMS/R (Denney 1996). Die häufigste Fehlerquelle des Einzeltestansatzes, der nach Heubrock et al. (2000) zu überproportional häufigen Falsch-negativ-, d.h., unzutreffenden Simulationsdiagnosen führe, glaubt der Autor allenfalls noch durch eine „Kombination" mehrerer dieser Einzeltests (vgl. hierzu auch Iverson et al. 1996; Vickery et al. 2001; Inman et al. 2002; Meyers et al. 2003) bzw. durch eine Wiederholungsuntersuchung (McCaffrey et al. 1995) minimieren zu können.

b) Als diagnostisch effizienter erwiesen sich allerdings *Subtestprofilanalysen* von praxisüblichen neuropsychologischen *Testbatterien*. Dieser sog. „*Patterns-of-performance*-Ansatz" (vgl. Vanderploeg et al. 2001; Larrabee 2003) beruht auf der gesicherten Erfahrung, wonach Simulanten weitaus seltener über hinreichende neuropsychologische Kenntnisse und Fähigkeiten verfügen und deshalb überfordert sind, um auch in Testbatterien (teils im Unterschied zu besser durchschaubaren Einzeltests zur Erfassung sensorischer oder motorischer Symptome) komplexe neuropsychologische Syndrommuster und Defizite mehrerer und spezifischer, höherer kognitiver Funktionen „stimmig" zu simulieren und diese zugleich auch noch mit ihren subjektiv vorgetragenen Beschwerden, Symptomen und dem beobachtbaren Verhalten abzugleichen bzw. aufeinander abzustimmen. Inkonsistenzen, erwartungswidriges Versagen und andere täuschungsverdächtige Testreaktionen können dann die Folge sein. Vermittels Diskriminanz- und logistischer Regressionsfunktionen (Leng et al. 1995; Heubrock 1995) konnten in zahlreichen Studien wiederum aber nur „experimentelle Simulanten" einerseits von hirnorganisch geschädigten Patientenkollektiven, solchen mit klinischem Verdacht aus Simulation und gesunden Kontrollgruppen andererseits optimal, nämlich mit befriedigenden Overalltrefferraten um 90% voneinander diskriminiert werden. Solche Diskriminanzfunktionen (mit allerdings in der Regel niedrigeren Trefferraten bzgl. der Reklassifizierung von „Simulanten"!) liegen etwa für den WAIS/R (Trueblood et al. 1993), eine umfangreiche neuropsychologische Testbatterie (Trueblood et al. 1993, Meyers et al. 2003), einen aus den Intelligenz- und Gedächtnistests nach Wechsler (WAIS/R und WMS/R) abgeleiteten „Simulationsindex" (Rawling et al. 1990), eine objektive Gedächtnistestbatterie (Iverson et al. 1996) und eine „Malingeringformel" aus der schon erwähnten HRNTB (McKinsey 1997) vor. Letztere führte allerdings bei der Reklassifizierung von fast 500 Probanden (psychiatrische Patienten, Patienten mit HOPS und gesunde Kontrollgruppe) bei einem Drittel aller Probanden zu fraglos inakzeptablen falsch-positiven Diagnosen von Aggravationen bzw. Simulationen.

c) Schließlich wurden innerhalb des letzten Jahrzehntes vor allem in den USA, seit ca. 5 Jahren aber nun auch hierzulande *spezielle Simulationstests* (besser: Verfahren zur Messung „suboptimalen Leistungsverhaltens" bzw. von Verzerrungstendenzen) entwickelt, adaptiert und in zahllosen Studien zu validieren versucht. Auch bei diesen – Tabelle 4.6 gibt einen Überblick – geht es um die Diagnostik suboptimalen Leistungsverhaltens bzw. die Aufdeckung vor allem aggraviert-simulierter basaler Leistungsminderungen (kognitives Tempo, Reaktionsgeschwindigkeit, Aufmerksamkeit und Konzentration) und spezifischeren Gedächtnis- und Intelligenzfunktionen (vgl. Tabelle 4.6) Der interessierte Leser muss auch aus Platzgründen auf entsprechende Verfahrensübersichten bei Pritchard et al. (1992), Lezak (1995), Lees-Haley et al. (1996), Heubrock (1995, 2000), Nies et al. (1994), Etcoff et al. (1996), Vanderploeg et al. (2001), Merten (2002), Frederick (2004), verwiesen werden. Methodal wird hierbei unterschieden zwischen den auf einem (Test-) *Deckeneffekt* nach dem „Prinzip der verdeckten Leichtigkeit" basierenden und den (als deren teilweise Unterformen aufzufassenden) *Symptomvalidierungstests:*

▌ Das Funktionsprinzip erstgenannter Simulationstests (Deckeneffekt) besteht in der plausiblen, vielfach verifizierten Annahme, wonach Simulanten nicht in der Lage sind, das Leistungsvermögen hirnorganisch geschädigter Patienten real einzuschätzen. Die Probanden werden deshalb mit nur scheinbar schwierigen, tatsächlich aber bzgl. ihres Anforderungsgehaltes sehr leichten, in der Regel für durch Hirngeschädigte mit authentischen Leistungsbeeinträchtigungen ohne weiteres lösbaren Testanforderungen konfrontiert (Prinzip der „verdeckten" Leichtigkeit). Der Eindruck besonderer Schwierigkeit wird meistens durch entsprechende Instruktionen seitens des Untersuchers „erzeugt', was als ethisch vertretbar angesehen wird (Binder et al. 1995). Ein Simulationstest im Sinne dieser diagnostischen Zielstellung ist um so effizienter (Tombaugh 1997), je deutlicher seine vom Getesteten subjektiv wahrgenommene Schwierigkeit dessen objektiven Schwierigkeitsgrad übersteigt (Prinzip der verdeckten Leichtigkeit). Der Simulationstest sollte sensibel für Verfälschungstendenzen, aber insensitiv für authentische neuropsychologische Defizite sein. So sollte der amnesiesimulierende Proband schlechtere Leistungen in einem (Gedächtnis-) Simulationstest aufweisen als tatsächlich amnestisch gestörte Patienten. Hohe „Augenscheinvalidität" solcher Simulationstests wird einerseits im Hinblick auf die Täuschung des simulationsverdächtigen Probanden selbst angestrebt, könnte diesen aber andererseits auch dieses Funktionsprinzip durchschauen und „durchkreuzen" bzw. unterlaufen lassen. Beispiele hierfür finden sich in der Abb. 4.1. Beim eher nur noch von historischem Interesse anzusehenden *15-Item-Test* von Rey (1964; Heubrock et al. 2000) wird eine Reizvorlage 10 Sekunden als insofern sehr „schwieriger Gedächtnistest" dargeboten, als eine relative Vielzahl von 15 Einzelelementen einzuprägen und unmittelbar anschließend zu reproduzieren sei – die klare Ordnungsstruktur der Elemente erleichtert tatsächlich aber die Engrammierung und Wiedergabe derselben. Ein Trennwert („cut-off") von 8 und weniger gemerkten Elementen wird als täuschungsverdächtig interpretiert. Oder: Der *Punktezähltest* von Rey (1964) (vgl. Boone et al. 2002), bei dem es nicht um mnestische Leistungen, sondern eher um solche der visuellen Wahrnehmungsgeschwindigkeit geht, konfrontiert den Probanden mit 2-mal 6 Stimuluskarten, wobei diejenigen des 1. Satzes eine unterschiedliche Anzahl unregelmäßig verteilter Punkte („ungrouped dots") in zudem für den Getesteten undurchsichtig wechselnder Schwierigkeitsabfolge enthalten, diejenigen des folgenden 2. Kartensatzes aber strukturiert geordnete Punktekonfigurationen („grouped dots") darstellen. Die (sehr einfache) Aufgabe besteht darin, jeweils „möglichst schnell" die Anzahl der Punkte jeder Stimuluskarte zu zählen – gemessen werden die hierfür benötigten Zeiten und die Richtigkeit der genannten Punktanzahlen. Dies ist plausiblerweise leichter im Falle der „geordneten" als der „unge-

Tabelle 4.6. Überblick über einige spezielle „Simulationstests" (deutschsprachige Bezeichnungen) (vgl. Text)

Testbezeichnungen	Literaturquellen	DE/SVT
▌ SPM/RAVEN („Verfallsratentest")	Gudjonsson et al. (1986); McKinsey et al. (2002)	
▌ Punktezähltest (PZT) von Rey	Rey (1964); Boone et al. (2002)	DE
▌ 15-Item-Test von Rey (Rey I)	Rey (1964); Heubrock et al. (2000)	DE
▌ 15-Item-Test (Rey II)	Griffin et al. (1997)	DE
▌ Zahlengedächtnistest v. Hiscock	Slick et al. (1994); Pritigano et al. (1993)	SVT
▌ Portland-Zahlenwiedererkennungstest (PDTR)	Binder (1993)	SVT
▌ Victoria-Symptomvalidierungstest (VSVT)	Slick et al. (1996)	SVT
▌ Alternativwahlform des Bentontests	Loewer et al. (1971)	SVT
▌ 21-Wörter-Test von Iverson	Iverson et al. (1996)	SVT
▌ Wörterwiedererkennungstest v. Rey	Heubrock (1995); Slick et al. (1996)	SVT
▌ „Gültigkeitsprofil" (VIP)	Gamache (1998)	
▌ Der 48-Bilder-Test	Choinard et al. (1997)	SVT
▌ Simulationstestserie	Pritchard et al. (1992)	
▌ Test kognitiver Fähigkeiten (TOCA)	Bender et al. (2004)	
▌ Strukturiertes Symptominterview (SIRS)	Rogers et al. (1992); Norris et al. (1998)	
▌ Neuropsychologisches Symptominventar (NSI)	Rattan et al. (1989); Gelder et al. (2002)	
Deutschsprachige Adaptationen internationaler Tests und Neuentwicklungen		
▌ Test of Memory Malingering (TOMM)	Tombaugh (1997); Smith (1998); Merten et al. (2004)	SVT
▌ Amsterdam Short-Term-Memory-Test (ASTM)	Schagen et al. (1997); Merten et al. (2004)	SVT
▌ Word-Completion Memory Test (WCMT)	Hilsabeck et al. (2001, 2003); Merten et al. (2004)	
▌ Word-Memory-Test (WMT)	Green et al. (2002); Brockhaus et al. (2004)	
▌ Testbatterie zur Forensischen Neuropsychologie (TBFN):	Heubrock et al. (2000)	
– Bremer Symptomvalidierung (BSV)		SVT
– Bremer Auditiver Gedächtnistest (BAGT)		SVT
– Test zur Überprüfung der Gedächtnisfähigkeit im Alltag (TÜGA, TÜGA/M)		DE
▌ Strukturierter Fragebogen Simulierter Symptome (SFSS) (Deutsche Fassung des SIMS)	Lewis et al. (2002) Cima et al. (2003 a); Cima (2003)	
▌ Minnesota-Multiphasic-Personality Inventory (MMPI-2) (Deutsche Fassung)	Lewis et al. (2002) Engel (2001)	

DE „Deckeneffekt"; *SVT* Symptomvalidierungsverfahren

ordneten" Punkthaufen. Da der Proband weder über die unsystematisch wechselnde Schwierigkeitsabfolge der Punktanzahlen innerhalb eines jeden Kartensatzes, noch über die divergente Schwierigkeit der beiden Sätze informiert wird, dürfte es im Falle einer Verfälschungsabsicht schwer fallen, z. B. die Reaktionszeitverlangsamungen zu dosieren und den objektiv undurchsichtig variierenden Schwierigkeiten der Testkarten anzugleichen. Als „täuschungsverdächtig" gelten (a) mehr als eine (Perzentil-) Abweichung der individuellen Reaktionszeit von vorliegenden Normerwartungswerten (Hirngesunder und -geschädigter) innerhalb der Stimuluskarten beider Sätze, (b) erwartungswidrig etwa gleiche oder sogar langsamere durchschnittliche Zählzeiten bei den geordneten gegenüber den ungeordneten Punktekonfigurationen sowie (c) insgesamt normwertbezogen deutlich verminderte (etwa unterhalb der Normwerte Hirngeschädigter liegende) Leistungen hinsichtlich der Zählzeiten und/oder richtigen Lösungen. Auch die Erkenntnisse der Gedächtnispsychologie, wonach das Wiedererkennen zuvor gelernter (verbaler oder nonverbal-figuraler) Inhalte „leichter" als deren freie Wiedergabe ist, nutzen einige Simulationstests aus. Als verfälschungsverdächtig wird dann eine identische Erinnerungsrate oder ein sogar noch besseres Abschneiden bei inhaltlich vergleichbaren reproduktiven versus rekognitiven Anforderungen angesehen (Millis 1992; Bernard et al. 1993; Iverson et al. 1996; Tombaugh 1997; Smith 1998). Hierzu gehören z. B. der *21-Wörter-Test* von Iverson (1996) und der *Test of Memory Malingering (TOMM)* von Tombaugh (1997). Letzterer besteht aus 50 Strichzeichnungen bekannter Objekte, die in zwei Lern- und einem Wiedererkennungsdurchgang unter mittels Zeitbegrenzung vorgetäuschter Schwierigkeit dargeboten werden. Nach jedem Lerndurchgang sind aus je 50 Karten mit darauf befindlichen Ziel- und Distraktorabbildungen Erstere zu identifizieren, wobei der Versuch 15 Minuten später wiederholt wird. Der Testautor konnte zeigen, dass experimentell instruierte Simulanten das durchschnittliche Leistungsniveau von amnestischen Patienten, teilweise auch die 50%ige (Erinnerungs-) Zufallswahrscheinlichkeit unterschritten, wobei aufgrund binomialstatistischer Berechnungen bei 95%iger Irrtumswahrscheinlichkeit eine Wiedererkennungsrate von unter/gleich 18 („cut-off") einen Täuschungsverdacht nahe legten.

Eine Reihe weiterer Simulationstests gehört in methodaler Hinsicht zu den *Symptomvalidierungstechniken* (SVT; vgl. Tabelle 4.6) (Pankratz 1979; Pankratz et al. 1988; Heubrock 1995; Etcoff et al. 1996; Merten 2001a, 2002; Cliffe 1992; Denney 1996; Slick et al. 1996; Trueblood et al. 1993). Hierunter versteht man kein Einzelverfahren, sondern einen variabel anwendbaren Untersuchungsansatz (vgl. Heubrock et al. 2000; Bianchini et al. 2001). Das Paradigma dieses Ansatzes beruht, allerdings nur vereinfachend ausgedrückt, auf wahrscheinlichkeitstheoretischen, speziell binomialstatistischen Prinzipien. Die Probanden werden zu mindestens 100 Entscheidungen zwischen (meist) 2 alternativen Lösungen („forced choice") veranlasst, die das von ihnen geklagte (meist sensuomotorische oder mnestische) Symptom betreffen. So werden etwa Patienten mit vorgeblichen mnestischen Störungen kurzzeitig mit einem sich einzuprägenden Stimulus konfrontiert. Dies können geometrische Figuren des Benton-Tests (Loewer et al. 1971), 5-stellige Zahlen wie beim Zahlengedächtnistest nach Hiscock et al. (vgl. Slick et al. 1994) oder auch vom Patienten angeblich nicht erinnerbare Stimuli und Sachverhalte (forensische Amnesieproblematik!) sein. Unmittelbar oder zeitlich verzögert danach wird ihnen eine Identifizierung des zuvor dargebotenen Zielreizes aus dessen alternativer Darbietung zusammen mit einem Distraktorreiz abverlangt – eine Alternativwahl, die tatsächlich sehr leicht ist und als einfache Wiedererkennungsleistung bekanntlich auch Patienten mit ausgeprägteren mnestischen Störungen noch gut gelingt. Ein zufälliges, bloßes „Raten" würde allein zu einer 50%igen Wiedererkennung führen, während von der binomialstatistischen Erwartung signifikant abweichende Fehlerhäufungen plausiblerweise darauf deuten, dass der Untersuchte seine fehlerhaften Testlösungen bewusst steuerte, um den Eindruck von Gedächtnisdefiziten zu erzeugen bzw. zu „belegen". Das wiederum dürfte nur bei tatsächlich aber erhaltener (hier z.B. figural- bzw. numerisch-mnestischer) Leistungsfähigkeit möglich sein, weshalb das erwartungswidrige (Test-) Verhalten einen Aggravations- bzw. Simulationsverdacht begründet (zumindest nach Ausschluss anderer Erklärungsmöglichkeiten; vgl. nachfolgend). Vor allem in den USA wurden im letzten Jahrzehnt eine Reihe solcher auf dem Symptomvalidierungsansatz beruhender Messverfahren entwickelt, teils als Paper-pencil-Tests, teils computergestützt (vgl. Tabelle 4.6). Zu Letzteren gehört etwa das *„Validity-Indikator-Profile"* von Frederick (2004). Es besteht aus einem verbalen und nonverbalen (100-Bilder-Matrix) Testteil, die die Lösung von Aufgaben sehr unterschiedlichen Schwierigkeitsgrades (von einfachen Matchingaufgaben bis hin zu Anforderungen an die Abstraktionsfähigkeit) fordern. Diese werden zunächst in Zufallsabfolge unabhängig vom Schwierigkeitsgrad, nachfolgend nach Schwierigkeiten gestaffelt, dargeboten. Aus dem Lösungsvergleich werden unter Einbezug der als voneinander unabhängig variierenden Konzepte „Bemühen" (Motivation) und „Absicht" („effort") um gute versus geringe Testleistungen insgesamt 4 „Antwortstile", d. h. Leistungskurven, definiert. Die Konstruktvalidierung erfolgte an einer Klientel von forensisch-psychiatrisch bzgl. ihrer strafrechtlichen Verantwortlichkeit zu Begutachtenden (Gamache 1998).

Bender et al. (2004) unterscheiden 6 unterschiedliche methodische Strategien zur Eruierung vorgetäuschter Leistungsdefizite bei neuropsychologischen Untersuchungen (Deckeneffekt, Symptomvalidierungstechniken, Profilanalyse, Analyse von Fehlern und atypischen Lösungen), deren Kombination auch eine Optimierung der Simulationsdiagnostik erwarten ließe. Ein von ihnen entwickelter *„Test of Cognitive Ability" (TOCA)* versucht dieses Optimierungsprinzip zu realisieren. Bei einer Studie mit diesem Test an hinsichtlich dessen Täuschungs-/Aufdeckungsmöglichkeiten „vorgewarnten" versus hierüber nicht aufgeklärten Untersuchungsgruppen experimenteller Simulanten, klinischer Patienten mit Hirnschäden und Normaler erwiesen sich mit den höchsten Effektstärken die TOCA-Variablen „Fehleranalyse" und Reaktionszeit als optimale Prädiktoren von Verzerrungstendenzen, hingegen die Symptomvalidierungstechniken als eher ungeeignete. „Vorwarnungen" wirkten sich indes nicht auf die Testergebnisse aus, was nach Ansicht der Autoren aber eine unterbleibende Aufklärung des Getesteten nicht rechtfertige – alles andere sei nicht vertretbare „Täuschung" gegenüber den Untersuchten selbst.

Eine Metaanalyse von Vickery et al. (2001) über 32 Studien aus den Jahren 1985 bis 1998 ergab zu 5 in praxi häufig verwandten Verzerrungstests (vgl. Tabelle 4.6) (Digit-Memory-Test, Portland Digit-Recognition-Test, 15-Item-Test, Dot-Counting-Test und 21-Item-Test), dass diese gruppenstatistisch effizient zwischen „malingerers" und „non-malingerers" unterschieden, wobei die beiden älteren Tests von Rey (1964), d. h. 15-Item-Test und der Punktezähltest (vgl. oben), v. a. im klinischen Setting hierbei vergleichsweise „schlecht" abschnitten (weshalb deren nach Befragungen von Slick et al. (2004) auch heute noch recht häufige Verwendung in der neuropsychologischen Begutachtungspraxis etwas verwundern muss), dass keiner dieser 5 Einzeltests aber eine ausreichende Effizienz für Einzelfallentscheidungen aufwies, folglich auch in praxi immer mehr als ein Verzerrungstest zum Einsatz kommen sollte. Im Übrigen listen die Autoren etwa 20 methodologisch-methodische Schwachstellen der von ihnen metaanalysierten Studien auf – an erster Stelle wiederum die hier schon mehrfach erwähnte Beschränkung auf Analogstudien.

Auch Heubrock et al. (2002) und Haines et al. (1995) fassen die Kritiken an dieser quasi „ersten Generation" (vgl. Tabelle 4.6) simulationssensibler Tests dahin gehend zusammen, dass diese meist zwar gruppenstatistisch ausreichend in der Lage waren, Versuchs- und Kontrollgruppen zu differenzieren, d. h. „experimentelle Simulanten" zu identifizieren, aber die Trefferraten bei einzelfalldiagnostischen Entscheidungen eher unbefriedigend ausfielen und „Simulanten" selten Leistungen unterhalb von Zufallsergebnissen aufwiesen und eine ausschließliche Identifizierung anhand der probabilistischen Nachweisgrenzen unvollständig erreicht wurden. Damit sei der Anteil falsch-negativer Zuordnungen zu hoch. Merten (2004) sieht indes Leistungen unterhalb der Wahrscheinlichkeitsschwelle für reines Raten als das derzeit sicherste Kriterium für die Diagnostik von Antwortmanipulationen an. Zur Umgehung von messmethodischen und damit von Interpretationsproblemen schlägt Frederick (vgl. Frederick 2004) neuerlich vor, die Normativ- durch eine Ipsativmessung zu ersetzen bzw. zu ergänzen (Personal/own-floor-Methode), d. h. individualspezifisch bestmögliche Testleistungen (z. B. Recalllösungen) zu ermitteln, wobei dann die mehr oder weniger unterhalb dieser „persönlichen Norm" liegenden bzw. bleibenden Testergebnisse (z. B. Recognitionslösungen) ein zumindest nicht optimales Leistungsbemühen indizierten. Der Referenzbezug auf eine Normgruppe lasse im Falle unterdurchschnittlicher Testleistungen eines Probanden nämlich keine Entscheidung dahin gehend treffen, ob ein (a) authentisches Funktionsdefizit, (b) eine Simulation oder (c) eine nur geringe Anstrengungsbereitschaft vorläge, wohingegen Leistungen unterhalb der eigenen Norm kaum als Ergebnis einer ernsthaften authentischen Störung zu bewerten sein dürften.

Inzwischen liegen nun aber auch hierzulande einige deutschsprachige (a) *Adaptationen* und (b) *Neuentwicklungen* von Verfahren zur Messung suboptimalen Leistungsverhaltens vor, deren erste Validitätsüberprüfungen zu zufrieden stellenden Ergebnissen führten (vgl. Tabelle 4.6). Als Beispiele (a) seien hier der *Word-Memory-Test (WMT)* von Green (Green et al. 2001, 2002, 2004) bzw. (b) die *Testbatterie zur Forensischen Neuropsychologie* (TBFN) von Heubrock/Petermann (2000) angeführt.

a) Der von Brockhaus und Merten (2004) übersetzte und adaptierte *Word-Memory-Test* (WMT) von Green et al. (2002) soll sowohl der Diagnostik verbal-mnestischer Fähigkeiten (bzw. authentischer Defizite) als auch der Aufdeckung suboptimaler Leistungsmotivation dienen, wobei Bender et al. (2004) für diese „Double-duty-Methoden" auf vergleichsweise gering ausfallende Sensitivitäten hinweisen. Das Verfahren besteht aus 2 Lern- und 6 Abrufdurchgängen, bei denen 40 zu lernende Wortpaare vorgelesen werden, woran sich unmittelbare und zeitlich (um 30 Minuten) verzögerte Wiedererkennungsversuche (Alternativwahlverfahren) anschließen. Die Auswertung fokussiert zum einem auf die Analyse von Antwortkonsistenzen im ersten und zweiten Rekognitionsversuch, zum anderen auf 3 simulationssensible Variablen, bei denen das Überschreiten von Cut-off-Werten (hier definiert durch 3 Standardabweichungen unterhalb des Mittelwertes von SHT-Patienten) auf ein eventuelles Vorliegen suboptimalen Leistungsverhaltens hinweist. Für den Test liegen nach Green et al. (2002) und Merten (2004) v. a. in den USA, aber auch international, eine Vielzahl empirischer Befunde vor, die auf eine gute Sensitivität verweisen. Danach schnitten Patientengruppen mit mittleren und schwereren SHT im WMT „besser" ab als solche mit fraglichen, minimalen und leichten SHT (v. a., wenn Letztere in einen Rechtsstreit involviert waren) sowie als solche mit den klinischen Diagnosen eines chronischen Müdigkeitssyndroms oder einer Fibromyalgie. Testauffällige Patienten zeigten aber auch in anderen Leistungstests kognitive Defizite, die schwerer ausgeprägt waren als bei tatsächlich (schweren) zerebralen Dysfunktionen. Andererseits waren Patienten anderer klinischer Diagnosegruppen mit authentischen, d. h. tatsächlichen kognitiv-intellektuellen Behinderungen in der Lage, „gut" in den Motivationsvariablen des WMT abzuschneiden. In einer ersten deutschen Validierungsstudie (Analogstudie) von Brockhaus und Merten (2004) erlaubte der Test eine 100%ige Klassifikationsrate zwischen (freilich wiederum nur experimentellen) „Simulanten" und Kontrollgruppen. Die Autoren weisen gleichwohl auf die Grenzen dieses wie anderer „Simulationstests" hin. So seien zumindest für die deutschsprachige Fassung die eigentlichen Gedächtnisparameter noch nicht hinreichend untersucht oder normiert, sei das Studiendesign der „experimentellen Simulanten" als keineswegs ideal anzusehen. Als weitere Verfahren, die sich derzeit in (deutschsprachiger) Erprobung bzw. Validierung befänden, werden von Merten et al. (2004) der *Amsterdam Short-Memory-Test (ASMT)* (Schagen et al. 1997) und der *Word-Completion-Memory-Test (WCMT)* von Hilsabeck (Hilsabeck et al. 2001; Merten et al. 2004) genannt.

b) Die *forensisch-neuropsychologische Testbatterie (FNTB)* von Heubrock et al. (2000, 2002) ist eine computergestützte Testbatterie mit 19 Subtests zur Untersuchung von subjektiv geklagten akustischen, visuellen und mnestischen Störungen, die sich alle am Prinzip der „verdeckten Leichtigkeit" (RMT, BAGT, TÜGA und TÜGA/M) bzw. dem Alternativwahlparadigma der Symptomvalidierung orientieren, wobei (vgl. Heubrock et al. 2000) aufgrund des „Deckeneffekts" die Symptomvalidierungtests nicht als neuropsychologische Funktionstests taugten oder als solche fungierten. Bei den Subtests Kurzzeitgedächtnis (KZG/A+B) muss der Proband 100 kurzzeitig (visuell und/oder akustisch) dargebotene Zielreize (Alltagsgegenstände bzw. -geräusche) aus einem nachfolgend dargebotenen (Alternativ-) Design (Abbildung zweier Gegenstände bzw. Darbietung zweier Geräusche) identifizieren bzw. lokalisieren. Als Auswertungsverfahren werden (fehlerbezogene) Cut-off-Werte (mehr als 5 Fehler bei den 100 Stimuli), Blockanalysen (bei mehr als 40 bis 60 Fehlern, was dem Zufallsbereich von 50 Fehlern +/– 2 Standardabweichungen entspricht) sowie probabilistische Berechnungen (bei mehr als 61 Fehlern) herangezogen. Dabei verweise vor allem Letzteres mit großer Wahrscheinlichkeit auf bewusste Antwortmanipulationen, wohingegen Fehlerquoten im Zufallsbereich indes als unterschiedlich interpretierbar angesehen werden – entweder als „modalitätsspezifischer (hier mnestischer) Funktionsausfall/-verlust" oder eines „mehr oder weniger" bewussten Entscheidens für eine hohe Fehlerzahl (mit in der Regel individuellem Reaktionsmuster). Als zusätzliche (bisher aber kaum praxisrelevante) Parameter dienen die Messungen der Reaktionszeiten bei allen 100 Versuchen. Die Normierungs- und Validierungspopulationen umfassten Gesunde, Patienten der Neurologie, so genannte „At-risk-Probanden" (mit klinisch als eventuell simulierend eingeschätzten Patienten) sowie (allerdings nur N = 4) „instruierte Simulanten". Die Testherausgeber berichten über eine je nach Auswertungsprinzip mit 95%iger Sicherheit mögliche Identifizierung solcher Probanden bzw. Patienten, die aus bewusster oder unbewusster Motivation eine signifikante Fehlerhäufung produzierten. Kritische Anmerkungen zur FNTB stammen von Merten (2003); sie zentrieren sich auf die noch immer zu geringen Stichprobenumfänge (vgl. Heubrock et al. 2002) sowie den Anspruch der Testautoren, mit der (Bremer) Symptomvalidierung authentische neuropsychologische Störungen einerseits von aggraviert-vorgetäuschten und auch durch somatoforme (z. B. Konversions-) Störungen andererseits bewirkten Leistungsdefiziten testpsychologisch abgrenzen zu können. Wie, so Merten (2003), eine hohe Fehleranzahl nicht in jedem Falle simulationsbeweisend sei, sondern eine Motivationsanalyse des auffälligen Testverhaltens durch den Psychologen zwingend erfordere, spräche vice versa eine unauffällige Fehlerzahl allenfalls für die fehlende Nachweisbarkeit von Antwortverzerrungen, nicht aber auch automatisch für die Authentizität der von Patienten subjektiv geschilderten Beschwerden und/oder der übrigen neuropsychologischen Testergebnisse.

Auf einige derzeit noch unbefriedigend gelöste Probleme der Simulationsdiagnostik sei hingewiesen:

▌ Schwierig gestaltet sich die *Konstruktvalidierung* von Simulationstests. Klinisch „sichere" Simulanten entziehen sich naturgemäß ihrer „Beforschung". In der Mehrzahl von Validierungsstudien wird deshalb auf zur (experimentellen) Simulation/Aggravation allgemein-unspezifischer Leistungsdefizite (sog. „naive Simulanten") oder auch spezieller Krankheits- und Störungsbilder (sog. „aufgeklärte Simulanten") angehaltene Probanden (am häufigsten die immer wieder beliebten Studenten als Experimental- und Kontrollgruppe) zurückgegriffen. Labor- und Analogstudien prävalieren vor Felduntersuchungen und solchen an klinischen Samples. Die meisten Validierungsstudien wurden und werden dabei an Patientengruppen mit leichten traumatischen Hirnschädigungen vorgenommen, bei denen man vergleichsweise häufiger auch mit funktionell-psychogenen Überlagerungen und Beschwerdeaggravationen zu rechnen hat (McCaffrey et al. 2004; Trueblood et al. 1993; Millis et al. 1996; Etcoff et al. 1996). Fast immer fehlen auch Post-Test-Interviews mit den „Pseudosimulanten", die deren subjektive Akzeptanz ihrer Simulantenrolle abklären ließen: ca. ein Fünftel solcher Probanden sollen sich erfahrungsgemäß – meist aus moralischen Bedenken und Skrupeln (Rogers 1988) – eben nicht instruktionskonform simulierend verhalten. Auch nach Merten (2002) sei die Motivation tatsächlich vortäuschender vermutlich eine viel größere als diejenige von nur zur „Übernahme" einer fiktiven Patientenrolle „angehaltenen" Probanden. Das Problem der Vortäuschung stelle sich vor allem bei denjenigen, die entweder selbst- oder fremdperzipierte „Vorerfahrungen" mit kognitiven Störungen oder auch solche authentischen Defizite selbst aufwiesen, sodass in letzterem Falle eine psychometrische Differenzierung zwischen Messungen kognitiver und leistungsmotivationaler Variable ggf. unmöglich würde. Ein optimales Untersuchungsdesign sollte den von Rogers (1990) und in einem Positionspapier von Slick et al. (1999) aufgestellten Forderungen genügen.

▌ Für die *diskriminative Validität* der Simulationstests scheint zu sprechen, dass sie mit neuropsychologischen Funktionsparametern nicht oder nur gering korreliert sind (vgl. Etcoff et al. 1996). Andererseits liefern diese teils sehr zeitaufwändigen Verzerrungstests (mit Ausnahmen, vgl. WMT von Greene!) für die neuropsychologische Funktionsdiagnostik keinen Erkenntnisgewinn (ausgenommen, wenn sie einen Täuschungsverdacht oder Antwortverzerrungen substanziieren können), sodass die Aufwand-Nutzen-Bilanz eher unbefriedigend ausfallen kann, was wiederum vor allem (vgl. Merten 2001a) im Rahmen von neuropsychologischen Begutachtungsuntersuchungen zukünftig auch hierzulande keinen Verzicht auf solcherart gründliche und spezialisierte Diagnostik suboptimalen Leistungsverhaltens (mehr) rechtfertigt, ebenso wenig wie eine „Alibiverwendung" sehr kurzer (Screening-) Tests mit unbefriedigender Aussagekraft. Insofern muss eine kürzlich veröffentlichte Befragung amerikanischer Neuropsychologen (Slick et al. 2004) verwundern, wonach ca. 80% der Gutachter mindest einen Verzerrungstest anwendeten – am häufigsten aber immer noch den 15-Item-Test von Rey (vgl. oben), gefolgt vom TOMM, wobei viele der Befragten aber auch noch die Profilanalyse neuropsychologischer Testbatterien einbezogen.

▍ Simulationstests scheinen auch eher nur für die Identifizierung mehr oder weniger grob simulierender Probanden zu taugen, die deren Funktionsprinzip nicht „durchschauen". Klinisch dürfte sich (vgl. Rogers 1997) Simulation/Aggravation bei zudem oft test- und begutachtungserfahreneren Probanden aber eher dezent, verhüllt, maskiert bzw. subtil äußern bzw. manifestieren. Probanden mit höherer Intelligenz und solchen mit Kenntnissen der Wahrscheinlichkeitstheorie, auch mit Training (Coaching und Warningeffekte) könnten das Testrationale „durchschauen" und „unterlaufen", wofür allerdings eindeutige empirische Belege eher spärlich sind (Cliffe 1992). Zumindest einige der derzeit verwendeten Simulationstests scheinen fraglos selbst nicht gegen Verfälschungstendenzen immun, weshalb man sich neuerdings in den USA wieder verstärkt dem „Pattern-of-performance-Ansatz" (vgl. Vanderploeg et al. 2001) zuzuwenden scheint. Schließlich ist auch denkbar, dass Simulanten zwar in diesen Spezialtests unauffällig bleiben, wohl aber erfolgreich ihre neuropsychologischen Testergebnisse zu verzerren suchten.

▍ Während in den meisten methoden- und forschungsorientierten Studien Diskussionen oder Empfehlungen des psychologischen „Handlings" von testpsychologisch und/oder klinisch nahe gelegtem Simulationsverdacht fehlen, geben Heubrock et al. (2000) und Merten (2004) diesbezüglich recht wertvolle und praxisnahe Empfehlungen, die auch die oft unreflektierte ethische Problematik einer Psychodiagnostik bzw. „Aufdeckung" von Täuschungsverhalten einschließen (Binder et al. 1995). Dazu gehört in praxi neben einer stringent wertfreien Befundsprache (mit Vermeidung des Simulationsbegriffes zugunsten etwa desjenigen einer „suboptimalen Leistungsmotivation" i. S. von Merten) eine „einfühlsame" Konfrontation des zu Begutachtenden mit der entsprechenden Vermutungsdiagnose (statt eines „In-die-Enge-Treibens" oder gar „Überführens") bzw. der (allerdings eindeutigen) Hinweise, dass das vom zu Begutachtenden geklagte Störungsbild sehr wahrscheinlich nicht auf einer hirnorganischen Ursache beruht, außerdem ein Angebot möglicher alternativer Erklärungsmöglichkeiten des suboptimalen Testverhaltens an den Probanden, die Ebnung eines Weges für individuell konstruktive Problemlösungen und – „last not least" – auch das Angebot einer Wiederholungsuntersuchung, um dem Betroffenen eine Symptomaufgabe ohne Gesichts- und Prestigeverlust zu ermöglichen. Darüber, so Merten (2003), dass bei fehlender Leistungsmotivation tatsächliche kognitive Störungen nicht mehr mit der zu fordernden Sicherheit diagnostizierbar sind, sei auch der zu Begutachtende vor Untersuchungsbeginn zu informieren. Der Verfasser selbst hat sich angewöhnt, zu Begutachtende nicht nur auf die Frage- und Zielstellungen der Untersuchung, sondern auch ganz allgemein auf die existenten Möglichkeiten einer anamnestisch-klinischen und explorativ-verhaltensbeobachtenden, aber auch testpsychologischen Identifizierung nichtoptimalen Leistungsverhaltens hinzuweisen, dabei freilich auch (zumindest in Fällen ohne vorherige Verdachtsmomente) betonend, dass diese Information keinerlei Misstrauen oder gar Voreingenommenheiten gegen den Untersuchten impliziere. Auch Bender et al. (2004) erachten die Anwendung von „Simulationstests" ohne vorherigen Hinweis gegenüber dem zu Begutachtenden als ethisch fragwürdige Täuschung. Merten (2002) hält die Anwendung von entsprechenden Testverfahren inzwischen nicht nur für notwendig, sondern auch für „zumutbar", u. z. dann, wenn eine gewisse Wahrscheinlichkeit für suboptimales Leistungsverhalten vorläge. Die schon erwähnten Befragungen von US-amerikanischen Neuropsychologen (Slick et al. 2004) zeigten diesbezüglich zur Instruktions- und Aufklärungspraxis Folgendes: Mehr als die Hälfte der (in Zivilrechtsbegutachtungen tätig werdenden) Befragten erteilten solche *allgemeinen* Hinweise nicht, obwohl eine von ihnen dadurch befürchtete Minderung der Sensitivität von Verzerrungstests nach Ansicht der Autoren vermutlich nicht vorläge, was jedoch bei *spezifischeren* Aufklärungen (z. B. über das Funktionsprinzip von SVT) sehr wohl zu befürchten sei. Im Falle einer „suspekten" Leistungsmotivation wichen 58% der Experten von ihrem Routinevorgehen ab, wobei 71% ihre Probanden nachdrücklich zu höherem Leistungsbemühen aufforderten, 25% die Untersuchten direkt mit dem Simulationsverdacht konfrontierten, 73% der Gutachter weitere Simulationstests anwendeten, 17% die Untersuchung gänzlich abbrachen bzw. den Prozessbevollmächtigten kontaktierten.

Nach Metaanalysen (Rao 1996) zur Effizienz von SV-Techniken zeigten die folgenden Untersuchungsgruppen folgende Prozentsätze richtiger Lösungen in Simulationstests: normale Kontrollgruppen 100%, Hirngeschädigte 84–99,5%, gemischte psychiatrische Diagnosegruppen 66–74%, klinische Verdachtsfälle von Simulation („at-risk") und experimentell „instruierte Simulanten" 53–64%. Obgleich danach die Leistungen aller Gruppen in den meisten Studien *über dem 50-%-Zufallsbereich* lagen, fielen diejenigen von klinischen und instruierten Simulanten doch deutlich niedriger aus als die von hirnorganisch geschädigten Patienten. Da sich nun aber die auf der Binomialstatistik basierenden Trennwerte („cut-offs") richtiger versus falscher Lösungen allenfalls für „grob" täuschende Probanden als tauglich erwiesen und auch nur ein Drittel potenzieller Simulanten damit identifizierbar waren, zielt die Forschung auf die Entwicklung bzw. Festlegung trennschärferer, d. h. die Sensibilitäten und Spezifitäten bzw. die PPP („positive predictive power") und NPP („negative predictive power") von Simulationstests zugleich maximierender Entscheidungskriterien ab (vgl. Nies et al. 1994; Greve et al. 2004).

Dabei wird neuerlich auch wieder der Berücksichtigung unterschiedlicher Basis- bzw. Grundraten von Täuschungsphänomenen in divergenten klinischen und forensischen Settings bzw. Populationen verstärkte Aufmerksamkeit gewidmet, da diese die diagnostische Brauchbarkeit von Tests ganz entscheidend mitbedingen (vgl. Mittenberg et al. 2002). Als Fazit zeigte sich, dass andere als die an der Binomialstatistik orientierten „cut-offs" adäquater sind. Auch die Zulassung eines diagnostischen Unsicherheitsbereiches (Verdachtsdiagnose) scheint der Alternativentscheidung „auffällig versus unauffällig" überlegen, da sie vermutlich die Klientel der „nur" gering testmotivierten, desinteressierten, passiv-ablehnend eingestellten Probanden auffängt, statt sie vorschnell mit dem Label des „Simulanten" zu etikettieren. Ein Aggravations- bzw. Simulationsverdacht kann und sollte zudem nie allein aus einem *einzelnen* Testergebnis begründet sein, sondern aus der Integration der Ergebnisse mehrerer dieser Spezialtests sowie der unabdingbaren Motivanalyse hiermit eventuell objektivierten suboptimalen Leistungsverhaltens, dies wiederum nur in Zusammenschau mit der klinischen Beobachtung und Exploration. Dies auch, insofern Korrelationsstudien zwischen verschiedenen Simulationstests deren mitunter eher geringe *konvergente Validität* (Nies et al. 1994) nahe zu legen scheinen. [1]

Ein *Fallbeispiel* aus der neuropsychologischen Beurteilungspraxis des Verfassers soll dies verdeutlichen: Der 51-jährige Horst S. wurde zur psychologischen Diagnostik mit dem Verdacht auf einen progredient demenziellen Prozess bei klinischer Verdachtsdiagnose eines Morbus Curschmann-Steinert bzw. eines rechtszerebralen Lacunarinfarktes bei Zerebralsklerose vorgestellt. Eine zuvor durchgeführte Intelligenzdiagnostik (LPS) mit einem IQ von 59 bei prämorbid bildungsanamnestisch (Sozialformel nach Wolfram et al. 1990) abgeschätzter Primärintelligenz rechtfertigte diesen Verdacht. Konfliktanamnestisch war auszumachen, dass der Patient im Vorfeld des Infarktgeschehens innerhalb eines kurzen Zeitraumes einer Reihe belastender Lebensereignisse (Arbeitslosigkeit, Umzug von Landgemeinde in Großstadt, finanzielle Probleme, drohende Kündigung des Mietverhältnisses u. a.) ausgesetzt war, die er sehr stark reaktiv-depressiv verarbeitete. Bei der Erstuntersuchung zeigte sich ein deutlich depressives Befindlichkeitserleben mit auch subjektiv geklagter allgemeiner Leistungsinsuffizienz, die Herr S. allerdings recht de-

---

[1] Aus der Sicht des Verfassers hat sich eine flexibel angewandte „Kombination" aus einigen speziellen Simulationsdiagnostika (FNTB: Bremer Symptomvalidierung, TÜGA und TÜGA/M [Heubrock et al. 2000], dem 21-Wörter-Test von Iverson [Iverson et al. 1996], Zahlentest von Hiscock/Slick [Slick et al. 1994], dem Punkte-Zähltest von Rey [1964], der Benton-Wahlform von Loewer/Ulrich [1971]) und einigen simulationssensiblen Indikatoren aus praxisüblichen Intelligenz- und Leistungstests (vgl. oben) bewährt, jedenfalls solange andere deutschsprachige Adaptationen von Messverfahren (z. B. Word-Gedächtnis-Test von Green; TOMM u. a.) hierzulande noch nicht anwendungsbereit vorliegen.

monstrativ-klagsam „ausstellte". Das Testinstruktionsverständnis schien herabgesetzt, beobachtbar war auch vereinzeltes „Vorbeireden". Bei allen Leistungsanforderungen (MWT/B; LPS-Kurzform; SKT; TMT A/B, Jenaer Gedächtnisbatterie) erzielte der Patient alters- und bildungsnormbezogen weit unterdurchschnittliche Resultate (im IQ-Bereich unter 70), und die Annahme einer mittelschweren Hirnleistungsminderung lag von daher „psychometrisch" gesehen nahe (DD: Depressive „Pseudodemenz"). Eine dann verdachtsbegründet durchgeführte „Simulationsdiagnostik" mit 5 Einzeltests (vgl. Abb. 4.1) ergab in 2 der Tests (Benton-Wahlform nach Loewer/Ulrich; Zahlengedächtnistest nach Hiscock/Hiscock) einen hohen, in 2 weiteren (Wörterwiedererkennungstest nach Rey und Punktezähltest nach Rey) einen wahrscheinlichen und nur in einem (15-Item-Test nach Rey) keinen Verdacht auf ein suboptimales Leistungsverhalten. Herr B. wurde dann unter Hinweis auf seine Konfliktanamnese zwar verständnisvoll, aber dennoch nachdrücklich und unmissverständlich mit dem Aggravationsverdacht konfrontiert, den er zunächst weit von sich wies. Der Patient nahm jedoch das Angebot einer Retestung am darauf folgenden Tag an (Stroop-Test, WIP/R, Nürnberger Altersinventar und ZVT) und erbrachte nunmehr durchgängig noch eben altersnormvariante Leistungen, denjenigen der Ersttestung zufallskritisch eindeutig überlegen. Die Leistungsdiagnostik zeigte mit IQ-Werten von durchgehend über 80 und C-Werten über 4 keinen Hinweis auf ein progredient demenzielles Geschehen, es wurde vielmehr die Diagnose einer depressiven „Pseudodemenz" (teils mit Symptomen eines Morbus Ganser) und leichter kognitiver Störungen gestellt.

Andere, sehr instruktive Fallbeispiele mit näherer Darstellung von SVT-Techniken und ihrer Auswertung und Interpretation findet der interessierte Leser bei Merten et al. (2004) und Denny (1996), Letzterer mit Bezug auf die sehr praxisrelevante Problematik authentischer versus vorgetäuschter Amnesien durch zu begutachtende Angeklagte im forensisch-psychiatrischen Setting.

Zur „persönlichkeitsseitigen" Simulationsdiagnostik im Rahmen forensisch-neuropsychologischer Begutachtungen können *Interviewmethoden* (Rogers et al. 1992) und *Selbstbeurteilungsinventare* beigezogen werden (vgl. Tabelle 4.6):

- Im *Neuropsychologischen Symptominventar (NSI)* von Rattan (vgl. Rattan et al. 1987; Ridenour et al. 1996; Gelder et al. 2002) konnten beispielsweise zu Begutachtende („personal injury cases") mit und ohne Rentenbegehren über ihr quantitativ wie qualitativ divergent ausgestaltetes „Beschwerdeerleben" mit einer über 90% liegenden Trefferrate diskriminanzanalytisch getrennt werden, wobei sich eben das *Schädigungserleben* als bester Prädiktor für die Unterscheidung organisch versus psychogen-funktionell bedingter Symptomatiken erwies.
- Die *SIMS* (Lewis et al. 2002) wurde kürzlich von Cima et al. (2003 a) ins Deutsche übersetzt bzw. adaptiert und nunmehr als *strukturierter Fragebogen zur Erfassung simulierter Symptome (SFSS)* bezeichnetes Scree-

(1) Der 15-Item-Test nach REY (REY I)

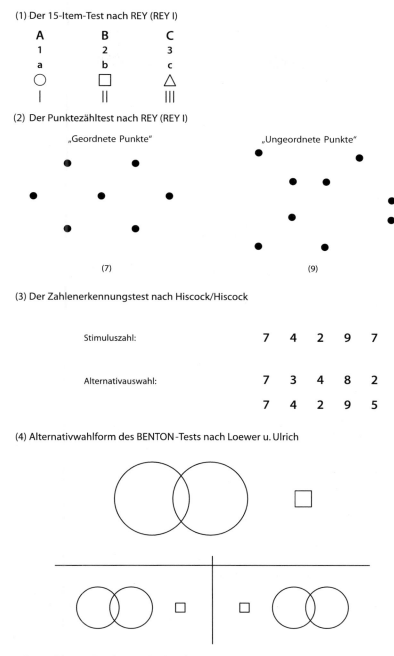

(2) Der Punktezähltest nach REY (REY I)

(3) Der Zahlenerkennungstest nach Hiscock/Hiscock

(4) Alternativwahlform des BENTON-Tests nach Loewer u. Ulrich

Abb. 4.1. Itembeispiele aus „Simulationstests", vgl. Text

ningverfahren für die „Aufdeckung vorgetäuschter psychiatrischer Symptome" als brauchbar befunden. Der Selbstbeurteilungsfragebogen (mit dichotomer Antwortskala) umfasst 75 Items mit teils „bizarren Iteminhalten sowie unrealistischen und atypischen Symptombeschreibungen" (vgl. Cima et al. 2003a), die, in 5 Subskalen (zu je 15 Items) aufgeteilt, klinisch häufig vorgetäuschte Störungen erfassen lassen sollen: niedrige Intelligenz (NI), affektive Störungen (AF), neuropsychologische Beeinträchtigungen (N), psychotische Symptome (P) und amnestische Störungen (AM). Berechnet wird auch ein Symptomgesamtwert. Erste Validierungsuntersuchungen an Studenten, aufgeteilt in „ehrliche Beantworter" einerseits, und störungsspezifisch (gemäß der 5 Subskalen) „instruierte Simulanten" andererseits, erbrachten für das Instrument eine Sensitivität von 95,6% („Simulanten") bzw. 87,9% („Ehrliche"), wobei sich am effizientesten der Symptomgesamtwert erwies. Außerdem wurden 62 forensisch untergebrachte Maßregelinsassen, d.h. Straftäter unterschiedlicher Deliktgruppen, untersucht, die wiederum nach anamnestisch-klinischem Eindrucksurteil in solche mit und ohne Simulationsverdacht gesplittet worden waren. Bei einem Schwellenwert („cut-off") von 16 Gesamtskalenpunkten lagen die PPP- und NPP-Raten bei 87%. Der Gesamtwert korrelierte signifikant ($r = 0,43$) mit der F-Validitätsskala des MMPI-2 (vgl. nachfolgend), nicht aber (als Hinweis auf diskriminative Validität!) mit dessen „Lügenskala" und auch nicht mit den klinischen Eindrucksurteilen zu Simulationstendenzen. 17 (also ca. 27%) der forensischen Patienten zeigten im SFSS Täuschungsverhalten, was bezogen auf eine geschätzte Basisrate von 16% aggravatorisch-simulativen Tendenzen im forensischen Kontext als unrealistisch hoch anzusehen ist (Norris et al. 1998) und nach Meinung der Testautorin (Cima 2003) die Gefahr einer überproportional falsch-positiven Fehlklassifizierung bedeuten könnte. Die höchsten durchschnittlichen Gesamtwerte wiesen übrigens Patienten mit der Kombination von antisozialer Persönlichkeitsstörung und Sexualdelinquenz auf. Vergleichsuntersuchungen an klinischen (nicht forensischen) Patientengruppen stehen bisher allerdings noch aus – diese lassen nach ersten Erfahrungen des Verfassers mit dem Inventar eine nicht unwesentliche Konfundierung von störungsgruppenbezogen authentischen und „simulierten" Beschwerde- und Symptomschilderungen erwarten. Dies könnte – teils vergleichbar mit der „leistungsseitigen" Simulationsdiagnostik – die valide Separierung tatsächlicher von vorgetäuschten Störsymptomen erschweren bzw. sogar unmöglich machen. Es ist daher folgerichtig, dass die Autoren (Cima et al. 2003a) selbst dem Fragebogen vorerst nur eine „Screeningfunktion" beimessen. Dieselbe Arbeitsgruppe befasst sich interessanterweise auch mit dem Phänomen und der allerdings bisher unbefriedigenden methodischen Erfassung des „Gegenteils" von Symptomvortäuschung – der „Supernormalität" (Cima et al. 2003b).

❘ Von den *Selbstbeurteilungsfragebögen* scheint in den USA das *MMPI und seine Revision, das MMPI-2* (Minnesota-Personality-Inventory) (vgl. Pope et al. 1993), Letzteres mit nunmehr sogar 6 Antwortkontrollskalen

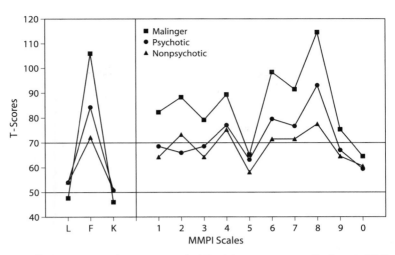

Abb. 4.2. MMPI-Profile von 3 Untersuchungsgruppen (vgl. Text) (entnommen aus: Hawk et al. 1989)

zur Erfassung verschiedener Fassetten von Antwortverzerrungen bzw. -verfälschungen (u. a. Simulation, Dissimulation, Antwortinkonsistenzen, soziale Erwünschtheit usw.), seinen 9 klinischen Basis- sowie zahlreichen Zusatzskalen (vgl. deutsche Fassung des MMPI-2 von Engel 2001) auch in der neuropsychologischen Begutachtungspraxis favorisiert.

Die Abb. 4.2 zeigt beispielhaft die von Hawk et al. (1989) ermittelten durchschnittlichen MMPI-Profile von „instruierten" Simulanten im Vergleich zu 2 psychiatrischen Patientengruppen (Psychotiker und nichtpsychotische psychiatrische Störungen) und belegt die doch erheblichen Verzerrungseffekte, die Simulationstendenzen im klinischen Skalenprofil „bewirken" können. Allerdings ergab sich in Metaanalysen über 28 MMPI-Studien (vgl. Lees-Haley et al. 1996) zur Frage der Simulationsdiagnostik eine eher kontroverse Befundlage, wenngleich auch ein weitgehender Konsens dahin gehend, dass eine abnorm erhöhte F-Validitätsskala sowie eine pathognomische F-K-Differenz immer noch als sensible Indikatoren für Aggravation/Simulation bei Patienten mit leichten Hirntraumata gelten können (vgl. Pope et al. 1993). Bei 500 Begutachtungsfällen („personal injury") hat Lees-Haly (1997) bei 20–30% simulationsverdächtige MMPI-2-Profile gefunden, wobei der Autor ausdrücklich auch auf ein „Anwaltscoaching" als mögliche (Mit-) Verursachung der gefälschten Selbstbeurteilungen verweist. Nach Larrabee (2000) müsse hier aber zwischen einer Aggravation somatischer und psychopathologischer (v. a. psychosenaher) Symptome differenziert werden. Während sich eine abnorme F-K-Differenz als eher simulationsindizierend für psychotische Symptome, nicht aber mit gleicher Effizienz für aggravierte oder simulierte körperliche und nichtpsychotische Störungen erwies, habe sich für die Letzteren eine aus 43 Items bestehende „Fake-bad-Zusatzskala" (FBS) von Lees-Haley et al. (1991) als sensitiver gezeigt. Diese Skala korrelierte übrigens höher mit der „leistungsbezogenen" Victoria-Symptomvalidierung (vgl. oben) als mit den traditionellen Validitätsskalen des MMPI-2. Auch Millis et al. (1996) befanden die FBS-Skala als brauchbar für die Abgrenzung von Patienten mit leichten SHT *plus* geringer Leistungsmotivation versus schweren SHT-Patienten. Entsprechende Validierungsuntersuchungen mit dem MMPI-2 und seinen Antwortkontrollskalen liegen im forensischen Kontext bisher in Deutschland nicht vor. Nach eigenen Befunden (Littmann 1993) zur „psychometrischen" Simulations-/Dissimulationsdiagnostik mit Antwortkontrollskalen (herangezogen wurden die Offenheitsskala des Persönlichkeitsinventars FPI und die 3 herkömmlichen Validitätsskalen (L) Lügen-, (F) Validitäts- und der (K) Korrekturskala) einer MMPI-Kurzform (*PpKV nach Cincannon*) hat man bei einer „anfallenden" Klientel forensisch-psychiatrisch zu begutachtender Angeschuldigter bei je ca. 25% mit sehr wahrscheinlichen (über 2-Sigma) bzw. fraglichen (1-Sigma) Antworttendenzen von über- bzw. unterdurchschnittlicher Ausprägung „sozialer Erwünschtheit" (Offenheitsskalen) zu rechnen. Bei maximal 20% waren Simulationstendenzen (F-Skala bzw. pathognomische F-K-Differenz) und bei maximal 5% Dissimulationstendenzen (K-Skala bzw. pathognomische F-K-Differenz) wahrscheinlich zu machen. Diese Antwortverzerrungen standen in – wenngleich auch nur mäßig ausgeprägten, aber doch plausiblen – korrelativen Beziehungen zu den (ebenfalls via Selbstauskünften erhobenen) Einstellungen, Erwartungshaltungen (hier vor allem Ex- bzw. Dekulpierungserwartungen/-hoffnungen) und zu den perzipierten kommunikativen Gutachter-Probanden-Beziehungen zu begutachtender Straftäter (Littmann 1993).

Was die Beziehungen zwischen *simulationsindizierenden Messinstrumenten unterschiedlicher Testmedien* – objektive Leistungstests versus subjektive Selbstbeurteilungsinventare – anbelangt, mangelt es noch an systematischen Untersuchungen (Boone et al. 2002). Bisher gefundene niedrige bzw. insignifikante Korrelationen scheinen mehrdeutig interpretierbar. Zum einen liegen ihnen doch recht unterschiedliche „Anforderungen" zugrunde: hier Selbstattribuierungen und „Ausstellung" psychischer Fehlangepasstheit, dort Demonstration von kognitiven Defiziten. Und: Simulation – ohnehin ein wohl eher state- als traitorientiertes Konzept mit starkem Situationsbezug – stellt auf der Leistungs- und Persönlichkeitsebene etwas sehr Unterschiedliches dar. Zum anderen würden nach Pankratz et al. (1988) Simulanten neuropsychologischer Defizite eigene pathopsychische Symptome eher herunterspielen und vice versa. Nach Untersuchungen von Boone et al. (2002) simulierten z.B. nur 12% der Patienten mit aggraviert-simulierten emotionalen Störungen zugleich auch Leistungsdefizite. Nach Vergleichsuntersuchungen von Martin et al. (1996) bei instruierten Simulanten und hirngeschädigten Patienten erwiesen sich Leistungsdefizienzen im Vergleich zum Beschwerdeerleben als „schwieriger" simulierbar. Bezüglich der Simulationsaufdeckung lag die durchschnittliche Trefferrate unter Verwendung objektiver (Leistungs-) Simulationstests bei 77%, diejenige unter Verwendung von Symptom- und Beschwerdefragebögen mit 65% hingegen nur knapp über der Zufallswahrscheinlichkeit.

Die Simulationsforschung hat zukünftig noch viele offene Fragen und Probleme zu lösen (vgl. Rogers 1990; Heubrock 1995; Merten 2005). Dabei dürften vermutlich auch die Erforschung *nonverbaler Korrelate von Täuschung und Simulation* und die Erkenntnisse der psychophysiologischen Aussagediagnostik (Letztere im Sinne einer von Steller 1983 proklamierten psychophysiologischen Bedeutsamkeitsdiagnostik) eine größere Rolle spielen. So ist aus der Psychophysiologie evozierter Potenziale bekannt, dass bei Wahrnehmungen bekannter Reize ein Rekognitionspotenzial auftritt, nicht aber, wenn ein Proband einen ihm unbekannten Reiz wahrnimmt, was für die Erhellung fälschlich behaupteter Amnesien Relevanz gewinnen könnte. Rosenfeld et al. (1998) diskutieren einen neuen Ansatz der Täuschungsaufdeckung, bei dem simultan zur Durchführung modifizierter Symptomvalidierungstechniken ereignisbezogene Hirnpotenziale abgeleitet werden. Aber auch eher sehr praxisnahe Probleme des forensisch-neuropsychologischen Untersuchungssettings bedürfen (vgl. Merten et al. 2003; Dorward et al. 1993) noch weitaus gründlicherer Klärung und Erforschung, wie z. B.

▪ die strategisch-optimale „Positionierung" der Simulationsdiagnostik im (neuropsychologischen) Untersuchungsgang (vor/zwischen/nach der klinisch-neuropsychologischen Testung?),

▪ deren unter dem Aspekt der Aufwand-Nutzen-Bilanzierung vertretbarer Umfang (ganz allgemein muss man mit einer nicht unbeträchtlich längeren Zeitdauer forensisch-neuropsychologischer Begutachtungsuntersuchungen rechnen!),

▪ ihre Indikationsstellungen („Verzerrungsdiagnostik" bezogen auf einzelne bzw. umschrieben geklagte kognitive Funktionsminderungen versus global-unspezifischer Leistungsminderungen?),

▪ die Frage der optimalen Verknüpfung und „Gewichtung" simulationsspezifischer Testverfahren unter- bzw. miteinander, aber auch deren effizienter Kombination mit empirisch abgesicherten simulationssensiblen Parametern und Indikatoren aus praxisbewährten neuropsychologischen Einzeltests und Testbatterien – und natürlich auch mit den „nicht-testpsychologisch" begründeten Diagnosekriterien der psychiatrischen Klassifikationssysteme (ICD-10 und DSM-IV) für nicht authentische Leistungs- und Persönlichkeitsstörungen. Dem Verfasser sind z. B. keine multivariaten „Zusammenhangs- bzw. Bedingungsanalysen" zwischen anamnestisch, klinisch-paraklinisch, explorativ-verhaltensbeobachtend sowie testpsychologisch in der Literatur immer wieder aufgeführten „Aggravations- und Simulationskriterien" bekannt,

▪ die Problematik einer methodenabhängig mehr oder weniger prinzipiellen „Durchschaubarkeit" und damit auch Manipulierbarkeit von Simulationstests durch zu Begutachtende selbst (vgl. Cliffe et al. 1992),

▪ die Frage des Zusammenhanges bzw. -wirkens von *leistungs- und persönlichkeitsbezogenen* Verzerrungs- bzw. Täuschungstendenzen, deren eventuell immer auch zwecks Diagnosesicherung erforderlicher kombinierter Eruierung (objektive Leistungstests *plus* via Fragebögen ermittelter Selbstbeurteilungen von Symptomen, Erlebnis- und Verhaltensauffälligkeiten); (Iverson et al. 1996; Inman et al. 2002; Meyers et al. 2003),

▍ die Frage nach den klinischen, moralischen, sozialen und individualspezifischen Konsequenzen (vgl. Merten 2004) der Simulationsdiagnostik für die Betroffenen (vgl. Binder et al. 1995)

▍ sowie nicht zuletzt die Notwendigkeit einer (bisher noch nicht etablierten) speziellen Ausbildung bzw. eines Trainings von neuropsychologisch tätigen Psychologen für die Durchführung und Interpretation von simulationsdiagnostischen Verfahren auf dem Hintergrund eines komplexen (Hartje 2003) diagnostischen Prozesses – es wäre verhängnisvoll und „fehlerprogrammiert", wenn jetzt zunehmend auch in Deutschland publizierte „Simulationstests" ohne entsprechende Kenntnisse und Erfahrungen eingesetzt und in der einen oder anderen Richtung fehlinterpretiert zu diagnostischen Fehlentscheidungen führen würden oder die zumindest erfahrungswissenschaftlich vielfach gesicherten anamnestisch-klinischen Diagnosehinweise (vgl. oben) aus dem Blickfeld gerieten.

4.4 Zur Sachverständigenkompetenz bei forensisch-neuropsychologischen Begutachtungen

Die Neuropsychologie ist eine Teildisziplin der angewandten Psychologie, wenngleich mit vergleichsweise stärkeren interdisziplinären Verflechtungen zu medizinischen Fachgebieten, allen voran der Neuropsychiatrie und Verhaltensneurologie. Dennoch lassen Aufgaben, Zielstellungen und vor allem Methodiken neuropsychologischer Begutachtungen keinen Zweifel an der psychologischen Primärkompetenz aufkommen. Häufig wird der Mediziner (Neurologe, Psychiater, auch Internist) als Fragesteller des neuropsychologisch tätigen (klinischen) Psychologen fungieren. Dieser sollte nach Hartje (1989) unter anderem folgende Voraussetzungen erfüllen: mehrjährige praktische Erfahrungen in klinischer Neuropsychologie (erworben durch Tätigkeiten an neurologischen, neurochirurgischen Kliniken bzw. in neurologischen Rehabilitationseinrichtungen), gutachterliche Tätigkeit unter Supervision erfahrener klinischer Psychologen bzw. bereits zertifizierter klinischer Neuropsychologen, theoretische Kenntnisse von neuropsychologischen Störungen, Krankheitsbildern und deren differenziellen Auswirkungen auf die allgemeine und (berufs-)anforderungsspezifische Leistungsfähigkeit und Persönlichkeit hirnorganisch geschädigter Patienten, und – last but not least – eine subtile Beherrschung neuropsychologischer Untersuchungsmethodiken. Analog zur Qualifizierung zum *Rechtspsychologen* wurde in Deutschland seit Ende der 80er Jahre von der Gesellschaft für Neuropsychologie (GNP) die kurrikuläre Weiterbildung und Subspezialisierung zum *klinischen Neuropsychologen* initiiert.

In den USA werden seit vielen Jahren Neuropsychologen als *Hauptgutachter* zu verschiedensten Fragestellungen (vgl. oben) herangezogen, und zwar mit der (psycho-)logisch begründbaren Argumentation, dass die mit neuropsychologischen Methoden zu messenden Folgen und prima vista nicht die medizinischen Ursachen neuropsychologischer Störungen bei zu Begutachtenden von rechtlicher Relevanz seien (Adams et al. 1992, 1996). Auch in Deutschland werden Neuropsychologen in Einzelfällen mit Hauptgutachten beauftragt, besonders von Sozial- und Verwaltungsgerichten (vgl. Romero et al. 1994; Hartje 2003; Fischer et al. 1995) messen aus juristischer und psychologischer Sicht, wie bereits betont, der neuropsychologischen gegenüber der ärztlichen Diagnostik, zumindest im Rahmen von Begutachtungen der Verhandlungsfähigkeit, den Stellenwert „überlegener Forschungsmittel" gemäß der StPO zu. Häufiger wird der Neuropsychologe aber als *Zusatzgutachter* des ärztlichen Hauptgutachters tätig, da die Fragestellungen an den Neuropsychiater i. d. R. die umfassenderen sind und meist auch die Beurteilung des Krankheitswertes der Symptome und Störungen erfordern, die (vgl. Romero et al. 1994) wiederum nach der Reichsversicherungsordnung (!) in medizinische Primärkompetenz fällt. Im Unterschied zu den USA, wo sich nach mehrfacher Rechtsprechung (vgl. Adams et al. 1992) auch der Neuropsychologe zur Ätiologie von ihm diagnostizierter (hirnorganischer und anderer medizinisch begründbarer) Störungen äußern darf, sei es hierzulande „gängige Praxis" (vgl. Romero et al. 1994), dass er sich nur zur Syndromdiagnose, der Mediziner zur Ätiologie einer Erkrankung äußern solle. Als vorteilhaft wird in praxi – auch aus Gründen der Aufwandsökonomie – ein „Arbeitsbündnis" zwischen Haupt- und Zusatzgutachter mit beiderseitigen Befunddiskussionen und -abstimmungen angesehen. Das neuropsychologische (Zusatz-) Gutachten stellt dabei grundsätzlich einen eigenständigen Beitrag zur Begutachtung dar, zu dem der Auftraggeber, wie sonst bei Zusatzgutachten auch, einen (gesonderten) Auftrag mit Fragestellungen erteilen muss. Auch besteht natürlich keine Übereinstimmungspflicht zwischen Haupt- und Zusatzgutachter. Obwohl die zusammenfassende und abschließende Beantwortung der umfassenderen Fragestellungen dem ärztlichen Hauptgutachter obliegt, habe der Neuropsychologe dazu aus der Sicht seines Fachgebietes ebenfalls Stellung zu nehmen. Leitlinien zur Erstellung neuropsychologischer Gutachten wurden von der Arbeitskommission „*Neuropsychologische Gutachten*" der GNP publiziert (Wilhelm et al. 1998).

Zusammenfassend kann konstatiert werden, dass die forensische Neuropsychologie eine in Deutschland sich erst seit ca. 5 Jahren stärker etablierende Teildisziplin der forensischen Psychowissenschaften wie in den angelsächsischen Ländern (vor allem in den USA) repräsentiert, sich aber auch hierzulande stärker profilieren und in das Beachtungszentrum von Juristen und psychiatrisch-psychologischen Gutachtern treten wird. Der in den USA bestehende Forschungsvorlauf kann hierbei nur bedingt genutzt werden. Insbesondere gilt es zukünftig, das noch überwiegend im klinischen Kontext entwickelte und dort validierte neuropsychologische Instrumentarium für forensische Fragestellungen in verschiedenen Rechtszweigen

zu adaptieren bzw. neue Verfahren zu entwickeln. Hier besteht Forschungs-
bedarf in interdisziplinärer Zusammenarbeit von Rechts- und Neuropsychologie!

Literatur

Adams RL, Richardson ER (1992) Neuropsychologists in the courtroom. Forensic
Rep: 245–256

Adams RL, Rankins EJ (1996) A practical guide to forensic neuropsychological
evaluations and testimony. In: Adams RL et al. (eds) Neuropsychology in clinical practice. APA, Washington DC

Barrash J, Suhr J, Manzel K (2004) Detecting poor effort and malingering with an
expanded version of the Auditory Verbal Learning Test (AVLTX): validation
with clinical samples. J Clin Exp Neuropsychol 26: 125–140

Barth JT, Ryan VT, Hawk LG (1991) Forensic neuropsychology: a reply to the
method sceptics. Neuropsychol Rev 2: 251–266

Becker K, Canavan AGH (1992) VOPS – Testbatterie für visuelle Objekt- und
Raumorientierung. Testzentrale, Göttingen

Bender SD, Rogers R (2004) Detection of neurocognitive feigning: development of
a multi-strategy assessment. Arch Clin Neuropsychol 19: 49–60

Berg R, Franzen MD, Wedding D (1994) Nachweis von Hirnfunktionsstörungen –
Neuropsychologische Untersuchungen für die Praxis. Deutscher Ärzte-Verlag,
Köln

Bernard LC, Houston W, Natoli L (1993) Malingering of neuropsychological memory tests: potential objective indicators. J Clin Psychol 49: 45–53

Bernard LC, Mc Grath MJ, Houston W (1996) The differential effects of simulating malingering, closed head injury, and other CNS pathology on the Wisconsin Card Sorting Test: a support for the "pattern of performance" hypothesis.
Arch Clin Neuropsychol 1: 231–245

Bianchini KJ, Mathias CW, Greve KW (2001) Symptom validity testing: a critical
review. Clin Neuropsychol 15: 19–45

Binder LM (1993) An abbreviated form of the Portland Digit Recognition Test.
Clin Neuropsychol 7: 104–107

Binder LM (1997) Assessment of neuropsychological testing. Neurology 49: 1179

Binder LM, Thompson LL (1995) The ethic code and neuropsychological assessment practices. Arch Clin Neuropsychol 10: 27–46

Boone KB, Lu P, Back C, King C, Lee A, Philpott L, Shamie E, Warner C (2002)
Sensitivity and Specifity of the Rey Dot Counting Test in patients with suspect
effort and various clinical samples. Arch Clin Neuropsychol 17: 625–642

Brähler E, Holling H, Leutner D, Petermann F (2002) Brickenkamp-Handbuch
psychologischer und pädagogischer Tests; Bd 1, 2, 3, vollständig überarbeitete
und erweiterte Auflage. Hogrefe Göttingen

Brockhaus R, Merten T (2004) Neuropsychologische Diagnostik suboptimalen
Leistungsverhaltens mit dem Word Memory-Test. Nervenarzt 75: 882–887

Choinard MJ, Rouleau I (1997) The 48-Picure-Test: a two-alternative forced-choice
recognition test for the detection of malingering. J Int Neuropsychol Soc 3:
545–552

Cima M (2003) Faking good, bad, and ugly: malingering in forensic psychiatric inpatients. Proefschrift, Heerlen

Cima M, Hollnack S, Kremer K, Knauer E, Schellbach-Matties, Klein B, Merckelbach H (2003 a) ‚Strukturierter Fragebogen Simulierter Symptome' – Die deutsche Version des ‚Structured Inventory of Malingered Symptomatology: SIMS'. Nervenarzt 74: 977–986

Cima M, Merckelbach H, Hollnack S, Butt C, Kremer K, Schellbach-Matties R, Muris P (2003 b) The other side of malingering: supernormality. Clin Neuropsychologist 17: 235–243

Cliffe MJ (1992) Symptom validity testing of feigned sensory or memory deficits: further elaborations for subjects who understand the rationale. Br J Clin Psychol 31: 207–209

Cramon D von, Mai N, Ziegler W (Hrsg) (1993) Neuropsychologische Diagnostik. Beltz, Weinheim

Davis HP, King JH, Bloddworth MD, Spring A, Klebe KJ (1997) The detection of simulated malingering using a computerized category classification test. Arch Clin Neuropsychol 12: 191–198

Denney RL (1996) Symptom validity testing of remote memory in a criminal forensic setting. Arch Clin Neuropsychol 11: 589–603

Denney RL, Wynkoop TF (2004) Clinical neuropsychology in the criminal forensic setting. J Head Trauma Rehabil 15: 804–828

Döpfner M (1992) Zur Bedeutung und Validität neuropsychologischer Testverfahren. In: Steinhausen C (Hrsg) Hirnfunktionsstörungen und Teilleistungsschwächen. Springer, Berlin, S 63–85

Dorward J, Posthuma A (1993) Validity limits of forensic neuropsychological testing. Am J Forensic Psychol 11: 17–26

Dywan J, Kaplan F, Pirozzolo F (eds) (1991) Neuropsychology and law. Springer, New York

Engel RR (2001) (Hrsg) Das MMPI-2. Deutsche Adaptation, Huber, Bern

Essig SM, Mittenberg W, Petersen RS, Strauman S, Cooper JT (2001) Practices in forensic neuropsychology: perspectives of neuropsychologists and trial attorneys. Arch Clin Neuropsychol 16: 271–291

Etcoff LM, Kampfer KM (1996) Practical guidelines in the use of the symptom validity and other psychology tests to measure malingering and symptom exaggeration in traumatic brain injury cases. Neuropsychol. Rev 6: 171–201

Faust D (1991) Forensic neuropsychology: the art of practicing a science that does not exist. Neuropsychol Rev 2: 205–231

Faust D (1995) The detection of deception. Neurol Clin 13: 255–265

Fischer R, Gauggel S, Lämmler G (1994) Möglichkeiten neuropsychologischer Prüfung der Verteidigungsfähigkeit. NStZ 7: 316–321

Fischer R, Gauggel S, Lämmler G (1995) Neuropsychologische Aufgaben im Strafprozeß: Begutachtung der Verteidigungsfähigkeit. Z Neuropsychol 6: 137–142

Flinberg TE, Farah MJ (1997) (eds) Behavioral neurology and neuropsychology. McGraw-Hill, New York, pp 43–54

Franzen MD, Iverson GL, McCracken LM (1990) The detection of malingering in neuropsychological assessments. Neuropsychol Rev 1: 247–277

Franzen MD, Iverson GL (1997) The detection of biased responding in neuropsychological assessment. In. Horton AMR et al. (eds) The neuropsychology handbook (Vol 1). Springer, New York Berlin, pp 153–198

Frederick RI (2004) Neuropsychological tests and techniques that detect malingering. In: Halligan PW, Bass N, Oakley DA (eds): malingering and illness deception. Oxford Press, New York, pp 323–335

Gamache M (1998) The validity indicator profile. AP-LS News 18: 11–14, 43–44

Gauggel S, Deckersbach T, Rolko C (1998) Entwicklung und erste Evaluation einer Skala zur Beurteilung von Handlungs-, Planungs- und Problemlösestörungen. Z Neuropsychol 9: 3–17

Gelder B, Titus JB, Dean RS (2002) The efficacy of neuropsychological symptom inventory in the differential diagnosis of medical psychiatric, and malingering patients. Intern J Neuroscience 112: 1377–1394

Golden CJ (1984) The Luria-Nebraska-Neuropsychological-Battery in forensic assessment of head injury. Psychiatr Ann 14: 532–538

Golden CJ, Strider MA (1986) Forensic neuropsychology. Plenum Press, New York London

Goldenberg G (1997) Neuropsychologie – Grundlagen, Klinik, Rehabilitation. Fischer, Stuttgart

Gothard S, Donald J, Viglione J, Meloy JR, Sherman M (1995) Detection of malingering in competency to stand trial evaluations. Law Hum Behav 19: 493–505

Green P, Rohling ML, Lees-Haley PR et al. (2001) Effort has a greater effect on test scores than severe brain injury in compensation claimants. Brain Inj 15: 1045–1060

Green P, Lees-Haley P, Allen L (2002) The Word Memory Test and the validity of neuropsychological test scores. J Forens Neuropsychol 2: 97–124

Green P (2004) Testmotivation und ihre Messung – Symptomvalidierungstests in der Neuropsychologie und der Word Memory-Test. Report Psychologie 29: 303–308

Greve KW, Bianchini KJ (2004) Setting empirical cut-offs on psychometric indicators of negative response bias. A methodological commentary with recommendations. Arch Clin Neuropsychol 19: 533–541

Griffin GA, Glassmire DM, Henderson EA, McCann C (1997) REY II: redesigning the REY screening test of malingering. J Clin Psychol 53: 757–766

Gudjonsson GH, Shackleton H (1986) The pattern of scores on Raven's matrices during "faking bad" and "non-faking" performance. Br J Clin Psychol 25: 35–41

Guilmette TJ, Guiliano JA (1991) Taking the stand: issues and strategies in forensic neuropsychology. Clin Neuropsychologist 5: 197–219

Guilmette TJ, Whelihan W, Sparadeo FR, Buongiorno G (1994) Validity of neuropsychological test results in disability evaluations. Percept Mot Skills 78: 1179–1186

Haines ME, Noris MP (1995) Detecting the malingering of cognitive deficits: an update. Neuropsychol Rev 5: 125–134

Hamster W, Langer W, Mayer K (1980) Tübinger Luria Christensen Neuropsychologische Untersuchungsbatterie (TÜLUC). Beltz, Weinheim

Hartje W (1989) Psychologische Begutachtung in der Neurologie. In: Jacobi P (Hrsg) Psychologie in der Neurologie. Springer, Berlin, S 55–65

Hartje W, Poeck K (1997) Klinische Neuropsychologie, 3. Aufl. Thieme, Stuttgart New York

Hartje W (2003) Neuropsychologische Begutachtung. Fortschritte der Neuropsychologie, Bd 3, Hogrefe, Göttingen

Hauslotter W (1995) Aggravation und Simulation in der neurologischen Begutachtung. Med Sach 91: 10–12

Hawk GL, Cornell DJ (1989) MMPI profiles of malingerers diagnosed in practical forensic evaluations. J Clin Psychol 45: 675–686

Heaton RK, Grant J, Matthews CG (1993) Wisconsin Card Sorting Test. Psychological Assessment Ressources, Odessa FL

Helmchen H, Reischies FM (1998) Normales und pathologisches kognitives Altern. Nervenarzt 69: 369–378

Heubrock D (1995) Neuropsychologische Diagnostik bei Simulationsverdacht – ein Überblick über Forschungsergebnisse und Untersuchungsmethoden. Diagnostica 41: 303–321

Heubrock D, Petermann F (2000) Testbatterie zur Forensischen Neuropsychologie (TBFN) – Neuropsychologische Diagnostik bei Simulationsverdacht. Testmanual. Swets & Zeitlinger, Swets Test Services, Frankfurt

Heubrock D, Eberl I, Petermann F (2002) Neuropsychologische Diagnostik bei Simulationsverdacht. Empirische Bewährung der Bremer Symptom-Validierung als simulationssensibles Testverfahren. Z Neuropsychol 13: 45–58

Hilsabeck RC, LeCompte DC, Marks AR, Grafman J (2001) The Word Completion Memory Test (WCMT): a new test to detect malingered memory deficits. Arch Clin Neuropsychol 16: 669–677

Hom J, Denney RL (eds) (2003) Detection of response bias in forensic neuropsychology. Haworth, New York London Oxford

Horton AM, Hartlage LC (2003) (eds) Handbook of Forensic Neuropsychology. Springer Publishing Company, New York

Inman TH, Berry DTR (2002) Cross-validation of indicators of manlingering: a comparison of nine neuropsychological tests, four tests of malingering, and behavioral observations. Arch Clin Neuropsychol, pp 1–23

Iverson GL, Franzen MD (1996) Using multiple objective memory procedures to detect simulated malingering. J Clin Exp Neuropsychol 18: 38–51

Kane RL (1991) Standardized and flexible batteries in neuropsychology: An assessment update. Neuropsychol Rev 2: 281–339

Kane RL, Kay CG (1992) Computerized assessment in neuropsychology. Neuropsychol Rev 3: 1–117

Keefe RSE (1995) The contribution of neuropsychology to psychiatry. Am J Psychiatry 152: 6–15

Kinzel W (1979) Der Defekt-Test. Neurol Psychiat 5: 115–122

Koch J (1994) Neuropsychologie des Frontalhirnsyndroms. Psychologie-Verlags-Union Beltz, Weinheim

Kolb B, Whislaw IQ (1993) Neuropsychologie. Spektrum, Heidelberg

Konrad N (1992) Aufgaben des psychowissenschaftlichen Sachverständigen im neuen Betreuungsrecht. Recht & Psychiatrie 10: 2–9

Krampen G (1994) Das neue Betreuungsrecht für Volljährige (BtG) aus psychologischer Sicht. Rep Psychol 19: 20–31

Kröber HL, Scheurer H, Saß H (1994) Zerebrale Dysfunktion, neurologische Symptome und Rückfalldelinquenz II. Ergebnisse des Heidelberger Delinquenzprojekts. Fortschr Neurol Psychiat 62: 223–232

Kruggel F, von Cramon D (1994) Perspektiven technischer Untersuchungsverfahren in der Neuropsychologie. Z Neuropsychol 5: 91–100

Kurlyschek RT (1984) The contribution of forensic neuropsychology. Amer J Forens Psychol 2: 147–150

Lamberti G (1993) Persönlichkeitsveränderung nach Hirnschädigung: Zum Stand der gegenwärtigen Diskussion. Z Neuropsychol 4: 92–103

Larrabee GJ (2000) Forensic neuropsychological assessment. In: Vanderploeg RD (ed) Clinician's guide to neuropsychological assessment, 2nd edn. Lawrence Erlbaum Associates, Inc., New Jersey London, pp 301–335

Larrabee GJ (2003) Detection of malingering using atypical performance patterns on standard neuropsychological tests. Clin Neuropsychologist 17: 410–425

Larrabee GJ (2005) (ed) Forensic neuropsychology: a scientific approach. Oxford University Press, Oxford

Lautenbacher S, Gauggel S (2004) (Hrsg) Neuropsychologie psychischer Störungen. Springer, Berlin Heidelberg

Lees-Haley PR (1997) MMPI-2 base rates for 492 personal injury plaintiffs: implications and callenges for forensic assessment. J Clin Psychol 53: 745–755

Lees-Haley PR, English LT, Glenn WJ (1991) A fake bad scale on the MMPI-2 for personal injury claimants. Psychol Rep 68: 203–210

Lees-Haley PR, Smith HH, Williams WC, Dumm TJ (1996) Forensic neuropsychological test usage : an empirical survey. Arch Clin Neuropsychol 11: 45–51

Leng NRC, Parkin AJ (1995) The detection of exaggerated or simulated memory disorder by neuropsychological method. J Psychosom Res 39: 767–776

Lewis JL, Simcox AM, Berry TR (2002) Screening for feigned psychiatric symptoms in a forensic sample by using the MMPI-2 and the Structured Inventory of Malingered Symptomatology. Psychol Assessm 14: 170–176

Lezak MD (1995) Neuropsychological assessment. 3rd edn. Oxford University Press, New York

Lezak MD (1997) Principles of neuropsychological assessment. In: Flinberg TE, Farah MJ (eds) Behavioral Neurology and Neuropsychology. McGraw-Hill, New York, S 43–54

Leplow B, Friege L (1998) Eine Spezialformel zur Abschätzung der prämorbiden Intelligenz. Klin Psychol 27: 1–8

Littmann E (1975) Zur Psychodiagnostik von Hirnschäden und Hirnschadensfolgen im Erwachsenenalter. Psychiat Neurol Med Psychol 27: 641–659

Littmann E (1980) Zur Anwendung psychodiagnostischer Verfahren bei der Diagnostik und Differentialdiagnostik hirnorganischer Erkrankungen. Ärztl Fortbild 74: 268–273

Littmann E (1985) Zum Stellenwert der Psychodiagnostik im Rahmen forensisch-psychologischer und -psychiatrischer Begutachtungen. Kriminalistik 57/58: 91–104

Littmann E (1988) Die psychodiagnostische Untersuchungssituation. In: Szewczyk H (Hrsg) Medizinpsychologie in der ärztlichen Praxis. Volk und Gesundheit, Berlin, S 126–132

Littmann E (1991) Zur Psychodiagnostik von Hirnschadensfolgen im Rahmen der forensisch-psychologisch-psychiatrischen Begutachtungspraxis. In: Neumärker K, Seidel M, Janz D, Kölmel E (Hrsg) Grenzgebiete zwischen Psychiatrie und Neurologie. Springer, Berlin, S 119–136

Littmann E (1992) Using psychological tests in the forensic assessment of offenders. In: Lösel F, Bender D, Bliesener T (eds) Psychology and the law – international perspectives. Walter de Gruyter, Berlin New York, pp 111–120

Littmann E (1993) Die forensische Begutachtungsuntersuchung im Erleben der Betroffenen. In: Leygraf N et al. (Hrsg) Die Sprache des Verbrechens – Wege zu einer klinischen Kriminologie. Kohlhammer, Stuttgart, S 85–92

Littmann E (2000) Forensische Neuropsychologie. In: Kröber HL, Steller M (Hrsg) Psychologische Begutachtung im Strafverfahren. 1. Auflage. Steinkopff, Darmstadt, S 39-76

Littmann E, Denk C (1980) Einige Ergebnisse klinisch-psychologischer Hirnschadensdiagnostik. In: Rösler HD et al. (Hrsg) Neuropsychologische Probleme der klinischen Psychologie. Verlag der Wissenschaften, Berlin, S 105–113

Loewer HD, Ulrich K (1971) Eine Alternativwahl-Form des Benton-Tests zur besseren Erfassung von Aggravation und Simulation. In: Duhm E (Hrsg) Praxis der klinischen Psychologie, Bd II. Hogrefe, Göttingen

Lynch B (2004) Determination of effort level, exaggeration, and malingering in neurocognitive assessment. J Head Trauma Rehabil 19: 284–290

Martell DA (1992) Forensic neuropsychology and the criminal law. Law Hum Behav 16: 313–336

Martin RC, Norris MP (1996) Differential vulnerability between postconcussion self-report and objective malingering tests in identifying simulated mild head injury. J Clin Exp Neuropsychol 18: 265–275

McCaffrey RJ, Lynch JK (1992) A methodological review of "method sceptic" reports. Neuropsychol Rev 3: 235–248

McCaffrey RJ, Ortega A, Haase RF (1993) Effects of repeated neuropsychological assessments. Arch Clin Neuropsychol. 8: 519–524

McCaffrey RJ, Westervelt HJ (1995) Issues associated with repeated neuropsychological assessments. Neuropsychol Rev 5: 203–221

McCaffrey RJ, Williams DD, Fisher JM, Lang LC (eds) (2004) The practice of forensic neuropsychology: Meeting challenges in the courtroom. Plenum Press, New York

McCann JT (1998) Malingering and deception in adolescents: assessing credibility in clinical and forensic settings. APA, Washington, DC

McKinzey RK, Russell EW (1997) A partial cross-validation of a Halstead-Reitan-Battery malingering formula. J Clin Exp Neuropsychol 19: 484–487

McKinzey RK, Podd MH, Krehbiel MA (2002) Detection of malingering on Raven's Standard Progressive Matrices: a cross-validation. Brit J Clin Psychol 38: 435–439

Merten T (2001 a) Die Symptomvalidierungstestung: eine einzelfallexperimentelle Methode zur Diagnostik von nicht-organisch begründeten Symptomen. Z Klin Psychol Psychiat Psychoth 49: 125–139

Merten T (2001 b) Über Simulation, artifizielle und somatoforme Störungen – eine konzeptionelle Verwirrung. Z Klin Psychol Psychiat Psychoth 49: 417–434

Merten T (2002) Fragen der neuropsychologischen Diagnostik bei Simulationsverdacht. Fortschr Neurol Psychiat 70: 126–138

Merten T (2003) Authentisch oder vorgetäuscht? Neuropsychologische Diagnostik bei Simulationsverdacht: die Testbatterie zur Forensischen Neuropsychologie (TBFN). Report Psychologie 28: 226–240

Merten T (2004) Neuropsychologische Begutachtung und die Untersuchung einer angemessenen Leistungsmotivation. Med Sach 100: 154–157

Merten T (2005) Der Stellenwert der Symptomvalidierung in der neuropsychologischen Begutachtung – eine Positionsbestimmung. Ztsch Neuropsychol 16: 29–45

Merten T, Henry M, Hilsabeck R (2004) Symptomvalidierungstests in der neuropsychologischen Diagnostik: eine Analogstudie. Z Neuropsychol 15: 81–90

Merten T, Puhlmann HU (2004) Symptomvalidierungstestung (SVT) bei Verdacht auf eine Simulation oder Aggravation neurokognitver Störungen – ein Fallbericht. Verkehrsmedizin 56: 67–71

Meyers JE, Volbrecht ME (2003) A validation of multiple malingering detection methods in an large clinical sample. Arch Clin Neuropsychol 18: 261–276

Millis SR (1992) The recognition memory test in the detection of malingered and exaggerated memory deficits. Clin Neuropsychologist 6: 406–424

Millis SR, Putnam SH (1996) Evaluation of malingering in the neuropsychological examination of mild head injury. Neurorehabilitation 7: 55–65

Mittenberg W, Patton C, Canyock EM, Condit DC (2002) Base rates of malingering and symptom exaggeration. J Clin Exp Neuropsychol 24: 1094–1102

Nestor PG (1992) Neuropsychological and clinical correlates of murder and other forms of extreme violence in a forensic psychiatric population. J Nerv Ment Dis 180: 418–423

Nies KJ, Sweet JJ (1994) Neuropsychological assessment and malingering: A critical review of past and present strategies. Arch Clin Neuropsychol 9: 501–552

Norris MP, May MC (1998) Screening for malingering in a correctional setting. Law Hum Behav 22: 325–332

Osimani A, Alon A, Berger A, Abarbanel JM (1997) Use of the Stroop phenomen as a diagnostic tool for malingering. J Neurol Neurosurg Psychiatry 62:617–621

Palermo GB, Perracuti C, Palermo MC (1996) Malingering – a challenge for the forensic examiner. Med Law 15: 143–160

Pankratz L (1979) Symptom validity testing and symptom retraining: procedures for the assessment and treatment of functional sensory deficits. J Consult Clin Psychol 47: 409–410

Pankratz L, Paar G (1988) Tests zur Symptomvalidität zur Einschätzung funktioneller Symptome. Z Klin Psychol Psychopathol Psychother 36: 130–137

Pausch J, Wolfram H (1997) Vergleich psychodiagnostischer Verfahren zur Demenz- und Abbaudiagnostik. Nervenarzt 68: 638–646

Pope HS, Butcher IN, Seelen J (1993) The MMPI, MMPI-2, MMPI-A in court. APA, Washington DC

Preilowski B (1998) Zur Lage der Neuropsychologie (in Deutschland). Psychol Rundsch 49: 153–168

Pritchard D, Moses J (1992) Tests of neuropsychological malingering. Forensic Rep 5: 287–290

Pritigano GP, Amin K (1993) Digit memory test. J Clin Exp Neuropsychol 15: 537–546

Rao SM (1996) Neuropsychological assessment. In Fogel BS, Schiffer RS, Rao SM (eds) Neuropsychiatry. Williams and Wilkens, Baltimore, pp 29–45

Rattan G, Strom DA, Dean RS (1987) The efficacy of a neuropsychological symptom inventory in the differential diagnosis of neurological, depressed, and normal patients. Arch Clin Neuropsychol 2: 257–264

Rawling P, Brooks N (1990) Simulating index: a method for the detection of factituous errors of the WAIS/R and WMS/R. Neuropsychology 4: 223–238

Reischies FM (1987) Neuropsychologisches Defizit-Screening. Nervenarzt 58: 219–226

Resnick PJ (1994) Malingering. In: Rosner GR (ed) Principles and practices of forensic psychiatry. Chapmann and Hall, New York, pp 417–420

Rey A (1964) L'examen clinique en psychologie. Presses Universitaires de France, Paris

Ridenour TA, McCoy KD, Dean RS (1996) An exploratory stepwise discriminant function analysis of malingered and nondistorted responses to the Neuropsychological Symptom Inventory. Int J Neurosci. 87: 91–95

Rist F, Reischies FM, Stieglitz RD (1996) Allgemeine und neuropsychologische Leistungsdiagnostik. Münch Med Wochenschr 138: 684–687

Rogers R (1990) Development of a new classificatory model of malingering. Bull Am Acad Psychiatr Law 18: 323–333

Rogers R (ed) (1997) Clinical assessment of malingering and deception. Guilford, New York

Rogers R, Bagby RM, Dickens SE (1992) Structured Interview of Reportes symptoms (SIRS): professional manual. Psychological Assessment Ressources, Odessa FL

Rohling ML, Allen LM, Green P (2002) Who is exaggerating cognitive impairment and who is not? CNS Spectr 7: 387–395

Romero B, Eder G, Neumann-Zielke L, Pagel S, Riepe J, Roschmann R, Schötzau-Fürwentscher P, Wilhelm H (1994) Rahmenbedingungen neuropsychologischer Gutachten. Z Neuropsychol 5: 180–186

Rosenfeld JP, Reinhart AM, Mhatt M, Ellwanger J, Cora K, Sekera M, Sweet J (1998) P300 correlates of simulated malingered amnesia in a matching-to-sample task: topographic analyses of deception versus truthelling responses. Int J Psychophysiol 28: 233–247

Sbordone RJ, Rogers ML, Thomas VA, de Armas A (2003) Forensic neuropsychological assessment in criminal law cases. In: Horton AMN, Hartlage LC (eds) Handbook of forensic neuropsychology. Springer Publishing Company, pp 471–503

Schagen S, Schmand B, de Sterke S, Lindeboom J (1997) Amsterdam Short-Term Memory Test: a new procedure for the detection of feigned memory deficits. J Clin Exp Neuropsychol 19: 43–51

Schnider A (1997) Verhaltensneurologie – die neurologische Seite der Neuropsychologie. Thieme, Stuttgart

Slick D, Hopp G, Strauss E, Hunter M, Pinch A (1994) Detection of dissimulation: profiles of simulated malingerers, traumatic brain-injured patients, and normal controls on a revised version of Hiscock's and Hiscock's forced choice memory test. J Clin Exp Neuropsychol 16: 472–481

Slick D, Hopp G, Strauss E, Spellacy FJ (1996) Victoria-Symptom-Validity-Test: efficiency for detecting feigned memory impairment and relationship to neuropsychological tests and MMPI-2-validity scales. J Clin Exp Neuropsychol 18: 911–922

Slick DJ, Sherman EM, Iverson GL (1999) Diagnostic criteria for malingerers' neurocognitive dysfunction: proposed standards for clinical practice and research. Clin Neuropsychologist 13: 545–561

Slick DJ, Jan JE, Strauss EH, Hultsch DF (2004) Detecting malingering: a survey of experts' practices. Arch Clin Neuropsychol 19: 465–473

Smith G (1998) Test of Memory Malingering (TOMM). AP-LS News. Spring 18: 16–18, 29–30

Sporer SL (1987) Alternative Modelle forensisch-psychologischer Sachverständigentätigkeit in den USA. In: Kury H (Hrsg) Ausgewählte Fragen und Probleme forensischer Begutachtung. Heymanns, Köln, S 395–434

Spreen O (1977) Neuropsychologische Störungen. In: Handbuch der Psychologie, 8. Band, 1. Halbband, Hogrefe, Göttingen

Spreen O, Strauss EA (1998) A compendium of neuropsychological tests. 2nd edn. Oxford University Press, New York

Steck P, Reuter, B, Meir-Korrell S, Schönle P (2000) Zur Simulierbarkeit von neuropsychologischen Defiziten bei Reaktions- und bei Intelligenztests. Z Neuropsychol 11:128–140

Steinmeyer EM (1994) Möglichkeiten und Grenzen testpsychologischer Untersuchungsverfahren bei der Rentenbegutachtung. Med Sach 90: 14–20

Steller M (1983) Psychophysiologische Aussagebeurteilung. Hogrefe, Göttingen

Stieglitz RD, Baumann U, Freiberger HJ (Hrsg) (2001) Psychodiagnostik in Klinischer Psychologie, Psychiatrie, Psychotherapie, 2. Aufl. Thieme, Stuttgart New York

Sturm W (2000) Aufgaben und Strategien neuropsychologischer Diagnostik. In: Sturm W, Herrmann M, Wallesch CW (Hrsg) Lehrbuch der klinischen Neuropsychologie. Swets & Zeitlinger Publishers, Lisse NL, S 265–276

Sweet JJ (1999) (ed) Forensic neuropsychology – fundamentals and practice. Taylor & Francis, Exxton, Pa

Tombaugh TN (1997) The Test of Memory Malingering (TOMM): normative data from cognitively intact and cognitively impaired individuals. Psychol Assess 9: 260–268

Trueblood W, Schmidt M (1993) Malingering and other validity considerations in the neuro-psychological evaluation of mild head injury. J Clin Exp Neuropsychol 15: 578–590

Vanderploeg RD, Curtiss G (2001) Malingering assessment: evaluation of validity of performance. Neurorehabilitation 16: 245–251

Valciukas JA (1988) Forensic Neuropsychology – conceptual foundations and clinical practice. Haworth Press, New York

Vickery CD, Berry DTR, Inman TH, Harris MJ, Orey SA (2001) Detection of inadequate effort on neuropsychological testing. A meta-analytic review of selected procedures. Arch Clin Neuropsychol 16: 45–73

Wegener H, Steller M (1986) Psychologische Diagnostik vor Gericht – Methoden und ethische Probleme forensisch-psychologischer Diagnostik. Z Diff Diagn Psychol 7: 103–126

Wilhelm H, Eder G, Neumann-Zielke L, Riepe J, Romero B, Roschmann R, Schötzau-Fürwentsches P (1998) Leitfaden zur Erstattung neuropsychologischer Gutachten. Z Neuropsychol 9: 148–152

Wilson BA, Aldermann N, Burgass PW, Emslie H, Evans JJ (2000) Behaviour Assessment of the Dysexecutive Syndrom (BADS). Thames Valley Test Company, Bury St Edmunts, England

Wittling W (1983) Neuropsychologische Diagnostik. In: Groffmann KJ, Michel L (Hrsg) Verhaltensdiagnostik. Enzyklopädie der Psychologie, Bd 1/4. Hogrefe, Göttingen, S 193–335

Wittling W (1990) Neuropsychologische Störungen. In: Reinecker H (Hrsg) Lehrbuch der klinischen Psychologie. Hogrefe, Göttingen, S 382–420

Wolfram H, Neumann J, Wieczorek V (1989) Psychologische Leistungstests in der Neurologie und Psychiatrie, 2. Aufl. Thieme, Leipzig

Wolfram H, Wieczorek V (1990) Zur Messung des prämorbiden Leistungsniveaus. Nervenarzt 61: 495–498

Wolfram H, Pausch J (1993) Zur Brauchbarkeit leistungspsychologischer Kurztests für den Nachweis erworbener Hirnleistungsminderungen. Nervenarzt 64: 793–800

Zihl J (1996) Der Beitrag der Neuropsychologie zur Psychiatrie. Fortschr Neurol Psychiat 64: 403–417

Zihl J, Mai N, Münzel K (1998) Die Wechselwirkung von Grundlagenforschung und klinischer Anwendung in der Neuropsychologie. Psychol Rundsch 49: 144–153

Zimmermann P, Fimm D (1995) TAP – Testbatterie zur Aufmerksamkeitsprüfung. Psytest, Herzogenrath

5 Probleme bei der Begutachtung ausländischer Rechtsbrecher

Hans-Ludwig Kröber

Männer nichtdeutscher Herkunft sind unter Straffälligen überrepräsentiert, was eine ganze Reihe von sozialen und demografischen Gründen hat: Nichtdeutsche sind durchschnittlich deutlich jünger, leben oft erst seit einigen Jahren in Deutschland, haben eine schlechtere schulische und berufliche Bildung, sind wesentlich häufiger arbeitslos, haben eine andere familiäre Sozialisation erlebt und oft einen deutlich anderen kulturellen Hintergrund. Tatsächlich werden sie aber seltener psychiatrisch oder psychologisch begutachtet und werden deutlich seltener in den psychiatrischen Maßregelvollzug oder in eine Entziehungsanstalt eingewiesen, als ihrem Anteil an den Verurteilten entspricht.

Wer soll nun ausländische Tatverdächtige psychiatrisch oder psychologisch begutachten? Wir sind weit entfernt davon, eine nennenswerte Zahl zum Beispiel türkisch oder arabisch sprechender Psychologen und Psychiater in Deutschland zu haben, die für therapeutische oder gutachterliche Aufgaben zur Verfügung stünden. Und auch diese kämen an dem Manko nicht vorbei, dass die Gerichtssprache deutsch ist: An der Transformation in deutsche Sprache und Rechtskultur geht kein Weg vorbei. Die Diskussion über die „Ehrenmorde" nach der Tötung von Hatun Sürücü am 7. Februar 2005 hat abermals gezeigt (Kelek 2005), dass es mit ausländischen Tätern Probleme geben kann, die keineswegs psychopathologischer oder persönlichkeitsdiagnostischer, sondern soziokultureller Natur sind und von psychowissenschaftlichen Sachverständigen nur in engen Grenzen auflösbar.

Die wissenschaftliche Literatur zur Begutachtung Nichtdeutscher ist schmal. Im voluminösen Lehrbuch von Venzlaff/Foerster „Psychiatrische Begutachtung" (2004) findet sich in jeder Auflage eine einzige Seite über „Der ausländische Proband", in der vierten Auflage jedoch ein längeres Kapitel von Leonhardt (2004) über die Begutachtung im Asylverfahren. Im Lehrbuch von Nedopil (2002) gibt es auch in der zweiten Auflage das Stichwort „Ausländer" nicht, in dem von Rasch/Konrad (2004) hingegen finden sich erstmalig in der von Konrad bearbeiteten 3. Auflage Ausführungen zur „Begutachtung nichtdeutscher Beschuldigter" auf den Seiten 366–368. Horn (1995) veröffentlichte in der Monatsschrift Kriminologie und Strafrechtsreform einen Beitrag, der ganz auf die Schwierigkeiten sprachlicher Verständigung fokussierte und die sich daraus ergebenden, unterschiedlichen Begutachtungssituationen erörterte. Weitere Beiträge waren die von Jahn (1997) und Yaruz (1997), die ebenso wie jene von Schiffauer (2000) und Kröber (2000) eher etwas abgelegen publiziert und kaum rezipiert wurden. Die „Monatsschrift" hat sich 1999 mit einem von Wolfgang Bilsky edierten Sonderheft dem Thema Ethnizität gewidmet, für uns bedeutsam sind darin vor allem die Beiträge von Giordano über ethnologische Gutachten, von Schepker über die psychiatrische und von Toker über die psychologische Begutachtung (alle 1999). In Bezug auf die Begutachtung ausländischer Probanden geht es aber in der psychologischen und psychiatrischen Diskussion sehr viel häufiger um die Begutachtung von Asylbewerbern, Folteropfern, von Abschiebung bedrohter, in Deutschland in psychiatrischer oder psychologischer Behandlung befindlicher Menschen oder schlicht um die sozialmedizinische Begutachtung Nichtdeutscher (Zinkler 2003). In diesem Feld taucht eine Vielzahl weiterer Schwierigkeiten auf, nicht zuletzt durch den Mangel an objektivierbaren Informationen zur biografischen Vorgeschichte im Herkunftsland, speziell zur Glaubhaftigkeit früherer Verfolgung und Traumatisierung, sowie durch einen Mangel an Informationen über eine im Falle der Abschiebung zu erwartende, also zukünftige physische oder psychische Belastung, gar vitale Bedrohung. Insofern wurde nicht zuletzt um die Frage gerungen, welche Informationen überhaupt gutachterlichen Beurteilungen zugrunde gelegt werden können oder müssen – und was man dann noch sachverständig aussagen kann, wenn man ausschließlich zum aktuellen Querschnittsbefund einigermaßen Zuverlässiges weiß.

Im strafrechtlichen Bereich geht es zumeist um etwas einfachere Fragestellungen; es gibt eine aktenkundige Vorgeschichte, einen konkreten Tatvorwurf, eine umschriebene Fragestellung. Können nun also deutsche Sachverständige diese Aufgabe überhaupt leisten, nichtdeutsche Probanden zu begutachten? In Wirklichkeit steht diese Frage in einem größeren Rahmen: Kann Fremdheit in ihren Auswirkungen überwunden werden? Also: Kann ein Mann die Verantwortlichkeit einer Frau beurteilen? Kann eine Frau einen Mann beurteilen? Kann ein Arbeiter eine Juraprofessorin verstehen, eine feministische Sozialarbeiterin einen obdachlosen Mann? Kann ein 48-jähriger einen 18-jährigen verstehen? Kann ein Katholik einen Atheisten verstehen, ein Muslim das Handeln eines Protestanten? Kann ein Berliner einen Brandenburger verstehen? Kurzum: Wie überwindet man die Grenzen von Geschlecht, Alter, Sozialisation, Religion, kultureller Zugehörigkeit, wie überwindet man die Macht des scheinbar Selbstverständlichen, welches das Denken prägt? Der ausländische Angeklagte ist nur ein bestimmter Sonderfall dieses Problems, wenn auch ein besonders charakteristischer. Dies beginnt beim Geschlechtsunterschied – der Verfasser weiß, dass es sehr viele sehr tüchtige Gutachterinnen, Psychiaterinnen und Psychologinnen gibt, er spricht trotzdem immer in der männlichen Form, um das Lesen nicht mit Grübeleien aufzuladen, warum er gerade hier von männlichen, hier nun von weiblichen Sachverständigen spricht. Allerdings kann die Begutachtung durch eine Frau oder ausländischer Frauen durch einen Mann ein weiteres – zumeist lösbares und aufschlussreiches – Problem auf diesem Terrain darstellen.

Unstreitig dürfte sein, dass der Begriff „Ausländer" eine recht unscharfe Kategorisierung ist. Ausländer ist in Deutschland, wer nicht deutscher

Staatsangehöriger ist, und das ist ein überaus heterogenes Gemisch, vom türkischen Jugendlichen, dessen Eltern bereits hier geboren wurden, über die österreichische Sozialarbeiterin, den polnischen Studenten und den portugiesischen Montagearbeiter bis hin zum vietnamesischen ehemaligen Kontraktarbeiter, zum albanischen oder nigerianischen Asylanten. Naheliegend ist, dass wir ganz unterschiedliche Probleme in der psychiatrischen Begutachtung haben, die sich in der Behandlung fortsetzen.

Geht man die ganz pragmatischen Fragen durch, die man bei der Auftragserteilung stellt, so sind dies folgende: 1. Spricht der Proband deutsch? 2. Kommt er aus einem vergleichbaren kulturellen Kontext oder einem ganz anderen? 3. Ist er schon lange oder zumindest längere Zeit in Deutschland oder nur kurzdauernd? 4. Gibt es eine zumindest ansatzweise Integration in deutsche Sozialstrukturen oder bewegte sich der Beschuldigte durchgängig in einer Sondergruppe? 5. Welche gutachterliche Frage soll ich beantworten – die nach krank oder gesund oder die nach voll oder vermindert schuldfähig?

Diese 5 Fragen sind nachstehend zu beantworten, wobei wir zunächst bei der letzten Frage verweilen, um zu verdeutlichen, dass der psychiatrische oder psychologische Sachverständige einen **begrenzten** Auftrag hat, den er ohne Omnipotenz- und Allwissenheitsansprüche mal besser, mal schlechter auch erfüllen kann. Er soll in der Regel zur Frage der Schuldfähigkeit Stellung nehmen und hat sich am § 20 StGB des Strafgesetzbuchs zu orientieren: „Ohne Schuld handelt, wer bei Begehung der Tat wegen einer krankhaften seelischen Störung, wegen einer tiefgreifenden Bewußtseinsstörung oder wegen Schwachsinns oder wegen einer schweren anderen seelischen Abartigkeit unfähig ist, das Unrecht der Tat einzusehen oder nach dieser Einsicht zu handeln." Es soll also gutachterlich zunächst gesichert werden, ob denn eine psychische Krankheit oder eine andere gravierende psychische Störung vorliegt.

Bei all diesen Gutachten ergibt sich daraus ein *2-schrittiges Verfahren* (siehe den Beitrag zu Qualitätskriterien der Schuldfähigkeitsbegutachtung in diesem Band): *Erstens* muss geprüft werden, ob eine psychische Störung vorliegt und wie diese in psychiatrischer Diagnostik zu benennen ist. *Zweitens* muss ausgehend von Diagnose und Befund geprüft werden, wie sich diese Störung auf die Einsichts- und Steuerungsfähigkeit auswirkt.

Der erste Schritt beinhaltet die umfassende Exploration einschließlich der medizinischen Vorgeschichte sowie die Auswertung der vorhandenen Akteninformationen unter der Fragestellung, ob sich aus Tatablauf, Zeugenbeobachtungen und Vorgeschichte Anhaltspunkte für eine psychische Erkrankung ergeben. Die Befunderhebung wird zusammengefasst in einer psychiatrischen Diagnose, die sich zum Zwecke der eindeutigen Verständigung an den aktuell gültigen, internationalen Klassifikationsmanualen orientiert (ICD-10, DSM-IV-TR). Eine psychiatrische Diagnose erlaubt aber an sich noch keine direkte Aussage über eine Beeinträchtigung der Schuldfähigkeit.

Wenn eine psychische Krankheit zu erwägen ist, kommt für die Begutachtung am ehesten ein Psychiater in Betracht. Solche gutachterlich tätigen

Psychiater müssen über das gesamte Spektrum klinischer Erfahrung von krankhaften psychischen Störungen bis weit in das Feld normaler seelischer Abläufe hinein verfügen, kompetent sein in der Beurteilung von Abhängigkeitserkrankungen, sexuellen Deviationen und Persönlichkeitsstörungen bis hin zu den eher normalpsychologisch nachvollziehbaren Anpassungsstörungen und akuten abnormen psychischen Reaktionen. Sicherlich gibt es aber auch Psychologen mit einem vergleichbaren Kompetenzspektrum, und sie werden nicht zuletzt betraut, wenn psychiatrische Erkrankungen im engeren Sinne von vornherein ausscheiden. Die Vertrautheit mit einem breiten Spektrum psychischer Gestörtheit ist eine wesentliche Voraussetzung uneingeschränkter, dann aber auch gezielter Exploration, die keine Störungsmöglichkeit außer Acht lassen muss, und mithin Voraussetzung einer zuverlässigen Differenzialdiagnostik. Zugleich gewährleistet nur diese Erfahrenheit mit den klinischen Bildern in der ganzen Bandbreite möglicher Störungen eine adäquate Beurteilung der Störungsfolgen in Hinblick auf bestimmte rechtliche Fähigkeiten. Als Voraussetzung eigenständiger Schuldfähigkeitsbegutachtung sollte ein Psychologe über tragfähige Berufserfahrung in der klinischen Psychologie verfügen, nicht zuletzt in der Straffälligenhilfe oder im Versorgungsbereich von Kliniken und Ambulanzen, um wie klinisch tätige Psychiater reichlich Erfahrung mit Störungsbild und Verlauf psychischer Auffälligkeiten und Erkrankungen bei nichtdeutschen Patienten gesammelt zu haben.

Psychologie und insbesondere Psychiatrie sind seit langem transkulturell vergleichende, internationale Wissenschaften, und die Problematik unterschiedlicher ethnischer, sprachlicher, kultureller und Geschlechtszugehörigkeit ist nicht zuletzt ein ständiges Thema der US-amerikanischen, aber auch der britischen Psychiatrie. Wir können uns hier also auf recht verlässliche wissenschaftliche Grundlagen stützen, welche die Vergleichbarkeit von psychischen Krankheiten und psychischen Störungen über nationale und kulturelle Grenzen hinweg beleuchten. Als Faustregel gilt: Je kränker Menschen sind, ob körperlich oder psychisch, desto ähnlicher werden sie einander; je gesünder sie sind, desto unterschiedlicher sind sie. Insofern befinden wir uns beim ersten Schritt, der Diagnostik, sofern schwere Störungen wie psychotische Erkrankungen vorliegen, zumeist noch auf sicherem Boden. Aber bereits die Einschätzung leichter Krankheitszustände und von Persönlichkeitsstörungen kann erhebliche Schwierigkeiten bereiten. Differenzialdiagnostisch schwierig kann die Beurteilung von vorübergehenden Anpassungsstörungen sein und die Abgrenzung von ausgeprägten dissoziativen Zuständen, die man früher als hysterische Reaktionen bezeichnete.

Nun zurück zu den Ausgangsfragen. Die erste war: *Spricht der Proband deutsch?*

Spricht der Proband deutsch, ist der Gutachter erleichtert, nicht nur, weil ihm die Mühe erspart bleibt, einen Dolmetscher zu organisieren. Spricht er deutsch, so hat er bereits eigenständig Schritte zur Überwindung kultureller Grenzen unternommen, ist er aus dem eigenen Kulturzentrismus zumindest ein Stück weit herausgeraten – es gibt für ihn nicht mehr nur sein

Land, seine Kultur, seine Sprache, sondern auch eine andere. Er hat im Kulturellen eine kopernikanische Wende mitgemacht und weiß, dass es mehr als einen Nabel der Welt gibt.

Spricht er wenig oder gar nicht deutsch, wird ein Dolmetscher benötigt, nach Möglichkeit einer, dessen Muttersprache die des Beschuldigten ist. Schlechtes Deutsch kann der deutsche Sachverständige selbst verbessern, schlechtes Türkisch nicht. Dolmetscher sind ein Vorteil und ein Nachteil. Sie sind ein Vorteil, insoweit sie zusätzlich Kommentare zu landsmannschaftlichen und kulturellen Eigenheiten beisteuern (erkennbar als Kommentar). Sie erleichtern dem Sachverständigen auch das Entrée: Der Dolmetscher ist in aller Regel beliebt und schafft Vertrauen, weil er die Sprache versteht, und in seinem Windschatten kommt der Sachverständige besser an den Probanden heran. Nützlich ist es, den Probanden in einer Dreiersituation zu erleben: Wem wendet er sich zu, dem Gesprächspartner, also dem Dolmetscher, oder behält er durchgängig im Kopf, dass der Sachverständige die entscheidende Person ist? Dolmetscher sind ein Vorteil, weil sie die Exploration verlangsamen und dem Gutachter zusätzliche Zeit geben, sich auf das Verhalten, die Mimik und Gestik des Probanden zu konzentrieren. Sie geben dem Sachverständigen einen weiteren Zeitvorteil, wenn er die Sprache des Probanden in Maßen versteht.

Dolmetscher sind ein Nachteil, wenn sie schlecht sind, also wenn sie nicht wörtlich und nicht vollständig übersetzen, die Angaben des Probanden vielmehr verbessern oder glätten, oder wenn sie den Gutachter ganz vergessen und mit dem Probanden diskutieren, ohne weiter zu übersetzen. Das ereignet sich nicht zuletzt dann, wenn der Proband Auffassungs- und Denkstörungen hat: Der Proband versteht die Fragen nicht oder er will sie nicht verstehen, der Dolmetscher versucht nun die Frage anders zu stellen, statt die defizitäre Antwort des Probanden zu übersetzen. Und möglicherweise beseitigt er in seiner Übersetzung die logischen Inkonsistenzen der Aussage des Probanden, übergeht die Gedankenabbrüche und Wortneuschöpfungen. Es sind dies Dinge, die vorab mit dem Dolmetscher geklärt werden müssen; er muss wissen, dass eine möglichst weitgehende Annäherung an eine Eins-zu-eins-Übersetzung gefragt ist.

Das Hauptproblem aber ist wiederum die Verlangsamung und Desynchronisierung: Der Gutachter kann das Tempo kaum abrupt beschleunigen, kann keine raschen Fragen stellen. Gerade bei Probanden, die in Wahrheit mehr oder weniger gut deutsch können und sich bereits während der Übersetzung in ihre Muttersprache in Ruhe ihre Antwort überlegen können, wird man um spontane und impulsive Antworten gebracht. Und vor allem erreichen gestischer und mimischer Ausdruck einerseits, verbale Botschaft andererseits den Sachverständigen zeitversetzt, er muss also ständig das beobachtete Verhalten quasi in einem Zwischenspeicher halten und mit der danach erhaltenen Übersetzung zusammenfügen. Das ist anstrengend und erfordert sehr viel Konzentration.

Wenn der Dolmetscher gut ist und seinen Beruf und insbesondere den Dialekt des Probanden versteht, ist die Exploration mit Dolmetscher zwar anstrengend, aber sie erfüllt ihren Zweck und ist nicht grundsätzlich schlechter als die direkte Exploration in gemeinsamer Sprache. Viel schwieriger kann die Exploration eines zweisprachig sprachuntüchtigen Jugendlichen sein, der weder richtig deutsch noch richtig arabisch spricht und für den auch ein Dolmetscher kaum eine Erleichterung darstellt.

Zweite Frage: *Kommt der Proband aus einem vergleichbaren kulturellen Kontext oder einem ganz anderen?*

Vorweg: Der Gutachter soll nicht die Schuldschwere beurteilen, allenfalls hier und da Hilfestellung zur Beurteilung der Schuldschwere leisten. Primär aber soll er die Frage beantworten, ob eine psychische Krankheit oder eine schwere psychische Störung vorliegt. Das ist nicht sehr schwierig, wenn der Proband Däne, Schweizer, Mecklenburger oder Pole ist. Unterschiedliche, aber verwandte Kulturen kann man recht gut lernen; der Verfasser befasst sich seit 15 Jahren unentwegt mit DDR-Biografien, und dieses grenzüberschreitende Lernen ist einer der Reize, die diesen Beruf auszeichnen. Etwas mehr Zeit braucht es, islamisch geprägte Kulturen zu verstehen, das subjektive Koordinatensystem von Albanern, Türken, Arabern. Und schwer wird es in den Fällen, wo man nicht auf frühere Erfahrungen zurückgreifen kann, wo man es mit Unikaten in der eigenen Berufstätigkeit zu tun hat, dem Eritreer, dem Nigerianer, dem indianischstämmigen Bolivianer. Seltene Fälle aber sind selten. Wenn wir Probanden bekommen, gibt es zumeist eine größere Anzahl von ihnen in der Bevölkerung, und es gibt Informationen, wie bosnische Flüchtlinge, rumänische Roma, schwarzafrikanische Händler in Deutschland leben.

Die beiden nächsten Fragen sind: *Ist er schon lange oder zumindest längere Zeit in Deutschland oder nur kurzdauernd? Und gibt es eine zumindest ansatzweise Integration in deutsche Sozialstrukturen, oder bewegte sich der Beschuldigte durchgängig in einer Sondergruppe?* Warum sind diese Fragen belangvoll?

Der Psychiater arbeitet kasuistisch, sein Handwerkszeug ist die biografisch-verstehende Methode. Er versucht, die Biografie eines Menschen zu rekonstruieren und die sie bestimmenden Momente zu erfassen. Die Entfaltung der Fähigkeiten und Schwächen eines Menschen im zeitlichen und sozialen Raum liefert ihm das grundlegende Beurteilungsmaterial; betrachtet wird die individuelle Lebensgeschichte in ihrer inneren Stimmigkeit und in ihren Verwerfungen. Wie groß ist die Fähigkeit zur Anpassung und Einordnung, zur Internalisierung von Regeln, wie groß aber auch die Fähigkeit zur eigenständigen Gestaltung, zur Auseinandersetzung mit Schwierigkeiten, zur Bewältigung von Hemmnissen, zur konstruktiven Rivalität mit anderen? In welchem Umfang finden sich Hinweise für eine mittel- und längerfristige Lebensplanung und eine Ausrichtung eigener Aktivitäten auf diese Planung ? In welchem Umfang werden soziale Vorgaben in diese Planung integriert?

Die Beurteilung dieser Lebensgeschichte wird erleichtert, wenn sie sich zumindest phasenweise in einem mir bekannten sozialen Raum manifestiert. Der Ausländer, der seine Biografie in Deutschland, also in einem anderen Land, in einem anderen kulturellen Kontext fortschreibt, tut dies unter zunächst erschwerten Bedingungen, und seine Leistungsfähigkeit in diesem veränderten Kontext ist besonders aufschlussreich. Dies allerdings am ehesten dann, wenn er sich auch auf die veränderten sozialen Rahmenbedingungen einlässt und zumindest partiell das landschaftsmannschaftliche Ghetto verlässt, das sowohl große wie auch kleine Migrantenpopulationen in Deutschland implantieren oder vorgesetzt bekommen, seien es die Aussiedlerheime, seien es türkische Wohnviertel, seien es die streng segregierten und konspirativen Lebens- und Wohnformen serbischer Diebesbanden im Auslandseinsatz.

Für die Beurteilung, ob zum Tatzeitpunkt eine krankhafte seelische Störung vorgelegen hat, ist all dies nicht so belangvoll. Eine schizophrene Erkrankung, eine schwere Depression (wenn sie denn ausnahmsweise eine Straftat zuließ), eine hirnorganisch bedingte psychische Störung oder eine akute Berauschung lässt sich, wie gesagt, recht gut auch bei Ausländern einer ganz anderen Kultur diagnostizieren; wesentlich ist hier die Persistenz der psychopathologischen Symptomatik, die im Kernbestand sozusagen international ist.

Wesentlich schwieriger ist die Beurteilung von *schweren Persönlichkeitsstörungen*, da sich diese gerade im Sozialverhalten manifestieren. Um hier zu einer Diagnose zu kommen, muss man ein Wissen darüber haben, welche Verhaltensweisen im kulturellen Kontext, dem der Proband entstammt, noch akzeptiert sind, welche nicht mehr und welche als grob auffällig gelten. Tatsächlich lernt der Gutachter viel darüber aus der Exploration des Probanden, soweit dieser imstande ist, die Reaktionen seiner sozialen Umwelt zu schildern, der früheren und der jetzigen, sowie seine Wahrnehmung der Regeln. Es hilft das Gespräch mit Landsleuten, mit dem Dolmetscher, aber es bleibt dem Sachverständigen im Zweifel nicht erspart nachzulesen und sich explizit kundig zu machen. Aber das gilt seit Jahrzehnten; Ausländer in Deutschland sind keine Novität, sondern Alltag, nicht zuletzt psychiatrischer Versorgungsalltag, und zwar nicht nur in Berlin oder anderen Großstädten, sondern genauso in Limburg oder Merzig; allein in den ländlichen Gebieten der ehemaligen DDR bestand hier noch ein gewisser Nachholbedarf.

Bei Deutschen wie bei Ausländern ist der zweite Schritt der Begutachtung schwieriger als der erste: Hat die festgestellte „schwere seelische Abartigkeit" zu einer erheblichen Beeinträchtigung der Steuerungsfähigkeit, des Hemmungsvermögens geführt? Die Fähigkeit zur Einsicht in das Unerlaubte des eigenen Tuns ist, gerade bei schweren Straftaten, selten gemindert. Die Beeinträchtigung der Steuerungsfähigkeit bei psychotischen Erkrankungen ergibt sich zumeist recht schlüssig aus der Akuität und dem Schweregrad der Erkrankung. Schwierig wird es bei Persönlichkeitsstörungen: Hat die konkrete Tat – eine Vergewaltigung, ein Raub, ein Tötungsdelikt – etwas mit der Persönlichkeitsstörung zu tun, oder wurde die Tat unabhängig davon aus relativ einfachen, gewichtigen Motiven begangen? Das ist schon bei deutschen Tatverdächtigen nicht leicht zu beurteilen, schwieriger noch bei ausländischen, und umso schwieriger, je weiter ihre kulturellen Erfahrungen von unseren entfernt sind. In vielen Fällen wird man sich mit einer möglichst vollständigen Beschreibung dessen, was wahrnehmbar ist, begnügen müssen; die Beurteilung obliegt ohnehin dem Gericht.

Unsicherheiten im Hinblick auf die kulturellen Verhaltensvorgaben führen dazu, dass bei der Begutachtung von Ausländern häufiger als bei Deutschen eine schwere Persönlichkeitsstörung nicht gesichert, aber auch nicht ausgeschlossen werden kann. Dies wirkt sich praktisch durchgängig zugunsten des Angeklagten aus; eine verminderte Schuldfähigkeit kann zwar nicht ausgeschlossen werden, die Strafe wird entsprechend gemindert, aber andererseits sind so die juristischen Voraussetzungen einer Unterbringung nach § 63 StGB nicht gegeben, weshalb ihm diese erspart bleibt. Wir haben, gemessen am Ausländeranteil der Verurteilten, eine unterproportionale Einweisung von Ausländern in den psychiatrischen Maßregelvollzug. Es muss offen bleiben, ob dies eine Benachteiligung ist.

Hochgradig eingeschränkt oder unmöglich ist der Einsatz standardisierter *testpsychologischer Methoden* zur Erfassung der Intelligenz oder auch von Persönlichkeitseigenheiten. Abgesehen von Ausländern, die fließend deutsch sprechen, sind Testinstrumente in der Sprache des Ausländers ebenso obligatorisch wie eine Auswertung, die sich auf Normalwerte bezieht, die in der Heimatpopulation des Probanden gewonnen wurden. Das ist kein großes Problem bei Engländern oder US-Amerikanern, soweit der Testleiter gut englisch spricht, es ist ebenso gelöst mit einem türkisch-deutschen Psychologen und türkischen Testinstrumenten. Damit sind wir aber bereits im Bereich der Raritäten. Ein unbehebbarer methodischer Fehler wird begangen, wenn man dem Probanden die Testanweisungen und die Fragen eines Fragebogens in seine Sprache übersetzen lässt: Erstens ist dies ein Wechsel vom Lesen zum Hören und mithin eine deutlich höhere Anforderung, zweitens weiß man nicht, was der Dolmetscher übersetzt und ob der besondere Sinn der standardisierten Fragen dabei erhalten blieb. Drittens ist die Auswertung auf deutsche Eichstichproben bezogen, was selbst bei Intelligenztests zu deutlichen Unterschieden führt. Noch problematischer wird es, wenn man keinen sozusagen eindeutigen Ausländer vor sich hat, also z.B. einen Türken, der vor einem Jahr nach Deutschland gekommen ist, sondern einen deutschstämmigen, russisch sprechenden Aussiedler aus Kasachstan, der seit 5 Jahren in Deutschland lebt: Welche Normwerte sollen für ihn gelten? Sofern keine zwingende Indikation besteht, verzichtet man auf die Anwendung testpsychologischer Verfahren. Wenn es um die Abschätzung intellektueller Beeinträchtigung geht, hüte man sich zumindest vor Pseudoexaktheit und begnüge sich mit der Beschreibung besonderer Schwächen, aber auch vorhandener Leistungsstärken. Ohnehin, und das mag trösten, sind testpsychologische Untersuchungen bei der Abklärung der Schuldfähigkeit von sehr begrenztem Wert und vielfach, auch bei deutschen Tatverdächtigen, leichten Herzens zu entbehren. Eine hochgradige Minderbegabung, die dem Rechtsbegriff des „Schwachsinns" zuzuordnen wäre, kann nicht nur testpsychologisch nachgewiesen werden, sondern müsste sich gerade auch in der rekonstruierten Lebensgeschichte sowie im Untersuchungsgespräch manifestieren.

Ein letzter Problembereich im Rahmen der Schuldfähigkeitsbegutachtung sind die Zustände, die sich dem Rechtsbegriff der *„tiefgreifenden Bewusstseinsstörung"* zuordnen lassen. Gemeint sind damit normalpsychologische Extremzustände, hochgradige Erregungszustände, kurz: Affektdelikte (Saß 1993). Sie stehen nicht selten auch bei ausländischen Tatverdächtigen zur Diskussion, insbesondere versuchte oder vollendete Partnertötungen, Tötungs- und Körperverletzungsdelikte innerhalb der Familie, innerhalb des Freundeskreises oder gegenüber Angehörigen einer anderen Familie oder einer anderen, konkurrierenden Gruppe.

Ausländer, die aus Kulturen stammen, in denen Ehre und Integrität von Familienverband, Gruppe, Clan einen besonders hohen Stellenwert haben, geraten leichter in die Situation, nicht im genuin individuellen Interesse, sondern als Agent sozialer Erwartungen, im Zweifel auch rechtswidrig, tätig zu werden. Tatsächlich sind wir hier regelhaft eher beim Problem der Schuldschwere als dem der Schuldfähigkeit. Die Akzeptanz sozialer Regeln, die im Widerspruch zu deutschen Normen stehen, ist nicht Ausdruck einer krankhaften seelischen Störung, einer tiefgreifenden Bewusstseinsstörung, von Schwachsinn oder seelischer Abartigkeit. Eine psychische Störung wäre am ehesten zu vermuten, wenn dieser Normenkonflikt gar nicht wahrgenommen würde. Wo er wahrgenommen wird, mag er zu seelischer Not und zu einer – aus unserer Sicht – falschen Entscheidung führen, nicht aber zu einer Beeinträchtigung oder Aufhebung der Schuld*fähigkeit*. Wohl aber wird man die Schuld*schwere*, die Frage der Zumutbarkeit normgerechten Verhaltens einmal nachsichtiger zu beurteilen haben, einmal auch strenger. Auch hier überschreitet der psychiatrische Sachverständige keineswegs seinen Auftrag, wenn er dem Gericht verdeutlicht, in welche Konflikte z. B. den türkischen Ehemann die Tatsache gebracht hat, dass sich seine Ehefrau sehr viel rascher an die deutschen Verhältnisse adaptiert hat, deutsch gelernt und den Führerschein gemacht hat, sich mit Arbeitskolleginnen trifft und sich in erstaunlicher Geschwindigkeit von der traditionellen Männerherrschaft emanzipiert, während er, der Ehemann, von der Familie und seinen Freunden bedrängt wird, sich als Mann zu bewähren und die Frau in ihre Schranken zu weisen. Gut ist es natürlich auch, wenn sich hier soziologisch kompetente Personen zu Wort melden, die das Problemfeld aus intensiver alltäglicher Erfahrung kennen (Kelek 2005); dem Sachverständigen werden dabei die Grenzen seines Erfahrungshintergrundes ebenso verdeutlicht wie die Notwendigkeit, sich immer erneut kundig zu machen. Auch die Arbeiten von Giordano (1999) und Schiffauer (2000) befassen sich mit Themen wie „Ehre" vor dem jeweiligen kulturellen Hintergrund. Schiffauer weist beispielsweise darauf hin, dass es praktisch keine randscharf abgegrenzten Kulturen gibt, die homogen und zeitstabil alle darin Aufgewachsenen begleitet (oder gar in ihrem Handeln bestimmt), sondern dass z. B. die Deutungsmuster, Normen und Wertvorstellungen eines kurdischen Bauern und eines kurdischen Arztes unterschiedlicher sein werden als zwischen diesem und einem deutschen Arzt.

Man sollte nicht übersehen, dass das Leben im Ausland, je länger es dauert, im Normalfall auch dazu in die Lage versetzt, die dort geltenden Normen zu erkennen und zu respektieren. Wer nach England kommt, muss links fahren, und er tut gut daran, diese Norm zu akzeptieren. Wer in Saudi-Arabien arbeitet, darf keinen Alkohol trinken, und gerade die subjektiv als unsinnig betrachteten Normen offenbaren sich besonders schnell. Wer Hemmungen hat, Blutrache zu üben, wird es primär entlastend finden, dass diese in Deutschland verboten ist, und sich auf dieses Verbot berufen.

Wer andererseits auch im Ausland unbeirrbar von der moralischen und sozialen Überlegenheit der eigenen Kultur ausgeht, wird geneigt sein zu demonstrieren, dass ihn die dortigen Normen nicht interessieren und er bei seinen überlegenen Regeln bleibt; er wird in Arabien Alkohol trinken, auf türkischen Inseln nackt baden oder in Südostasien Rauschgift schmuggeln. Das hat mit einer Beeinträchtigung der Schuldfähigkeit nicht das Mindeste zu tun. Und umgekehrt auch nicht: Wenn türkische Heranwachsende in Deutschland „Schwule klatschen" oder Vietnamesen ihre Bandenkriege austragen und dies nach ihren Regeln für legitim halten, so sind diese Regeln eine dezidierte Absage an die Normen des Landes, in dem sie leben. Auch diese Absage ist nicht durch eine Minderung der Schuldfähigkeit bedingt.

Zu prüfen ist allein, inwieweit im Einzelfall der Normenkonflikt eine Überforderung der psychischen Möglichkeiten eines Individuums dargestellt hat; Schwächen und Beeinträchtigungen dieses Individuums müssen dann aber bereits vorbestehen und können sich nicht allein aus dem Normkonflikt ergeben. Anteilnahme erwecken insbesondere jene Täter, welche individuell mit der in der Tat exekutierten Norm durchaus im Widerstreit leben, die aber glaubten, ihr entsprechen zu müssen, weil sie nur so z.B. ihren Sohnespflichten, ihrer Loyalität der Familie gegenüber gerecht werden könnten.

Eine gewisse Rolle haben in der Vergangenheit, vor allem bei türkischen Tatverdächtigen, Begriffe wie „Ehre" und „Schande" gespielt; man hat Angeklagten verminderte Schuldfähigkeit zugesprochen, weil, wie man glaubte, bestimmte Ehrverletzungen in ihrem Bewusstsein nur blutig zu rächen waren. Inzwischen haben uns die kulturellen Fachleute belehrt, dass auch in der Türkei nur sehr wenige Ehrverletzungen Gewalt oder gar Tötung rechtfertigten; diese Fallkonstellationen sollen bei der letzten, EU-bezogenen Strafrechtsreform vom 27.9.2004 beseitigt worden sein. Auch hier wäre allemal allein die Schuldschwere, nicht die Schuldfähigkeit zu erörtern: wenn die Tat gerade unter Rückgriff auf gültige Normen der eigenen Gruppe erfolgt, zugleich in Absage an die im Gastland gültigen Normen, handelt es sich eben gerade nicht um einen Zustand hochgradiger, affektiv bedingter Bewusstseinseinengung, sondern um ein zumindest basal reflektiertes, aktiv gerechtfertigtes Handeln. Tatsächlich erweisen sich bei der Betrachtung von Körperverletzungs- und Tötungsdelikten, die sich aus Streitsituationen ergaben, keine großen Unterschiede zwischen ausländischen und deutschen Tätern. Die große Mehrheit der einen wie der anderen handelte impulsiv, zornig erregt, nicht weil es die sozialen Regeln der eigenen Gruppe so vorschrieben, sondern weil sie ihre aktuelle Wut auslassen wollten und andere Formen der Aggressionsbewältigung nicht gelernt hatten. Auch bei den Gewaltdelikten sind die individuellen psychischen und charakterlichen Schwächen in aller Regel bedeutsamer als kulturelle Prägungen, wie denn ja auch die übergroße Mehrheit der ausländischen Populationen trotz andersartiger kultureller Prägung keine Probleme hat, in Deutschland straftatfrei zu leben.

Bei der *Behandlung* ausländischer Rechtsbrecher im Maßregelvollzug geht es letztlich um das Problem der Behandlung jener, die nicht oder ganz schlecht Deutsch sprechen und es auch nicht lernen wollen.

▌ Wenn diese an einer Psychose leiden, ergibt sich vor allem das verlaufsdiagnostische Problem einzuschätzen, ob der Proband noch wahnhaft ist, ob er noch Neologismen produziert, ob er noch denkgestört ist etc. Hier brauchen wir einen besonders sachverständigen Dolmetscher, der diese Störungen wahrnimmt und nicht verkleistert. Nicht unproblematisch ist die nicht seltene Konstellation, dass sich ein sprachgleicher Krankenpfleger des Patienten annimmt, aber in der Weise parteilich wird, dass er fortbestehende Störungen nicht berichtet und beim Dolmetschen überspielt, um die Entlassung seines Landsmanns nicht zu gefährden. Zumindest bei Begutachtungen sollte man auf Dolmetscher zurückgreifen, die nicht fortlaufend auch therapeutisch bzw. pflegerisch mit dem Patienten befasst sind.

▌ Bei persönlichkeitsgestörten Patienten ist es essenziell, dass sie einigermaßen Deutsch lernen. Deutsch lernen ist hier bereits ein wesentlicher Schritt prosozialen Verhaltens, der sozialen Anpassung und Integration. Der Patient muss keine elaborierten sprachlichen Kompetenzen erwerben, das „kleine Germanicum" reicht für alles, was therapeutisch wirklich wichtig ist. Wenn der Patient allerdings sowieso in sein Heimatland abgeschoben wird, sollte man auf Sozialisierungsbemühungen für ein ganz anderes Zielfeld verzichten.

Man kann also zusammenfassen:

Psychiatrische und auch psychologische Begutachtung ausländischer Tatverdächtiger hat einen begrenzten Auftrag. Es geht um die Feststellung der Schuldfähigkeit und nicht der Schuldschwere. Es geht mithin zunächst um eine diagnostische Aufgabe, um die Feststellung einer psychischen Störung oder Erkrankung.

Psychiatrische Diagnostik ist seit Jahrzehnten ein internationales wissenschaftliches Projekt, in dem sehr viel an transkulturellen Erfahrungen gesammelt wurde. Die psychiatrischen Klassifikationssysteme werden international angewandt, sowohl der psychiatrische Teil der von der Weltgesundheitsorganisation (WHO) herausgegebenen „International Classification of Diseases" in der 10. Auflage (ICD-10, Dilling et al. 1991) wie auch das „Diagnostische und Statistische Manual Psychischer Störungen" (DSM-IV-TR) der American Psychiatric Association (2003). Insbesondere die hochrangige psychiatrische Forschung in der USA, wo sich zahlreiche Kulturen treffen, hat sehr viele Ergebnisse zur transkulturellen Vergleichbarkeit psychischer Störungsbilder geliefert.

Das psychiatrische Versorgungssystem (mit psychiatrischen, psychologischen, sozialarbeiterischen, pflegerischen und weiteren Mitarbeitern) ist auch in Deutschland seit mindestens 30 Jahren in erheblichem Umfang mit Patienten befasst, die aus anderen Nationen und Kulturen stammen. Insofern gibt es durchaus auch einen gewachsenen klinischen Erfahrungshintergrund, und die Probleme ähneln denen in der Allgemeinpsychiatrie.

Die Aufgabe der forensischen Diagnostik von psychischen Erkrankungen im engeren Sinne, also von schizophrenen, manisch-depressiven und hirnorganischen Erkrankungen wie auch akuten Intoxikationen ist vor diesem wissenschaftlichen Hintergrund relativ zuverlässig lösbar. Schwieriger ist die Beurteilung von Persönlichkeitsstörungen, insbesondere dann, wenn sich die Lebensgeschichte des Probanden ganz überwiegend in einem andersartigen kulturellen Umfeld abgespielt hat. Allemal schafft aber auch die genaue Exploration der Lebensgeschichte Hinweise auf überdauernde Verhaltensbereitschaften, Leistungsfähigkeit und Schwächen eines Menschen sowie auf seine soziale Bezogenheit. Wo nötig und möglich, ist der Sachverständige gehalten, Zusatzwissen über die sozialen und kulturellen Rahmenbedingungen eines solchen Lebens zu erwerben.

Normenkonflikte haben selten etwas mit Schuldfähigkeit zu tun, sie mindern auch nicht die Einsichtsfähigkeit. Sie haben aber Auswirkungen auf die Beurteilung der Schuldschwere. Schuldschwerebeurteilung ist ausschließlich Aufgabe des Gerichts, nicht des Sachverständigen. Der Sachverständige kann aber dazu beitragen, das subjektive Erleben des Normenkonflikts wie auch die subjektive Belastung durch die innere Konkurrenz gegensätzlicher kultureller Erwartungen zu erhellen.

In der psychiatrischen Begutachtung ausländischer Tatverdächtiger gibt es einige besondere praktische Probleme, insbesondere dann, wenn der Proband nicht Deutsch spricht. Die Einschaltung eines Dolmetschers führt punktuell auch zu einem Zugewinn an Informationen, bedeutet aber gleichzeitig eine Erschwerung der Exploration, insbesondere der subtilen Exploration, die sich mit den sprachlichen Äußerungsweisen befasst. Zudem sind testpsychologische Instrumente in den meisten Fällen nicht anwendbar, oft aber ohnehin entbehrlich.

Faktisch werden die Einschränkungen der Erkenntnismöglichkeiten eines Sachverständigen und des Gerichts in aller Regel zugunsten des Angeklagten gewendet.

Kommt es zu einer Unterbringung im Maßregelvollzug gemäß §§ 63 oder 64 StGB, bedeutet dies zusätzlichen, aber leistbaren Aufwand in der fortlaufenden Diagnostik (Therapieverlaufskontrolle) und in der Verbesserung der sprachlichen Kompetenz des Patienten. Wenn er in Deutschland bleiben und soziale Kompetenz erwerben will sowie vor einem strafrechtlichen Rückfall bewahrt werden soll, muss er Deutsch lernen.

Literatur

American Psychiatric Association (2003) Diagnostische Kriterien – DSM-IV-TR (deutsche Bearbeitung von Saß H, Wittchen HU, Zaudig M, Houben I). Hogrefe, Göttingen

Dilling H, Mombour W, Schmidt MH (Hrsg) (1991) Internationale Klassifikation psychischer Störungen ICD-10 Kapitel V (F). Huber, Bern Göttingen Toronto, S 129

Giordano C (1999) Ethnologische Gutachten im Strafverfahren: Konstruktion, Manipulation und Anerkennung von Differenz. Mschr Krim 82: S36–S44

Horn HJ (1995) Die Begutachtung von fremdsprachigen Ausländern – Probleme und Fehlerquellen. Mschr Krim 77: 382–386

Jahn K (1997) Rechtskonflikte mit ausländischen Beteiligten aus psychologischer Sicht. In: Begutachtung im interkulturellen Feld. Expertagung Hannover

Kelek Necla (2005) Die fremde Braut: Ein Bericht aus dem Inneren des türkischen Lebens in Deutschland. Kiepenheuer & Witsch, Köln

Kröber HL (2000) Probleme der psychiatrischen Begutachtung ausländischer Tatverdächtiger vor deutschen Gerichten. In: Wolf G (Hrsg) Kriminalität im Grenzgebiet, Bd 3 – Ausländer vor deutschen Gerichten. Springer, Berlin Heidelberg New York, S 37–58

Leonhardt M (2004) Psychiatrische Begutachtung bei asyl- und ausländerrechtlichen Verfahren. In: Foerster K (Hrsg) Psychiatrische Begutachtung, 4. Aufl. Urban & Fischer, München Jena

Nedopil N (2002) Forensische Psychiatrie, 2. Aufl. Thieme, Stuttgart

Rasch W, Konrad N (2004) Forensische Psychiatrie, 3. Aufl. Kohlhammer, Stuttgart

Saß H (1993) (Hrsg) Affektdelikte. Springer, Berlin Heidelberg New York

Schepker R (1999) Psychiatrische Aspekte der Begutachtung im interkulturellen Kontext. Mschr Krim 82: S50–S57

Schepker R, Toker M, Eggers C (1995) Erfahrungen mit der forensischen Begutachtung von Jugendlichen und Heranwachsenden aus der Türkei. Mschr Krim 78: 121–134

Schiffauer W (2000) Zur Problematik ethnologischer Gutachten. In: Wolf G (Hrsg) Kriminalität im Grenzgebiet, Bd 3 – Ausländer vor deutschen Gerichten. Springer, Berlin Heidelberg New York, S 93–110

Toker M (1999) Begutachtung von Migranten: Psychologische Perspektiven. Mschr Krim 82: S58–S66

Venzlaff U, Foerster K (2004) (Hrsg) Psychiatrische Begutachtung, 4. Aufl. Urban & Fischer, München Jena

Yaruz T (1997) Herstellung sprachlicher Kompetenz und Bedeutung soziokultureller Aspekte in Begutachtungsprozessen. In: Begutachtung im interkulturellen Feld. Expertagung Hannover

Zinkler M (2003) Zur psychiatrischen Begutachtung von Migranten bei drohender Abschiebung. Recht & Psychiatrie 21: 22–24

6 Psychologische Begutachtung zur Kriminalprognose

KLAUS-PETER DAHLE

6.1 Vorbemerkungen

Annahmen über das zukünftige Legalverhalten von Rechtsbrechern haben im deutschen Strafrecht weit reichende Folgen, steuern sie doch in nicht unerheblichem Maß den strafrechtlichen Sanktionsprozess. Bereits im Erkenntnisverfahren beeinflussen sie Auswahl und Bemessung von Strafen (§ 46 I StGB) und anderer Rechtsfolgen (z. B. Maßregeln der Besserung und Sicherung gem. §§ 61 ff.) und bestimmen über die Frage ihrer Vollstreckung mit (§§ 56, 59, 67 b StGB). Beim Vollzug vor allem freiheitsentziehender Sanktionen orientieren sich die Rahmenbedingungen (z. B. offener oder geschlossener Vollzug, vgl. § 10 I StVollzG) ebenso an prognostischen Erwägungen wie die Gewährung von Lockerungen und Beurlaubungen (§§ 11, 12 StVollzG)[1]. Schließlich setzt die Frage der Beendigung einer Sanktion und insbesondere die Frage nach dem geeigneten Zeitpunkt hierfür oftmals die prognostisch günstige Erwartung zukünftigen Legalverhaltens voraus – etwa bei der Aussetzung des Restes befristeter oder lebenslanger Freiheitsstrafen zur Bewährung (§§ 57, 57 a StGB) oder bei der Aussetzung einer Maßregel (§ 67 d StGB). Mit dem „Gesetz zur Bekämpfung von Sexualdelikten und anderen gefährlichen Straftaten" (BGBl 1998, I) und der Einführung der nachträglichen Sicherungsverwahrung (§ 66 b StGB) hat der Gesetzgeber in jüngerer Zeit die besondere Bedeutung, die er prognostischen Einschätzungen zur Abstimmung strafrechtlicher Maßnahmen auf die Erfordernisse des Einzelfalls beimisst, noch einmal besonders unterstrichen.

Individuelle Kriminalprognosen spielen jedoch nicht nur im Rahmen des eigentlichen strafrechtlichen Sanktionsprozesses eine Rolle. Eine zunehmende Bedeutung kommt ihnen zudem bei der Indikationsstellung und der inhaltlichen Anpassung von Behandlungsbemühungen im Bereich der Sozialtherapie und im Maßregelvollzug zu. Dem liegt die mittlerweile recht breite empirische Erfahrung zugrunde, dass sich eine Erfolg versprechende Behandlung einer straffälligen Klientel nicht in der bloßen Applikation allgemeiner psycho- oder sozialtherapeutischer Prinzipien erschöpfen kann. Im Sinne ihrer spezialpräventiven Aufgabe, Rückfälle zu verhindern und

---

[1] Analoge Regelungen finden sich auch in den meisten Landesgesetzen zum Vollzug der psychiatrischen Maßregeln.

potenzielle Opfer zu schützen, ist forensische Psycho- und Sozialtherapie um so effizienter, je gezielter und systematischer sie an der Veränderung der individuellen kriminogenen Risikofaktoren ansetzt (vgl. Andrews et al. 1990, 1995; zusammenfassend: Dahle u. Steller 2000). Eine in diesem Sinne erforderliche Orientierung an den individuellen Risiken und Erfordernissen als „Bedingungen der Wirksamkeit sozialtherapeutischer Maßnahmen" (so der Titel einer Bestandsaufnahme; Egg et al. 1998) setzt jedoch eine fundierte Diagnostik der spezifischen Rückfallrisiken – mithin eine sachgerechte Kriminalprognose – voraus.

Die grundsätzliche Bedeutung von Kriminalprognosen für die gegenwärtige Strafrechts-, Vollzugs- und Behandlungspraxis ist wohl unbestritten. Sie liegt nicht zuletzt im Anliegen begründet, durch eine Optimierung der Zielgenauigkeit strafrechtlicher und/oder therapeutischer Maßnahmen zukünftige Straftaten verhindern zu wollen. Demgegenüber sind die Meinungen über die tatsächlichen Möglichkeiten einer einigermaßen treffsicheren Vorhersage zukünftigen strafrechtsrelevanten Verhaltens kontroverser (vgl. z. B. Kröber 1995) – hier finden sich ausgesprochen skeptische Stimmen (z. B. Hinz 1987) ebenso wie optimistischere Einschätzungen (vgl. Steller u. Dahle 1990). Anliegen des vorliegenden Beitrags ist es, eine Bestandsaufnahme der methodischen Prinzipien und ihrer wissenschaftlichen Grundlagen vorzunehmen, um die gegenwärtigen Möglichkeiten und Grenzen sachgerechter Kriminalprognosen auszuloten. Dem Rahmenthema des Buches folgend liegt der Schwerpunkt dabei im Bereich der (psychologischen) Methodenentwicklung, d. h. in der Erörterung grundsätzlicher methodischer Strategien und der Ableitung von Maßstäben ihrer Qualitätsbestimmung. Andere Aspekte, die für die Anwendungspraxis im Strafrecht durchaus von Bedeutung sind – insbesondere verfahrens- und beweisrechtliche Besonderheiten (siehe hierzu Eisenberg 2002 bzw. ausführlicher Volckart 1997), aber auch entscheidungstheoretische Aspekte sowie Probleme, die aus der strafrechtlichen (und nicht verhaltenswissenschaftlichen) Bestimmung des vorherzusagenden Ereignisses erwachsen (siehe hierzu Dahle 1997, 2004) – treten demgegenüber zurück. Auch wird es im Sinne des Rahmenthemas vor allem um solche Prognosen gehen, die im Umfeld des Strafrechts von Bedeutung sind, nämlich um individuelle Kriminalprognosen über Personen, die bereits einschlägig in Erscheinung getreten sind (Rückfallprognosen). Kriminalprognosen im prädeliktischen Stadium oder kriminologische Kollektivprognosen werden allenfalls am Rande berührt; sie erforderten nicht nur andere methodische Strategien, sondern bereits eine etwas anders gelagerte Aufgaben- und Zielbestimmung.

6.2 Grundlagen und Aufgaben individueller Kriminalprognosen

6.2.1 Wissenschaftstheoretische Aspekte

Nach klassischem Wissenschaftsideal stellen Prognosen über zukünftige Ereignisse Anwendungsfälle von Theorien auf konkrete Problemstellungen dar. Eine Voraussage wird demnach mit Hilfe transparenter Regeln aus der zugrundeliegenden Theorie abgeleitet und auf den vorherzusagenden Gegenstand bezogen. Die Prognose setzt in diesem Sinne die theoretische Erklärung des fraglichen Phänomens voraus, zwischen Erklärung und Prognose besteht insoweit kein prinzipieller Unterschied: „(Jedes) System, das zur Erklärung bestimmter Arten von Vorgängen geeignet ist, kann grundsätzlich auch zu ihrer Vorhersage verwendet werden" (Albert 1971 [1957], S. 127). Dieses allgemeine Prognosemodell wird auch zur Charakterisierung des Prinzips wissenschaftlicher Kriminalprognosen herangezogen (Spiess 1985; Volckart 1997), geht es doch auch hierbei letztlich um die Anwendung allgemeiner oder spezifischer (Handlungs-, Kriminal-, Rückfall-) Theorien und ihre Bezugnahme auf konkrete Problemfälle. Dennoch zeigt eine nähere Betrachtung der Gegebenheiten, dass bei Verhaltensprognosen Besonderheiten zu beachten sind.

Eine wesentliche Besonderheit besteht bereits darin, dass in den Verhaltens- oder ganz allgemein in den Sozialwissenschaften Theorien klassischen Musters – Theorien mit generellem Geltungsanspruch und der Formulierung allgemeingültiger Gesetzmäßigkeiten – die Ausnahme darstellen. Sie finden sich allenfalls auf einer sehr grundlagenbezogenen, „biologienahen" Ebene (etwa Theorien über psychophysische und psychophysiologische Grundlagenphänomene oder über allgemeine Gesetzmäßigkeiten des Lernens) mit entsprechend eingeschränkter Reichweite, wenn es um die Erklärung konkreter Handlungen geht. Bereits etwas spezifischere Handlungs- und Verhaltenstheorien beziehen sich hingegen – ausdrücklich oder auch nur stillschweigend – auf eingeschränkte Geltungsbereiche (auf bestimmte Personengruppen, ein bestimmtes [sub-] kulturelles und/oder soziales Umfeld, eine bestimmte Zeitepoche usw.), vor allem aber betonen sie gewöhnlich nur Einzelaspekte im Bedingungsgeflecht menschlichen Verhaltens (Temperamentfaktoren, die Bedeutung früherer Lernerfahrungen, die Dynamik primärer oder sozialisierter Triebregungen und Bedürfnishierarchien, die rationalen Momente menschlichen Handelns, soziale und situationale Einflüsse u. a. m.) – nach der Terminologie von Albert (1957) handelt es sich mithin um „Quasitheorien" relativer Gültigkeit. Ihre Aufsplitterung in eine Vielzahl sich teils überschneidender, teils konkurrierender, teils sich auch ergänzender Teiltheorien und Theoriefragmente und das Fehlen eines umfassenden Ansatzes mag der Komplexität menschlichen Handelns und der Vielschichtigkeit ihrer Bedingungsgefüge gerecht werden. Gerade dies gilt jedoch in besonderem Maße für die Erklärung strafrechtlich bedeutsamen Verhaltens – nicht zuletzt verbergen sich bereits unter Begriffen wie Straftat, Kriminalität oder Delinquenz eine Vielzahl ganz unterschiedlicher und auch unterschiedlich motivierter Phänomene, deren Gemeinsamkeit sich zunächst darin erschöpft, dass es sich um menschliche Handlungen (gelegentlich auch um deren Unterlassung) handelt und dass sie gegen die zu einer bestimmten Zeit und an einem bestimmten Ort geltenden Strafrechtsnormen verstoßen.

In ihrem Geltungsanspruch eingeschränkte „Quasitheorien" verunmöglichen nicht notwendigerweise wissenschaftlich fundierte Prognosen. Sie stellen aber erhöhte Anforderungen an die Methodik, da die Konzipierung des Vorgehens als bloßer deduktiver Schluss aus einer Theorie auf einen Einzelfall den tatsächlich notwendigen Prozess um einen wesentlichen Schritt verkürzt. Zunächst gilt es, aus der Fülle der in Frage kommenden Erklärungsansätze diejenigen herauszufiltern und zu integrieren, die für den vorliegenden Fall überhaupt von Belang sind, gleichzeitig jedoch eine möglichst vollständige Erfassung der spezifisch relevanten Zusammenhänge erlauben. Diese für die Erstellung von Kriminalprognosen zentrale Aufgabe erfordert nicht nur eine Reihe diagnostischer Teilschritte und Entscheidungen. Sie beinhaltet auch integrative Momente, da Teilerklärungen und Theoriefragmente derart zusammenzuführen sind, dass sie in sich widerspruchsfrei ein schlüssiges Erklärungsmodell der für die Prognose relevanten individuellen Gegebenheiten ergeben. Diese Anforderung geht über einen bloßen deduktiven Prozess weit hinaus.

Eine rational begründbare Prognosemethodik sollte in der Lage sein, diesen wesentlichen Schritt zu berücksichtigen und hierfür entsprechende Standards zu formulieren. Nicht zuletzt hängt die Güte der Prognose nicht mehr – wie im klassisch-positivistischen Modell – allein von der *Gültigkeit der herangezogenen Theorie* (und der Vermeidung logischer Fehler bei der Schlussfolgerung) ab. Sie wird ebenso von der Relevanz der herangezogenen Erklärungskonzepte für den vorliegenden Einzelfall (*„Spezifität"*) und deren *Erschöpfungsgrad* bei der Erfassung all der individuell tatsächlich relevanten Gegebenheiten bestimmt (siehe hierzu im Einzelnen Dahle 1997). Auch diese Qualitätskriterien wären bei Verhaltensprognosen umzusetzen; sie zu gewährleisten ist daher eine zentrale Aufgabe der Methodik.

6.2.2 Verhaltenswissenschaftliche Implikationen

Eine weitere Besonderheit von Verhaltens- und insbesondere von Kriminalprognosen ist im hiesigen Zusammenhang von Belang. In den Verhaltenswissenschaften ist die Feststellung wohl unbestritten, dass menschliches Verhalten niemals allein durch die individuellen Eigenarten der handelnden Person determiniert ist. Vielmehr realisieren sich Handlungen und Verhaltensweisen untrennbar vor dem Hintergrund situativer Gegebenheiten, was nicht zuletzt in der klassischen Verhaltensformel $(V=f[P\times S])^{2}$ seinen Ausdruck fand. Freilich kann das Mischungsverhältnis personaler und situatio-

---

[2] Verhalten als Funktion der Interaktion zwischen Person und Situation.

naler Faktoren erheblich variieren. So gibt es Situationen mit einem hohen Aufforderungsgehalt an ein bestimmtes Verhalten (etwa während der Predigt eines Gottesdienstes zu schweigen oder sich an die Warteschlange der Supermarktkasse anzustellen). Auch sind extreme Situationen denkbar, in denen die meisten Menschen entgegen ihrer individuellen Eigenarten handeln und beispielsweise Gewalttätigkeiten begehen würden (etwa in Kriegs- oder extremen Bedrohungssituationen ohne Fluchtmöglichkeit). Andererseits gibt es (ebenso extreme) Personengruppen, die unterschiedlichste Situationen in sehr einseitiger Weise wahrnehmen und interpretieren (z. B. kränkbare Persönlichkeiten, die auch alltägliche Missverständnisse schnell als persönliche Bedrohung auffassen) oder dazu neigen, bestimmte situationale Gegebenheiten aktiv herzustellen bzw. aktiv aufzusuchen (z. B. Spielerpersönlichkeiten, die immer wieder einschlägige Spielbanken oder Automatenhallen aufsuchen).

Solche Extremfälle bieten günstige Voraussetzungen für zuverlässige Verhaltensprognosen, da der Einfluss situationaler Faktoren auf die Wahrscheinlichkeit des vorherzusagenden Verhaltens gering ist und daher bereits die Kenntnis der Persönlichkeit hinreichende Grundlagen bietet, die erforderlichen situationalen Bedingungen für ein an sich atypisches Verhalten so extrem selten sind, dass es von vornherein unwahrscheinlich erscheint oder es sich um Verhalten in Situationen mit hohem Aufforderungscharakter handelt, in denen nur (prinzipiell diagnostizierbare) „extreme" Persönlichkeiten Gefahr laufen, aus der Rolle zu fallen und sich abweichend zu verhalten. Probleme bereitet das breite „Mittelfeld[3]", in den weder situationale noch personale Faktoren eindeutig im Vordergrund stehen, sondern beide Aspekte gleichermaßen zur Genese einer Handlung beitragen. Solche Handlungen sind zwangsläufig nur mit Einschränkungen vorherzusagen, da sich die Prognose weitgehend auf die personale Seite der Handlungsgenese – d.h. im Falle von Kriminalprognosen auf das (zu diagnostizierende) individuelle Risikopotenzial der spezifischen Person – beschränken muss. Ob sich dieses Potenzial tatsächlich auch realisieren wird, ist hingegen ungewiss und hängt von der Entwicklung zukünftiger situationaler Randbedingungen ab; diese sind naturgemäß nur beschränkt vorherzusagen. Dieser Umstand bedingt es, dass Verhaltensprognosen im Hinblick auf das Eintreffen resp. Nichteintreffen ihrer Vorhersage zwangsläufig ein Irrtumsrisiko beinhalten – und zwar selbst im theoretisch günstigsten

---

[3] Streng (1995, S. 9) definiert die Mittelfeldproblematik als „...Konstellationen (...), in denen Prognosen (...) weder eindeutig positiv noch eindeutig negativ ausfallen, so daß die Täterbeurteilung im ungeklärten prognostischen Bereich verbleibt." Gemeint sind freilich die empirischen Erfahrungen aus Risikogruppenuntersuchungen, in denen neben prognostisch relativ gut zuzuordnenden Fällen immer wieder nicht geringe Personengruppen verbleiben, deren Rückfallquoten keine eindeutig gute oder schlechte Prognose zulassen. Sie erklärt sich jedoch nicht nur durch insuffiziente Zusammenstellungen bei der Auswahl von Risikomerkmalen, sondern auch durch die hier skizzierten theoretischen Zusammenhänge.

Idealfall einer inhaltlich und handwerklich perfekten Prognose mit vollständiger Aufklärung aller individuellen Risikofaktoren. Prognoseirrtümer sind insofern nicht notwendig auch Prognosefehler[4].

Als *Prognosefehler* seien dabei fehlerhafte Anwendungen einer Prognosemethode verstanden, d.h. Verstöße gegen ihre zugrundeliegenden Standards und Regeln. Eine in diesem Sinne fehlerfreie Prognose schließt also einen Prognoseirrtum – das Nichteintreffen der Vorhersage – nicht aus[5], obwohl umgekehrt durchaus zu erwarten ist, dass Prognosefehler die Wahrscheinlichkeit eines Irrtums erhöhen. Weiterhin ist zu erwarten, dass die Irrtumswahrscheinlichkeit von den im Vorabschnitt definierten Gütemerkmalen des Theoriebezugs – Gültigkeit, Spezifität und Erschöpfungsgrad des herangezogenen theoretischen Erklärungsmodells – abhängt. Gleichwohl bleibt festzuhalten, dass auch bei einer Optimierung dieser Faktoren Prognoseirrtümer zwar reduzierbar, nicht aber auszuschließen sind.

6.2.3 Aufgabenbestimmung

In vielen Anwendungsbereichen psychologischer Verhaltensprognosen spielt die eingeschränkte Vorhersagbarkeit situationaler Randbedingungen nur eine geringe Rolle. Der Grund liegt darin, dass sich die Prognose von vornherein auf ein mehr oder weniger wohl definiertes situationales Umfeld beschränkt – ein Beispiel wären etwa Prognosen im Rahmen der Personalauswahl für eine zu besetzende Stelle im Management, deren Anforderungsgehalt gewöhnlich einigermaßen bekannt ist. Bei Kriminalprognosen trifft diese Voraussetzung jedoch kaum je zu: Die einzige Vorgabe des Gesetzgebers über das situative Bezugsfeld der Vorhersage besteht zunächst darin, dass es um die Frage möglicher Straftaten außerhalb der Mauern gesicherter Einrichtungen geht und insofern um Situationen im zukünftigen Alltag der Betreffenden schlechthin. Die Anforderung geht jedoch noch weiter: Hinzu kommt nämlich, dass der geforderte Geltungszeitraum der

---

[4] Auf eine weitere Besonderheit verhaltenswissenschaftlicher Prognosen sei nur am Rande hingewiesen, da sie für die hiesigen Zwecke der Methodenentwicklung und -beurteilung nur von zweitrangigem Interesse ist, gleichwohl aber den Zusammenhang zwischen Irrtum und Fehler weiter einschränkt. Anders als bei „klassischen" Theorien beinhalten verhaltens- oder überhaupt sozialwissenschaftliche Theorien kaum je Hypothesen über erschöpfende (notwendige und hinreichende) Kausalzusammenhänge. Die theoretisch postulierten Beziehungen sind in aller Regel stochastischer Natur und erlauben von vornherein nur Aussagen in Wahrscheinlichkeitsbegriffen (vgl. zum Verhältnis deterministischer und probabilistischer Theorien und ihren Implikationen für die Ableitung prognostischer Aussagen z.B. Stegmüller 1974).

[5] Irrtümer sind im Fall ungünstiger Kriminalprognosen vorprogrammiert: In aller Regel treten situative Umstände ein, die darauf ausgerichtet sind, das Eintreten der Prognose zu verhindern – der Betreffende verbleibt oder kommt in den Gewahrsam einer gesicherten Einrichtung.

Prognose oftmals sehr lang ist und das vorherzusagende Verhalten häufig nicht nur allgemein, sondern auch im individuellen Verhaltensstrom der Person ein sehr seltenes Ereignis ist[6]. Insofern wären zur Prognose nicht nur das alltägliche Lebensumfeld von Bedeutung, in Betracht zu ziehen wäre zudem die Möglichkeit zukünftiger kritischer Lebensereignisse und anderer Ausnahmesituationen. Dies konkret vorherzusagen übertrifft ohne Zweifel die Möglichkeiten seriöser Voraussagen. Die Anforderung von Kriminalprognosen stellt sich daher als wissenschaftlich unzureichend definierte Aufgabe dar, sofern man hierunter die konkrete Vorhersage des Eintretens oder Nichteintretens bestimmter zukünftiger strafrechtsrelevanter Handlungen versteht.

Es bestehen indessen Zweifel, ob dies überhaupt das Anliegen des Gesetzgebers ist. Schrifttum (z. B. Frisch 1994; Streng 1995) und auch die genauen Gesetzesformulierungen (z. B. „…wenn zu erwarten ist") deuten darauf hin, dass es eher um die Aufgabe einer wohl überlegten „Risikokalkulation" (Rasch 1985) als um die konkrete Vorhersage spezifischer Handlungen geht. Bei einer solchen Kalkulation spielen jedoch neben prognostischen Aspekten weitere Gesichtspunkte – Verhältnismäßigkeitserwägungen, die Beurteilung der Schwere der drohenden Delikte, Art und Ausmaß der Gefährdung potenzieller Opfer usw. (vgl. Volckart 1997) – eine Rolle, die außerhalb der Verhaltenswissenschaften liegen und normativer Beurteilungen und Entscheidungen des Rechtsanwenders bedürfen. Dennoch reicht auch für eine solche normative Risikoabwägung eine prognostische Grundlage in Form bloßer (mehr oder weniger präziser) Quantifizierungen von Rückfallwahrscheinlichkeiten kaum aus. Vielmehr sollte eine fundierte Kriminalprognose auch hierfür inhaltliche Entscheidungsgrundlagen liefern, indem sie eine umfassende Erkundung der individuellen Risikofaktoren der Person vornimmt, deren spezifische inhaltliche Zusammenhänge mit Kriminalität und Straffälligkeit expliziert und die Art der situationalen Rahmenbedingungen, die eine Realisierung dieser Risiken befürchten lassen würden, spezifiziert. Eine solche inhaltliche Aufklärung der individuell relevanten Gegebenheiten ist erst recht für den zweiten eingangs erwähnten Anwendungsbereich von Kriminalprognosen – als Grundlage für die Indikationsstellung und Ausrichtung von Behandlungsmaßnahmen an den individuellen Erfordernissen – notwendig, da nur eine inhaltliche Bestimmung der individuell relevanten Risikofaktoren entsprechende Anhaltspunkte für eine sinnvolle therapeutische Zielbestimmung liefert.

---

[6] So deuten Untersuchungen darauf hin, dass es nicht wenige Gewalttäter und vor allem gewalttätige Sexualstraftäter gibt, die Jahre bis Jahrzehnte lang strafrechtlich unauffällig bleiben, um dann erneut einschlägig in Erscheinung zu treten (vgl. z. B. Hanson et al. 1995; ähnlich die Befunde aus der Berliner CRIME-Studie; Dahle 1998). Auf statistische, fehler- und entscheidungstheoretische Implikationen extremer Basisraten kann im hiesigen, eher grundsätzlich gehaltenen Zusammenhang nicht eingegangen werden; siehe hierzu z. B. Koehler (1992), grundlegend: Wiggins (1973).

6.2.4 Folgerungen

Auf der Grundlage ihrer wissenschaftstheoretischen und verhaltenswissenschaftlichen Voraussetzungen und ihrer Ziele und Aufgaben im Rechtssystem ergeben sich somit einige Anforderungen an eine sachgemäße Methode der Kriminalprognose. Sie sollte demnach:

- als Methode einen grundsätzlichen Schutz vor den Schwächen und Verzerrungen menschlicher Urteilsbildung bei der Beurteilung komplexer Sachverhalte bieten,
- in ihrem allgemeinen Vorgehen logisch evident und inhaltlich nachvollziehbar sowie hinsichtlich ihrer Angemessenheit und Effizienz prinzipiell (empirisch) überprüfbar sein,
- eine im Einzelfall transparente und kontrollierbare Anwendungspraxis erlauben,
- die Bezugnahme auf bewährte theoretische Konzepte und gesicherte empirische Befunde gewährleisten sowie
- eine (hinreichende) Erkundung der spezifisch relevanten individuellen Risikofaktoren erlauben und deren inhaltliche Zusammenhänge mit dem zu prognostizierenden Verhalten explizieren.

Auf diese Kriterien sei Bezug genommen, wenn es in den folgenden Abschnitten um die methodische Seite möglicher Vorgehensweisen bei der Prognoseerstellung geht. Erinnert sei jedoch noch einmal daran, dass auch die Erfüllung solcher Standards Prognoseirrtümer nicht ausschließt – diese liegen zu einem gewissen Grad in der Natur der Problemstellung begründet. Die Formulierung inhaltlicher und methodischer Qualitätsstandards und die Vermeidung von Fehlern bei ihrer Anwendung auf den Einzelfall können jedoch im Rahmen des zu einem gegebenen Zeitpunkt wissenschaftlich Möglichen die Wahrscheinlichkeit von Irrtümern reduzieren und nicht zuletzt zu einer rationalen Einschätzung bzw. zur „Kalkulierbarkeit" der verbleibenden Risiken beitragen.

6.3 Methoden der Kriminalprognose

Wenn es um die inhaltliche Frage des Vorgehens bei der Erstellung von Kriminal- oder auch anderer Verhaltensprognosen geht, unterscheidet man gern 3 Strategien: die statistische, die intuitive und schließlich die klinische Methode. Vorwegzuschicken ist, dass es sich hierbei eher um Denkmodelle grundsätzlicher Herangehensweisen als um eine Taxonomie der Prognosepraxis handelt. Die einzelnen Varianten kommen in reiner Form kaum vor, sondern weisen in ihrer Anwendung zahlreiche Überschneidungen[7] auf. Als Denkmo-

---

[7] So erfordert z.B. bereits die Auswahl einer für den individuellen Fall geeigneten statistischen Prognosemethode (klinische oder intuitive) Entscheidungsschritte; viele „modernere" statistische bzw. quasistatistische Methoden beinhalten in ihrer Merkmalsauswahl aber auch explizit klinische Beurteilungen bzw. klinisch-psychiatrische Diagnosen.

delle eignen sie sich jedoch für die Untersuchung prinzipieller Stärken und Schwächen der einzelnen Strategien, weswegen im Folgenden hierauf zurückgegriffen werden soll. Dennoch sind die Überschneidungsbereiche nicht ganz aus dem Auge zu verlieren, wenn in den folgenden Abschnitten Einzelheiten und insbesondere Vor- und Nachteile der einzelnen Strategien diskutiert werden. Sie bedingen es, dass in der Praxis die Schwächen der einen Methode durchaus auch bei Wahl einer anderen Strategie von Bedeutung sein können.

Vor inhaltlichen Erörterungen erscheint jedoch noch eine begriffliche Klärung notwendig, lässt sich doch im Schrifttum eine nicht immer ganz einheitliche Begriffsverwendung feststellen – mitunter bestehen ausgesprochene Missverständnisse. Im vorliegenden Beitrag werden die genannten Grundkonzepte folgendermaßen definiert:

- *Statistische Prognose:* Hierunter soll das Leitbild einer vollständig regelgeleiteten Vorgehensweise bei der Erstellung individueller Kriminalprognosen gefasst werden. Vorgegeben sind dabei nicht nur die Auswahl der für die Prognose benötigten Informationen, sondern ebenso die für ihre Erfassung erforderlichen Erhebungsmethoden und die Art und Weise der Verknüpfung der so gewonnenen Daten zu einem prognostischen Urteil.

  Nach dieser Definition wären fehlerhafte Prognosen leicht feststellbar: Es wären Prognosen, bei deren Erstellung gegen die expliziten Regeln der Methode verstoßen wurde.

- *Intuitive Prognose:* Hierunter soll das Denkmodell einer ausschließlich am Individuum orientierten Vorgehensweise gefasst werden, die sich ohne Bezugnahme auf vorgegebene Regeln oder allgemeine (theoretische oder empirische) Konzepte allein von den spezifischen individuellen Gegebenheiten der zu beurteilenden Person leiten lässt und aus dem Gesamteindruck, den der Untersucher auf diese Weise von der Person gewonnen hat, ein prognostisches Urteil fällt.

  Nach dieser Definition wäre eine intuitive Prognose stets fehlerfrei, da es keine Regeln gibt, gegen die sie verstoßen könnte[8].

- *Klinische Prognose:* Hierunter soll das Ideal einer Prognosemethodik gefasst werden, die sich zwar an der zu beurteilenden Einzelperson und ihren spezifischen Eigenarten und individuellen Besonderheiten orientiert, hierbei jedoch regelgeleitet vorgeht, um wissenschaftliche (und wissenschaftlich überprüfbare) Standards bei der Auswahl und Gewinnung der für die Prognose erforderlichen Informationen und ihrer Verknüpfung zu einem prognostischen Urteil zu wahren. Das Ziel einer Orientierung am Einzelfall bedingt es jedoch, dass die Regeln einer klini-

---

[8] Allerdings halten nicht wenige Autoren ein intuitives Vorgehen an sich schon für einen Fehler. Diese Beurteilung liegt jedoch außerhalb der Methodik; sie stellt gewissermaßen ein Qualitätsurteil über die Methode als solche, nicht aber über ihre Anwendung im Einzelfall dar. Fraglich erscheint indessen, ob es sich bei einer Methode ohne (explizite) Regeln überhaupt um eine Methode handelt – diese Entscheidung mag dem wissenschaftstheoretischen Standpunkt des Lesers überlassen bleiben, für die hiesigen Zwecke ist diese Frage zweitrangig.

schen Prognosemethode das Vorgehen nicht in allen Einzelheiten vorgeben. Sie stellen vielmehr allgemeine Leitlinien und Prinzipien dar, die den diagnostischen Erhebungs- und Beurteilungsprozess steuern.

Eine solche Definition klinischer Prognosemethoden stellt im Hinblick auf die Beurteilung fehlerhafter Anwendungen besondere Anforderungen. Zwar lassen sich auch hier Regelverstöße gegen die Methode prinzipiell als Fehler ansehen, sie zu beurteilen fällt jedoch wegen der Unschärfe der Vorgaben an das konkrete Vorgehen schwer. Es stellt daher ein besonderes Qualitätsmerkmal klinischer Methoden dar, wenn sie neben der inhaltlichen Konzipierung des Vorgehens auch Beurteilungskriterien für die Qualität der einzelnen Teilschritte bereithält, um dem Prognostiker (auch dem Rezipienten eines Gutachtens) Anhaltspunkte über die Güte der Prognose zu geben.

6.3.1 Prognose als Klassifikationsaufgabe: statistische Prognosen

▌ Klassische statistische Verfahren

Im Laufe der Zeit wurden einige Versuche unternommen, statistische Prognosemethoden nach dem oben skizzierten Leitbild eines möglichst regelgeleiteten Vorgehens zu entwickeln. Die Konzepte basieren gewöhnlich auf empirischen Rückfallstudien, die mit dem Ziel durchgeführt wurden, Merkmale zu identifizieren, die möglichst hoch mit dem Kriterium „Rückfall" korreliert sind. Erwartet wird, dass die auf diese Weise gefundenen Merkmale geeignet sind, für vergleichbare Straftätergruppen auch zukünftige Rückfälle vorherzusagen – solide entwickelte Methoden überprüfen diese Annahme an gesonderten Stichproben (sog. Kreuzvalidierung).

Die in der Basisuntersuchung gefundenen und überprüften Merkmale werden zumeist in Listen (Prognosetafeln) zusammengestellt und es werden Regeln genannt, wie die im Einzelfall festgestellten Ausprägungen der Merkmale zu verknüpfen sind. Je nach Art der Methode kann es sich hierbei um einfache Summenbildungen von Negativ- und/oder Positivmerkmalen handeln, elaboriertere Konzepte gewichten die einzelnen Merkmale auch nach Maßgabe der Höhe ihrer empirischen Zusammenhänge mit Rückfälligkeit[9]. Aufgrund des so errechneten Prognosescores wird schließ-

---

[9] Einige Verfahren gehen einen Schritt weiter und suchen die in den obigen Konzepten implizit enthaltene Annahme inhaltlicher Unabhängigkeit der einzelnen Merkmale zu vermeiden (dies wird bei Zugrundelegung linear-additiver Verknüpfungsregeln vorausgesetzt). Statistische Strukturprognosen untersuchen inhaltlich zusammengehörige Merkmalscluster auf ihre prognostische Vorhersagekraft; sie gehen dabei meist von einer hierarchischen Struktur aufeinander bezogener Einzelmerkmale aus. Für Anwendungszwecke folgen Merkmalsauswahl und Verknüpfung der diagnostischen Informationen einem Entscheidungsbaum, der diese Struktur widerspiegelt. Das Prinzip der eigentlichen prognostischen Schlussfolgerung folgt indes der o.g. Logik.

lich eine Zuordnung der Person zu einer Teilgruppe der Normstichprobe vorgenommen, die eigentliche Prognose beruht dann auf der durchschnittlichen Rückfallquote dieser Teilgruppe (Beispiele u. a. bei Schneider 1983).

Prüft man dieses Grundmodell statistischer Prognosen anhand der im Vorabschnitt entwickelten Qualitätsmaßstäbe, so lassen sich – eine handwerklich solide Methodenentwicklung einmal vorausgesetzt – zunächst einige gewichtige Vorteile anführen. Ein solches streng regelgeleitetes Vorgehen verspricht ohne Zweifel den bestmöglichen Schutz vor menschlichen Urteilsfehlern; in die Prognose fließt gesicherte empirische Erfahrung über Risikofaktoren (nämlich die bei der Ursprungsuntersuchung gewonnenen Kenntnisse über Zusammenhänge zwischen Rückfälligkeit und bestimmten Merkmalen) ein; die Methode ist als solche nachvollziehbar und ihre Grundlagen sind jederzeit überprüfbar; ihre Anwendung auf den Einzelfall ist in hohem Maße transparent, Anwendungsfehler im Sinne von Verstößen gegen die Regeln sind ohne weiteres als solche erkennbar; und darüber hinaus bietet die Normstichprobe eine rationale Grundlage, auch die Wahrscheinlichkeit eines Irrtums einzuschätzen. Ein weiterer Vorteil mag auch in der relativ ökonomischen Anwendbarkeit statistischer Prognoseverfahren liegen.

Der Nachteil statistischer Individualprognosen ist es, dass sie keine Individualprognosen sind. Letztlich handelt es sich nicht um eine individuelle, sondern vielmehr um eine statistische Aussage über die Durchschnittsverhältnisse eines mehr oder weniger eingegrenzten Personenkreises: nämlich um die Nennung der Basisrate von Rückfälligkeit einer Straftätergruppe, die dem Probanden hinsichtlich einer Reihe von Merkmalen ähnelt. Ob diese Merkmale im individuellen Fall von Bedeutung sind und ob sie eine hinreichende Erfassung der individuell relevanten Zusammenhänge darstellen, ist hingegen offen. Die Frage nach der individuellen Rückfallwahrscheinlichkeit – Wie wahrscheinlich ist bei dieser konkreten Person ein zukünftiger Rückfall? – stellt sich aus der statistischen Perspektive anders dar: „Gehört die Person zu einer (hypothetischen) Gruppe mit hoher oder mit geringer Rückfallwahrscheinlichkeit?" Die Methode beschränkt sich insoweit auf die Lösung einer Klassifikationsaufgabe, es geht um die Zuordnung eines Einzelfalls zu einer möglichst „passenden" empirisch konstruierten Teilgruppe, deren strafrechtliche Entwicklung bekannt ist. Die Prognose besteht dann in der Interpretation der Rückfallquote dieser Teilgruppe als individuelle Rückfallwahrscheinlichkeit[10].

---

[10] Diese Interpretation enthält eine Reihe – meist ungeprüfter – Vorannahmen, die sich nicht nur auf die Repräsentativität der herangezogenen Referenzgruppe für den zu beurteilenden Einzelfall beschränkt. Unterstellt wird zudem, dass es sich bei der Bezugsgruppe um eine homogene Gruppe mit ähnlichen individuellen Rückfallwahrscheinlichkeiten handelt. Indessen ist nicht auszuschließen, dass solche Rückfallquoten lediglich die Durchschnittsverhältnisse heterogener Gruppen mit ganz unterschiedlichen individuellen Gegebenheiten widerspiegeln – bei Gruppen mit Rückfallquoten nahe der Gesamtbasisrate ist dies sogar wahrscheinlich.

Statistische Prognosen liefern keine Erklärungen über die vorherzusagenden Sachverhalte, schon gar nicht für den individuellen Fall[11]. Die Methode beschränkt sich auf die Gewinnung einer Wahrscheinlichkeitsschätzung des fraglichen Ereignisses, unabhängig von den Gründen, die hierfür verantwortlich sind. Damit erfüllt die Prognose ihre Aufgabe aber nur zum Teil. Inhaltliche Grundlagen für strafrechtliche Entscheidungen oder für die Einleitung und Adaptation von Behandlungsmaßnahmen trägt sie nicht bei. Es bestehen Zweifel, ob sie damit der spezialpräventiven Intention des Gesetzgebers letztlich gerecht werden.

Insofern die Entwicklung statistischer Methoden zumeist theoriefrei erfolgt – d. h. weniger nach den Hintergründen als vielmehr nach der Größe statistischer Zusammenhänge mit Rückfälligkeit gefragt wird, wenn Merkmale als bedeutsam registriert werden – entstehen weitere Probleme. Diese Herangehensweise bedingt es nämlich, dass Merkmale, die eine inhaltliche Bedeutung für das Auftreten kriminellen Verhaltens haben, tatsächlich eher geringe Chancen zur Aufnahme erhalten. Gruppenstatistische Methoden der Suche nach Zusammenhängen bevorzugen abstrakte, übergeordnete Faktoren, die geeignet sind, für die untersuchte Stichprobe den Einfluss möglichst vieler Einzelmerkmale zusammenzufassen – unabhängig von der Frage, ob noch inhaltliche Bezüge mit dem Kriterium bestehen. Diese methodische Eigenart ist der Grund dafür, dass z. B. in den meisten US-amerikanischen Kriminalprognosetafeln die Hautfarbe der Betroffenen eine hohe Priorität genießt (vgl. z. B. Martinez 1997), obwohl eine schwarze Hautfarbe (sie gilt als Risikomerkmal) als solche kaum kriminelles Verhalten hervorruft. In bestimmten zeitgeschichtlichen und sozialen Zusammenhängen beeinflusst sie aber die Lebensbedingungen ihrer Träger negativ und erhöht z. B. die Wahrscheinlichkeit sozialer Randständigkeit, womit wiederum weitere Faktoren – gehäufte Multiproblemfamilien, erhöhte Suchtrisiken, subkulturelle Einflüsse, geringe gesellschaftliche Aufstiegschancen usw. – assoziiert sind. Das Merkmal „Hautfarbe" absorbiert somit eine Vielzahl von Einzelmerkmalen, die für sich genommen sehr viel enger mit Kriminalität und kriminellem Verhalten verbunden sind und gewinnt so in der auf Durchschnittsdaten fußenden Optik der Statistik das größere Gewicht[12] – jedenfalls im gegenwärtigen US-amerikanischen Kontext.

---

[11] Im Sinne der eingangs erwähnten „klassischen" Begriffsdefinition – Prognose als Anwendung einer (den Sachverhalt erklärenden) Theorie auf einen Einzelfall – handelt es sich insofern gar nicht um eine Prognose. Zur Figur und Logik „statistischer Erklärungen" vgl. jedoch Salmon (1970), zu ihrer Bedeutung für die psychologische Diagnostik vgl. z. B. Westmeyer (1974).

[12] Dasselbe Prinzip führt dazu, dass in den meisten Prognosetafeln der Vorstrafenanzahl eine hohe prognostische Bedeutsamkeit beigemessen wird. Auch hier bestehen nur zu einem geringen Teil tatsächlich inhaltliche Zusammenhänge (die etwa durch Lern- und Labelingprozesse bedingt sind). Bei der statistischen Zusammenstellung von Teilgruppen mit hoher Vorstrafenbelastung und ihrer Gegenüberstellung mit weitgehend unbelasteten Gruppen ist es indessen evident, dass die erstgenannte Gruppe im Durchschnitt eine weit größere Anzahl unterschiedlichster kriminogener Risikofaktoren auf sich vereint. Auch hier wird der Einfluss dieser Einzelmerkmale durch eine einzige übergeordnete Variable – Vorstrafenanzahl – statistisch absorbiert.

Die eigentliche Stärke statistischer Prognosemethoden liegt denn auch in ihrem ureigenen Terrain gruppenbezogener Vorhersagen, wie sie etwa bei der Selektion von Hochrisikogruppen im Rahmen primärer Präventions- und Behandlungsprogramme oder für Planungs- bzw. Forschungszwecke sinnvoll sein können. Für Individualprognosen können sie wertvolle Grundinformationen über die allgemein zu erwartende Basisrate strafrechtlicher Rückfälligkeit in vergleichbaren Fällen beitragen. Aktuellere Instrumente hierfür wären z. B. die Offender Group Reconviction Scale (OGRS, Copas u. Marshall 1998) oder ein von Beck und Shipley (1997) vorgeschlagener Algorithmus, für die mittlerweile auch empirische Erfahrungen an deutschen Straftäterpopulationen vorliegen (Dahle 2004). Für darüber hinausgehende spezialpräventive Zwecke erscheint jedoch die inhaltliche Aufklärung der individuellen Gegebenheiten und ihrer Zusammenhänge unerlässlich.

▌ Prognoseinstrumente der neuen Generation

Instrumente der neuen oder „dritten Generation" (Andrews u. Bonta 2003) zeichnen sich, neben einer vergleichsweise breiten Beforschung, vor allem durch den systematischen Einbezug (auch) dynamischer Faktoren aus. Vielen Verfahren liegen zudem theoretische Modellvorstellungen über die Ursachen und Bedingungen von Kriminalität und Rückfall zugrunde. Sie können daher, neben einer bloßen statistischen Aussage über die Rückfallwahrscheinlichkeit, auch inhaltliche Beiträge für die klinische Beurteilung einer Person leisten. Einige Verfahren wurden primär zu diesem Zweck, nämlich als Hilfsmittel zur Diagnostik der spezifischen individuellen Risikofaktoren, entwickelt. Hierzu zählen etwa das *Assessment, Case-Recording and Evaluation System* (ACE; Roberts, Burnett, Kirby u. Hamill 1996) oder das *Level of Service Inventory-Revised* (LSI-R; Andrews u. Bonta 1995) – weitere Beispiele finden sich in den Übersichtsarbeiten von Palmer (2001) oder Andrews und Bonta (2003).

Andere Verfahren wurden für spezifische Zwecke und Zielgruppen entwickelt. Zur Vorhersage speziell gewalttätiger Rückfälle beispielsweise das *HCR-20 Scheme* (Webster, Douglas, Eaves u. Hart, 1997), das auch in einer deutschen Version vorliegt (Müller-Isberner, Jöckel u. Cabeza 1998); zur Vorhersage einschlägiger Rückfälle bei Sexualdelinquenz z. B. das *Sexual Violence Risk-20 Scheme* (SVR-20, Boer, Hart, Kropp u. Webster 1997), das ebenfalls in einer deutschen Version vorliegt (Müller-Isberner, Cabeza u. Eucker, 2000); oder Instrumente zur Rückfallprognose bei jugendlichen Delinquenten, wie z. B. die Jugendversion des o. g. LSI, das *Youth Level of Service/Case Management Inventory* (YLS/CMI; Hoge u. Andrews 2001). Gemeinsam ist den Verfahren, dass eine vergleichsweise umfassende internationale Forschungsaktivität besteht, die die grundsätzliche Validität der durch sie erzielbaren Vorhersagen weitgehend bestätigt (zusammenfassend: Dahle 2004).

Mit dem Einzug dynamischer Faktoren in aktuelle Prognoseinstrumente sind jedoch die Anforderungen, die die Verfahren sowohl an ihre Konstrukteure als auch an den Anwender und die für die Anwendung benötigte Datenbasis stellen, erheblich gestiegen. Ging es bei den klassischen Verfahren zumeist um einfache, leicht aus Akteninformationen ablesbare oder auszählbare Daten, beziehen sich die dynamischen Faktoren teilweise auf recht komplexe Konstrukte wie z. B. bestimmte Persönlichkeitszüge, Verhaltensmuster, Bindungsaspekte oder Einstellungsvariablen, die deutlich anspruchsvoller zu beurteilen sind. Trotz weitgehender Operationalisierungsbemühungen erfordert ihre Einschätzung nicht nur eine breite Informationsgrundlage über die Person, sondern auch ein gewisses Maß an („klinischer") Erfahrung und nicht zuletzt eine ausführliche Einarbeitung in die verschiedenen Verfahren und ihre jeweiligen Grundlagen. Die Anwendung der Verfahren setzt gewöhnlich umfassende Aktenkenntnis über den Betreffenden, ausführliche Interview- bzw. Explorationsangaben sowie Verhaltensbeobachtungsdaten voraus; darüber hinaus können ergänzende testpsychologische Informationen hilfreich sein. In diesem Sinne weichen sie von dem im Vorkapitel definierten Idealtypus statistischer Verfahren ab und nähern sich, zumindest in Teilaspekten, dem klinischen Beurteilungskonzept an. Auf der anderen Seite haben sich die Konstrukteure um eine recht weitgehende und verhaltensnahe Operationalisierung der erfassten Konstrukte bemüht. Hierdurch ist es möglich, dass geschulte Anwender eine sehr hohe Beurteilerübereinstimmung erreichen (bei Andrews u. Bonta 1995, z. B. Werte über $r = 0.90$).

Zu den meisten der o. g. (durchweg aus dem angloamerikanischen Raum stammenden) Instrumente der neuen Generation liegen mittlerweile empirische Erfahrungen auch an deutschen Straftäterpopulationen vor. Sie bestätigen ihre grundsätzliche Übertragbarkeit auf hiesige Verhältnisse und ergaben Vorhersageleistungen in Größenordnungen, wie sie auch international berichtet werden (vgl. Dahle 2004). Allerdings bestehen auch einige methodenimmanente Begrenzungen. So weisen die Instrumente eine nicht ganz unerhebliche Mittelfeldproblematik unspezifischer Vorhersagen (vgl. hierzu FN 3) auf und zeigen in der Zuverlässigkeit ihrer Vorhersagen Fluktuationen in Abhängigkeit von Spezifika der Zielgruppe – die Verfahren scheinen insoweit nicht für alle straffälligen Personengruppen gleichermaßen geeignet (Dahle 2004). Angesichts ihrer grundsätzlichen Vorzüge – objektive Anwendbarkeit und umfassend nachgewiesene Validität – können sie im Rahmen von Prognosebeurteilungen dennoch wertvolle Informationen beitragen.

6.3.2 Prognose als Prophezeiung: Intuitive Prognosen

In gewisser Weise stellt sich die Idee einer „intuitiven" Prognose als das genaue Gegenteil des statistischen Ansatzes dar. Auf Regeln, die das diagnostische Vorgehen leiten, und auf Theorien und empirische Erfahrung, die den Beurteilungsprozess steuern, wird verzichtet; der einzige Orientierungspunkt des Prognostikers ist das zu beurteilende Individuum mit seinen spezifischen Gegebenheiten und Besonderheiten. Vom Prinzip her ermöglicht ein solcher Ansatz ein Maximum an Individuumsbezug, von dem keine an Durchschnittsverhältnissen orientierte Regel und auch keine auf Durchschnittsdaten fußende Empirie ablenkt. Er setzt freilich voraus, dass der Prognostiker überhaupt in der Lage ist, das Individuum und seine Welt adäquat und unverzerrt zu erfassen; seine Intuition und seine intuitiven Fähigkeiten zur Menschen(-er-) kenntnis ersetzen gewissermaßen die Methodik. Hier sind Zweifel angebracht. Problematisch ist es zudem, dass auch eine solchermaßen gewonnene Prognose keinerlei Erklärung der Hintergründe für das vorhergesagte Ereignis bietet, die Prognose bleibt gewissermaßen auf dem Niveau der Prophezeiung – Ereignis tritt ein bzw. tritt nicht ein – stehen. Insoweit wird das intuitive Vorgehen trotz seiner Individuumszentrierung den inhaltlichen Aufgaben im Strafrechtssystem ebenso wenig gerecht wie die statistische Methode.

Vom wissenschaftlichen Standpunkt aus betrachtet sind intuitive Prognosen nicht akzeptabel, hierüber besteht in der Literatur wohl weitgehender Konsens. Ohne greifbare Regeln entbehrt nicht nur die Methode als solche der nötigen Transparenz und Überprüfbarkeit, sie bietet auch keinerlei Anhaltspunkte, die Qualität einer Beurteilung im Einzelfall einzuschätzen. Damit verfehlt sie letztlich alle im Vorabschnitt skizzierten Kriterien angemessener Prognosemethoden.

6.3.3 Prognose als Erklärung: Klinische Prognosen

Klinische Prognosemethoden wurden eingangs als Versuch skizziert, bei der Prognosebildung sowohl individuumsbezogen vorzugehen, um den spezifischen Eigenarten und Besonderheiten des Einzelfalls gerecht zu werden, sich gleichzeitig aber an Regeln und Standards zu orientieren, um den qualitativen Anforderungen einer wissenschaftlich fundierten Methodik zu entsprechen und die im Vorabschnitt skizzierten Verzerrungsrisiken zu vermeiden. Mit diesem doppelten Anspruch versuchen sich klinische Prognosemethoden in gewisser Weise an der Quadratur des Kreises, da in letzter Konsequenz die beiden Ziele unvereinbar sind. Mit zunehmender Reglementierung gewinnen Methode und Anwendung zwar an Transparenz, Objektivität und Kontrollierbarkeit; sie verlieren aber im gleichen Zuge an der nötigen Flexibilität, die für die Adaptation des Vorgehens an die individuellen Gegebenheiten des Einzelfalls erforderlich wäre. Flexibilität erfordert auf der anderen Seite Freiheitsgrade und geht somit – da kaum für alle denkbaren Eventualitäten konkrete Vorgaben möglich sind – mit einem Verlust an Reglementierung und Standardisierung einher. Der Weg aus diesem Dilemma führt unweigerlich über Kompromisse dergestalt, dass die Regeln klinischer Methoden das Vorgehen im Anwendungsfall nicht in allen Einzelheiten anleiten. Vielmehr handelt es sich um grundsätzliche Richtlinien und Prinzipien, die die Richtung und die Modalitäten des Beurteilungsprozesses steuern und die erforderlichen Denkschritte explizieren; die jedoch die nötigen Freiheitsgrade belassen, das Vorgehen an die Besonderheiten des Einzelfalls anpassen zu können.

Methodische Freiheiten bedürfen ohne Zweifel besonderer Aufmerksamkeit. Nicht zuletzt sollte eine fundierte Methodik auch für die Art und Weise, wie mit solchen Freiheitsgraden im Anwendungsfall umzugehen ist, zumindest Zielvorgaben und Beurteilungskriterien der Zielerreichung bereithalten. Erst sie gewährleisten die für eine wissenschaftlich zu nennende Methodik erforderliche Transparenz und ermöglichen eine auch von außen zugängliche Kontrolle der Qualität ihrer Anwendung. Um solche Zielvorgaben und Qualitätskriterien formulieren zu können, bedarf es jedoch eines allgemeinen und verbindlichen Maßstabs, der eine Grundlage bietet, aus denen sie abzuleiten sind.

Tatsächlich gibt es einen solchen allgemeinen Maßstab, an dem sich klinische Prognosen (neben ihrem Ziel, möglichst treffsichere Vorhersagen zu machen) ganz grundsätzlich orientieren und an dem sie sich insoweit zu messen haben. Im Gegensatz zur statistischen und auch zur intuitiven Vorgehensweise bemühen sich klinische Methoden stets um die Erklärung derjenigen Phänomene, die sie prognostizieren wollen: Klinische Prognosen fußen auf der inhaltlichen Aufklärung der für die Vorhersage relevanten Zusammenhänge. Inhaltliche Aufklärung meint dabei freilich nicht das empathische Nachvollziehen und Nachfühlen der inneren Zustände einer Person, wie sie dem intuitiven Vorgehen zu eigen ist – dies ermöglichte kaum die erforderliche Transparenz. Notwendig ist vielmehr der explizite Rekurs auf wissenschaftlich fundierte Theorien und empirische Befunde und deren zielgerichtete und methodisch kontrollierte Bezugnahme auf den Einzelfall[13].

Das Anliegen inhaltlicher Erklärung der vorherzusagenden Phänomene liegt ganz auf der Linie der eingangs erwähnten wissenschaftstheoretischen Definition von Prognosen – Prognose als Anwendungsfall wissenschaftlicher Theorien. Wie an früherer Stelle bereits erörtert (vgl. Abschn. 6.2.1) geht es bei klinischen Kriminalprognosen indessen um eine Vielzahl unterschiedlicher potenziell relevanter Teiltheorien und Theoriefragmente („Quasitheorien"), die es für den Einzelfall auszuwählen und zu integrieren gilt. Klinische Prognosen beinhalten insofern die Aufgabe, ein auf den vorliegenden Einzelfall zugeschnittenes Erklärungskonzept gewissermaßen erst zu entwickeln – genau dieser Schritt erlaubt es letztlich, die Prognose auf die individuellen Besonderheiten des Einzelfalls abstimmen zu können. Im Grundsatz handelt es sich hierbei jedoch um einen Akt der Theorieentwicklung (vgl. z.B. Dörner 1994), insofern lassen sich zur Beurteilung ihrer Güte all jene Maßstäbe heranziehen, an denen sich wissenschaftliche Theorien auch sonst zu messen haben (vgl. z.B. Gadenne 1994). Ein solches individuelles Erklärungsmodell darf demnach nicht widersprüchlich in sich oder zu den vorliegenden diagnostischen Befunden sein, es darf ebenfalls nicht widersprüchlich im Verhältnis zu bewährten Theorien und gesicherten empirischen Erfahrungen sein, sondern sollte vielmehr

---

[13] Zur Bedeutung einer theoriegeleiteten Aufklärung der relevanten Sachverhalte für klinische Kriminalprognosen siehe auch Volckart (1999).

▌ sich in die vorhandene Theorielandschaft derart einfügen, dass auf bewährte (Entwicklungs-, Handlungs-, Kriminal- usw.) Theorien und entsprechende empirische Befunde explizit Bezug genommen wird,

▌ in der Lage sein, die relevanten Zusammenhänge des vorherzusagenden Ereignisses hinreichend zu erklären (und nicht nur Einzelaspekte) und schließlich

▌ möglichst sparsam, vor allem mit unbelegten (unbelegbaren) und theoretisch bzw. empirisch nicht fundierten Zusatzannahmen sein.

Es lassen sich somit durchaus rationale Maßstäbe formulieren, anhand derer die Güte einer klinischen Prognose im Einzelfall, trotz der erforderlichen Freiheitsgrade der Methode, zu messen ist. Auf ihrer Grundlage sollte eine Qualitätsbeurteilung – zumindest für den sachkundigen und mit den theoretischen Grundlagen vertrauten Rezipienten – möglich sein.

▌ Klinische Methoden begrenzter Reichweite

Bei vielen Vorschlägen für klinische Prognosemethoden handelt es sich bei näherer Betrachtung nicht um allgemeingültige Methoden zur Vorhersage strafrechtlich bedeutsamen Verhaltens. Ausgesprochen oder stillschweigend beziehen sich viele Varianten von vornherein auf eingegrenzte Anwendungsbereiche (z.B. bestimmte Straftatbestände oder bestimmte Teilgruppen der straffälligen Gesamtpopulation). Diese Einschränkungen im Geltungsanspruch entsprechen den bereits an früherer Stelle dargestellten Begrenzungen sozialwissenschaftlicher („Quasi-") Theorien; eine Anpassung der Methodik an die Reichweite bestimmter Theorien erscheint insofern naheliegend. Sie bietet den Vorteil einer engeren Bezugnahme auf vorgegebene Erklärungsmodelle und entbindet insoweit von der Erfordernis einer einzelfallbezogenen Entwicklung entsprechender Konzepte – die Methode beansprucht gewissermaßen von vornherein nur für solche Problembereiche zuständig zu sein, für die auch die zugrunde gelegte Theorie gilt. Dies erlaubt mithin eine deutlich stärkere Reglementierung und Standardisierung des Vorgehens.

Ein Beispiel für ein solches Konzept stellen z.B. die Arbeiten von Monahan und Mitarbeitern dar, die seit vielen Jahren die Gründe für Gewalttaten ehemaliger psychisch kranker Patienten untersuchen[14]. Die Ergebnisse dieser Forschungen haben sie zur Prognose nutzbar zu machen versucht, indem sie z.B. eine Reihe von „Leitfragen der klinischen Prognose gefährlichen Verhaltens" formulierten. Diese umfassen Details aus der bisherigen Lebensgeschichte der Person, frühere Gewalthandlungen, Fragen nach den Opferbeziehungen und den situationalen Gegebenheiten hierbei u.Ä.m. Im Unterschied zu den Merkmalslisten statistischer Prognosetafeln beziehen sich diese Leitfragen nicht auf bloße korrelative Zusammenhänge mit De-

---

[14] Vgl. z.B. Monahan 1981, 1988, 1997 u.a.; aktuelle Übersichten zur „MacArthur Violence Risk Study" finden sich unter „http://ness.sys.virginia.edu/macarthur/" auch im Internet.

linquenz, sondern basieren vielmehr auf einer theoriegeleiteten Analyse der Ursachen von Gewalttaten dieser Zielgruppe. Sie stellen insofern die Kernstücke einer Theorie zur Erklärung von Gewalthandlungen psychisch Kranker dar und wurden lediglich für prognostische Anwendungszwecke in Form von Leitfragen aufbereitet.

Für den Prognostiker bieten solche Konzepte – in der Literatur finden sich weitere ähnliche Vorschläge – den Vorteil einer recht weitgehenden Reglementierung und Strukturierung des Vorgehens, er hat gewissermaßen ein relativ überschaubares Kriterienraster abzuarbeiten. Auch fußen solche Methoden auf systematischen theoriegeleiteten Studien der Ursachen von Delinquenz; sie gewährleisten insofern den Einbezug wissenschaftlich fundierter Kenntnisse und Erfahrungen. Von Nachteil ist es demgegenüber, dass der Anwendungsbereich einer solchen Methode von vornherein auf die Reichweite der zugrundeliegenden Theorie beschränkt ist – ihre Anwendung setzt insoweit Angemessenheit für den vorliegenden Einzelfall voraus, überprüft dies aber nicht. Eine weitere Einschränkung besteht darin, dass die (vergleichsweise aufwändige) Entwicklung solcher theoriegeleiteten Methoden homogene Zielgruppen voraussetzt, die eine Erfassung der relevanten Zusammenhänge innerhalb eines vorgegebenen theoretischen Bezugsrahmens überhaupt erst ermöglichen.

Eine etwas andere Variante klinischer Prognosen mit begrenztem Geltungsbereich setzt am theoretischen Modell eines kriminellen (bzw. zu kriminellen Handlungen neigenden) Persönlichkeitstypus an. Dieses historisch nicht ganz neue persönlichkeitsorientierte Konzept hat in jüngerer Zeit wieder deutlich an Bedeutung gewonnen, wozu nicht zuletzt Erfahrungen aus der neueren Längsschnittforschung zur Entwicklung und den Verlaufsformen delinquenter Biografien beigetragen haben. Hierbei zeigte sich, dass es stets eine vergleichsweise kleine Gruppe „persistenter Intensivtäter" (Moffit 1993) ist, die über einen längeren Zeitraum gesehen für einen Großteil der Straftaten (jedenfalls aus dem Bereich der „klassischen" Kriminalität) verantwortlich ist (vgl. z. B. Farrington 1996; Dahle 1998; zusammenfassend: Lösel u. Bender 1998). Unabhängig von unterschiedlichen Begrifflichkeiten („psychopathy", anti- bzw. dissoziale Persönlichkeit, Intensivtäter usw.) und auch differenter theoretischer Vorstellungen von den Ursachen für entsprechende Persönlichkeitsentwicklungen, finden sich ähnliche Konzepte auch in den aktuellen Diagnosesystemen psychiatrischer Störungen wieder (im DSM-IV als „antisoziale Persönlichkeitsstörung" [301.7] oder in der ICD-10 als „dissoziale Persönlichkeitsstörung" [F60.2]). Insofern in diesen Konzepten eine grundsätzliche Neigung zu kriminellen Handlungen als überdauerndes Merkmal bestimmter Persönlichkeiten (resp. als Symptom entsprechender Störungen) gilt, liegt es nahe, ihre Diagnose zur Prognose zukünftiger Delinquenz heranzuziehen (so z. B. Knecht 1996).

Einen Schritt weiter gehen Versuche, aus der möglichst exakten theoriegeleiteten Beschreibung solcher Persönlichkeitsentwicklungen gezielt prognostisch nutzbare Instrumente zu entwickeln. Eine Vorreiterrolle spielen hier die Arbeiten von Hare und die von ihm entwickelte Psychopathy

Checklist (PCL)[15] bzw. deren Varianten und Weiterentwicklungen (u.a. Hart et al. 1994). Diese Instrumente weisen starke Ähnlichkeiten mit statistischen Prognoseinstrumenten auf. Auch hier werden Merkmale zusammengestellt (die auch nicht immer ganz frei von inhaltlichen Tautologien scheinen und ebenfalls zusammenfassende, statische Variablen präferieren; vgl. hierzu Nedopil 1997) und die individuellen Ausprägungen einer Person werden zu Summenscores verrechnet. Der Unterschied besteht in der theoretischen Fundierung: Es geht um die Identifikation bzw. um die Quantifizierung eines bestimmten Syndrombildes, das dem theoretischen Konstrukt „psychopathy"[16] entspricht. Ihre kriminalprognostische Relevanz erhalten sie durch die theoretische Annahme (und entsprechende empirische Hinweise) einer überdauernden Tendenz dieser Gruppe zu dissozialen, delinquenten und gewalttätigen Handlungen[17]. Hierzu liegt mittlerweile eine breite internationale empirische Befundgrundlage vor, die diese Annahme weitgehend bestätigt, und auch bei deutschen Straftäterpopulationen haben das Konstrukt und die hierauf fußende PCL ihre grundsätzliche prognostische Validität empirisch belegen können (vgl. Dahle 2004).

Trotz dieser theoretischen Fundierung handelt es sich letztlich um diagnostische Instrumente, die eine Zuordnung von Personen zu einer hypothetischen Hochrisikogruppe erlauben. Eine Individualprognose im engeren Sinne ist hiermit allein noch nicht möglich. Hinzu kommt, dass die Reichweite auch dieser Instrumente durch ihre theoretische Anbindung begrenzt ist – auch andere Personengruppen als die durch „psychopathy" bzw. verwandte Konstrukte beschriebenen begehen Straftaten; diese liegen mithin außerhalb der Methode.

Allgemeine klinische Prognosemethoden

Die bisher besprochenen klinischen Methoden wiesen Einschränkungen ihrer Reichweite und Anwendbarkeit auf, die sich als Folge theoretischer Festlegungen und der Fokussierung auf bestimmte Personengruppen erga-

---

[15] Einige Prognoseinstrumente bauen unmittelbar auf die PCL auf und beziehen den PCL-Score als ein Merkmal in ein umfassenderes Instrumentarium ein (z.B. der RAG von Harris et al. [1993] oder das bereits erwähnte HCR-20 von Webster et al. [1995]).

[16] Der amerikanische Begriff „psychopathy" ist nicht deckungsgleich mit dem deutschen Konzept des „Psychopathen" oder den in den psychiatrischen Klassifikationssystemen beschriebenen anti- bzw. dissozialen Persönlichkeitsstörungen (vgl. i.e. Cleckley 1941; zu den Zusammenhängen mit psychiatrischen Störungskategorien siehe jedoch Cunningham u. Reidy 1998 sowie Kraus et al. 1999).

[17] Inzwischen liegt eine Vielzahl von Studien zur prognostischen Validität der PCL (und ihrer Folgeinstrumente) vor, die ihre grundsätzliche Brauchbarkeit bestätigen. Die bisherigen empirischen Erfahrungen legen auch nahe, dass diese Gruppe offenbar spezifischer Behandlungsstrategien bedarf (vgl. hierzu z.B. die Arbeiten von Rice et al. 1992 u.a.; zusammenfassend auch Nedopil 1997).

ben. Vorteil dieser Beschränkung war die Möglichkeit vergleichsweise genauer Vorgaben im Hinblick auf die in der Prognose zu berücksichtigenden Inhalte; der Nachteil ihre mangelnde Anwendbarkeit auf Problembereiche, die außerhalb der Reichweite der Methode und ihrer zugrundeliegenden Theoriebezüge liegen.

Prognosemethoden mit einem generelleren Geltungsanspruch können naturgemäß keine allgemeingültigen inhaltlichen Vorgaben über konkrete Merkmalsbereiche machen. Ihr Schwerpunkt liegt in der Standardisierung des prinzipiellen diagnostischen Vorgehens, der Vorgabe allgemeiner inhaltlicher Leitlinien hierbei und der Beschreibung der erforderlichen Denkschritte bei der Ableitung prognostischer Schlüsse aus den erhobenen diagnostischen Befunden. Das konkrete diagnostische Vorgehen folgt im Übrigen den gängigen Standards eines problemorientierten diagnostischen Urteilsbildungsprozesses (vgl. hierzu Steller u. Dahle 2001).

■ **Dimensionale Ansätze.** Ein allgemeines Rahmenkonzept klinischer Kriminalprognosen, das in der Praxis weite Verbreitung gefunden hat, wurde von Rasch (1999 u. a.) vorgelegt. Kerngedanke seines Vorschlags ist die Zerlegung des prognostischen Beurteilungsprozesses in kleinere, diagnostisch handhabbare Zwischenschritte. Ziel ist die Zergliederung in solche Teilfragen, die sich dem Prognostiker regelmäßig stellen, wenn er ein vollständiges Bild der individuellen Risikopotenziale einer Person gewinnen will. Diese in diesem Sinne unentbehrlichen Elemente nennt Rasch die „Dimensionen der klinischen Prognose kriminellen Verhaltens", sie umfassen die Analyse

- der bekannten Kriminalität und der Auslösetat(en),
- des Persönlichkeitsquerschnitts und des aktuellen Krankheitszustands,
- der Zwischenanamnese bzw. des Verlaufs während eines Freiheitsentzuges sowie
- der Perspektiven bzw. der Außenorientierung (Rasch 1999, S. 376).

Deutlich wird das Bemühen, den Prognostiker vor der Urteilsbildung zu einer gewissen thematischen Breite bei der Befunderhebung zu zwingen, um ihn vor voreiligen Schlussfolgerungen zu bewahren. Gleichwohl handelt es sich bei den Dimensionen nicht um eine „Checkliste", die man einfach abarbeiten kann (vgl. Rasch 1997); die genannten Themenbereiche sind vielmehr für jeden Einzelfall erst inhaltlich zu füllen. Zwar finden sich beim Autor Anhaltspunkte über mögliche inhaltliche Aspekte, denen erfahrungsgemäß häufig eine prognostische Relevanz zukommt und auf die man insofern ein besonderes Augenmerk richten sollte. Diese garantieren jedoch weder Relevanz für den vorliegenden Einzelfall noch Vollständigkeit der im individuellen Fall tatsächlich bedeutsamen Zusammenhänge – beides lässt sich letztlich nur vor dem Hintergrund der spezifischen individuellen biopsychosozialen Bezüge beurteilen. Die Vorgabe einer erschöpfenden inhaltlichen Merkmalsliste ist auch nicht das Ziel, sie wäre ohne Einschränkungen der Reichweite der Methode nicht möglich. Die Stärke des

Ansatzes besteht vielmehr darin, die allgemeine Aufgabe einer Kriminalprognose in solche Teilfragen zu zerlegen, die sich aus dem Wesen kriminologischer Verhaltensprognosen schlüssig ergeben.

Ein strukturell und inhaltlich ähnliches Modell wurde auch von Nedopil (zusammenfassend: 1996) beschrieben; sein Vorschlag basiert auf einer empirischen Studie der Überlegungen, auf denen eine Stichprobe erfahrener Gutachter ihre prognostischen Beurteilungen bauten. Bei der Zusammenstellung und Aufbereitung der vorgefundenen Kriterienbereiche kam der Autor zu einer thematischen Zuordnung zu 4 übergeordneten Dimensionen, die den Dimensionen von Rasch weitgehend ähneln; der Autor nennt sie „Ausgangsdelikt", „prädeliktische Persönlichkeit", „postdeliktische Persönlichkeitsentwicklung" und „sozialer Empfangsraum". Jedem dieser übergeordneten Bereiche wird eine Anzahl weiterer Unterpunkte zugeordnet. Gleichwohl betont auch Nedopil, dass es sich hierbei nicht um eine schematische Kriterienliste handelt. Es handelt sich vielmehr um eine Vorstrukturierung unerlässlicher Gedankengänge, die im Anwendungsfall einer auf den Einzelfall bezogenen inhaltlichen Konkretisierung bedarf.

Die Vorteile dieser und ähnlicher dimensionaler Ansätze bestehen darin, dass durch die Untergliederung der prognostischen Globalfrage in weitgehend disjunkte Teilaspekte der erforderliche Beurteilungsprozess übersichtlicher (und damit transparenter) wird und dass eine gewisse Mindestbreite der Beurteilungsgrundlagen gewährleistet ist – ohne dass bereits Vorannahmen in die Methodik eingingen, die ihre Anwendbarkeit von vornherein auf bestimmte Fälle einschränken würde. Auf der anderen Seite bleibt das Ausmaß methodischer Orientierungshilfen, die das Vorgehen strukturieren oder eine inhaltliche Grundlage für die Formulierung qualitativer Maßstäbe bieten könnten, bei einem dimensionalen Ansatz begrenzt – als methodisch fehlerhaft bzw. qualitativ ungenügend wären letztlich nur solche Prognosen anzusehen, die bei der Befunderhebung einen der geforderten Themenbereiche gänzlich aussparen. Unbefriedigend ist es zudem, dass die einzelnen Dimensionen weitgehend unverbunden nebeneinander stehen und weder methodische noch inhaltliche noch theoretische Bezüge zueinander aufweisen. Die Art ihrer Verknüpfung innerhalb des prognostischen Urteilsbildungsprozesses bleibt insofern offen. Gleichwohl ist es grundsätzlich möglich, auf der Grundlage eines solchen Ansatzes auch systematische Zusammenhänge zwischen den Dimensionen zu bestimmen. Eine solche Systematik eröffnet die Möglichkeit, das diagnostische Vorgehen weiter zu strukturieren. Im folgenden Abschnitt sei ein Ansatz skizziert, die Grundzüge eines solchen Prozessmodells klinischer Prognosen zu beschreiben.

Grundzüge eines Prozessmodells klinischer Kriminalprognosen. Ausgehend vom Anspruch klinischer Prognosen – die vorherzusagenden Phänomene auf der Grundlage empirisch fundierter theoretischer Konzepte erklären zu wollen – ist es die *erste diagnostische Teilaufgabe*, die bisherige delinquente Entwicklung des Betreffenden nachzuzeichnen und aufzuklären. Die retrograde Analyse des bisherigen relevanten Verhaltens und ihrer Hintergründe bietet dabei den sinnvollsten Zugang zu den individuellen Gegebenheiten und Besonderheiten (vgl. Grubin u. Wingate 1996). Die Aufgabe besteht darin, aus der Vielzahl der potenziell in Frage kommenden (Entwicklungs-, Handlungs-, Kriminal-, Verlaufs-, ggf. Störungs-) Theorien diejenigen Aspekte zusammenzutragen, die für den vorliegenden Einzelfall von Bedeutung sind und diese derart zusammenzufügen, dass sich ein in sich schlüssiges Erklärungskonzept der bisherigen Delinquenz des Betreffenden ergibt. Bereits an früherer Stelle wurde darauf hingewiesen, dass dies eine konstruktive (und nicht bloß deduktive) Leistung darstellt, geht es doch um die Integration einer Anzahl von Teilerklärungen zu einer neuen Gesamtheit und damit letztlich um die Formulierung einer *individuellen Handlungstheorie der Delinquenz der fraglichen Person.*

Der Theoriebegriff wurde durchaus bewusst gewählt, er verweist auf die qualitativen Anforderungen, an die sich dieser Schritt zu messen hat und die daher hier noch einmal wiederholt werden sollen. Wie jede „neue" Theorie sollte auch eine solche „individuelle Handlungstheorie" in sich selbst und im Verhältnis zu bewährten Theorien und empirischen Erfahrungen widerspruchsfrei sein; sie sollte sich in die bestehende Theorienlandschaft einfügen und sich auf bewährte allgemeine Theorien und empirische Erfahrungen berufen; sie sollte nicht belegbare und theoretisch nicht begründbare Vorannahmen vermeiden und sie sollte die relevanten Zusammenhänge möglichst erschöpfend erklären können. Kurz: Sie sollte eine plausible, nachvollziehbare und vollständige Erklärung der Ursachen für die bisherige Delinquenz des Betreffenden bieten.

Die Anforderung geht jedoch noch einen Schritt weiter, da auf der Grundlage des so entwickelten Erklärungsmodells eine zusätzliche Untersuchung der bisherigen Delinquenz erforderlich ist. Notwendig ist zumindest eine Strukturanalyse im Hinblick auf die eingangs skizzierten Grundelemente menschlichen Handelns, nämlich die Untersuchung ihrer personalen und situationalen (bzw. internalen und externalen) Bedingungsfaktoren. Sinnvoll erscheint darüber hinausgehend aber auch eine Analyse der zeitlichen Stabilität dieser Faktoren, um zufällige bzw. zeitlich befristete Konstellationen von stabilen Bedingungen unterscheiden zu können[18]. Tabelle 6.1 gibt ein fiktives Beispiel einer solchen Analyse wieder, wie sie etwa für die Gewalthandlung(en) eines jugendlichen Gruppentäters denkbar wäre.

Das Thema der *zweiten Teilaufgabe* – im Prozessmodell die Analyse der relevanten Entwicklungen seit der letzten Tat – ergibt sich aus dem im ersten Schritt erarbeiteten Erklärungsmodell der Delinquenz der Person und der

---

[18] Für die Hintergründe dieser aus der Attributionstheorie entlehnten Analyseeinheiten der Bedingungsfaktoren menschlichen Handelns – „external vs. internal" und „stabil vs. variabel" – siehe z. B. Abramson et al. (1978). Je nach Untersuchungsanlass ließen sich auch weitergehende bzw. etwas anders gelagerte Einheiten denken; z. B. könnte man im Vorfeld therapeutischer Behandlungsmaßnahmen etwa nach der therapeutischen Ansprechbarkeit einzelner Bedingungsfaktoren (veränderbar vs. invariant) fragen.

Tabelle 6.1. Fiktives Beispiel einer Strukturanalyse bedingender Faktoren im Rahmen der Aufklärung der bisherigen Delinquenz eines Täters

	Internale (persongebundene) Faktoren	Externale (situative, kontextgebundene) Faktoren
‖ **Stabile** (zeitlich relativ überdauernde) Faktoren	Geringe Normbindung, geringes Selbstwertgefühl, Abhängigkeit von äußerer Anerkennung…	Mangelnde familiäre Unterstützung, subkulturelle Einflüsse, kein Arbeitsplatzangebot…
‖ **Variable** (lebensphasisch bedingte oder zufällige) Faktoren	Akuter Alkoholeinfluss (ohne süchtige oder gewohnheitsmäßige Bindung), „Frust", Imponierbedürfnis gegenüber neuer Freundin…	Provokation, konkrete Versuchungssituation, Gruppendruck…

Analyse ihrer Bedingungselemente. Von Bedeutung sind dabei vor allem die zeitlich etwas stabileren personalen Faktoren, stellen sie doch im engeren Sinne die individuellen Risikopotenziale der Person dar und bieten als solche eine diagnostisch handhabbare Übersetzung der Rechtsfigur der „in der Tat zutage getretenen Gefährlichkeit" (§ 454 StPO) des Täters. Aufgabe ist es, ein möglichst umfassendes Bild der Veränderbarkeit sowie der Entwicklungsrichtung und Entwicklungsdynamik dieser Merkmale zu gewinnen. Dieser Schritt gewinnt vor allem dann an Bedeutung, wenn seit der letzten Tat im Rahmen strafrechtlicher Sanktionen bzw. pädagogischer oder therapeutischer Maßnahmen Bemühungen stattgefunden haben, diese Potenziale gezielt zu beeinflussen. Er sollte sich dabei nicht in der einfachen Beschreibung etwaiger Veränderungen erschöpfen, sondern sich ebenfalls (unter Rückgriff auf entsprechende Entwicklungs-, Persönlichkeits-, Kriminalitätsverlaufs-, ggf. auch Störungstheorien und empirische Befunde zu therapeutischen Effekten) um ihre Erklärung bemühen. In Analogie zum ersten Teilschritt ließe sich auch formulieren, Ziel dieses zweiten Schrittes sei die Begründung einer *individuellen Entwicklungstheorie der Persönlichkeit*, wobei der Fokus auf den spezifischen kriminalitätsbedingenden Risikopotenzialen der Person liegt.

Der erneute Rekurs auf den Theoriebegriff verweist wiederum auf die Kriterien, an denen die Qualität dieses Teilschritts zu messen ist: Er sollte zu einer widerspruchsfreien, fundierten, nachvollziehbaren und möglichst vollständigen Erklärung der relevanten Entwicklungsprozesse führen, die ohne allzu viele Zusatzannahmen auskommt. Als spezifisches Gütekriterium kommt jedoch noch hinzu, dass es in erster Linie auf die im ersten Schritt gewonnenen Risikopotenziale – und nicht auf beliebige Persönlichkeitsbereiche – ankommt.

Im *dritten Teilschritt* – der aktuellen Querschnittsdiagnose – geht es zunächst um die Feststellung des aktuellen Entwicklungstandes im Hinblick auf die spezifischen Risikopotenziale der Person. Insofern es sich hierbei um eine „klassische" Aufgabe klinischer Diagnostik handelt, entsprechen die methodischen Qualitätsmaßstäbe dieses Teilschritts allgemeinen diagnostischen Standards; ihre konkreten Inhalte bestimmen sich indessen aus den in den ersten beiden Schritten gewonnenen Informationen über die individuell relevanten Risikopotenziale und deren Entwicklungsdynamik. Das eigentliche Ziel ist indessen die Gegenüberstellung der Fortschritte des Betreffenden in den relevanten Bereichen zu den noch vorhandenen Defiziten und die Analyse möglicher Faktoren, die geeignet sind, etwaige noch bestehende Defizite mit Risikopotenzial zu kompensieren. Hierzu erscheint es sinnvoll, unter Rückgriff auf die im ersten Schritt vorgenommene Analyse der variablen und der situationalen Bedingungsfaktoren für die bisherigen Delikte eine Konkretisierung derjenigen situationalen Rahmenbedingungen vorzunehmen, die zum Zeitpunkt der Prognosestellung eine Realisierung der verbleibenden personalen Risikomomente und damit weitere Delikte befürchten lassen. Das Ziel besteht somit in der Identifikation und Explizierung von Risikokonstellationen, z.B. in Form entsprechender Wenn-dann-Aussagen.

Die aktuell noch als vorhanden erkannten Risikofaktoren und die Analyse der für ihre Realisierung relevanten situationalen Rahmenbedingungen bilden schließlich die Grundlage für den *vierten Teilschritt*, der Aufklärung der zukünftigen Lebensperspektiven des Betreffenden. Je nach konkreter Konstellation können ihre Inhalte die Untersuchung des sozialen Empfangsraums, der Möglichkeiten zur gesellschaftlichen (auch beruflichen) Einbindung, Freizeitpräferenzen und -möglichkeiten usw. sein; Ziel ist es indessen, die zukünftigen situationalen Rahmenbedingungen als das zukünftige Handlungsfeld der Person zumindest grob abzuschätzen. Im Vordergrund steht hierbei, die Wahrscheinlichkeit solcher Situationen einzuschätzen, die – der individuellen Kriminaltheorie und der Analyse des aktuellen Status Quo nach – eine Realisierung der aktuellen individuellen Risikopotenziale befürchten lassen.

Jeder der skizzierten 4 Teilschritte stellt eine mehr oder weniger eigenständige diagnostische Aufgabe dar, deren Bearbeitung nach den üblichen Regeln und Standards einer zielgerichteten und problemorientierten Psychodiagnostik (siehe hierzu z.B. Steller u. Dahle 2001) erfolgen sollte. Auch lässt sich anhand der skizzierten Kriterien für jeden der Teilschritte gesondert prüfen, inwieweit ihre jeweiligen Ziele in hinreichendem Maße erreicht wurden. Zur Prüfung der inhaltlichen Vollständigkeit könnten dabei auch die in Abschn. 6.3.1 genannten Prognoseinstrumente der neuen Generation hilfreiche Dienste leisten. Da sich diese Instrumente um die Erfassung theoretisch fundierter Risikofaktoren bemühen, ist es durchaus sinnvoll, im Rahmen der klinischen Beurteilung nach der individuellen Bedeutung der als relevant registrierten Merkmale zu fragen und diese aufzuklären. Hierdurch wäre ein gewisser Mindestbestand an diagnostischer Befundgrundlage für die klinische Beurteilung gewährleistet.

Trotz weitgehender methodischer Eigenständigkeit sind die Teilschritte inhaltlich keineswegs unabhängig. Die einzelnen Inhalte beziehen sich vielmehr systematisch aufeinander – das Ergebnis jedes Schritts steuert das weitere Vorgehen, indem es gewissermaßen den „Input" für die jeweils folgenden Aufgaben liefert. Im Sinne dieses Prozessmodells stellt die eigentliche Prognosestellung die übergreifende, verbindende Klammer dar; sie lässt sich folgendermaßen beschreiben:

Die Kriminalprognose stellt die Fortschreibung der „individuellen Handlungstheorie" der Kriminalität einer Person (1. diagnostischer Teilschritt) nach den Prinzipien der spezifischen Entwicklungsdynamik ihrer Persönlichkeit (2. diagnostischer Teilschritt) bei Zugrundelegung ihres aktuell erreichten Entwicklungsstandes (3. diagnostischer Teilschritt) unter Annahme wahrscheinlicher zukünftiger situationaler Rahmenbedingungen (4. diagnostischer Teilschritt) dar.

Die folgende Abbildung 6.1 fasst die wesentlichen Schritte und Anforderungen des prognostischen Urteilsbildungsprozesses noch einmal zusammen.

Ein solches Prozessmodell vermag das Vorgehen und die erforderlichen Denkschritte vergleichsweise weitgehend zu strukturieren und zu standardisieren, ohne dass theoretische Vorannahmen die Anwendbarkeit der Methode von vornherein auf bestimmte Fallkonstellationen einschränkten. Ähnlich den dimensionalen Ansätzen gewährleistet es zudem die Beachtung einer inhaltlichen Mindestbreite notwendiger diagnostischer Themenbereiche. Es berücksichtigt jedoch darüber hinaus auch die inhaltlichen Zusammenhänge zwischen den einzelnen Dimensionen, konkretisiert ihre jeweilige Bedeutung für den Beurteilungsprozess und bietet Leitlinien und Maßstäbe, wie die einzelnen erforderlichen Teilschritte inhaltlich zu füllen und die Qualität ihrer Umsetzung zu beurteilen sind.

Gleichwohl handelt es sich um ein Rahmenmodell, das auf einer mehr oder weniger abstrakten Ebene die prinzipielle Systematik des Vorgehens beschreibt. Weitergehende inhaltliche Vorgaben – etwa in Form verbindlicher Merkmalskataloge – wären ohne theoretische Festlegungen kaum möglich, diese würden jedoch den Geltungsbereich der Methodik auf die Reichweite der Theorie begrenzen. Die Anforderung einer adäquaten inhaltlichen Umsetzung, die gewissermaßen das Fleisch für das methodische Grundgerüst liefert, bleibt insofern eine wesentliche Aufgabe des Diagnostikers. Hierzu benötigt er einen möglichst breiten Fundus an (sozial- und entwicklungspsychologischem, verhaltens- und handlungstheoretischem, ggf. auch klinischem usw.) Grundlagenwissen; vor allem aber an potenziellen Erklärungsmodellen für delinquentes bzw. kriminelles Verhalten. Diese bieten erst die Grundlage für die Bildung individueller Erklärungshypothesen und damit für die Entwicklung „individueller Kriminaltheorien". Die mittlerweile verfügbare einschlägige Literatur bietet hierfür ein recht breites Repertoire potenziell bedeutsamer Ansätze (Übersichten z. B. bei Lamnek 1994, 1996; Schneider 1997).

Mittlerweile liegen empirische Hinweise zur praktischen Anwendbarkeit und Güte des Prozessmodells vor. Sie belegen zunächst eine sehr akzeptable Beurteilerübereinstimmung bei Anwendung durch hinreichend qualifizierte Prognostiker. Vor allem aber erzielten die Prognosen gegenüber statistischen Instrumenten (auch der neuen Generation) durchgängig höhere Vorhersagegütewerte, insbesondere in jenen Bereichen, in denen die statistischen Instrumente Schwächen aufwiesen (vgl. Dahle 2004).

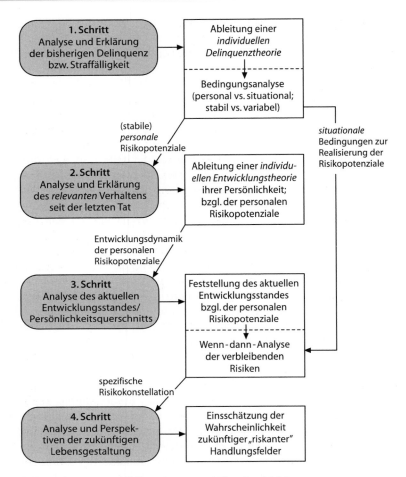

Abb. 6.1. Prozessmodell klinisch-prognostischer Urteilsbildung

▮ **Methodische Hilfsmittel für die klinisch-prognostische Urteilsbildung.** Ein spezielles Hilfsmittel für die Erstellung von Kriminalprognosen stellen die sog. *Prognosechecklisten* oder prognostischen Kriterienkataloge dar. In einigen Systematiken werden sie unter dem Leitbegriff der „kriterienorientierten Prognose" neben den statistischen und klinischen Methoden als eigenständige Methodenfamilie aufgeführt (z. B. Wulf 2003). Es handelt sich hierbei um mehr oder weniger systematische Zusammenstellungen von Merkmalen, die zumeist der Literatur entnommen wurden und von denen man aufgrund empirischer Erfahrung annimmt, dass sie mit erhöhter oder reduzierter Rückfallwahrscheinlichkeit einhergehen – sie enthalten insofern nichts, was man bei sorgfältiger Sichtung einschlägiger Rückfallstudien nicht auch so hätte erfahren können. Ein aktuelles Beispiel für eine solche Kriterienliste findet sich bei Ermer und Dittmann (sog. „Dittmannliste", 2001).

Die Prognosechecklisten sind meist umfangreicher als einzelne statistische Instrumente und somit potenziell geeignet, eine größere Bandbreite möglicher Fallkonstellationen und Zusammenhänge zu erfassen. Auf der anderen Seite weisen sie meist keine systematischen Operationalisierungen für die Erfassung der einzelnen Kriterien auf, und die Eigenschaften der Verfahren sind kaum – meist gar nicht – empirisch untersucht. Es fehlen damit nicht nur Hinweise auf die Objektivität ihrer Anwendbarkeit und insbesondere ihre prognostische Validität. Auch die Zusammenhänge der Merkmale untereinander, die Bedeutung etwaiger Kumulationen und Clusterungen der erfassten Risiko- und Schutzfaktoren und zum Teil auch ihre jeweilige spezifische prognostische Bedeutung sind einstweilen unbekannt. Es handelt sich insoweit nicht um eine in sich abgeschlossene Prognosemethodik. Ihr praktischer Nutzen besteht in ihrer Funktion eines potenziellen Hilfsmittels für den klinisch-idiografischen Beurteilungsprozess. Sorgfältig konstruierte Checklisten können den Prognostiker darin unterstützen, nicht wesentliche Aspekte bei der Beurteilung zu übersehen. Die individuell als relevant erachteten Merkmale bedürfen hierfür jedoch einer theoretisch fundierten Aufarbeitung ihrer jeweiligen spezifischen kriminogenen Bezüge im Einzelfall, insbesondere im Rahmen der individuellen Delinquenztheorie. Sorgfältig zusammengestellte Kriterienlisten können insoweit zur Erhebung eines Mindestbestandes an Befundgrundlagen beitragen und hierdurch die klinische Beurteilung unterstützen. Sie tragen somit zu einer gewissen Standardisierung des klinischen Vorgehens und mithin zu einer Erhöhung der Transparenz bei.

Ein anderes Hilfsmittel für die klinische Prognosebeurteilung – insbesondere für die Entwicklung einer individuellen Delinquenztheorie – stellen täter- oder tathergangsbezogene *Typologien* dar. In der kriminologischen und kriminalpsychologischen Literatur findet sich eine ganze Reihe von Studien zur empirisch fundierten Entwicklung solcher Typologien. Sie waren darauf ausgerichtet, Beschreibungs- und Erklärungsmuster für unterschiedliche strafrechtlich relevante Phänomenbereiche zu liefern. Beispiele finden sich insbesondere für verschiedene Deliktgruppen, etwa für Sexualstraftäter (z. B. Prentky u. Knight 1991; Wörling 2001), Brandstifter (z. B. Klosinski u. Bertsch 2001) oder Raubmörder (z. B. Volbert 1992) sowie für unterschiedliche monotrope und polytrope Verlaufsmuster krimineller und gewalttätiger Rückfallkarrieren (z. B. Dahle 2001). Insoweit es sich jeweils um empirisch begründete Prototypen handelt, ermöglichen sie eine differenzierte Sicht auf unterschiedliche Tatbegehungskonstellationen und ihre jeweiligen Hintergründe und können für die Entwicklung einer individuellen Kriminaltheorie wertvolle Hinweise liefern. Sie stellen gleichsam die allgemeine Zusammenhänge und Gesetzmäßigkeiten abbildende Folie dar, vor deren Hintergrund man den Einzelfall und seine Ähnlichkeiten und Diskrepanzen mit dem Prototyp analysieren kann, um auf diesem Weg zu einer möglichst systematischen Rekonstruktion der individuell bedeutsamen Zusammenhänge unter Berücksichtigung regelhafter und spezifischer Aspekte zu gelangen.

6.4 Empirische Grundlagen für die prognostische Urteilsbildung

6.4.1 Zur Bedeutung und Einschätzung von Basisraten

Trotz inhaltlicher Aufklärung der individuell relevanten Zusammenhänge stellt die abschließende Einschätzung der Eintretenswahrscheinlichkeit der als relevant erkannten Risikokonstellationen ein regelmäßiges Problem dar. Dies liegt nicht zuletzt in der eingeschränkten Vorhersagbarkeit zukünftiger situationaler Umstände und Entwicklungen begründet. Ohne rationale, äußere Orientierungspunkte bestehen hier in besonderem Maße Risiken für Fehleinschätzungen. Aus diesen Gründen kommt der Beachtung der Basisrate zukünftiger Rückfälle eine große Bedeutung zu. Sie stellt eine notwendige Orientierungshilfe bei der Gewichtung individueller Risikofaktoren dar, um die Einschätzung gewissermaßen auf ein angemessenes Grundniveau zu eichen. Eine solche „Kalibrierung" erscheint nicht zuletzt auch insofern geboten, als es nicht wenige Hinweise dafür gibt, dass die Basisraten in der Praxis häufig falsch eingeschätzt werden – in Vergleichsstudien erwiesen sich grob geschätzte Basisraten mitunter als effizientere Prädiktoren zukünftiger Delikte als die Ergebnisse mehr oder weniger aufwändiger (oft wohl aber eher intuitiver) Untersuchungen (vgl. z.B. Kühl u. Schumann 1989).

Zur „Kalibrierung" von A-priori-Annahmen über grundsätzlich zu erwartende Rückfallwahrscheinlichkeiten in konkreten Untersuchungsfällen sind globale Basisraten – beispielsweise Angaben über pauschale Rückfallquoten ehemaliger Strafgefangener – meist wenig hilfreich. Erforderlich sind vielmehr Informationen über Fallkonstellationen, die den vorliegenden Gegebenheiten inhaltlich möglichst ähneln. Unter der Voraussetzung, dass geeignete Instrumente vorliegen, ließen sich zu ihrer Gewinnung somit vor allem statistische Verfahren heranziehen; ihr Prinzip besteht ja gerade in der Zuordnung eines Einzelfalls zu einer möglichst ähnlichen Vergleichsgruppe mit bekannter Basisrate (vgl. Abschn. 6.3.1).

Gerade im deutschen Sprachraum sind geeignete statistische Prognoseverfahren jedoch rar. Viele Instrumente sind veraltet, methodisch unzureichend (z.B. ohne Kreuzvalidierung), beziehen sich auf andere Problemstellungen (z.B. Prognosen im prädeliktischen Stadium) und sind aus diesem Grund nur von begrenztem Wert – allerdings deuten Untersuchungen darauf hin, dass im Ausland entwickelte statistische Prozeduren offenbar auch bei deutschen Täterpopulationen recht brauchbare Ergebnisse liefern (Dahle 2004). Auf der anderen Seite gibt es für eine Reihe spezieller Delikt- oder anderer Fallkonstellationen systematische empirische Untersuchungen der jeweiligen Rückfallhäufigkeiten, aus denen sich fundierte Informationen über die entsprechenden Basisraten beziehen lassen. So finden sich beispielsweise Katamnesestudien zur weiteren strafrechtlichen Entwicklung ehemaliger Patienten des Maßregelvollzugs, die teilweise auch nach Delikt- und/oder Diagnosegruppen differenziert vorliegen (eine Übersicht gibt z.B. Leygraf 1998). Für einige spezielle Deliktgruppen liegen auch gezielte Stu-

dien zur einschlägigen, teilweise auch zur allgemeinen Rückfälligkeit vor –
freilich handelt es sich bei diesen Untersuchungen bevorzugt um ausgewählte Delikte mit einem besonders hohen Schadensrisiko für potenzielle
Opfer bzw. um solche Delikte, die regelmäßig eine besondere öffentliche
Aufmerksamkeit hervorrufen. Zur Frage der Rückfallhäufigkeit bei Sexual-
delinquenz hat die Kriminologische Zentralstelle in Wiesbaden eine breit
angelegte systematische Untersuchung vorgelegt (Egg 1998; Elz 2001, 2002).
Hinweise auf Basisraten der Rückfälligkeit psychisch kranker und gesunder
Brandstifter lassen sich – letztes Beispiel – etwa der Arbeit von Barnett u.
Richter (1995) entnehmen. Zu erwähnen ist auch eine neuere systematische
Rückfallstatistik (Jehle, Heinz u. Sutterer 2003), wenngleich die Katamnese-
zeiträume für prognostische Zwecke recht kurz gewählt wurden.

Solche empirisch gewonnenen Basisraten sind zur Einschätzung der
Grundwahrscheinlichkeit zukünftiger Delinquenz in einem vorliegenden
Einzelfall um so nützlicher, je ähnlicher sich der Fall und die Bezugsgruppe, aus der die Basisratenschätzung stammt, hinsichtlich ihrer kriminalitätsbedingenden Risikokonstellationen sind und je homogener die heran-
gezogene Bezugsgruppe ist. Wertvoll sind daher vor allem solche Katamne-
se- oder Rückfalluntersuchungen, die einen möglichst hohen Differenzie-
rungsgrad aufweisen und auch die erforderlichen theoretischen (klinischen,
kriminologischen usw.) Hintergrundinformationen über die Untersu-
chungsgruppe bieten, die nötig sind, um die Vergleichbarkeit mit dem Einzelfall überhaupt einschätzen und eine entsprechende Zuordnung vornehmen zu können. Zu beachten ist, dass empirisch gewonnene Einschätzungen der Basisrate von Rückfällen die tatsächliche Basisrate stets unterschätzen, da begrenzte Beobachtungszeiträume, Dunkelfeldproblematik und verschiedene Selektionseffekte zur systematischen Reduktion der empirisch er-
mittelbaren Raten führen (siehe hierzu im Einzelnen Dahle 2004).

6.4.2 Forschung zu Verlaufsformen delinquenter Entwicklungen

Einen Schritt weiter als einfache Katamnese- und Rückfallstudien gehen
Untersuchungen über Verlaufsvarianten delinquenter Biografien, die aus einer lebenslängsschnittlichen Perspektive die Ursachen und Entwicklungs-
formen delinquenter bzw. krimineller Karriereverläufe nachzuzeichnen und
zu analysieren suchen. Ein Beispiel hierfür stellt die Berliner CRIME[19]-Stu-
die dar, in deren Rahmen die Lebensgeschichten einer Stichprobe von rund
400 Männern, die sich 1976 in den Berliner Strafvollzugsanstalten befanden, untersucht wurden. Eine Analyse der strafrechtsbedeutsamen Aktivitä-

---

[19] CRIME: chronische Rückfalldelinquenz im individuellen menschlichen Ent-
wicklungsverlauf. Die Studie geht auf eine Basisuntersuchung aus dem Jahr
1976 zurück, die vom damaligen Leiter des Instituts für Forensische Psychiatrie
der FU Berlin, Prof. Dr. Wilfried Rasch, initiiert wurde. Eine Übersicht über
Anlage, Design und einige aktuelle Ergebnisse findet sich bei Dahle (1998).

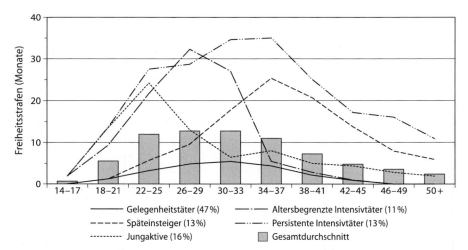

Abb. 6.2. Typen delinquenter Lebensläufe am Beispiel verbüßter Haftstrafen (aus Dahle 1998), spätere Lebensphasen (> 45 J.) anhand der jeweils älteren Teilgruppenmitglieder geschätzt

ten im Lebenslauf dieser unselektierten Probandengruppe (ihr Durchschnittsalter liegt z. Zt. bei knapp 60 Jahren) ergab dabei 5 Grundvarianten, die sich als vergleichsweise gut differenzierbar erwiesen. Abbildung 6.2 veranschaulicht diese Grundtypen anhand der je Lebensphase durchschnittlich im Freiheitsentzug verbrachten Lebenszeit[20].

Die Grafik veranschaulicht recht deutlich die Bedeutung differenzierter Vergleichsgruppen bei der Gewinnung von Basisraten. Für die Gesamtgruppe der Stichprobe (Balkendiagramm) ergibt sich über den gesamten bisherigen Lebenslauf gesehen eine vergleichsweise flache und somit wenig aussagefähige Kurve delinquenter Aktivität mit einem breiten Plateau zwischen dem 22. und 37. Lebensjahr[21]. Sie spiegelt jedoch nur die groben Durchschnittsverhältnisse der unausgelesenen und damit sehr heterogenen Gesamtgruppe wider. Tatsächlich finden sich Subgruppen mit ganz unterschiedlichen Risikoverläufen im Lebenszyklus. Von Bedeutung ist dabei vor allem, dass sich nicht nur die kriminologischen Eck- und Verlaufsdaten dieser Subgruppen unterscheiden. Vielmehr zeigen nähere Analysen vielfältige und systematische Unterschiede auch in ganz anderen Bereichen (in biografischen, sozialen, kognitiven, neurologischen, medizinischen, verhal-

---

[20] Dies war nur eine von vielen Merkmalen, die in die Analyse eingingen. Sie eignet sich für Anschauungszwecke jedoch in besonderem Maße, da hier sowohl Häufigkeiten als auch Schweregrade von Delikten und Verurteilungen eine Rolle spielen. Einschränkend sei jedoch darauf hingewiesen, dass das Maß als „Aktivitätsindikator" wegen unterschiedlicher strafrechtlicher Bestimmungen im Übergang zwischen Jugend- und Erwachsenenalter verzerrt ist.

[21] Tatsächlich beginnt dieses „Plateau" hoher Durchschnittsaktivitäten, wegen der in FN 20 skizzierten Zusammenhänge, bereits deutlich früher.

tens-, persönlichkeits- und einstellungsbezogenen Variablen usw.), die auf unterschiedliche Bedingungskonstellationen bei der Genese und Aufrechterhaltung der delinquenten Aktivitäten der einzelnen Teilgruppen hindeuten (siehe hierzu u.a. Dahle 1998, 2001). Diese auch theoretisch bedeutsame Differenzierung ermöglicht eine deutlich genauere Zuordnung von Einzelfällen und somit exaktere Einschätzungen der Basiswahrscheinlichkeiten von Rückfallrisiken zu bestimmten Lebensabschnitten.

6.4.3 Forschung zu speziellen Einflussgrößen auf Rückfalldelinquenz

Beschränkte sich die Forschung über lange Zeit recht einseitig auf die Suche nach Risikomerkmalen für delinquentes Verhalten, so mehren sich seit Anfang der 90er Jahre die Bemühungen, auch solche Faktoren zu identifizieren, die einen positiven, rückfallverhindernden Einfluss ausüben und dazu führen, dass es trotz gravierender Risiken nicht zu einer delinquenten Entwicklung kommt oder dass eine bereits eingeschlagene Karriere entgegen der (statistischen) Erwartung vorzeitig beendet wird (vgl. z.B. Farrington 1993; Lösel u. Bliesener 1994). Hierzu zählen beispielsweise Faktoren, die geeignet sind, bestehende Risiken aus anderen Bereichen zu kompensieren – dies können etwa besondere soziale Umstände innerhalb oder außerhalb der Familie, bestimmte Persönlichkeitsmerkmale (z.B. erhöhte Ängstlichkeit) oder auch gute Lern- oder andere kognitive Fähigkeiten sein (zusammenfassend z.B. Lösel u. Bender 1998). Solche „Schutzfaktoren" stellen dabei nicht einfache Gegenpole von Risikofaktoren dar – dies führte inhaltlich und theoretisch gegenüber dem einfachen Risikoansatz kaum weiter. Vielmehr geht es um die Identifikation vor allem solcher Merkmale, die bereichsübergreifend bestehende Risikokonstellationen neutralisieren oder einzelne Risikofaktoren kompensieren können. Insofern sind auch für prognostische Zwecke Untersuchungen zu protektiven Faktoren um so wertvoller, je systematischer sie auch die Wirkungsmechanismen der als effizient erkannten Merkmale aufklären. Erst die Erklärung der inhaltlichen Zusammenhänge bietet hinreichende Anhaltspunkte, die Bedeutung etwaiger Faktoren für einen vorliegenden Einzelfall abschätzen zu können.

Neben solchen Studien über mögliche protektive Faktoren finden sich aber auch weiterhin wichtige Forschungsarbeiten zu spezifischen Risiko- und delinquenzfördernden Merkmalen (z.B. Kröber et al. 1994). Hier mehren sich in jüngerer Zeit auch Untersuchungen, die der Frage nach der Wechselwirkung multipler Risiken aus ganz unterschiedlichen Bereichen im Sinne einer übergreifenden biopsychosozialen Perspektive nachzugehen suchen. Nicht zuletzt wegen ihrer theoretischen Implikationen erscheinen diese Arbeiten für prognostische Zwecke von großer Bedeutung (Übersichten z.B. bei Felthous u. Barratt 1998; Lösel u. Bender 1998; Thornberry u. Krohn 2003).

Ein letzter für prognostische Fragen wichtiger Forschungszweig soll abschließend genannt werden. Es geht dabei um die systematische Untersuchung von Effekten und Wirkungsweisen gezielter Interventionen auf das zukünftige Legalverhalten. Hierzu zählt in erster Linie die Evaluationsforschung zur therapeutischen Behandlung von Rechtsbrechern, wie sie seit längerem für den Bereich der Sozialtherapie (siehe zusammenfassend z. B. Lösel u. Bender 1997), sozialer Trainingsmaßnahmen (siehe zusammenfassend z. B. Otto 1994) oder auch zu den Effekten von Maßregelbehandlung (siehe zusammenfassend z. B. Leygraf 1998) vorliegen. Die Befunde und Ergebnisse dieser und ähnlicher Forschungen zu den Effekten und Wirkungen forensischer Therapie bieten mittlerweile ein zunehmend differenziertes Bild, das über die globale Frage der grundsätzlichen Effekte hinausgehend auch Hinweise auf die spezifischen Bedingungen effizienter Interventionsstrategien bietet (vgl. hierzu Andrews u. Bonta 2003) – wenn auch noch viele Fragen offen sind. Nicht ganz so fortgeschritten erscheint gegenwärtig die systematische Erforschung der Effekte von Sanktionsmaßnahmen im engeren Sinn, hier bestehen noch deutliche Defizite (vgl. z. B. Greve u. Hosser 1998). Gleichwohl liegen zu einigen Bereichen, etwa der Diversion oder des Täter-Opfer-Ausgleichs, durchaus Studien vor, aus denen sich Anhaltspunkte ergeben.

6.5 Fazit

Die Ausführungen zeigten, dass eine fundierte Kriminalprognose eine ausgesprochen komplexe Aufgabe darstellt, die sehr hohe Anforderungen an den Diagnostiker stellt und vielfältige Kenntnisse und Kompetenzen erfordert. Sie machen aber auch deutlich, dass rationale und auch wissenschaftlich untermauerte individuelle Prognosen durchaus möglich sind. Es gilt jedoch, auch ihre Begrenzungen zu erkennen – irrtumslose Prognosen sind schon aus theoretischen Gründen nicht denkbar. Eine sorgfältige und fundierte Prognosestellung vermag jedoch eine sinnvolle Grundlage sowohl für die strafrechtliche Entscheidungsfindung als auch für die Zielbestimmung und Adaptation von Behandlungsbemühungen an die individuellen Erfordernisse darzustellen. Dies entspricht nicht zuletzt der eigentlichen Zielstellung psychologischer Diagnostik – zur Lösung drängender Probleme beizutragen und notwendige Entscheidungen zu optimieren (vgl. hierzu Steller in diesem Buch).

In einem so hochkomplexen Feld wie der Prognosestellung ergibt sich jedoch im besonderen Maß die Notwendigkeit zur Implementierung methodischer Standards und zur Entwicklung qualitativer Beurteilungskriterien ihrer Anwendung. Nicht zuletzt sind die Folgen fehlerhafter Prognosen gerade im strafrechtlichen Bereich oftmals überaus gravierend. Hier erscheint nach derzeitigem Stand der Dinge eine doppelgleisige Strategie angebracht, die sowohl aktuelle Prognoseinstrumente einbezieht, um empirisch gesicherte Kenntnisse über Rückfallprädiktoren einfließen zu lassen, als auch auf eine dezidierte klinisch-idiografische Beurteilungsmethodik

Bezug nimmt. Eine systematische integrative Methodik bietet aktuell die beste Gewähr, den verfügbaren Wissensstand in die Prognosebeurteilung einfließen zu lassen und zu zuverlässigen Ergebnissen zu kommen. Ein Vorschlag zum möglichen Vorgehen hierbei findet sich in Dahle (2004).

Literatur

Abramson LJ, Seligman ME, Teasdale JD (1978) Lerned helplessness in humans: Critique and reformulation. Journal of Abnormal Psychology 87: 49–74

Albert H (1957) Theorie und Prognose in den Sozialwissenschaften. Schweizerische Zeitschrift für Volkswirtschaft und Statistik 93: 60–76 (Nachdruck 1971 in: Topitsch E [Hrsg] Logik der Sozialwissenschaften, S 126–143. Kiepenheuer & Witsch, Köln)

Andrews DA (1995) The psychology of criminal conduct and effective treatment. In: McGuire J (ed) What works: Reducing reoffending. Wiley, Chichester, pp 35–62

Andrews DA, Bonta J (1995) LSI-R: the Level of Service Inventory-Revised. Multi-Health Systems, Toronto

Andrews DA, Bonta J (2003) The psychology of criminal conduct 3rd edn. Anderson, Cincinnati

Andrews DA, Zinger I, Hoge RD, Bonta J, Genreau P, Cullen FT (1990) Does correctional treatment work? A clinically-relevant and psychologically informed meta-analysis. Criminology 28: 369–404

Barnett W, Richter P (1995) Zur Kriminalprognose psychisch kranker Brandstifter. Monatsschrift für Kriminologie und Strafrechtsreform 78: 330–340

Beck AJ, Shipley BE (1997) Recidivism of prisoners released in 1983. US Department of Justice, Washington

Boer DP, Hart SD, Kropp PR, Webster CD (1997) Manual for the Sexual Violence Risk-20: professional guidelines for assessing risk of sexual violence. The Mental Health, Law & Policy Institute, Vancouver

Cleckley H (1941) The mask of sanity. Mosby, Saint Louis

Copas J, Marshall P (1998) The offender group reconviction scale: a statistical reconviction score for use by probation officers. Appl Stat 47: 159–171

Cunningham MD, Reidy TJ (1998) Antisocial Personality Disorder and Psychopathy: Diagnostic dilemmas in classifying patterns of antisocial behavior in sentencing evaluations. Behavior Sciences and Law 16: 333–352

Dahle KP (1997) Kriminalprognosen im Strafrecht: Psychologische Aspekte individueller Verhaltensvorhersagen. In: Steller M, Volbert R (Hrsg) Psychologie im Strafverfahren. Huber, Bern, S 119–140

Dahle KP (1998) Straffälligkeit im Lebenslängsschnitt. In: Kröber HL, Dahle KP (Hrsg) Sexualstraftaten und Gewaltdelinquenz: Verlauf – Behandlung – Opferschutz. Kriminalistik, Heidelberg, S 47–56

Dahle KP (2001) Violent crime and offending trajectories in the course of life: an empirical life span developmental typology of criminal careers. In: Farrington DP, Hollin CR, McMurran M (eds) Sex and violence: the psychology of crime and risk assessment. Routledge, London, pp 197–209

Dahle KP (2004) Psychologische Kriminalprognose: Wege zu einer integrativen Methodik für die Beurteilung der Rückfallwahrscheinlichkeit bei Strafgefangenen. Als Habilitationsschrift eingereicht beim FB Erziehungswissenschaft und Psychologie der Freien Universität Berlin

Dahle KP, Steller M (2000) Trends und Perspektiven forensischer Sozial- und Psychotherapie. In: Rothschild MA (Hrsg) Das neue Jahrtausend: Herausforderungen an die Rechtsmedizin (Prof. Dr. Dr. V. Schneider zum 60. Geburtstag). Schmidt-Römhild, Lübeck, S 255–270

Dörner D (1994) Heuristik der Theorienbildung. In: Hermann T, Tack WH (Hrsg) Methodologische Grundlagen der Psychologie. Enzyklopädie der Psychologie, Themenbereich B, Serie I, Teilband 1. Hofgrefe, Göttingen, S 343–388

Eisenberg U (2002) Beweisrecht der StPO, 4. überarb. Aufl. Beck, München

Egg R (1998) Zur Rückfälligkeit von Sexualstraftätern. In: Kröber HL, Dahle KP (Hrsg) Sexualstraftaten und Gewaltdelinquenz: Verlauf – Behandlung – Opferschutz. Kriminalistik, Heidelberg, S 57–69

Egg R, Kälberer R, Specht F, Wischka B (1998) Bedingungen der Wirksamkeit sozialtherapeutischer Maßnahmen. Zeitschrift für Strafvollzug und Straffälligenhilfe 47: 348–351

Elz J (2001) Legalbewährung und kriminelle Karrieren von Sexualstraftätern – Sexuelle Mißbrauchsdelikte. Kriminologische Zentralstelle, Wiesbaden

Elz J (2002) Legalbewährung und kriminelle Karrieren von Sexualstraftätern – Sexuelle Gewaltdelikte. Kriminologische Zentralstelle, Wiesbaden

Ermer A, Dittmann V (2001) Fachkommissionen zur Beurteilung „gemeingefährlicher" Straftäter in der deutschsprachigen Schweiz. Recht & Psychiatrie 19: 73–78

Farrington DP (1993) Criminal, penal and life histories of chronic offenders: Risk and protective factors and early identification. Criminal Behaviour and Mental Health 3: 492–523

Farrington DP (1996) Psychosocial influences on the development of antisocial personality. In: Davies G, Lloyd-Bostock S, McMurran M, Wilson C (eds) Psychology, Law and Criminal Justice: International Developments in Research and Practice. DeGruyter, Berlin New York, pp 424–444

Felthous AR, Barratt ES (1998) Impulsive und episodische Aggressivität: Biologische und psychosoziale Forschung in den USA. In: Kröber HL, Dahle KP (Hrsg) Sexualstraftaten und Gewaltdelinquenz. Kriminalistik, Heidelberg, S 95–117

Frisch W (1994) Strafrechtliche Prognoseentscheidungen aus rechtswissenschaftlicher Sicht: Von der Prognose zukünftigen Verhaltens zum normorientierten Umgang mit Risikosachverhalten. In: Frisch W (Hrsg) Prognoseentscheidungen in der strafrechtlichen Praxis. Nomos, Baden-Baden, S 55–136

Gadenne V (1994) Theoriebewertung. In: Hermann T, Tack WH (Hrsg) Methodologische Grundlagen der Psychologie. Enzyklopädie der Psychologie, Themenbereich B, Serie I, Teilband 1. Hogrefe, Göttingen, S 389–427

Greve W, Hosser D (1998) Psychische und soziale Folgen einer Jugendstrafe: Forschungsstand und Desiderate. Monatsschrift für Kriminologie und Strafrechtsreform 81: 83–103

Grubin D, Wingate S (1996) Sexual offence recidivism: Prediction versus understanding. Criminal Behaviour and Mental Health 6: 349–359

Hanson RK, Scott H, Steffy RA (1995) A comparison of child molesters and nonsexual criminals: Risk predictors and long-term recidivism. Journal of Research in Crime and Delinquency 32: 325–337

Harris GT, Rice ME, Quinsey VL (1993) Violent recidivism of mentally disordered offenders: The development of a statistical prediction instrument. Criminal Justice and Behavior 20: 315–335

Hart SD, Hare RD, Forth AF (1994) Psychopathy as a risk marker for violence: Development and validation of a screening version of the Revised Psychopathy Checklist. In: Monahan J, Steadman HJ (eds) Violence and Mental Disorder: Developments in Risk Assessment. University of Chicago Press, Chicago, pp 81–98

Hinz S (1987) Gefährlichkeitsprognosen bei Straftätern: Was zählt? – Eine experimentelle Untersuchung zum Gebrauch der Eingangsinformation bei der Vorhersage eines sozial definierten Kriteriums durch klinische Urteiler. Peter Lang, Frankfurt/M

Hoge RD, Andrews DA (2001) Youth Level of Service/Case Management Inventory (YLS/CMI). Multi-Health Systems, Toronto

Jehle JM, Heinz W, Sutterer P (2003) Legalbewährung nach strafrechtlichen Sanktionen. Eine kommentierte Rückfallstatistik. Forum, Mönchengladbach

Klosinski G, Bertsch S (2001) Jugendliche Brandstifter: Psychodynamik, Familiendynamik und Versuch einer Typologie anhand von 40 Gutachtenanalysen. Praxis der Kinderpsychologie und Kinderpsychiatrie 50: 92–102

Knecht T (1996) Das Problem der Gefährlichkeitsprognose. Kriminalistik 50: 439–445

Koehler JJ (1992) Probabilities in the courtroom: An evaluation of the objections and policies. In: Kagehiro DK, Laufer WS (eds) Handbook of Psychology and Law. Springer, New York, pp 167–184

Kraus C, Berner W, Nigbur A (1999) Bezüge der „Psychopathy Checklist-Revised" (PCL-R) zu den DSM-III-R- und ICD-10-Klassifikationen bei Sexualstraftätern. Monatsschrift für Kriminologie und Strafrechtsreform 82: 36–46

Kröber HL (1995) Geständnis und Auseinandersetzung mit der Tat als Gesichtspunkte der Individualprognose nach Tötungsdelikten. In: Dölling D (Hrsg) Die Täter-Individualprognose. Kriminalistik, Heidelberg, S 63–96

Kröber HL, Scheurer H, Saß H (1994) Zerebrale Dysfunktion, neurologische Symptome und Rückfalldelinquenz: II. Ergebnisse des Heidelberger Delinquenzprojekts. Fortschritte der Neurologie und Psychiatrie 62: 223–232

Kühl J, Schumann K (1989) Prognosen im Strafrecht – Probleme der Methodologie und Legitimation. Recht & Psychiatrie 7: 126–148

Lamnek S (1994) Neue Theorien abweichenden Verhaltens. Fink, München

Lamnek S (1996) Theorien abweichenden Verhaltens, 6. Aufl. Fink, München

Lösel F, Bliesener T (1994) Some high-risk adolescents do not develop conduct problems: A study of protective factors. International Journal of Behavioral Development 4: 753–777

Lösel F, Bender D (1997) Straftäterbehandlung: Konzepte, Ergebnisse, Probleme. In: Steller M, Volbert R (Hrsg) Psychologie im Strafverfahren. Huber, Bern, S 171–204

Lösel F, Bender D (1998) Aggressives und delinquentes Verhalten von Kindern und Jugendlichen: Kenntnisstand und Forschungsperspektiven. In: Kröber HL, Dahle KP (Hrsg) Sexualstraftaten und Gewaltdelinquenz. Kriminalistik, Heidelberg, S 13–37

Leygraf N (1998) Wirksamkeit des psychiatrischen Maßregelvollzugs. In: Kröber HL, Dahle KP (Hrsg) Sexualstraftaten und Gewaltdelinquenz: Verlauf – Behandlung – Opferschutz. Kriminalistik, Heidelberg, S 175–184

Martinez R (1997) Predictors of serious violent recidivism. Journal of Interpersonal Violence 12: 216–228

Moffitt TE (1993) Adolescence-limited and life-course-persistent antisocial behavior: a developmental taxonomy. Psychological Review 100: 674–701

Monahan J (1981) The Clinical Prediction of Violent Behavior. National Institute of Mental Health, Rockville

Monahan J (1988) Risk assessment of violence among the mentally disordered. International Journal of Law and Psychiatry 11: 249–257

Monahan J (1997) Clinical and actuarial predictions of violence – Scientific status. In: Faigman DL, Kaye DH, Saks MJ, Sanders J (eds) Modern Scientific Evidence: The Law and Science of Expert Testimony. West Publishing, St. Paul, Minnesota, pp 300–318

Müller-Isberner R, Cabeza SG, Eucker S (2000) Die Vorhersage sexueller Gewalttaten mit dem SVR-20. Institut für Forensische Psychiatrie, Haina

Müller-Isberner R, Jöckel D, Cabeza SG (1998) Die Vorhersage von Gewalttaten mit dem HCR-20. Institut für Forensische Psychiatrie, Haina

Nedopil N (1996) Forensische Psychiatrie. Thieme, Stuttgart

Nedopil N (1997) Die Bedeutung von Persönlichkeitsstörungen für die Prognose künftiger Delinquenz. Monatsschrift für Kriminologie und Strafrechtsreform 80: 79–92

Otto M (1994) Soziales Training. In: Steller M, Dahle KP, Basqué M (Hrsg) Straftäterbehandlung. Centaurus, Pfaffenweiler, S 113–131

Palmer EJ (2001) Risk assessment: review of psychometric measures. In: Farrington DP, Hollin CR, McMurran M (eds) Sex and violence: the psychology of crime and risk assessment. Routledge, London, pp 7–22

Prentky RA, Knight RA (1991) Identifying critical dimensions for discriminating among rapists. Journal of Consulting and Clinical Psychology 59: 643–661

Rasch W (1985) Die Prognose im Maßregelvollzug als kalkuliertes Risiko. In: Schwind HD (Hrsg) Festschrift für Günter Blau zum 70. Geburtstag. de Gruyter, Berlin, S 309–325

Rasch W (1997) Verhaltenswissenschaftliche Kriminalprognosen. In: Frisch W, Vogt T (Hrsg) Prognoseentscheidungen in der strafrechtlichen Praxis. Nomos, Baden-Baden, S 17–29

Rasch W (1999) Forensische Psychiatrie, 2. überarb. Aufl. Heymann, Köln

Rice ME, Harris GT, Cormier CA (1992) An evaluation of a maximum security therapeutic community for psychopaths and other mentally disordered offenders. Law and Human Behavior 16: 399–412

Roberts C, Burnett R, Kirby A, Hamill H (1996) A system for evaluating probation practice. Centre for Criminological Research, Oxford

Salmon WC (1970) Statistical Explanation. In: Colodny RG (ed) Nature and Function of Scientific Theories. University Press, Pittsburgh, pp 173–231

Schneider HJ (1983) Kriminalprognose. In: Schneider HJ (Hrsg) Kriminalität und Abweichendes Verhalten. Reihe „Psychologie des 20. Jahrhunderts", Bd 2. Beltz, Weinheim, S 212–249

Schneider HJ (1997) Kriminologische Ursachentheorien: Weiter- und Neuentwicklungen in der internationalen Diskussion. Kriminalistik 51: 306–318

Spiess G (1985) Kriminalprognose. In: Kaiser G, Kerner HJ, Sack F, Schellhorst H (Hrsg) Kleines Kriminologisches Wörterbuch. CF Müller, Juristischer Verlag, Heidelberg, S 253–260

Stegmüller W (1974) Probleme und Resultate der Wissenschaftstheorie und Analytischen Philosophie. Band 1: Wissenschaftliche Erklärung und Begründung. Springer, Berlin

Steller M (1991) Strategien zur Verbesserung der forensischen Diagnostik. Überlegungen zur Überwindung des Elends. In: Egg R (Hrsg) Brennpunkte der Rechtspsychologie: Polizei, Justiz, Drogen. Forum Verlag Godesberg, Bonn, S 385–399

Steller M, Dahle KP (1990) Gefährlichkeitsprognose – Eine unlösbare Aufgabe? Diagnostica 36: 374–378

Steller M, Dahle KP (2001) Diagnostischer Prozess. In: Stieglitz RD, Baumann U, Freyberger HJ (Hrsg) Psychodiagnostik in Klinischer Psychologie, Psychiatrie, Psychotherapie. Thieme, Stuttgart, S 39–49

Streng F (1995) Strafrechtliche Folgenorientierung und Kriminalprognose. In: Dölling D (Hrsg) Die Täter-Individualprognose. Kriminalistik, Heidelberg, S 97–127

Thornberry TP, Krohn MD (eds) (2003) Taking stock of delinquency: an overview of findings from contemporary longitudinal studies. Kluwer, New York

Volbert R (1992) Tötungsdelikte im Rahmen von Bereicherungstaten: Lebensgeschichtliche und situative Entstehungsbedingungen. Fink, München

Volckart B (1997) Praxis der Kriminalprognose: Methodologie und Rechtsanwendung. Beck, München

Volckart B (1999) Zur Bedeutung des hermeneutischen Verstehens in der Kriminalprognose. Recht und Psychiatrie 17: 58–64

Webster CD, Douglas KS, Eaves D, Hart SD (1997) The HCR-20 Scheme Version 2. Simon Fraser University, British Columbia

Westmeyer H (1974) Statistische Analysen in der psychologischen Diagnostik. Diagnostica 22: 31–42

Wiggins JS (1973) Personality and prediction. Addison-Wesley, Reading

Worling JR (2001) Personality-based typology of adolescent male sexual offenders: differences in recidivism rates, victim-selection characteristics, and personal victimization histories. Sex Abuse 13: 149–166

Wulf R (2003) Kriminologische Einzelfallanalyse. Interaktive CD-ROM. URL: http://www.jura-uni-tuebingen.de/professoren_und_dozenten/wulf/krimcd/ [1.3.2005]

7 Standards der psychologischen Glaubhaftigkeitsdiagnostik

RENATE VOLBERT

7.1 Aussagepsychologische Fragestellungen

Im Rahmen der aussagepsychologischen Begutachtung sind verschiedene Fragestellungen zu unterscheiden: Für die Prüfung der Aussagetüchtigkeit ist zu klären, ob eine Person überhaupt die Fähigkeit besitzt, zu einem bestimmten Sachverhalt eine angemessene Aussage zu machen; die Prüfung der *Glaubhaftigkeit* der Aussage betrifft die Unterscheidung zwischen erlebnisbasierten und anders generierten Aussagen und bei der Prüfung der *Aussagegenauigkeit* geht es um die Unterscheidung zwischen realitätsgetreuer Darstellung und Irrtum. Aussagetüchtigkeit, Glaubhaftigkeit und Aussagegenauigkeit sind situationsbezogene Konstrukte, die eine spezifische Aussage betreffen. Die Begriffe *Zeugentüchtigkeit* und (allgemeine) *Glaubwürdigkeit* beziehen sich demgegenüber auf situationsübergreifende personale Konstrukte (vgl. Steller u. Volbert 1997). Dass solche situationsübergreifende Konzepte wenig geeignet sind, die forensischen Fragestellungen zu beantworten, ist an anderer Stelle ausführlich dargelegt worden (vgl. Lau, Böhm u. Volbert 2004; Köhnken 1990).

In der Aussagepsychologie stand lange Zeit die Differenzierung zwischen wahrheitsgemäßen Schilderungen und absichtlichen Falschbezichtigungen im Vordergrund, es können aber sehr unterschiedliche Formen nicht erlebnisentsprechender Aussagen vorliegen, wie die folgende Systematisierung zeigt (Tabelle 7.1).

Die globale Auftragserteilung von Gerichten zur Glaubwürdigkeitsbegutachtung einer Zeugin oder eines Zeugen kann also sehr unterschiedliche Problemkonstellationen betreffen. Die adäquate Spezifizierung im Einzelfall, d. h. die Formulierung der zutreffenden Fragestellungen und der zu prüfenden Hypothesen, stellt bereits einen wesentlichen Teil des Begutachtungsprozesses dar. Denn neben der Hypothese, dass die Aussage mit hoher Wahrscheinlichkeit auf einem eigenen Erleben basiert, sind immer Gegenhypothesen zu spezifizieren und zu prüfen, wobei die Datenerhebung durch die aufgestellten und im Laufe der Untersuchung aktualisierten Hypothesen determiniert wird (vgl. auch Greuel et al. 1998; Trankell 1971; Steller 1988).

Für das gutachterliche Vorgehen ist von Bedeutung, dass mit den verschiedenen in Tabelle 7.1 aufgeführten nicht erlebnisentsprechenden Schilderungen unterschiedliche Vorbedingungen aufseiten des aussagenden Zeugen korrespondieren. Dies soll anhand der intentionalen Unwahraussage

Tabelle 7.1. Taxonomie nicht erlebnisentsprechender Aussagen (vgl. Steller et al. 1993)

Absichtliche Falschaussagen

▌ Intentionale Falschaussage

▌ Intentionaler Transfer
   – eines eigenen Erlebnisses
   – einer sonstigen Wahrnehmung
   auf den Beschuldigten

Fremdbeeinflussungen

▌ Intentionale Induktion einer Falschaussage durch einen Dritten, die vom Kind subjektiv als *unwahr* erkannt, aber übernommen wird

▌ Intentionale Induktion einer Falschaussage durch einen Dritten, die vom Kind subjektiv als *wahre* Aussage übernommen wird

▌ Irrtümliche Induktion einer Falschaussage durch einen Dritten, die vom Kind subjektiv als *unwahr* erkannt, aber übernommen wird

▌ Irrtümliche Induktion einer Falschaussage durch einen Dritten, die vom Kind subjektiv als *wahre* Aussage übernommen wird

Autosuggestionen

▌ Irrtümlich falscher Transfer
   – eines Erlebnisses
   – einer sonstigen Wahrnehmung
   auf den Beschuldigten

▌ Eingeschränkte bzw. aufgehobene Fähigkeit, zwischen eigenem Phantasieprodukt und Realität zu unterscheiden

einerseits und einer induzierten Falschaussage andererseits exemplarisch demonstriert werden (Volbert u. Steller 1998).

Bei einer intentionalen Falschaussage muss eine entsprechende Motivation vorliegen, es müssen die Fähigkeiten vorhanden sein, jemanden erfolgreich zu täuschen, eine plausible Schilderung zu erfinden und eine erfundene Geschichte über einen längeren Zeitraum zu behalten und konsistent wiederzugeben. Daneben muss Wissen über die Thematik existieren, zu der eine Schilderung erfunden wird. Bei Verfahren wegen sexuellen Kindesmissbrauchs müssen nicht nur Kenntnisse über sexuelle Interaktionen vorliegen (vgl. Volbert u. Homburg 1996), sondern das Kind muss auch wissen, dass bei sexuellen Handlungen zwischen Erwachsenen und Kindern lediglich die Erwachsenen, nicht aber die Kinder bestraft werden. Bei einer induzierten Unwahraussage, die subjektiv als wahr übernommen wird, brauchen dagegen weder eine entsprechende Motivation noch die genannten kognitiven Fähigkeiten noch ein eigenständiger Wissensspeicher über sexuellen Missbrauch vorhanden zu sein. Zu einer induzierten subjektiv wahren Aussage kann es hingegen nur kommen, wenn suggestive Bedingungen vorliegen, worauf weiter unten noch näher eingegangen wird.

Betrachtet man diese unterschiedlichen Konstellationen, so wird deutlich, dass Argumentationen wie „ein kleines Kind würde sich so etwas nicht ausdenken", „ein kleines Kind könnte sich so etwas nicht ausdenken", „das Kind hat nur nachteilige Konsequenzen zu tragen", „das Kind hat überhaupt keinen Grund den Angeklagten fälschlicherweise zu belasten" in einem gegebenen Fall zwar richtig sein können, aber dennoch ungeeignet sind, um eine Antwort auf die Frage der Glaubhaftigkeit der Aussage zu geben, wenn aufgrund der Fallkonstellation zu prüfen ist, ob die Schilderung durch suggestive Bedingungen determiniert sein könnte.

7.2 Unterscheidung zwischen erlebnisentsprechenden und erfundenen Aussagen

7.2.1 Aussagepsychologisches Vorgehen zur Unterscheidung zwischen erlebnisentsprechenden und erfundenen Aussagen

Bei der Differenzierung zwischen wahren Schilderungen und absichtlichen Falschbezichtigungen handelt es sich um die klassische aussagepsychologische Fragestellung. Zur Klärung dieser Frage hat sich der inhaltsanalytische Ansatz etabliert, der auf der Konzeptualisierung einer Aussage als Leistung basiert: Es stellt eine schwierige Aufgabe mit hoher Anforderung an die kognitive Leistungsfähigkeit eines Zeugen dar, eine Aussage über ein komplexes Handlungsgeschehen ohne eigene Wahrnehmungsgrundlage zu erfinden. Der lügende Zeuge muss nämlich verschiedene Aufgaben bewältigen (Volbert u. Steller 2004):
- aktive Konstruktion einer in sich schlüssigen, nicht erlebten Ereignisdarstellung,
- ggf. widerspruchsfreie Ergänzung der falschen Ereignisdarstellung bei entsprechenden Nachfragen,
- Behalten der erfundenen Ereignisdarstellung sowie Merken von auf Nachfragen produzierten Informationen,
- Vermeidung von Aussageelementen, die einen Hinweis auf den fehlenden Erlebnisbezug geben könnten,
- Verheimlichung der Täuschung (sowohl auf der Ebene der inhaltlichen Ausgestaltung wie auf der Verhaltensebene).

Daher ist anzunehmen, dass erfundene Handlungsschilderungen – je nach gegebener Leistungsfähigkeit des Aussagenden – inhaltlich relativ wenig elaboriert ausfallen, da der lügende Zeuge ein erhebliches Ausmaß seiner kognitiven Energie auf kreative Prozesse und auf Kontrollprozesse verwenden muss. Daraus ergibt sich, dass eine erfundene Handlungsschilderung im intraindividuellen Vergleich wahrscheinlich eine geringere inhaltliche Qualität aufweist als eine wahre Bekundung über ein Erlebnis. Zu betonen ist jedoch, dass diese Überlegungen an eine wesentliche Voraussetzung gebunden sind, nämlich an die Intentionalität des Kommunikators. Es wird von einem motivierten und zielgerichteten Verhalten des falsch aussagenden Zeugen ausgegangen, von dem eine falsche Darstellung eines Erlebnisses aktiv konstruiert wird. Eine weitere implizite Annahme besteht darin, dass der falsch Aussagende um Verheimlichung der Täuschung bemüht ist (Volbert u. Steller 2004).

Diese Überlegungen wurden von Undeutsch (1967) zu einer Arbeitshypothese zusammengefasst: Aussagen über selbst erlebte Ereignisse unterscheiden sich in ihrer Qualität von Schilderungen, die nicht auf selbst erlebten Vorgängen beruhen.

Der qualitative Unterschied zwischen wahren und erfundenen Aussagen zeigt sich anhand so genannter Glaubwürdigkeitskriterien. Zur Operationalisierung der inhaltlichen Qualität wurden verschiedene Kriteriologien vorgelegt (Arntzen 1993; Szewczyk 1973; Trankell 1971; Undeutsch 1967). Von Steller u. Köhnken (1989) wurde eine Systematisierung der in der Literatur genannten inhaltlichen Merkmale vorgenommen (Tabelle 7.2).

Tabelle 7.2. Kategorisierung inhaltlicher Realkennzeichen nach Steller u. Köhnken (1989)

Allgemeine Merkmale
- Logische Konsistenz
- Chronologisch unstrukturierte Darstellung
- Quantitativer Detailreichtum

Spezielle Inhalte
- Raum-zeitliche Verknüpfungen
- Interaktionsschilderungen
- Wiedergabe von Gesprächen
- Schilderung von Komplikationen im Handlungsverlauf

Inhaltliche Besonderheiten
- Schilderung ausgefallener Einzelheiten
- Schilderung nebensächlicher Einzelheiten
- Phänomengemäße Schilderung unverstandener Handlungselemente
- Indirekt handlungsbezogene Schilderungen
- Schilderung eigener psychischer Vorgänge
- Schilderung psychischer Vorgänge des Angeschuldigten

Motivationsbezogene Inhalte
- Spontane Verbesserungen der eigenen Aussage
- Eingeständnis von Erinnerungslücken
- Einwände gegen die Richtigkeit der eigenen Aussage
- Selbstbelastungen
- Entlastung des Angeschuldigten

Deliktspezifische Inhalte
- Deliktspezifische Aussageelemente

In dieser Systematisierung finden sich 5 Kategorien von Realkennzeichen. „Allgemeine Merkmale" beziehen sich auf logische Konsistenz, quantitativen Detailreichtum etc.

Die zweite und dritte Kategorie („spezielle Inhalte", „inhaltliche Besonderheiten") umfassen spezifische inhaltliche Aspekte der Schilderung. Es geht dabei darum, wie anschaulich eine Aussage geschildert wird. Realkennzeichen sind z. B. erfüllt, wenn Handlungen in raum-zeitliche Bedingungen eingebettet werden, die sich einfügen in die Routine des Kindes, wenn eine Handlung nicht nur global behauptet wird, sondern eine Kette von Interaktionen beschrieben wird, wenn für die Situation adäquate Gespräche oder Gesprächsfragmente geschildert werden etc. Die diagnostisch relevante Frage lautet: „Könnte der Zeuge eine solche Aussage mit dieser spezifischen inhaltlichen Qualität produzieren, ohne dass sie auf einem realen Erlebnis beruht?"

Die vierte Kategorie bezieht sich auf motivationale Aspekte wie Selbstbelastungen, Entlastungen des Beschuldigten etc. Hier lautet die relevante Frage: „Würde ein absichtlich falsch aussagender Zeuge solche Details erwähnen, die die eigene Aussage (oder die eigene Person) in ein unvorteilhaftes Licht rücken?"

Die letzte Kategorie bezieht sich auf delikttypische Aspekte (siehe dazu Arntzen 1993; Undeutsch 1967).

In einer Weiterentwicklung der Systematik unterscheiden Greuel et al. (1998) zwischen Ausschluss- und Qualifizierungsmerkmalen und weisen darauf hin, dass logische Konsistenz und Detaillierungsgrad im Grunde Mindestanforderungen an eine Aussage darstellen und für sich genommen nicht zum Beleg eines Erlebnisbezugs herangezogen werden können. Bereits Arntzen (1993) hatte im Übrigen betont, dass die genannten Merkmale in unterschiedlicher Weise in einer Aussage vorhanden sein können und es sich bei einfachen Ausprägungen der Merkmale lediglich um Aussageeigenarten und nicht um für die Beurteilung relevante Glaubhaftigkeitsmerkmale handelt. Bei der Feststellung der Einzelmerkmale muss bereits beurteilt werden, ob eine Aussageeigenart quantitativ und/oder qualitativ so ausgeprägt ist, dass sie zu einem Qualitätsmerkmal wird.

Glaubhaftigkeitsmerkmale dürfen also nicht im Sinne eines Checklistenverfahrens missverstanden werden, bei dem allein eine bestimmte Anzahl von Merkmalen für die Glaubhaftigkeit einer Aussage spricht. Glaubhaftigkeitsmerkmale dienen lediglich der systematischen Einschätzung der Aussagequalität. Zur Glaubhaftigkeitsbeurteilung ist die Aussagequalität dann auf die kognitive Leistungsfähigkeit des Zeugen, seine bereichsspezifischen Erfahrungen und Kenntnisse und die Befragungsmodalitäten zu beziehen.

Die Untersuchung des Probanden besteht deswegen prinzipiell aus 3 Analyseeinheiten, nämlich der Persönlichkeits-, Motiv- und der eben schon skizzierten Aussageanalyse (neben der Inhaltsanalyse werden auch eine Rekonstruktion der Aussageentwicklung und eine Konstanzprüfung vorgenommen) (ausführlicher Volbert u. Steller 2004).

Bei der *Persönlichkeitsanalyse* liegt der Schwerpunkt in der Feststellung der intellektuellen und sprachlichen Kompetenz des Zeugen unter besonderer

Berücksichtigung seiner sexualbezogenen Kenntnisse und Erfahrungen. Diese Beurteilung der persönlichen Kompetenz eines Zeugen erfolgt mit den allgemeinen Methoden der psychologischen Diagnostik (biografische Analyse, Tests, Beobachtung und Exploration). Für die Aussagebeurteilung potentiell relevante Dispositionen oder Persönlichkeitsstörungen sind ebenfalls mit den Methoden der allgemeinen Diagnostik einzuschätzen (z.B. Selbstwertprobleme, Geltungsbedürfnis, Neurotizismus).

Die *Motivanalyse* soll mögliche Quellen für eine intentionale Falschbezichtigung aufdecken. Wesentliche Anhaltspunkte für potenzielle Belastungsmotive können die Analyse der Beziehung zwischen Zeugen und Beschuldigtem und insbesondere die Analyse der Konsequenzen der Anschuldigung für den Zeugen bzw. für den Beschuldigten oder beteiligte Drittpersonen sein. Wichtiger Bestandteil einer solchen Motivanalyse ist die Rekonstruktion der Entstehungsgeschichte der Aussage, vor allem der Kontext der Erstbeschuldigung sowie Verhalten und begleitende Emotionen des Zeugen zu diesem Zeitpunkt.

Das wesentliche Element der Glaubwürdigkeitsbegutachtung stellt schließlich die *kriterienorientierte Inhaltsanalyse* dar. Diese Qualitätsanalyse gewinnt ihre Aussagekraft für die Glaubhaftigkeitsbeurteilung aber erst durch die Berücksichtigung der Ergebnisse der Persönlichkeits- und Motivanalyse sowie des Aussageverhaltens.

Die Befunde aus allen genannten Bereichen werden in einem diagnostischen Prozess zu einer Wahrscheinlichkeitseinschätzung des Erlebnisbezugs einer Aussage integriert. Praktisch hilfreich ist dabei folgende Leitfrage:

Könnte dieser Zeuge mit den gegebenen *individuellen Voraussetzungen* unter den *gegebenen Befragungsumständen* und unter Berücksichtigung der im konkreten Fall *möglichen Einflüsse von Dritten* diese *spezifische Aussage* machen, ohne dass sie auf einem realen Erlebnishintergrund basiert? (Volbert 1995).

7.2.2 Forschungen zur aussagepsychologischen Methodik zur Unterscheidung zwischen erlebnisentsprechenden und erfundenen Aussagen

Es wurden verschiedene Feld- und Simulationsstudien durchgeführt, um zu überprüfen, ob sich der angenommene qualitative Unterschied zwischen erlebnisbegründeten und erfundenen Schilderungen empirisch nachweisen lässt. Beide Herangehensweisen haben Nachteile: Bei Feldstudien fehlt in der Regel ein sicheres Außenkriterium zur Bestimmung des Wahrheitsstatus einer Aussage, mit dem das Ergebnis der Qualitätsanalyse in Beziehung gesetzt werden könnte. Simulationsstudien weisen als Schwäche eine geringe Lebensnähe auf, wodurch die Übertragbarkeit ihrer Ergebnisse auf die Realsituation von forensischen Begutachtungen eingeschränkt sein kann. Von daher ist es notwendig, dass beide Forschungszugänge ergänzend genutzt werden (Bekerian u. Dennett 1995).

Zwei in den USA durchgeführte Feldstudien (Boychuk 1991; Raskin u. Esplin 1991a, b) erbrachten, dass in erlebnisbegründeten Kinderaussagen über sexuelle Missbrauchserfahrungen deutlich mehr Qualitätsmerkmale enthalten waren als in zweifelhaften Aussagen. Als Außenkriterium für den Wahrheitsstatus wurde eine Kombination von Merkmalen benutzt: Vorhandensein bzw. Fehlen medizinischer Befunde mit Hinweischarakter auf sexuellen Missbrauch, intuitives Urteil eines erfahrenen Praktikers, Ergebnisse einer Polygrafuntersuchung des Beschuldigten, Geständnisse, Aussagen anderer Zeugen. Um Fehlklassifizierungen zu vermeiden, wurden in diesen Untersuchungen nur Fälle einbezogen, die mit sehr hoher Wahrscheinlichkeit erlebnisbegründet bzw. mit sehr hoher Wahrscheinlichkeit falsch waren. Von daher ist von einer Einschränkung der Repräsentativität der Fälle auszugehen, und es stellt sich die Frage, ob sich qualitative Unterschiede auch in den Aussagen des „Mittelfelds" finden lassen würden. Bei einer in Israel durchgeführten Feldstudie (Lamb et al. 1997a) wurden 98 Transkripte über sexuelle Missbrauchsverfahren von Kindern zwischen 4 und 13 Jahren analysiert. Die Fälle wurden ohne Berücksichtigung der Aussagen der Kinder anhand verschiedener Dimensionen (medizinische Befunde, andere Zeugenaussagen, materielle/physikalische Beweise, Aussage des Beschuldigten, Verschiedenes) auf einer 5-stufigen Skala hinsichtlich der Wahrscheinlichkeit des Zutreffens der Vorwürfe eingeschätzt. Es zeigten sich signifikante Unterschiede bezüglich der Menge der Qualitätsmerkmale in den Aussagen zwischen den als wahrscheinlich und den als unwahrscheinlich eingeschätzten Fällen, allerdings waren die Mittelwertdifferenzen zwischen den beiden Gruppen nicht sehr hoch. Zu ähnlichen Ergebnissen kamen Craig et al. (1996; zit. nach Lamb et al. 1997b) in einer neueren Feldstudie in den USA.

Hershkowitz et al. (1997) untersuchten den Zusammenhang von Qualitätsmerkmalen und verwandten Interviewstrategien. Allgemeine Erzählaufforderungen führten zu signifikant längeren Antworten des Kindes als Befragerinterventionen, die die Aufmerksamkeit des Kindes auf spezifische Aspekte oder Details fokussierten, und die Ausführungen des Kindes auf Erzählaufforderungen enthielten mehr Qualitätsmerkmale als die Antworten auf andere Befragerinterventionen. Die Menge der Qualitätsmerkmale korrelierte auch mit der Anzahl der vom Kind gesprochenen Worte sowie mit der Anzahl der genannten Details. Diese Ergebnisse unterstreichen die besondere Bedeutung einer „trichterförmigen" Befragung, bei der zunächst immer versucht wird, durch eine entsprechende Aufforderung einen zusammenhängenden Bericht des Zeugen zu erhalten. Anschließende Fragen sollten zunächst so offen wie möglich sein und erst dann spezifischer werden, wenn es unvermeidbar ist (vgl. Steller u. Boychuk 1992). Befragungen ohne offene Erzählaufforderungen vermindern die diagnostische Kraft der Aussageanalyse bzw. können sie vollständig invalidieren. Durch inadäquate Interviewstrategien wird somit die positive Feststellung des Realitätsgehalts von Aussagen erschwert.

Bei Simulationsstudien werden Versuchspersonen typischerweise aufgefordert, über ein wahres und ein erfundenes Erlebnis zu berichten. Um wichtige Grundvariablen des forensisch relevanten Sachverhalts „sexueller Missbrauch" abzubilden, ohne die Grenzen ethischer Zumutbarkeit der kindlichen Teilnehmer der Studie zu überschreiten, forderten Steller, Wellershaus und Wolf (1992) beispielsweise Kinder auf, über einen Sachverhalt mit folgenden Eigenschaften zu berichten: Eigenbeteiligung, weitgehender Kontrollverlust des Betroffenen, vorwiegend negative emotionale Tönung, was insbesondere auf medizinische Eingriffe oder körperliche Angriffe zutrifft. Insbesondere für die Merkmalskategorien „allgemeine Merkmale", „spezielle Inhalte" und „inhaltliche Besonderheiten" zeigten sich signifikante Qualitätsunterschiede zwischen wahren und falschen Aussagen (allerdings nicht für „Ungeordnet sprunghafte Darstellung", „Schilderung ausgefallener Einzelheiten", „Schilderung psychischer Vorgänge anderer"), während sich keine signifikanten Differenzen zwischen erfundenen und erlebnisbegründeten Schilderungen für die Merkmale der Kategorie „Motivationsbezogene Inhalte" ergaben.

Die zahlreichen Simulationsstudien können hier nicht im Einzelnen referiert werden (Überblicke bei Greuel et al. 1998; Steller u. Volbert 1999; Niehaus 2001; Vrij 2005); grundsätzlich stützen die empirischen Befunde sowohl in Feldstudien als auch in Simulationsstudien die Hypothese eines qualitativen Unterschieds zwischen wahren und erfundenen Aussagen. Auf der Ebene einzelner Merkmale zeigen sich jedoch große Validitätsunterschiede innerhalb der Studien. Daraus könnte man schlussfolgern, dass einzelne Merkmale unterschiedlich gut zur Trennung wahrer und falscher Aussagen geeignet sind. Dagegen spricht jedoch die Tatsache, dass nur in einer einzigen (methodisch nicht unproblematischen) Feldstudie (Esplin et al. 1988) die Validierung aller Merkmale gelang, sich in allen übrigen Studien von Untersuchung zu Untersuchung jeweils andere Merkmale als besonders valide erwiesen.

Dies mag darauf zurückzuführen sein, dass die vorliegenden Studien erhebliche Unterschiede aufweisen hinsichtlich der verwendeten *Aussagethematik*, der untersuchten *Altersgruppen*, der *motivationalen Aussagebedingungen*, der *Art der Unwahrbedingungen*, der *Befragungstechniken* sowie des *Trainings* und der *Erfahrung der Beurteiler*.

Vor dem Hintergrund erscheint die Heterogenität der Befunde wenig erstaunlich und muss keineswegs dazu führen, die gesamte aussagepsychologische Methodik infrage zu stellen. In diesem Sinne legen Fiedler und Schmid (1999) dar, kein einziges Merkmal habe für sich genommen eine quantitative Verlässlichkeit, die es rechtfertigen würde, von einer nomologisch gesetzartigen Beziehung zu sprechen, die sich auf Einzelfälle in spezifischen Kontexten generalisieren ließe. Solche universellen Gesetze müssten zwangsläufig fehlen, weil das Abweichen von der Wahrheit kein einheitliches Phänomen sei (so können z.B. intendierte Täuschungen, suggerierte Falschaussagen oder pathologisch bedingter Realitätsverlust vorliegen) und sich die Gültigkeit in diesem Sinne echter Gesetze empirisch nicht validieren ließe, da eine ausreichend große, nicht verzerrte Stichprobe von Aussagen, deren Wahrheitsstatus zweifelsfrei bekannt sei, für den relevanten

Sachverhalt nicht denkbar sei. Einzelne Merkmale seien vielmehr als nützliche Indikatoren im Rahmen eines induktiv-statistischen „Multiple-cues-Modells" zu verstehen: Der diagnostische Wert einzelner Indikatoren sei in der Regel bescheiden, durch die Zusammenschau multipler „cues" sei jedoch eine hoch signifikante Diskrimination zwischen wahren und falschen Aussagen möglich, da durch Aggregation multipler Indikatoren eine deutlich höhere Gesamtgenauigkeit erreicht werde. Weiter argumentieren die Autoren, einzelne Indikatoren stellten keine gesetzesartige Reflexion der Wahrheit dar, sondern seien lediglich Korrelate, die je nach Modell unterschiedliche Funktionen ausfüllen könnten. Die Problematik induktiv-statistischer Schlüsse liege jedoch in der Selektion der Indikatoren. Mangels universeller Gesetzmäßigkeiten müsse die Eignung der jeweiligen Indikatoren im Rahmen eines klar definierten diagnostischen Modells begründet sein und anhand vorliegender diagnostischer Daten geprüft werden. Da die Indikatoren im Kontext verschiedener Modelle unterschiedlichen Wert haben könnten, bestehe das Ziel einer wissenschaftlich fundierten Diagnostik im kontrastierenden Vergleich verschiedener Modelle, die alternative Erklärungen für die vorhandenen Daten anböten (Fiedler u. Schmid 1999, S. 29).

Für die Einzelfallbegutachtung ist zu berücksichtigen, dass die Aussageanalyse anhand der Realkennzeichen keine absoluten Ergebnisse im Hinblick auf die Einschätzung der Glaubhaftigkeit einer Schilderung erbringt, sondern lediglich zu einer Einschätzung der Qualität der Aussage führt. Wie oben beschrieben wurde, ist zur Glaubhaftigkeitsbeurteilung die Aussagequalität dann auf die kognitive Leistungsfähigkeit des Zeugen sowie seine bereichsspezifischen Erfahrungen und Kenntnisse zu beziehen. In Studien zur Überprüfung der Validität von Realkennzeichen wird von daher nur die Hypothese über einen qualitativen Unterschied zwischen erlebnisbegründeten und erfundenen Schilderungen geprüft. Die Studien erbringen eine generelle Bestätigung dieser Hypothese, für viele Realkennzeichen finden sich jedoch nur geringe Mittelwertunterschiede zwischen wahren und erfundenen Aussagen, was manche Autoren dazu veranlasst, die forensische Anwendung der Methodik infrage zu stellen (Lamb 1998). Ausführungen über die Güte der aussagepsychologischen Glaubhaftigkeitsbegutachtung lassen sich aus diesen Untersuchungen jedoch nicht ableiten, da die kriterienorientierte Inhaltsanalyse lediglich ein Bestandteil der aussagepsychologischen Begutachtung ist. Ohne Kenntnis der individuellen kognitiven Fähigkeiten des Probanden, insbesondere ohne Kenntnis der intellektuellen Kapazität, der verbalen Fähigkeiten, des allgemeinen Darstellungsstils, des allgemeinen Entwicklungsstands und der relevanten Kenntnisse des Zeugen würde in der Praxis nur auf der Basis eines Befragungstranskripts keine gutachterliche Stellungnahme zur Glaubhaftigkeit der Aussage erfolgen.

7.3 Aussagepsychologisches Vorgehen bei der Unterscheidung zwischen erlebnisentsprechenden und suggerierten Aussagen

Neben der Hypothese einer absichtlichen Falschbezichtigung ist häufig zu prüfen, ob eine suggerierte Aussage vorliegt. Ausgangspunkt der Verdachtsbildung ist in diesen Fällen nicht eine Bekundung eines Kindes über sexuelle Missbrauchserfahrungen, sondern die Ausdeutung von so genannten Signalen. Neben der einseitigen Interpretation unspezifischer Verhaltensweisen (Auffälligkeiten im Erleben und Verhalten, psychosomatische Störungen etc.) findet sich die fälschliche Verwendung von Auswirkungsbeschreibungen sexueller Missbrauchserfahrungen als „Symptomlisten" mit angeblichem Indikatorwert; ein sexuelles Missbrauchssyndrom lässt sich aber empirisch nicht begründen (Kendall-Tackett et al. 1993). Eine weitere Determinante ist die Konzeption von sexuellem Missbrauch als „Syndrom der Geheimhaltung" (Fürniss 1991). Auch wenn ohne Zweifel zutrifft, dass sexueller Missbrauch von Opfern insbesondere in über Jahre dauernden innerfamiliären Missbrauchsverhältnissen zum Teil sehr lange Zeit verschwiegen wird, ist doch die generalisierte Übertragung dieser Prämisse auf sehr junge Kinder, andere Täter-Opfer-Konstellationen sowie die Annahme des Fortbestehens langfristigen Schweigens nach Auflösung der dieses Schweigen bedingenden Familiendynamik durch Verbringung eines Kindes in einen anderen Lebenskontext mit wiederholten Ausspracheangeboten entwicklungs- und kognitionspsychologisch insbesondere bei sehr jungen Kindern kaum begründbar. Die Überinterpretation von Signalen vor dem Hintergrund angenommener Geheimhaltung begründet die Durchführung langfristiger so genannter Aufdeckungsarbeit, bei der verschiedene indirekte und direkte Verfahren zur Anwendung kommen, die einen stark suggestiven Charakter haben (siehe dazu Steller u. Volbert 1997). Wenn im Folgenden von „suggestiven Techniken" die Rede ist, darf dies nicht dahingehend missverstanden werden, dass in den Praxisfällen solche Techniken bewusst eingesetzt werden, um falsche Aussagen zu erreichen. Die Befrager haben in der Regel vielmehr keine erkennbare Belastungsmotivation, reflektieren die Möglichkeit suggestiver Einflussnahmen jedoch nicht oder vertreten die Auffassung, Suggestionseffekte seien bei persönlich bedeutsamen Erfahrungen nicht zu erwarten.

7.3.1 Empirische Untersuchungen zu Suggestionseffekten

Mittlerweile liegt eine Fülle von Untersuchungen vor, die belegen, dass die Verwendung von suggestiven Methoden zu nicht erlebniskongruenten Schilderungen auch über persönlich bedeutsame und belastende Ereignisse von Kindern und möglicherweise zu länger bestehenden Pseudoerinnerungen führen kann (Überblick bei Volbert 1999). Dass suggestive Einflussnahmen Effekte haben können, lässt sich aufgrund der Forschungslage nicht mehr bezweifeln. Allerdings führen suggestive Einflussnahmen nicht immer zu einer Beeinflussung der Aussage. Im Folgenden soll dargestellt werden, unter welchen Bedingungen mit dem Auftreten von Suggestionseffekten

bzw. von Pseudoerinnerungen in Kinderaussagen zu rechnen ist (vgl. Volbert 1997, 1999). Dabei ist zu unterscheiden zwischen
▌ Voraussetzungen des Suggestors,
▌ Voraussetzungen der zu beeinflussenden Person,
▌ spezifischen Kommunikations- und Befragungsmustern mit potenziell suggestiver Wirkung.

Von Stern wurde bereits 1904 eine Unterscheidung zwischen *aktiver Suggestion* als von einer Person ausgehendem Einfluss und *passiver Suggestion* vorgenommen, die er als psychischen Zustand der beeinflussten Person beschrieb. Die aktive Suggestion kann ein Verhaltensmuster hervorrufen oder verändern, entfaltet ihre potenzielle Wirkung aber nicht zwangsläufig und korrespondiert nicht notwendigerweise mit einer passiven Suggestion. Passive Suggestion ist als „Empfänglichkeit für Suggestionen" zu beschreiben, auch sie ist vom Vorhandensein einer aktiven Suggestion und vom Resultat des Vorgangs unabhängig. Der Zustand des beeinflussbaren Individuums lässt sich als Mangelsituation beschreiben, die sich aus seiner allgemeinen oder momentanen Bedürfnisstruktur ergibt. Ziel der passiven Suggestion ist ein Ausgleich dieses spezifischen Mangels. Dabei kann es sich um affektive Bedürfnisse (Mangel an Liebe, Vertrauen, Sicherheit, Selbstwertgefühl), kognitive Bedürfnisse (Mangel an Erinnerung, Wissen, logischem Denken, Verständnis) oder um strukturelle Bedürfnisse (ungenügende Klarheit der Situation) handeln (vgl. Gheorghiu 1989). Suggestionseffekte lassen sich demnach weder durch eine bestimmte Bereitschaft oder eine bestimmte Aktivität des Suggestors oder einen entsprechenden Zustand des zu Beeinflussenden erklären, sondern sie manifestieren sich vielmehr erst im Zusammenwirken beider Seiten (vgl. Revenstorf 1990; Stockvis u. Pflanz 1961).

▌ Voraussetzungen des Suggestors

Als vermutlich wesentliche suggestionsfördernde Bedingung aufseiten des Suggestors ist eine Voreinstellung, ein „Interviewerbias", zu nennen. Diese Voreinstellung ist gekennzeichnet durch A-priori-Annahmen darüber, dass bestimmte, eigentlich erst zu erfragende Sachverhalte tatsächlich passiert sind. Hieraus resultiert – unabhängig von der im Einzelnen gewählten Frageform – eine Befragungsstruktur, die auf die Bestätigung dieser Annahme orientiert ist: Der Interviewer sammelt Informationen, die geeignet sind, die Vorabhypothese zu unterstützen, der Interviewerhypothese widersprechenden Auskünften des Kindes wird nicht weiter nachgegangen, Informationen zur Abklärung von Alternativhypothesen werden nicht gesammelt, inkonsistente oder objektiv unmögliche Angaben des Kindes ignoriert oder im Rahmen der Ausgangshypothese interpretiert. Köhnken (1997) weist darauf hin, dass dieses Befragerverhalten sich aus der Theorie der kognitiven Dissonanz vorhersagen lässt (Festinger 1957), die im Kern besagt, dass nach einmal getroffenen Entscheidungen der eigenen Überzeugung widersprechende Informationen einen Spannungszustand auslösen. Um diese kognitive Dissonanz zu reduzieren, werden bei feststehenden Überzeugungen bevorzugt solche Informationen gesammelt, die die vorhandenen Überzeugungen bestätigen, während diejenigen, die ihnen widersprechen, gemieden werden. Unter suboptimalen Informationsverarbeitungsbedingungen, also z. B. bei starker emotionaler Belastung, tritt dieser Effekt verstärkt auf; die eigenen Überzeugungen werden dann durch extrem selektive Informationssuche abzusichern versucht. Diskrepante Informationen werden nur noch gesucht, wenn sie als leicht widerlegbar angesehen werden. Es resultieren verschiedene Interviewtechniken, die durch entsprechende Frageformulierungen eine die Ausgangshypothese bestätigende Antwort nahe legen.

Gerade in den spektakulären Massenanschuldigungsverfahren (Köhnken 1997, 2000; Schade 2000; Schade u. Harschnek 2000; Steller 1998, 2000) schlossen sich Befrager und Eltern vielfach in Gruppen zusammen. Köhnken (1997) weist darauf hin, dass der „confirmation bias" in Gruppen noch wesentlich stärker ausgeprägt ist als bei Einzelpersonen, und dass Gruppen sicherer bezüglich der Richtigkeit ihrer Entscheidung bzw. Überzeugung sind und sich noch selektiver als Einzelpersonen bei der Suche nach Informationen verhalten, die ihre Gruppenmeinung unterstützen (vgl. Frey 1994). Als Folge solchen „Gruppendenkens" (Janis 1982) werden beschrieben: Illusion der Unfehlbarkeit, Nichtbeachten von Warnsignalen, Abwertungen von negativer Rückmeldung mit dem Ziel, die eigene Überzeugung nicht noch einmal überdenken zu müssen, Charakterisierung von Meinungsgegnern als inkompetent, Anpassungsdruck auf Personen, die die Überzeugungen der Gruppe anzweifeln, und Tendenz der Gruppenmitglieder, eigene Zweifel gegenüber den Positionen der Gruppe zu minimieren (siehe dazu Schulz-Hardt u. Köhnken 2000).

▌ Voraussetzungen des zu beeinflussenden Kindes

Sowohl in den empirischen Untersuchungen wie auch in Praxisfällen ist zu beobachten, dass von einem Teil der Kinder Suggestionen sehr schnell übernommen werden, andere Kinder sich dagegen als sehr suggestionsresistent erweisen. Wie ist das zu erklären?

Der Möglichkeit, dass dem eine *persönlichkeitsbezogene Suggestibilität*, d. h. eine besondere Empfänglichkeit für suggestive Beeinflussungen oder Suggestionierbarkeit (Gheorghiu 2000) zugrunde liegen könnte, wurde schon in frühen Arbeiten nachgegangen, wobei man ein solches überdauerndes Persönlichkeitsmerkmal nicht bestätigen konnte (vgl. Volbert u. Pieters 1996). Möglicherweise liegen jedoch spezifische Anfälligkeiten für unterschiedliche suggestive Phänomene vor. In den letzten Jahren ist der Frage der individuellen Differenzen wieder vermehrt Aufmerksamkeit zugekommen. In einer aktuellen Zusammenschau von 69 Studien prüften Bruck und Melnyk (2004), welche Bedeutung individuelle Unterschiede für verschiedene Suggestionsphänomene bei Kindern haben, nämlich für

▌ interrogative Suggestibilität (Bereitschaft, suggestivem Druck nachzugeben),

▌ Falschinformationseffekte (Bereitschaft, falsche Informationen zu übernehmen),
▌ Quellenverwechslungsfehler,
▌ Konstruktion falscher Ereignisse (Konstruktion von Repräsentationen nicht stattgefundener Ereignisse).

Die Autoren nahmen an, dass psychosoziale Faktoren (Selbstkonzept, Compliance) eher mit interrogativer Suggestibilität assoziiert sind, während Falschinformationseffekte und Quellenverwechslungsfehler eher mit kognitiven Variablen in Zusammenhang stehen. Die Zusammenschau der Studien erbrachte folgende Ergebnisse:

▌ Das Geschlecht und der sozioökonomische Status haben keinen Einfluss auf Suggestibilität.
▌ Intelligenzleistungen haben ebenfalls keinen bedeutsamen Einfluss auf Suggestibilität, wenn es sich bei der untersuchten Stichprobe um Kinder mit Intelligenzwerten im Normbereich handelt. Negative Korrelationen zwischen Suggestibilität und Intelligenzleistungen finden sich aber bei Kindern mit deutlich unter dem Altersdurchschnitt liegenden intellektuellen Fähigkeiten.
▌ In Bezug auf verbale Fähigkeiten und Suggestibilität ergaben sich relativ viele positive Zusammenhänge, jedoch kein völlig konsistentes Bild; wenn ein Zusammenhang besteht, ist dieser eher für Falschinformationseffekte als für interrogative Suggestibilität anzunehmen.
▌ Zwischen Suggestibilität und allgemeinen Gedächtnisleistungen besteht kein Zusammenhang.
▌ Zwischen exekutiven Funktionen (verschiedene kognitive Verarbeitungsprozesse, die das kognitive System auf zielgerichtete Reizverarbeitung und Handlungssteuerung vorbereiten, wie z. B. Aufmerksamkeitsflexibilität) und Suggestibilität zeigten sich zwar in verschiedenen Untersuchungen Zusammenhänge, insgesamt entstand jedoch kein konsistentes Bild.
▌ Zwischen Temperamentvariablen und Suggestibilität zeigte sich kein konsistenter Zusammenhang.
▌ Compliance erwies sich zwar in manchen Untersuchungen, keineswegs aber durchgehend mit Suggestibilität assoziiert.
▌ Positive Zusammenhänge ergaben sich jedoch für verschiedene Kreativitätsmaße und Suggestibilität, und zwar sowohl für die Kreation von falschen Ereignissen als auch für interrogative Suggestibilität und Falschinformationseffekte. Gute Fähigkeiten sich in etwas hineinzuversetzen erhöhen möglicherweise die Gefahr, ein internal generiertes mentales Bild für eine Erinnerung zu halten.
▌ Relativ konsistent fand sich ein negativer Zusammenhang zwischen Selbstkonzept- bzw. Selbstwirksamkeitsmaßen und Suggestibilität, insbesondere interrogativer Suggestibilität.
▌ Bedeutsame negative Zusammenhänge zeigten sich ferner zwischen Suggestibilität und positiven, unterstützenden Beziehungen zu den Eltern bzw. einem sicheren mütterlichen Bindungsverhalten.

Bruck und Melnyk resümieren, dass zwar in einigen Bereichen interindividuelle Unterschiede eine Bedeutung für Suggestibilität haben, aufgrund des derzeitigen Forschungsstands – abgesehen von unterdurchschnittlich intelligenten Kindern – jedoch keine individuellen Kinder identifiziert werden können, bei denen eine erhöhte Suggestibilität besteht.

Mit diesem Resümee in Einklang stehen Bemühungen, ein Verfahren zur Erfassung von Aussagesuggestibilität bei Kindern (Bonner Test für Aussagesuggestibilität) in Anlehnung an die Gudjonsson Suggestibility Scales (Gudjonsson 1984, 1992) zu entwickeln (Endres et al. 1997). Die Autoren fanden, dass das Ausmaß der Falschantworten auf Vorhaltfragen, in denen die zustimmende Antwort zu einem unzutreffenden Inhalt nahegelegt wird, sowie auf Alternativfragen, in denen 2 nicht zutreffende Antworten angeboten werden („*yield*"), negativ mit der Erinnerungsgüte an die Ausgangsgeschichte sowie mit Intelligenztestwerten korreliert. Für die Tendenz, auf irreführende suggestive Fragen falsche Antworten zu geben, fanden die Autoren darüber hinaus Hinweise auf konsistente und zeitlich relativ stabile individuelle Unterschiede. Erinnerungsgüte und Intelligenztestwerte korrelierten dagegen nicht mit dem Antwortverhalten auf irreführende Wiederholungsfragen, durch die der Eindruck vermittelt wird, dass der Fragende mit der ersten Antwort unzufrieden ist („*shift*"). Hier scheint die Tendenz erfasst zu werden, bei Unsicherheit sozial erwünschte Antworten zu geben. Zusammenhänge zwischen dem Antwortverhalten auf Wiederholungsfragen einerseits und Selbstunsicherheit, Ängstlichkeit und Neurotizismus andererseits ließen sich allerdings ebenfalls nicht feststellen. Eine Überprüfung, ob mit dem von den Autoren entwickelten Verfahren zur Erfassung der Aussagesuggestibilität solche Kinder identifiziert werden können, die auch in Bezug auf tatsächliche Lebensereignisse dazu neigen, irreführende Informationen zu übernehmen, erbrachte allerdings, dass sich ein Zusammenhang zwischen Testsuggestibilität und Anfälligkeit für induzierte autobiografische Falscherinnerungen nicht einmal tendenziell finden ließ (Endres 1998; Jager et al. 1997). Bei einer englischsprachigen Adaptation der Gudjonsson Suggestibility Scales (Video Suggestibility Scale for Children; Scullin u. Ceci 2001) gelang es zwar, eine erhöhte Bereitschaft vorherzusagen, einem fiktiven Ereignis zuzustimmen; ob bzw. in welchem Umfang Kinder die interviewersuggerierten Details übernahmen, ließ sich mit den Testwerten jedoch nicht vorhersagen (McFarlane u. Powell 2002; Miles, Powell u. Stokes 2004).

Wenn die Bereitschaft zur Übernahme von Suggestionen in Aussagen nicht aus einer überdauernden persönlichkeitsbezogenen Suggestionierbarkeit resultiert, ist die Entfaltung der suggestiven Potenz der verschiedenen suggestiven Techniken wohl eher durch eine Suggestibilität in einem weiteren Sinne zu erklären (vgl. Gheorghiu 2000), nämlich durch einen spezifischen Zustand oder eine spezifische, durch einen Mangel gekennzeichnete Bedürfnisstruktur, wobei die suggerierte Lösung geeignet ist, den Mangel auszugleichen. Wie im Folgenden dargelegt werden soll, sind in diesem Zusammenhang sowohl kognitive Aspekte, insbesondere die Erinnerungsgüte an das etwaige Originalereignis, wie verschiedene sozialpsychologische Faktoren von Bedeutung. Die spezifische Bedürfnisstruktur kann situationsabhängig qualitativ und quantitativ sehr unterschiedliche Ausprägungen annehmen, woraus sich erklären könnte, dass manche Kinder bereits nach sehr geringer, andere Kinder erst nach hoher Suggestionsintensität eine Suggestion übernehmen, und dass die Kinder auf unterschiedliche suggestive Techniken reagieren.

In kognitiven Erklärungsansätzen wird davon ausgegangen, dass die Übernahme nachträglicher Fehlinformationen eine *Funktion der Stärke der Gedächtnisspuren* darstellt[1]. Die Tendenz, Fehlinformationen zu übernehmen ist demnach abhängig von der individuellen Erinnerungsstärke an das Originalereignis im gegebenen Fall. Eine Fehlinformation wird vor allem dann übernommen, wenn die Gedächtnisrepräsentation für das tatsächliche Ereignis schwach ist (weil das Ereignis von vornherein schlecht enkodiert wurde oder weil die Erinnerung daran verblasst ist), die Gedächtnisspur für die suggerierte Information hingegen relativ stark ist (vgl. Brainerd u. Reyna 1988; Ceci et al. 1987). Das Ausmaß der Gedächtnisbeeinträchtigung wird demnach durch die relative Stärke zweier Informationsquellen determiniert, nämlich einerseits durch die Intensität der Originalerinnerung und andererseits durch die Stärke der Fehlinformation (vgl. Howe 1991, 1995; Marche u. Howe 1995).

Ein aus der Erinnerungssituation der beeinflussten Person vergleichbarer, unter dem Aspekt des zugrundeliegenden Wirkmechanismus jedoch nicht ganz unter diese Rubrik zu fassender – in der Praxis keineswegs seltener – Spezialfall ist, dass gar keine Gedächtnisrepräsentation besteht, weil das relevante Ereignis überhaupt nicht stattgefunden hat. In diesem Fall ist nicht von Gedächtnisänderungen auszugehen, die Informationen dienen vielmehr als Lückenfüller für die nicht gespeicherte vermeintliche Originalinformation (McCloskey u. Zaragoza 1985; Zaragoza et al. 1992).

Neben kognitiven spielen *sozialpsychologische Faktoren* eine Rolle. So werden Fehlinformationen teilweise auch dann übernommen, wenn eine richtige Erinnerung an das ursprüngliche Ereignis besteht. Dies geschieht entweder, weil die beeinflusste Person ihre eigene Erinnerung als weniger zuverlässig einschätzt als die von einem kompetenten Dritten vermittelte Information oder weil sich die beeinflusste Person entsprechend den angenommenen Erwartungen verhält. Bei einem Kind kann das Bemühen, die Erwartungen der erwachsenen Autoritätsperson zufrieden zu stellen, besonders relevant sein (vgl. Zaragoza et al. 1992). Für Kinder ist es üblich, Informationen von Erwachsenen in kommunikativen Prozessen zu erwerben. Vermitteln Erwachsene dem Kind eine spezifische Auffassung eines Ereignisses, kann das dazu

---

[1] Innerhalb der kognitiven Ansätze, in denen die Übernahme nachträglicher Fehlinformationen als eine Funktion der Stärke der Gedächtnisspur betrachtet wird, ist zwischen solchen Modellen zu unterscheiden, welche die Ursachen in Speicherfehlern vermuten und solchen, die sie auf Fehler beim Abruf zurückführen (hierzu vgl. z.B. Köhnken 1987).

führen, dass das Kind seine eigene Erinnerung revidiert, die sich im Widerspruch zur Vermutung des Erwachsenen befindet, weil das Kind den Erwachsenen für kompetenter hält (vgl. Meyer u. Jesilow 1996).

▌ Suggestive Techniken

Bei der Beschreibung einzelner Erscheinungsformen suggestiver Beeinflussung (vgl. Ceci u. Bruck 1995) ist zu unterscheiden zwischen eher inhaltsbezogenen Formen, bei denen die suggestive Vermittlung von bestimmten Inhalten oder Themen im Vordergrund steht, und stärker konfirmatorischen Formen, die eher auf die Bereitschaft abzielen, diese Inhalte zu übernehmen und widersprechendes Wissen zurückzuhalten.

Eine grundlegende Technik ist die *Vorgabe von spezifischen Informationen*, die von dem Kind selbst noch nicht erwähnt wurden. Die Präsentation solcher Informationen in Form offensichtlich suggestiv formulierter Fragen („Und dann hat er dich ausgezogen, nicht wahr?") findet sich wahrscheinlich eher selten. Inhaltliche Vorgaben werden aber vermittelt, indem dem Kind z. B. direkt Auskünfte gegeben werden über Aussagen, die andere Kinder in dem konkreten Verfahren gemacht haben oder gemacht haben sollen, oder indem fiktive Geschichten vorgegeben werden („Die Geschichte von dem anderen Kind", Fürniss 1991). Häufig finden sich die Informationen auch eingebettet in Fragen („Er hat vielleicht auch an die Scheide gefasst?") oder in geäußerten Mutmaßungen des Befragers („Ich glaube, er hat den Puller in deine Scheide gesteckt").

Die *Vorgabe von unspezifischen Informationen, die bestimmte Schlussfolgerungen nahe legen, bzw. die Induzierung eines negativen Stereotyps* gibt ebenfalls eine inhaltliche Richtung vor, z. B. durch den Hinweis darauf, dass eine Person sich im Gefängnis befindet bzw. dass ein Elternteil nicht mehr besucht werden darf, damit er diesem und anderen Kindern nichts Böses mehr tun oder ihnen nicht mehr wehtun kann. Da die konkrete Ausgestaltung einer Schilderung jeweils vom Kind selbst erfolgt, sind solche suggestiven Einflüsse später von außen nicht ohne weiteres zu erkennen. Welche konkrete Ausformung die Aussage annimmt, hängt unter anderem davon ab, was das Kind mit der angesprochenen Verhaltensklasse oder dem Personenstereotyp assoziiert. Der Inhalt solcher Assoziationen variiert alters- und interessenabhängig, bei Kindern im Kindergartenalter sind Vorstellungen von etwas Bösem oder Schlechtem häufig mit Märchen- oder Comicfiguren verbunden. Objektiv unmögliche Aussageelemente, die Bezüge zu Märchen- oder Comicfiguren aufweisen, wie sie sich in vielen Schilderungen der Kinder in den Massenanschuldigungsverfahren finden, sollten deswegen immer besonders aufmerken werden lassen.

Eine weitere Methode, die Fehlinformation vom Kind selbst produzieren zu lassen, um diese Inhalte dann zum Gegenstand späterer Befragungen zu machen, ist die *Aufforderung zu Spekulationen*. Dies geschieht beispielsweise durch Konjunktivfragen („Was könnte er gemacht haben?"). Kindern, die schon einer längeren Befragung oder wiederholten Interviews ausgesetzt waren und zum erfragten Sachverhalt nichts Relevantes beitragen konnten, weil sie entsprechende Fragen wahrheitsgemäß verneinten, bietet eine solche Aufforderung erstmals im Befragungsprozess die Möglichkeit, weiterhin wahrheitsgemäß zu antworten, gleichzeitig aber den wahrgenommenen Erwartungen des Befragers zu entsprechen. Wird dann im weiteren Verlauf – wie das in der Praxis keineswegs selten der Fall ist – zwanglos vom Konjunktiv in den Indikativ gewechselt, ohne dass dies mit den Kindern rückgekoppelt wurde, sind gerade jüngere Kinder nicht mehr in der Lage, korrigierend einzuwirken.

Durch *Konditionierungen* in Form von Verstärkungen für erwartungskonforme Antworten und Ignorierung widersprechender Informationen erfolgt ein Lernprozess, in dem das Kind erfährt, welche Antworten erwünscht sind. In selteneren Fällen erfolgen auch regelrecht aversive Konsequenzen für nicht erwartungskonformes Antwortverhalten. Köhnken (1997) führt aus, dass der durch ständig wiederholte Befragungen ausgeübte Befragungsdruck selbst eine aversive Situation darstellt, die durch erwartungsgemäße Antworten beendet werden kann, sodass auf diese Weise eine negative Verstärkung solcher Antworten erfolgt.

Sind mehrere vermeintlich betroffene Kinder vorhanden, kann auch durch *Konformitätsdruck* Kindern die Übernahme der suggerierten Inhalte nahe gelegt werden. So wird teilweise erklärt, dass andere Kinder bereits erzählt hätten, was passiert sei und dieses Aussageverhalten wird als Positivbeispiel vorgehalten (vgl. auch die von Fürniss 1993 beschriebenen Strategien zur „Aufdeckungs- und Traumaarbeit im traumaorganisierten System der Multifamiliengruppe"). Bereits frühe Untersuchungen zeigen, dass Kinder teilweise sogar wissentlich falsche Antworten geben, um sich konsistent zu einer relevanten Gleichaltrigengruppe zu verhalten (z.B. Binet 1900).

Wiederholte Fragen innerhalb eines Interviews haben erhebliche suggestive Potenz, wenn bereits beantwortete Fragen in kurzem Abstand ohne weitere Erklärung erneut gestellt werden. In verschiedenen Untersuchungen wurde nachgewiesen, dass junge Kinder dann dazu neigen, ihre Antworten zu ändern (z.B. Cassel et al. 1996). Insbesondere wiederholte geschlossene Fragen rufen vor allem bei jungen Kindern Veränderungen im Aussageverhalten hervor. Da junge Kinder auf offene Fragen relativ wenig Information produzieren, besteht aber gerade hier eine starke Tendenz, sehr schnell auf geschlossene Fragen zurückzugreifen. Fragewiederholungen scheinen jungen Kindern zu signalisieren, dass ihre bisherige Antwort falsch war. Dies entspricht der typischen Kommunikationssituation zwischen Erwachsenen und jungen Kindern, bei der Erwachsene häufig Fragen stellen, auf die sie selbst die richtige Antwort bereits kennen und es Aufgabe des Kindes ist, eben diese richtige Antwort zu finden.

Die besondere Bedeutung von wiederholten suggestiven Interviews ergibt sich vor allem aus 2 weiteren Befunden:

▌ Während man lange davon ausging, dass der spontane Bericht bzw. Antworten auf offene Fragen in hohem Maße richtig sind und von Suggestionen unbeeinflusst bleiben (Goodman et al. 1990; vgl. auch Cassel u.

Bjorklund 1995), ist nunmehr deutlich geworden, dass suggerierte Informationen auch auf eine offene Erzählaufforderung oder auf offene Fragen produziert werden, wenn mit wiederholter suggestiver Beeinflussung operiert wird (Bruck et al. 2002; Ceci, Huffman et al. 1994; Ceci, Loftus et al. 1994; Erdmann 2001). So fanden sich in systematischen Untersuchungen zwischen einmal und wiederholt suggestiv befragten Kindern beim abschließenden Test keine Unterschiede bei Antworten auf Fragen nach den suggerierten Items, im freien Bericht machten die wiederholt suggestiv befragten Kinder jedoch signifikant mehr suggestionsbedingte Angaben als die nur einmal befragten (Dippold u. Zietlow 1996; Warren u. Lane 1995). Darüber hinaus zeigen andere Untersuchungen, dass suggerierte Aussagen im Verlauf von wiederholten Befragungen zunehmend detaillierter werden (Bruck et al. 1997, 2002; Erdmann et al. 2004; Volbert u. Pieters 1997).

▌ Ferner gibt es Hinweise, dass bei wiederholter Präsentation der Falschinformation die suggerierte Information mit höherer subjektiver Überzeugung als selbst wahrgenommene Information betrachtet wird als bei nur einmaliger Präsentation der Falschinformation (Mitchell u. Zaragoza 1996; Zaragoza u. Mitchell 1996; vgl. Weingardt et al. 1994, 1995).

In empirischen Untersuchungen werden kindliche Versuchspersonen in der Regel mit einem Versuchsleiter konfrontiert, von dem die Suggestion ausgeübt wird. In der Praxis ist diese Konstellation allerdings eher selten. Die Kinder werden vielmehr von einer *Mehrzahl von Personen befragt, die ähnliche Voreinstellungen* haben. Ist ein Kind vielleicht noch in der Lage, auf der eigenen, der Erwartungshaltung eines Befragers widersprechenden Erinnerung zu bestehen, so wird aber mit hoher Wahrscheinlichkeit schnell eine Verunsicherung über die Richtigkeit der eigenen Erinnerung eintreten, wenn alle anderen offensichtlich eine andere Auffassung vertreten.

Jede einzelne der hier aufgeführten Erscheinungsformen suggestiver Beeinflussung besitzt vermutlich für sich genommen noch keine so hohe suggestive Potenz, dass sie eine elaborierte Schilderung über bedeutsame Handlungen, in die relevante Dritte einbezogen sind, hervorrufen würde. Garven et al. (1998) zeigten, dass eine Kombination verschiedener suggestiver Techniken zu signifikant mehr falschen Behauptungen der befragten Kinder führte als das alleinige Stellen von suggestiv formulierten Fragen mit inhaltlichen Vorgaben. Die Ergebnisse sprechen dafür, dass die Kombination von Techniken einen kumulativen Effekt hat, das heißt, die Kinder zeigen mit fortschreitendem Interview eine stärkere Tendenz, die Suggestion zu übernehmen. Garven et al. (1998) betonen vor allem folgende Bereiche: suggestive Fragen, sozialer Einfluss, Verstärkung und Techniken, die sich nicht auf direkte Erfahrung beziehen (Aufforderung zur Spekulation, indirekte Kommunikation zwischen Interviewer und Kind mit Hilfe von Puppen, Verfahren, die dazu einladen, sich auf eine Als-ob-Ebene zu begeben).

Die Kombination von inhaltlichen Vorgaben bzw. inhaltlichen Anstößen, konfirmatorischen Strategien, die die Übernahme und Ausgestaltung der angestoßenen Inhalte nahe legen, und absichernden Maßnahmen zur Erreichung einer höheren Kohärenz, Konstanz und subjektiven Überzeugung über die Richtigkeit der Angaben (allzu phantastische Aussageelemente können mit Formen systematischer Konditionierung geglättet werden, durch wiederholte Befragungen wird eine relative Konstanz und eine Übernahme der suggerierten Information in den freien Bericht erzielt) kann zu der Implantierung von komplexen, elaborierten und detaillierten Pseudoerinnerungen führen, die dann nur noch schwer von realen Erinnerungen zu unterscheiden sind. Auf diese Weise kann es zu falschen „Quellenzuordnungen" kommen (Johnson et al. 1993; Johnson u. Raye 1981); das heißt, die vorhandenen Erinnerungen werden falschen Originalquellen zugeschrieben, und die Kinder können von der Existenz der zunächst konfabulierten Erlebnisse selbst überzeugt sein. Als Folge davon wird schließlich selbst in einer Befragung, die neutral und suggestionsfrei gestaltet sein kann, die induzierte Aussage vorgetragen (ausführlicher Überblick bei Erdmann 2001).

Belegt wird dieser Prozess unter anderem durch eine Arbeit von Erdmann (2001; vgl. auch Erdmann et al. 2004): 67 Erstklässler wurden im Abstand von jeweils etwa 2 Wochen zunächst 4-mal zu einem realen und einem fiktiven persönlich bedeutsamen, negativ getönten Ereignis (z. B. Verletzung, Lausbefall, Tierbiss) befragt. Bei den Befragungen zum fiktiven Ereignis kamen suggestive Techniken zur Anwendung, die dem Ziel dienten, von den Kindern zusammenhängende Schilderungen über das fiktive Ereignis zu erhalten. Zum Zeitpunkt der ersten suggestiven Einflussnahme bejahten 28% der Kinder das fiktive Ereignis und 69% verneinten es. Beim vierten Termin zeigte sich ein umgekehrtes Verhältnis (20% Verneinungen und 76% Zustimmungen). An einem fünften Termin wurden die Kinder, die bis dahin dem fiktiven Ereignis zugestimmt hatten, von 2 im Hinblick auf den Wahrheitsstatus uninformierten Experten zu den realen und fiktiven Ereignissen befragt. Bis auf ein Kind machten alle Kinder auch unter diesen Bedingungen Angaben zu dem fiktiven Ereignis, auch wenn der Realitätsgehalt der Schilderungen von den Interviewern kritisch hinterfragt wurde. Dabei bestanden die Zustimmungen keineswegs in bloßen Bejahungen, sondern in mehr oder weniger umfang- und detailreichen Schilderungen, die zum großen Teil bereits auf eine offene Erzählaufforderung produziert wurden. Nach einer mehrwöchigen Pause wurde allen Kindern von neuen Interviewern erklärt, dass die früheren Interviewer bei einigen Kindern Fehler gemacht und sie zu Ereignissen befragt hätten, die diese Kinder gar nicht erlebt hätten. Die Kinder wurden gebeten, noch einmal gut nachzudenken, welches der Ereignisse sie erlebt hätten und welches nicht. Gut ein Drittel der Kinder der Gesamtstichprobe bejahte den Realitätsgehalt beim vierten, fünften und sechsten Befragungszeitpunkt, d. h. sowohl bei suggestiver Befragung durch informierte Interviewer als auch bei suggestionsfreier Befragung durch hinsichtlich des Realitätsgehalts uninformierte Experten sowie nach Teilaufklärung durch bis dahin unbeteiligte Interviewer. Bei diesen Kindern ergaben sich von daher ausgesprochen starke Hinweise auf die Entstehung von Pseudoerinnerungen im Sinne einer subjektiven Überzeugung vom Realitätsgehalt des fiktiven

Ereignisses. Zwei Kinder gaben sogar in der abschließenden Sitzung an, sich an das fiktive Ereignis besser erinnern zu können als an das reale. In einer Nachuntersuchung nach 4 Jahren (Erdmann, Busch u. Jahn, im Druck) nahmen zwar rund 20% ihre früheren Bekundungen zurück, aber rund 40% der Kinder gaben noch immer an, das fiktive Ereignis erlebt zu haben, wobei der Großteil dieser Kinder zusammenhängende Angaben zum Ereignis lieferte. Darunter waren sogar 3 Kinder, die das fiktive Ereignis in der Basisuntersuchung stets verneint hatten. Das heißt, suggestive Einflussnahmen können offenbar auch insofern „Spätfolgen" haben, als sie erst nach langem Zeitintervall zwischen suggestiver Beeinflussung und Befragung zu Pseudoerinnerungen führen (vgl. auch Huffman et al. 1997). Hierbei ist zu berücksichtigen, dass in diesem Untersuchungskontext die realen Ereignisse in der Zwischenzeit vermutlich innerhalb der Familie noch gelegentlich angesprochen oder durch das Anschauen von Fotografien aktualisiert wurden, während die fiktiven Ereignisse innerhalb des 4-Jahres-Intervalls nicht mehr diskutiert wurden. Dies dürfte eher die Gedächtnisrepräsentationen für die fiktiven Ereignisse im Gegensatz zu den realen geschwächt haben; dennoch berichtete ein großer Teil der Kinder weiterhin über die fiktiven Ereignisse. In den relevanten Praxisfällen, in denen es aufgrund einer Aussage zu bedeutsamen Konsequenzen gekommen sein kann (z. B. Abbruch des Kontakts zu einem des sexuellen Missbrauchs beschuldigten Elternteil), ist eine ständige Präsenz der Thematik und infolgedessen eine höhere Persistenz von Pseudoerinnerungen anzunehmen (siehe dazu Erdmann et al., im Druck).

Mittlerweile ist durch zahlreiche Untersuchungen belegt, dass auch ein substanzieller Anteil *Erwachsener* nach verschiedenen suggestiven Techniken Ereignisse als selbst erlebt angibt, die tatsächlich nicht erlebt werden. In fast allen Untersuchungen, in denen versucht wurde, Erwachsenen Erinnerungen an ein tatsächlich nicht geschehenes Kindheitsereignis zu induzieren, das im Alter zwischen 4 und 10 Jahren passiert sein sollte, betrug die Zustimmungsrate unabhängig vom emotionalen Gehalt des fiktiven Ereignisses zwischen 15% und 25% (Überblick bei Erdmann 2001; vgl. auch Volbert 2004).

Gegen die Übertragbarkeit solcher Untersuchungsergebnisse auf die forensische Praxis wird oft angeführt, dass die Ausgangsereignisse nicht einem sexuellen Missbrauch entsprächen (z. B. Arntzen 1995). Aussageveränderungen aufgrund suggestiver Einflüsse lassen sich jedoch wissenschaftlich kontrolliert nur untersuchen, wenn das relevante Ausgangsereignis bekannt ist, welches aus ethischen Gründen selbstverständlich kein sexueller Missbrauch sein kann. Bei der Einschätzung der Übertragbarkeit empirischer Forschung auf tatsächliche Fälle ist auch nicht nur von Bedeutung, einen möglichst naturalistischen Kontext nachzustellen, sondern die Übertragbarkeit ist daran zu messen, inwieweit in der Forschung die relevanten Variablen des Problems simuliert wurden. Forschungsziel ist vor allem, Variablen, die im natürlichen Kontext miteinander konfundiert sind, zu identifizieren und deren spezifischen Einfluss in systematischen Studien festzustellen. Richtig ist allerdings, dass in einer Untersuchung nicht die ganz spezifische Bedingungskonstellation eines tatsächlichen Falls vollständig abgebildet wird. Für die Beurteilung der Übertragbarkeit sind deswegen die jeweils spezifischen Bedingungen der Untersuchung mit den spezifischen Bedingungen des tatsächlichen Falls abzugleichen (siehe dazu Ceci, Leichtman u. Bruck 1995). Werden diese Überlegungen berücksichtigt, bleibt aber die Auffassung der generellen Nichtübertragbarkeit wenig nachvollziehbar, da sich kaum begründen lässt, dass es für sexuellen Missbrauch so spezifische Wahrnehmungs-, Speicherungs- und Wiedergabemechanismen gibt, dass diese auch mit Erinnerungen und Aussagen über andere belastende oder schuld- oder schambehaftete Erlebnisse nicht vergleichbar sind. Die Argumentation der mangelnden Übertragbarkeit aufgrund der besonderen Erlebnisqualität eines sexuellen Missbrauchs kann sich im Übrigen nur auf Kinder beziehen, die eine solche Erfahrung tatsächlich machen mussten, und eignet sich nicht dafür, suggestive Effekte auf Aussagen von Kindern zu beurteilen, die diese spezifische Erfahrung nicht haben, also genau jene, um die es bei der Diskussion um die Suggestibilität geht. Bruck u. Ceci (1995) weisen darauf hin, dass die Generalisierung wissenschaftlicher Untersuchungen immer ein gewisses Risiko in sich birgt, dass die Alternative jedoch nur darin besteht, auf durch kontrollierte, systematische Forschung gewonnene Einsichten, Vorhersagen und Hypothesen zu verzichten und diese durch anekdotische Berichte, persönliche Meinungen und ideologische Ansichten zu ersetzen. Die Autoren argumentieren ferner, dass Suggestionseffekte durch vorliegende empirische Untersuchungen vermutlich eher unter- als überschätzt werden, da es sich im Forschungssetting oft nur um einmalige Suggestionen handelt, die fast immer nur von einem Interviewer und unter entspannten Bedingungen präsentiert werden, während in realen Fällen oft explizite und implizite Suggestionen in einer Vielzahl von Befragungen durch verschiedene Personen erfolgen und häufig noch mit impliziten Drohungen, Versprechungen oder der Induzierung eines negativen Stereotyps über die beschuldigte Person verknüpft sind (Bruck u. Ceci 1997).

7.3.2 Zur Differenzierung zwischen erlebnisentsprechenden und suggerierten Aussagen

Was bedeuten diese Ergebnisse für die konkrete Begutachtungssituation? Das Vorliegen von suggestiven Bedingungen impliziert keineswegs zwangsläufig, dass eine Aussage auch tatsächlich hierdurch beeinflusst wurde; so kann ein Kind sowohl einem sexuellen Missbrauch wie auch einer inadäquaten Befragungsprozedur ausgesetzt worden sein. Von besonderer Bedeutung ist daher in der praktischen Arbeit die Frage, ob eine individuelle Aussage, auch wenn sie unter suggestiven Bedingungen zustande gekommen ist, tatsächlich als suggeriert oder doch als erlebnisbegründet zu klassifizieren ist.

Von besonderem Interesse für die aussagepsychologische Begutachtung ist die *Frage, ob sich die Qualität einer suggerierten Aussage von der einer erlebnisbegründeten unterscheidet* und ob die kriterienorientierte Inhaltsanalyse auch hier ein geeignetes Instrument zur Differenzierung darstellt. Bereits unter theoretischer Perspektive ist eine Hypothese hierzu nicht ohne weiteres zu formulieren. Knüpft man an die oben dargestellte Prämisse für die Unterscheidung zwischen erlebten und erfundenen Aussagen an – nämlich die Konzeptualisierung einer Aussage als Leistung, bei der Intentionalität und Verheimlichung der Täuschungsabsicht eine zentrale Rolle spielen –, so lässt sich argumentieren, dass diese Prämisse bei der Unterscheidung zwischen erlebnisbasierter und suggerierter Aussage nicht gegeben ist. Der suggestiv beeinflusste Zeuge muss keine kognitive Energie auf kreative und Kontrollprozesse verwenden, da er keine Aussage erfindet, sondern auf vermeintliche Erinnerungen rekurriert. Auf jeden Fall können von daher die motivationsbezogenen Glaubhaftigkeitsmerkmale nicht geeignet sein, zwischen erlebnisbasierten und suggerierten Schilderungen zu differenzieren, da diese sich ausschließlich auf die Frage beziehen, ob ein falsch aussagender Zeuge sich so darstellen würde, während ein suggestiv beeinflusster Zeuge eine subjektiv wahre Schilderung abgibt. Bei einer nicht bewussten Veränderung des Gedächtnisinhalts fehlt die Intentionalität der Täuschung, es liegt eben kein motiviertes und zielgerichtetes Verhalten vor, eine Selbstpräsentation als glaubwürdiger Kommunikator als Teil einer Täuschungsstrategie ist nicht notwendig (vgl. Köhnken 1990, 1997). Auf der anderen Seite werden in der Kognitionspsychologie in Arbeiten zur Quellenüberwachung (Johnson et al. 1993; Johnson u. Raye 1981) qualitative Charakteristika genannt, mit denen Unterscheidungen zwischen Erinnerungen an tatsächlich erlebte Ereignisse und anders generierte Erinnerungen getroffen werden, die teilweise den forensischen Glaubhaftigkeitsmerkmalen ähneln (Masip, Sporer, Garrido u. Herrero 2005; Sporer 1997; Strömwall, Bengtsson, Leander u. Granhag 2004). Dieser Ansatz soll auch auf Irrtümer und unabsichtliche Verfälschungen übertragbar sein (Schooler, Clark u. Loftus 1988; Schooler, Gerhard u. Loftus 1986), sodass man argumentieren könnte, solche qualitativen Merkmale sollten auch geeignet sein, zwischen Aussagen über Erinnerungen an tatsächliche Erlebnisse und Schilderungen induzierter Erinnerungen zu unterscheiden. Dieser Fragestellung nach qualitativen Unterschieden zwischen wahren und suggerierten Aussagen ist im Gegensatz zur Prüfung von qualitativen Unterschieden zwischen wahren und erfundenen Aussagen nur in wenigen empirischen Studien nachgegangen worden.

Crotteau (1994) fand, dass Experten Schwierigkeiten hatten, zwischen erlebnisbegründeten und auf der Basis wiederholter Suggestionen entstandenen Aussagen mit Hilfe von kriterienorientierten Inhaltsanalysen zu differenzieren. Modellkonforme signifikante Mittelwertunterschiede lagen bei den Merkmalen „logische Konsistenz", „raum-zeitliche Verknüpfungen", „Wiedergabe von Gesprächen" und „Schilderung ausgefallener Einzelheiten" vor, während „nebensächliche Details" und „Zugeben von Erinnerungslücken" erwartungswidrig in suggerierten Aussagen stärker ausgeprägt waren. Die Trefferquoten von unkundigen Beurteilern waren sogar insbesondere bei der Identifizierung von suggerierten Aussagen besser als Zuordnungen auf der Basis der Summe der Qualitätsmerkmale.

Bruck et al. (1997) untersuchten, ob sich erlebnisbasierte und suggerierte Schilderungen von Vorschulkindern differenzieren lassen anhand der Menge der berichteten Details, der Anzahl der spontanen Nennungen der Kinder, der Aussagekohäsion (Gebrauch von zeitlichen Markern, Wiedergabe von Gesprächen) und der Aussageelaboration (Verwendung von emotionsbezogenen Ausdrücken, Gebrauch von Adjektiven und Adverben). Die Autoren fanden, dass sich erlebnisbasierte und induzierte Schilderungen im Laufe von wiederholten Interviews zunehmend anglichen und induzierte Aussagen schließlich sogar mehr deskriptive Elemente enthielten als erlebnisbasierte Schilderungen (vgl. auch Bruck et al. 2002).

Erdmann et al. (2004) unterzogen jeweils 35 wahre und suggerierte Aussagen von Erstklässlern, die im Rahmen von neutralen Befragungen durch im Hinblick auf den Wahrheitsstatus uninformierte Interviewer erhoben wurden, inhaltlichen Qualitätsanalysen (vgl. Erdmann 2001). Dabei zeigte sich, dass sich suggerierte und erlebnisbegründete Schilderungen hinsichtlich des Vorhandenseins von Glaubhaftigkeitsmerkmalen kaum voneinander unterschieden; signifikante Unterschiede ergaben sich lediglich im Hinblick auf den Detailreichtum sowie tendenziell bezüglich des Kriteriums „logische Konsistenz" und der insgesamt nur selten kodierten Merkmale „phänomengemäße Schilderungen unverstandener Handlungselemente" und „Entlastungen Beteiligter" (vgl. auch Böhm, Erdmann u. Volbert 2002).

Zusammenfassend ist festzuhalten, dass es – anders als bei der Unterscheidung zwischen erlebnisbasierten und erfundenen Schilderungen – *keine empirischen Belege dafür gibt, dass die inhaltlichen Qualitätsmerkmale zur Differenzierung von erlebnisbasierten und suggerierten Aussagen geeignet sind.* Die vorliegenden empirischen Erkenntnisse lassen sogar eher annehmen, dass sich zumindest in der im Hinblick auf mögliche Suggestionseinflüsse besonders problematischen Gruppe der jungen Kinder solche qualitativen Unterschiede zwischen erlebnisbasierten und suggerierten nicht oder allenfalls in geringem Umfang finden lassen. Ein aussagepsychologisches Vorgehen, das auch bei dieser Fragestellung vor allem auf die Aussagequalität abstellt, kann von daher sehr schnell zu falschen Ergebnissen kommen.

Auf der anderen Seite ist aber davon auszugehen, dass sich erlebnisbasierte und suggerierte Aussagen in ihrem Verlauf über die Zeit unterscheiden. Ist die Frage einer suggestiven Beeinflussung zu prüfen, muss deswegen stets die *Rekonstruktion der Aussagegeschichte* im Vordergrund stehen, da die Rekonstruktion der Entstehungsbedingungen einer Aussage und ihrer weiteren Entwicklung notwendig ist für die Beurteilung möglicher Validitätseinschränkungen vorgefundener Qualitätsmerkmale. Relevante Fragen hierzu lassen sich aus der Suggestionsforschung ableiten (vgl. auch Greuel et al. 1998):

▨ Bestand vor der ersten Äußerung des Kindes bereits ein entsprechender Verdacht?

▨ Wenn ja, welche Maßnahmen wurden zur Abklärung dieses Verdachts vor der ersten Äußerung des Kindes durchgeführt?

▌ Was waren die genauen Umstände und Inhalte der ersten Äußerung des Kindes?

▌ Machte das Kind bei der ersten Bekundung eigene Angaben über einen relevanten Vorfall oder bejahte es nur entsprechende Fragen?

▌ Wie wurde auf die Erstbekundung reagiert?

▌ Art und Häufigkeit der Befragungen zum relevanten Sachverhalt?

▌ Anzahl und Erwartungshaltung der Personen, die mit dem Kind über den relevanten Sachverhalt gesprochen haben?

▌ Welchen Verlauf nahm die Aussage?

Ist aus dem bisher Dargestellten nun zu schlussfolgern, dass ein möglicher Erlebnisbezug der Aussage mit aussagepsychologischen Mitteln nicht mehr belegt werden kann, wenn die Rekonstruktion der Aussagegeschichte suggestionsfördernde Bedingungen erbringt? Greuel (1997 a, b) argumentiert, dass in Fällen sehr intensiver Suggestion die Anwendung der aussagepsychologischen Methodik gar nicht mehr erfolgen kann. Dieser Auffassung ist insoweit zuzustimmen, als ein positiver aussagepsychologischer Beleg eines tatsächlichen Erlebnisbezugs nach sehr intensiven suggestionsfördernden Bedingungen kaum noch gefunden werden kann (vgl. Steller u. Volbert 1997). Umgekehrt lassen sich aber häufig Elemente in einer Aussage oder in der Aussagegeschichte finden, die nicht nur auf potenziell suggestive Wirkung verweisen, sondern aufgrund derer konkret Suggestionseffekte anzunehmen sind. Nicht zuletzt haben die spektakulären Missbrauchsfälle der letzten Jahre, bei denen die Frage einer möglicherweise sehr intensiven suggestiven Beeinflussung zu prüfen war, gezeigt, dass aussagepsychologischer Sachverstand erheblich zur Klärung beitragen konnte (Steller 1998; vgl. auch Köhnken 1997). Für die Beurteilung von Fällen mit mäßigem oder geringem Suggestionspotenzial hat Greuel (1997 b) auf die Relevanz von Eigenständigkeitsmerkmalen (Arntzen 1993) hingewiesen. Entscheidende Bedeutung kommt dabei den Spontanpräzisierungen und -ergänzungen zu, insbesondere wenn diese die logische Konsistenz und Anschaulichkeit der Aussage erhöhen, wenn sie widerspruchslos in das bisherige Aussagematerial integriert werden können, wenn sie in beiläufiger Form vorgebracht werden, wenn sie bei unsystematischer Befragung in individualtypischem Erinnerungstempo vorgebracht und/oder weitergeführt werden können, wenn sie ihrerseits qualifizierte Merkmale einer erlebnisfundierten Aussage aufweisen (Greuel 1997 b, S. 218; vgl. Arntzen 1993).

Falsch und ein Zeichen mangelnden gutachterlichen Sachverstands ist die schematische Übertragung des Vorgehens bei einer Fragestellung – nämlich der Differenzierung zwischen wahren und erfundenen Schilderungen – auf eine andere, nämlich die Unterscheidung zwischen erlebnisbasierten und suggerierten Aussagen.

7.4 Standards der Glaubhaftigkeitsbegutachtung

Standards der forensisch-psychologischen Diagnostik lassen sich unter 4 Aspekten betrachten: Neben rechtlich-ethischen Standards geht es um Regeln für die Erstellung von Gutachten („Gutachtentechnik"), um theoretische Gesichtspunkte des diagnostischen Entscheidungsprozesses und schließlich um die Standards für die Bearbeitung spezieller Gutachtenfragen (Steller 1988; vgl. auch Beitrag in diesem Band). Im Folgenden soll vor allem auf den letztgenannten Punkt, den inhaltlichen Aspekt, eingegangen werden. Steller hatte in seinem Beitrag 1988 darauf hingewiesen, dass in dem Bereich der Glaubwürdigkeitsbeurteilung – ähnlich wie in anderen Begutachtungsbereichen – bei Anlegung strenger Maßstäbe festzustellen ist, dass wissenschaftliche Gütekriterien nicht erfüllt werden, da in diesem Bereich eine Theorie fehlt und folglich auch eine aus der Theorie abgeleitete Erhebungstechnologie. Siebzehn Jahre später lässt sich konstatieren, dass der damals prognostizierte Forschungsschub gerade auf diesem Gebiet der forensischen Psychologie tatsächlich eingetreten ist. Auch wenn nach wie vor ein Theoriedefizit besteht, hat es erheblichen Wissenszuwachs gegeben. Wie weiter oben im Einzelnen dargestellt wurde, wurde die bis dato zwar in der Praxis vielfach angewandte, empirisch aber kaum geprüfte Methodik zur Differenzierung zwischen wahren und erfundenen Aussagen Validitätsüberprüfungen unterzogen, bei denen die Brauchbarkeit der Methodik insgesamt bestätigt wurde. Gleichzeitig hat eine bis dahin in der Praxis marginale Fragestellung erheblich an Bedeutung gewonnen, nämlich die Unterscheidung zwischen erlebnisbasierten und suggerierten Aussagen. Durch einen regelrechten Forschungsboom – vor allem in den USA – zu dieser Thematik ist zwar noch kein theoretisches Modell erreicht worden, aufgrund dessen die Determinanten von Suggestionseffekten vollständig geklärt werden könnten, dennoch ist umfangreiches Wissen über die Entstehung und die Randbedingungen von Suggestionseffekten gesammelt worden.

Auf der Ebene der konkreten Gutachtenerstattung sollten folgende Standards erfüllt sein:

▌ *Bezugnahme auf die spezifische Aussage*
Die gutachterliche Stellungnahme hat sich auf die spezifische Aussage zu beziehen. Es ist zu prüfen, ob aussagepsychologische Indikatoren dafür vorliegen, dass es sich um eine erlebnisbasierte Schilderung handelt. Dabei ist keine globale, sondern eine auf die anklagerelevanten Vorfälle bezogene Einschätzung vorzunehmen. Charakterologische oder motivationsbezogene Überlegungen reichen nicht aus.

▌ *Erkennbare Spezifizierung der globalen gerichtlichen Fragestellung für den Einzelfall, das heißt Formulierung der relevanten Fragestellungen und Hypothesen*
Diese Forderung impliziert, dass überhaupt Alternativhypothesen zur Hypothese, dass es sich um eine erlebnisbasierte Darstellung handelt, aufgestellt werden müssen.

▐ *Datensammlung auf der Basis der ausgewählten Fragestellungen*
Die Datenerhebung (also sowohl Explorationsinhalte wie Testverfahren und andere diagnostische Erhebungsmethoden) muss sich orientieren an den Fragestellungen und kann nicht in einem Routineverfahren erfolgen (hypothesengeleitete Diagnostik).

▐ *Erkennbare Überprüfung relevanter Alternativhypothesen*
Es muss aus dem Gutachten ersichtlich sein, ob und wie relevante Alternativhypothesen zur Wahrheitsannahme geprüft wurden. Dabei reicht eine einfache Benennung nicht aus. Entscheidend ist, dass der Abwägungsprozess des Gutachters, sein diagnostisches Schlussfolgern, deutlich wird.

▐ *Einschätzung der Aussagequalität mittels relevanter Qualitätsmerkmale unter Berücksichtigung der individuellen Kompetenzen des Zeugen einerseits und der Aussageentstehung und -entwicklung andererseits*
Der wesentliche methodische Schritt besteht in einer Analyse der Aussagequalität. Die Qualitätsanalyse umfasst im Schwerpunkt eine merkmalsorientierte Inhaltsanalyse, besteht aber ebenfalls aus der Konstanzanalyse und der Analyse der Aussageweise. Die Tatsache, dass eine merkmalsorientierte Inhaltsanalyse vorgenommen wurde, bedeutet noch nicht, dass ein Gutachten dem wissenschaftlichen Stand entspricht. Wenn die Inhaltsanalyse ohne ausreichende Berücksichtigung der individuellen Fähigkeiten, vor allem aber ohne ausreichende Beachtung der Aussagegenese und -entwicklung erfolgt, kann das Ergebnis mindestens ebenso fehlerhaft sein, als wenn gar keine inhaltsanalytische Methodik angewandt wurde.

Die Forderung, dass einem Gutachter das relevante Fachwissen bekannt ist, ist so trivial, dass man dies kaum als Standard formulieren mag. Eine Analyse von Glaubwürdigkeitsgutachten aus allen 1991 bei der Staatsanwaltschaft Berlin eingetragenen Verfahren wegen sexuellen Missbrauchs von Kindern erbrachte allerdings, dass es sich bei der Hälfte der Gutachten um rein persönlichkeitsorientierte Expertisen handelte und dass in allen Gutachten zwar die Gutachtenfrage beantwortet wurde, der Bezug zwischen erhobenen Daten und Beantwortung der Gutachtenfrage jedoch nicht immer deutlich wurde und gelegentlich sogar eine Begründung für die abschließende gutachterliche Stellungnahme gar nicht ausfindig zu machen war (Busse u. Volbert 1997).

Aktuell dürfte von einer solchen Praxis allerdings nicht mehr auszugehen sein. Der Erste Strafsenat des Bundesgerichtshofs hat in einem Urteil vom 30. Juli 1999 nach Einholung von 2 wissenschaftlichen Expertisen (Fiedler u. Schmid 1999; Steller u. Volbert 1999) Mindestanforderungen an Glaubhaftigkeitsgutachten formuliert (BGHSt 45, 164). In diesem Urteil werden Standards festgeschrieben, die sich aus den allgemeinen Prinzipien psychologischer Diagnostik in Verbindung mit den speziellen Erkenntnissen und Vorgehensweisen in der Aussagepsychologie ergeben. Diese wurden weiter oben ausgeführt. Insbesondere bedeutet das, dass eine Begutachtung sich auf den Realitätsgehalt der konkreten, das heißt anklagerelevanten Bekundungen zu beziehen hat und pauschale Glaubwürdigkeitsbegutachtungen nicht ausreichen. Dargelegt wird ferner, dass der zu überprüfende Sachverhalt, also die Glaubhaftigkeit der Aussage, solange zu negieren ist, bis diese Negation mit den gesammelten Fakten nicht mehr vereinbar ist. Das heißt, die Unwahrannahme (die so genannte Nullhypothese) wird so lange aufrecht erhalten, bis empirische Daten (also Befunde aus der Begutachtung) mit ihr nicht mehr kompatibel sind. Ergeben gutachterliche Prüfstrategien, dass die Unwahrannahme, die verschiedenen Formen annehmen kann, mit den vorliegenden Fakten nicht vereinbar ist, wird sie verworfen, und es gilt dann die Wahrheitsannahme. Dafür müssen alle im Einzelfall begründbaren Gegenhypothesen zur Wahrannahme diskutiert werden (vgl. auch Boetticher 2002; Steller u. Volbert 2000). Dass an Gutachten ferner die Forderung von Transparenz und Nachvollziehbarkeit gestellt wird, sollte selbstverständlich sein.

Literatur

Anson DA, Golding SL, Gully KJ (1993) Child sexual abuse allegations: reliability of criteria-based content analysis. Law and Human Behavior 17: 331–342

Arntzen F (1993) Psychologie der Zeugenaussage. System der Glaubwürdigkeitsmerkmale, 3. Aufl. Beck, München

Arntzen F (1995) Zu Berichten des amerikanischen Autors Ceci über Suggestionsexperimente. Praxis der Rechtspsychologie 5: 30–32

Bekerian DA, Dennett JL (1995) Assessing the truth in children's statements. In: Ney T (ed) True and false allegations of child sexual abuse. Assessment and case management. Brunner/Mazel, New York, pp 263–275

Binet A (1900) La suggestibilité. Schleicher Frères, Paris

Böhm C, Erdmann K, Volbert R (2002) Merkmalsorientierte Inhaltsanalyse bei suggerierten Ereignissen: Qualitätssteigerungen von Aussagen nach wiederholter Befragung. In: Fabian T (Hrsg) Praxisfelder der Rechtspsychologie. Lit, Münster, S 138–156

Boetticher A (2002) Anforderungen an Glaubhaftigkeitsgutachten nach der neuesten BGH-Rechtsprechung. In: Barton S (Hrsg) Verfahrensgerechtigkeit und Zeugenbeweis. Nomos Verlagsgesellschaft, Baden-Baden, S 55–65

Boychuk TD (1991) Criteria-based content analysis of children's statements about sexual abuse: a field-based validation study (unpublished doctoral dissertation). Arizona State University

Brainerd CJ, Reyna V (1988) Memory loci of suggestibility development: Comment on Ceci, Ross, and Toglia (1987). Journal of Experimental Psychology General 118: 197–200

Bruck M, Ceci SJ (1995) Amicus Brief for the State of New Jersey vs. Michaels presented by committee of concerned social scientists. Psychology, Public Policy and Law 1: 272–322

Bruck M, Ceci SJ (1997) The description of children's suggestibility. In: Stein N, Ornstein PA, Tversky B, Brainerd C (eds) Memory for everyday and emotional events. Lawrence Erlbaum Associates, Mahwah, pp 371–400

Bruck M, Hembrooke H, Ceci SJ (1997) Children's reports of pleasant and unpleasant events. In: Read D, Lindsay DS (eds) Recollections of trauma. Scientific evidence and clinical practice (NATO ASI Series. Series A: Life Sciences Vol 29). Plenum, New York, pp 199–219

Bruck M, Ceci SJ, Hembrooke H (2002) The nature of children's true and false narratives. Developmental Review 22: 520–554

Bruck M, Melnyk L (2004) Individual differences in children's suggestibility: a review and synthesis. Applied Cognitive Psychology 18: 947–996

Busse D, Volbert R (1997) Glaubwürdigkeitsgutachten in Strafverfahren wegen sexuellen Missbrauchs – Ergebnisse einer Gutachtenanalyse. In: Greuel L, Fabian T, Stadler M (Hrsg) Psychologie der Zeugenaussage. Beltz/Psychologie Verlags Union, Weinheim, S 131–142

Cassel WS, Bjorklund DF (1995) Developmental patterns of eyewitness memory and suggestibility. Law and Human Behavior 19: 507–532

Cassel WS, Roebers CEM, Bjorklund DF (1996) Developmental patterns of eyewitness responses to repeated and increasingly suggestive questions. Journal of Experimental Child Psychology 61: 116–133

Ceci SJ, Ross D, Toglia M (1987) Age differences in suggestibility: psychological implications. Journal of Experimental Psychology General 118: 38–49

Ceci SJ, Huffman MLC, Smith E, Loftus EW (1994) Repeatedly thinking about a non-event: source misattributions among preschoolers. Consciousness and Cognition 3: 388–407

Ceci SJ, Loftus EW, Leichtman MD, Bruck M (1994) The possible role of source misattributions in the creation of false beliefs among preschoolers. International Journal of Clinical and Experimental Hypnosis 42: 304–320

Ceci SJ, Bruck M (1995) Jeopardy in the courtroom. American Psychological Association, Washington, DC

Ceci SJ, Leichtman MD, Bruck M (1995) The suggestibility of children's eyewitness reports: methodological issues. In: Weinert F, Schneider W (eds) Memory development: state of the art and future directions. Erlbaum, Englewood Cliffs, New Jersey, pp 323–347

Craig RA, Sheibe R, Kircher J, Raskin DC, Dodd D (1996) Effects of interviewer questions on children's statements of sexual abuse (unpublished manuscript) University of Utah

Crotteau ML (1994) Can criteria-based content analysis discriminate between accurate and false reports of preschoolers? A validation attempt (unpublished master's thesis). Cornell University

Dippold I, Zietlow B (1996) Kognitive Erklärungsansätze zur Wirksamkeit von Suggestionen (unveröffentlichte Diplomarbeit). FU Berlin

Endres J, Scholz OB, Summa D (1997) Aussagesuggestibilität bei Kindern – Vorstellung eines neuen diagnostischen Verfahrens und erste Ergebnisse. In: Greuel L, Fabian T, Stadler M (Hrsg) Psychologie der Zeugenaussage. Psychologie Verlags Union, Weinheim, S 189–204

Endres J (1998) Wie suggestibel ist dieses Kind? Überblick über bisherige experimentelle Arbeiten mit dem „Bonner Test für Aussagesuggestibilität". Report Psychologie 10: 816–827

Erdmann K (2001) Induktion von Pseudoerinnerungen bei Kindern. S. Roderer, Regensburg

Erdmann K, Volbert R, Böhm C (2004) Children report suggested events even when interviewed in a non-suggestive manner: what are its implications for credibility assessment? Applied Cognitive Psychology 18: 589–611

Erdmann K, Busch M, Jahn B (im Druck) Langzeitentwicklungen suggerierter Pseudoentwicklungen bei Kindern. In: Dahle K-P, Volbert R (Hrsg) Entwicklungspsychologische Aspekte der Rechtspsychologie. Hogrefe, Göttingen

Esplin P, Boychuk T, Raskin DC (1988) A field validity study of criteria-based content analysis of children's statements in sexual abuse cases. Paper presented at the NATO Advanced Study Institute on Credibility Assessment. Maratea, Italy

Festinger L (1957) A theory of cognitive dissonance. Stanford University Press, Stanford

Fiedler K, Schmid J (1999) Gutachten über Methodik für Psychologische Glaubwürdigkeitsgutachten. Praxis der Rechtspsychologie 9 (2): 5–45

Frey D (1994) Über die Ausblendung unerwünschter Informationen. In: Rösler F, Florin I (Hrsg) Psychologie und Gesellschaft. Hirzel, Stuttgart

Fürniss T (1991) The multi-professional handbook of child sexual abuse. Integrated management, therapy, and legal intervention. Routledge, London

Fürniss T (1993) Kinder und Familien im traumaorganisierten System von Sexringen. Familiendynamik 18: 264–286

Garven S, Wood JM, Malpass RS, Shaw JS (1998) More than suggestion: the effect of interviewing techniques from the McMartin Preschool case. Journal of Applied Psychology 83: 347–359

Gheorghiu VA (1989) The development of research in suggestibility: critical considerations. In: Gheorghiu VA, Netter P, Eysenck HJ, Rosenthal R (eds) Suggestion and Suggestibility: Theory and research. Springer, New York, pp 3–55

Gheorghiu VA (2000) Suggestibilität. In: Stumm G, Pritz A (Hrsg) Das Wörterbuch der Psychotherapie. Springer, Wien New York

Goodman GS, Rudy L, Bottoms B, Aman C (1990) Children's concerns and memory: issues of ecological validity in the study of children's eyewitness testimony. In: Fivush R, Hudson J (eds) Knowing and remembering in young children. Cambridge University Press, New York, pp 249–284

Greuel L (1997a) Glaubwürdigkeit – Zur psychologischen Differenzierung eines umgangssprachlichen Konstrukts. Praxis der Rechtspsychologie 7: 154–169

Greuel L (1997b) Suggestibilität und Aussagezuverlässigkeit: ein (neues) Problem in der forensisch-psychologischen Praxis? In: Greuel L, Fabian T, Stadler M (Hrsg) Psychologie der Zeugenaussage. Psychologie Verlags Union, Weinheim, S 211–220

Greuel L, Offe S, Fabian A, Wetzels P, Fabian T, Offe H, Stadler M (1998) Glaubhaftigkeit der Zeugenaussage. Psychologie Verlags Union, Weinheim

Gudjonsson GH (1984) A new scale of interrogative suggestibility. Personality and Individual Differences 5: 303–314

Gudjonsson GH (1992) The psychology of interrogations, confessions, and testimony. Wiley, Chichester

Hershkowitz I, Lamb ME, Sternberg KJ, Esplin PW (1997) The relationships among interviewer utterance type, CBCA cores, and the richness of children's responses. Legal and Criminological Psychology 2: 169–176

Howe ML (1991) Misleading children's story recall: forgetting and reminiscence of the facts. Developmental Psychology 27: 746–762

Howe ML (1995) Interference effects in young children's long-term retention. Developmental Psychology 31: 579–596

Huffman ML, Crossman AM, Ceci SJ (1997) "Are false memories permanent?": An investigation of the long-term effects of source misattributions. Consciousness and Cognition 6: 482–490

Jager P, Endres J, Scholz OB (1997) Pseudoerinnerungen und individuelle Sugges-
tibilitätsunterschiede bei Kindern im Vorschulalter (unveröffentlichtes Manu-
skript)

Janis IL (1982) Groupthink. Houghton Mifflin, Boston

Johnson MK, Raye CL (1981) Reality monitoring. Psychological Review 88: 67–85

Johnson MK, Hashtroudi S, Lindsay DS (1993) Source monitoring. Psychological
Bulletin 114: 3–28

Kendall-Tackett KA, Williams LM, Finkelhor D (1993) Impact of sexual abuse on
children: a review and synthesis of recent empirical studies. Psychological Bulletin 113: 164–180

Köhnken G (1987) Nachträgliche Informationen und die Erinnerung komplexer
Sachverhalte – Empirische Befunde und theoretische Kontroversen. Psychologische Rundschau 38: 190–203

Köhnken G (1990) Glaubwürdigkeit. Untersuchungen zu einem psychologischen
Konstrukt. Psychologie Verlags Union, München

Köhnken G (1997) Suggestive Prozesse in Zeugenbefragungen: Formen und theoretische Erklärungsansätze. Monatsschrift für Kriminologie und Strafrechtsreform 80: 290–299

Köhnken G (2000) Glaubwürdigkeitsbegutachtung nach Mainz und Montessori:
Eine Zwischenbilanz. Praxis der Rechtspsychologie 10 (Sonderheft 1): 4–8

Lamb ME (1998) Mea culpa but caveat emptor! Response to Tully. Legal and
Criminological Psychology 3: 193–194

Lamb ME, Sternberg K, Esplin PW, Hershkowitz I, Orbach Y, Hovav M (1997a)
Criterion-based content analysis: a field validation study. Child Abuse. Neglect
21: 255–264

Lamb ME, Sternberg KJ, Esplin PW, Hershkowitz I, Orbach Y (1997b) Assessing
the credibility of children's allegations of sexual abuse: a survey of recent research. Learning and Individual Differences 9: 175–194

Lau S, Böhm C, Volbert R (2004) Psychische Störung und Aussagetüchtigkeit (un-
der review)

Marche TA, Howe ML (1995) Preschoolers report misinformation despite accurate
memory. Developmental Psychology 31: 554–567

Masip J, Sporer SL, Garrido E, Herrero C (2005) The detection of deception with
the reality monitoring approach: a review of the empirical evidence. Psychology, Crime & Law 11 (1): 99–122

McCloskey M, Zaragoza M (1985) Misleading postevent information and memory
for events: arguments and evidence against the memory impairment hypothesis. Journal of Experimental Psychology General 114: 1–16

McFarlane F, Powell MB (2002) Research report. The Video Suggestibility Scale
for Children: how generalizable is children's performance to other measures of
suggestibility? Behavioral Sciences and the Law 20: 699–716

Meyer J, Jesilow P (1996) Obedience to authority: possible effects on children's
testimony. Psychology, Crime and Law 3: 81–95

Miles KL, Powell MB, Stokes M.A (2004) A comparison of the effectiveness of two
suggestibility paradigms in predicting preschoolers' tendency to report a non-
experienced event. Applied Cognitive Psychology 18: 1021–1036

Mitchell KJ, Zaragoza MS (1996) Repeated exposure to suggestion and false
memory: the role of contextual variability. Journal of Memory and Language
35: 246–260

Niehaus S (2001) Zur Anwendbarkeit inhaltlicher Glaubhaftigkeitsmerkmale bei Zeugenaussagen unterschiedlichen Wahrheitsgehalts. Peter Lang GmbH, Europäischer Verlag der Wissenschaften, Frankfurt am Main

Raskin DC, Esplin PW (1991a) Statement validity assessments: interview procedures and content analyses of children's statements of sexual abuse. Behavioral Assessment 13: 265–291

Raskin DC, Esplin PW (1991b) Assessment of children's statements of sexual abuse. In: Doris J (ed) The suggestibility of children's recollections. American Psychological Association, Washington, DC, pp 153–164

Revenstorf D (1990) Zur Theorie der Hypnose. In: Revenstorf D (Hrsg) Klinische Hypnose. Springer Berlin, S 79–99

Schade B (2000) Der Zeitraum von der Erstaussage bis zur Hauptverhandlung als psychologischer Prozess. Folgerungen für die Glaubwürdigkeitsbegutachtung am Beispiel der Wormser Prozesse über sexuellen Kindesmissbrauch. Strafverteidiger 3, 165–170.

Schade B, Harschneck M (2000) Die BGH-Entscheidung im Rückblick auf die Wormser Missbrauchsprozesse. Praxis der Rechtspsychologie 10 (Heft 1): 28–47

Schooler JW, Gerhard D, Loftus EF (1986) Qualities of the unreal. Journal of Experimental Psychology: Learning, Memory, and Cognition 12(2): 171–181

Schooler JW, Clark C, Loftus EF (1988) Knowing when memory is real. In: Gruneberg MM, Morris PE, Sykes RN (eds) Practical aspects of memory: current research and issues (vol 1). Wiley, Chichester, pp 83–88

Schulz-Hardt S, Köhnken G (2000) Wie ein Verdacht sich selbst bestätigen kann: Konfirmatorisches Hypothesentesten als Ursache von Falschbeschuldigungen wegen sexuellen Kindesmissbrauchs. Praxis der Rechtspsychologie 10 (Sonderheft 1): 60–88

Scullin MH, Ceci SJ (2001) A suggestibility scale for children. Personality and Individual Differences 30: 843–856

Sporer SL (1997) Realitätsüberwachungskriterien und forensische Glaubwürdigkeitskriterien im Vergleich: Validitätsüberprüfung anhand selbsterlebter und erfundener Geschichten. In: Greuel L, Fabian T, Stadler M (Hrsg) Psychologie der Zeugenaussage. Psychologie Verlags Union, Weinheim, S 71–85

Steller M (1988) Standards der forensisch-psychologischen Begutachtung. Monatsschrift für Kriminologie und Strafrechtsreform 71: 16–27

Steller M (1998) Aussagepsychologie vor Gericht – Methodik und Probleme von Glaubwürdigkeitsgutachten mit Hinweisen auf die Wormser Missbrauchsprozesse. Recht, Psychiatrie 16: 11–18

Steller M (2000) Forensische Aussagepsychologie als angewandte Entwicklungs- und Kognitionspsychologie. Praxis der Rechtspsychologie 10 (Heft 1): 9–27

Steller M, Köhnken G (1989) Criteria-based statement analysis. Credibility assessment of children's statements in sexual abuse cases. In: Raskin DC (ed) Psychological methods for investigation and evidence. Springer, New York, pp 217–245

Steller M, Boychuk T (1992) Children as witnesses in sexual abuse cases: investigative interview and assessment techniques. In: Dent H, Flin R (eds) Children as witnesses. John Wiley & Sons, Chichester, pp 47–71

Steller M, Wellershaus P, Wolf T (1992) Realkennzeichen in Kinderaussagen: Empirische Grundlagen der Kriterienorientierten Aussageanalyse. Zeitschrift für experimentelle und angewandte Psychologie 39: 151–170

Steller M, Volbert R, Wellershaus P (1993) Zur Beurteilung von Zeugenaussagen: Aussagepsychologische Konstrukte und methodische Strategien. In: Montada L (Hrsg) Bericht über den 38. Kongreß der Deutschen Gesellschaft für Psychologie in Trier 1992. Hogrefe, Göttingen, S 367–376

Steller M, Volbert R (1997) Glaubwürdigkeitsbegutachtung. In: Steller M, Volbert R (Hrsg) Psychologie im Strafverfahren. Huber, Bern, S 12–39

Steller M, Volbert R (1999) Forensisch-aussagepsychologische Begutachtung (Glaubwürdigkeitsbegutachtung). Praxis der Rechtspsychologie 9 (Heft 2): 46–112

Steller M, Volbert R (2000) Anforderungen an die Qualität forensisch-psychologischer Glaubhaftigkeitsbegutachtungen. Praxis der Rechtspsychologie 10 (Sonderheft 1): 102–116

Stern W (1904) Die Aussage als geistige Leistung und als Verhörsprodukt: Experimentelle Schüleruntersuchungen. In: Stern W (Hrsg) Beiträge zur Psychologie der Aussage (Heft 3). Barth, Leipzig

Stockvis B, Pflanz M (1961) Suggestion. Hippokrates, Stuttgart

Strömwall LA, Bengtsson L, Leander L, Granhag PA (2004) Assessing children's statements: the impact of a repeated experience on CBCA and RM ratings. Applied Cognitive Psychology 18: 653–668

Szewczyk H (1973) Kriterien der Beurteilung kindlicher Zeugenaussagen. Probleme und Ergebnisse der Psychologie 46: 47–66

Trankell A (1971) Der Realitätsgehalt von Zeugenaussagen. Hogrefe, Göttingen

Undeutsch U (1967) Beurteilung der Glaubhaftigkeit von Zeugenaussagen. In: Undeutsch U (Hrsg) Handbuch der Psychologie, Bd 11: Forensische Psychologie, Hogrefe, Göttingen, S 26–181

Volbert R (1995) Glaubwürdigkeitsbegutachtung bei Verdacht auf sexuellen Missbrauch von Kindern. Zeitschrift für Kinder- und Jugendpsychiatrie 23: 20–26

Volbert R (1997) Suggestibilität kindlicher Zeugen. In: Steller M, Volbert R (Hrsg) Psychologie im Strafverfahren. Huber, Bern, S 40–62

Volbert R (1999) Determinanten der Aussagesuggestibilität bei Kindern. Experimentelle und Klinische Hypnose 15: 55–78

Volbert R (2004) Beurteilungen von Aussagen über Traumata. Erinnerungen und ihre psychologische Bewertung. Huber, Bern

Volbert R, Homburg A (1996) Was wissen 2- bis 6-jährige Kinder über Sexualität? Zeitschrift für Entwicklungspsychologie und Pädagogische Psychologie 28: 210–227

Volbert R, Pieters V (1996) Suggestive Beeinflussungen von Kinderaussagen. Psychologische Rundschau 47: 183–198

Volbert R, Pieters V (1997) Instructions and suggestions: effects on the amount of details in children's statements. In: Redondo S, Garrido V, Pérez J, Bajet J, Martínez RM (eds) Advances in psychology and law. International contributions. de Gruyter, Berlin, pp 136–146

Volbert R, Steller M (1998) Aussagefähigkeit von Kindern. Entwicklungspsychologische Aspekte der forensischen Aussagepsychologie. In: Kröber H-L, Dahle K-P (Hrsg) Sexualstraftaten und Gewaltdelinquenz. Kriminalistik, Heidelberg, S 235–257

Volbert R, Steller M (2004) Die Begutachtung der Glaubhaftigkeit. In: Foerster K (Hrsg) Psychiatrische Begutachtung. Urban & Fischer, München, S 693–728

Vrij A (2005) Criteria-based content analysis: a qualitative review of the first 37 studies. Psychology, Public Policy, and Law 11: 3–14

Warren AR, Lane P (1995) Effects of timing and type of questioning on eyewitness accuracy and suggestibility. In: Zaragoza MS, Graham JR, Hall GCN, Hirschman R, Ben-Porath YS (eds) Memory and testimony in the child witness. Sage, Thousand Oaks, pp 44–60

Weingardt KR, Toland HK, Loftus EF (1994) Reports of suggested memories: do people truly believe them? In: Ross DF, Read JD, Toglia MP (eds) Adult eyewitness testimony. Current trends and developments. Cambridge University Press, New York, pp 3–26

Weingardt KR, Loftus EF, Lindsay DS (1995) Misinformation revisited: new evidence on the suggestibility of memory. Memory and Cognition 23: 72–82

Zaragoza MS, Dahlgreen D, Muench J (1992) The role of memory impairment in children's suggestibility. In: Howe ML, Brainerd CJ, Reyna VF (eds) Development of long-term retention. Springer, New York, pp 184–216

Zaragoza MS, Mitchell KJ (1996) Repeated exposure to suggestion and the creation of false memories. Psychological Science 7: 294–300

Psychologische und psychiatrische Begutachtung im Strafrecht

Hans-Ludwig Kröber

Psychiatrische wie psychologische Sachverständige bemühen sich in den letzten Jahren um die Etablierung von methodischen Mindeststandards für die gutachterliche Tätigkeit; die wechselseitige Kenntnisnahme dieser Standards ist wichtig für eine effektive Kooperation. Die vorangehenden Beiträge dieses Buches haben dargestellt und begründet, was heute als Standard rechtspsychologischer Arbeitsweise und Diagnostik zu fordern ist. Nachfolgend sollen einige für die praktische Sachverständigentätigkeit und für die psychologisch-psychiatrische Kooperation wichtige Punkte, die in den vorangehenden Beiträgen bereits angesprochen wurden, nochmals unterstrichen werden. Es schließen sich einige psychiatrische Überlegungen zu der schwierigen Frage an, wo denn, falls es sie gibt, die Unterschiede zwischen Psychologen und Psychiatern liegen.

8.1 Voraussetzungen juristischer Bewertung testpsychologischer Befunde

8.1.1 Methodische Vorkenntnisse

Jede Methode hat Grenzen. Um eine Methode nutzbringend und sicher zu verwenden, muss man die Grenzen kennen, und auch der juristische Rezipient von Gutachten sollte Grundkenntnisse über die Möglichkeiten und Grenzen von Mess- und Beurteilungsverfahren haben. „Fragebögen sind ein Mittel zur Selbstdarstellung", schreiben Scheurer u. Richter in ihrem Beitrag. Dies muss man ernst nehmen, und dies muss insbesondere auch der juristische Leser des Gutachtens ernst nehmen. Es ist mithin irreführend, wenn in der Auswertung von Persönlichkeitsfragebögen zu lesen ist, der Proband „ist" depressiv, psychosomatisch stark gestört etc. pp., statt dass man korrekt bekundet, der Proband „schildert sich" als depressiv usw. Dies ist gerade bei Begutachtungen besonders bedeutsam, weil hier, worauf Scheurer u. Richter ebenso wie Littmann nachdrücklich hinweisen, der Proband ein besonders hohes Interesse daran haben kann, sich in einer bestimmten, ihm vorteilhaft erscheinenden Weise zu präsentieren. Anders gesagt: Das gute Recht eines Angeklagten zu lügen endet nicht beim Ausfüllen von Fragebögen. Es muss sich aber keineswegs um eine bewusste Verfälschung handeln; wesentlich ist, dass auch ein Persönlichkeitsfragebogen eine Momentaufnahme, eine aktuelle Selbsteinschätzung liefert.

Dies berührt einen weiteren Punkt. Fast alle Persönlichkeitsfragebögen haben den Anspruch, *überdauernde* Persönlichkeitszüge („traits"), nicht hingegen *aktuelle* Gestimmtheiten („states") zu erfassen. Aber alle Antworten sind in Wahrheit in hohem Maße beeinflusst durch die aktuelle Gestimmtheit: Ein akut sehr depressiver Mensch sieht und zeichnet ein ganz anderes Persönlichkeitsbild von sich, als er dies in gesunden Zeiten tun würde. Gerade bei der Begutachtung zur Schuldfähigkeit, nach einem möglicherweise schweren Verbrechen, plötzlich in Untersuchungshaft und mit der Perspektive langer Freiheitsentziehung, können plötzlich ganz andere Selbstkonzepte dominieren als noch zum Tatzeitpunkt. Die Selbstwahrnehmung in der Untersuchungshaft ist wiederum eine andere als in Strafhaft kurz vor dem Zweidrittelzeitpunkt; in der Regel sind jetzt die Testergebnisse viel „besser" – ohne dass dies irgendeine wirkliche Veränderung in der Persönlichkeitsartung belegen würde. Zu berücksichtigen ist nicht zuletzt, mit wem sich der Proband in seiner Selbsteinschätzung vergleicht, ob mit den Menschen in Freiheit (zu Haftbeginn und zu Haftende) oder mit Mitgefangenen (Steller u. Hunze 1984).

Allemal ergibt sich das Problem, wie die aktuelle Selbsteinschätzung auf eine ganz andere Situation, nämlich den Tatzeitpunkt zu übersetzen ist (oder, bei Prognosegutachten, auf die Zeit nach der Haftentlassung). Eine Testinstruktion mit dem Zusatz, der Proband möge die Fragen doch bitte so beantworten, wie er sie zum Tatzeitpunkt beantwortet hätte, ist natürlich methodisch abwegig. Weder ist nachprüfbar, wieweit nicht doch die gegenwärtige Verfassung die Antworten bestimmt, noch sind die Behauptungen über die damalige Verfassung nachprüfbar.

Wer mit testpsychologischen Untersuchungsinstrumenten arbeitet – also auch der Psychiater, der bei einer Begutachtung mit einem Psychologen kooperiert –, muss wissen,

- in welchem Umfang das verwendete Instrument tatsächlich das misst, was es zu messen anstrebt,
- in welchem Maß die Resultate verfälschbar sind.
- Außerdem muss er zu einer angemessenen Interpretation der Resultate imstande sein.

Er tut also gut daran, sich ein kritisches Wissen über diese Verfahren anzueignen. Und er muss vor allem wissen, dass die Beurteilung der Befunde eine Interpretation ist, und dass die Interpretation nicht blindlings nach den Vorgaben der Testkonstrukteure erfolgen kann. Er muss imstande sein, eine auch dem juristischen Laien nachvollziehbare Beurteilung anhand der Befunde abzugeben. Eine Befundbeurteilung, die ganz in der Fachsprache verbleibt und zudem keine Wendung auf den konkreten Probanden und Fall hin enthält, ist für den Adressaten wenig brauchbar und möglicherweise direkt missverständlich.

8.1.2 Fragebögen sind ein Mittel zur Selbstdarstellung

„Fragebögen sind ein Mittel zur Selbstdarstellung" – interessant sind im Sinne von Stellers Konzept der „Diskrepanzdiagnostik" (Steller 1994) gerade die Inkonsistenzen, die Widersprüche zwischen dem gezeichneten Selbstbild und der Fremdwahrnehmung durch den Untersucher, durch Angehörige, durch Zeugen, in früheren Begutachtungen etc. Insofern ist es hilfreich, wenn auch der zur testpsychologischen Untersuchung gebetene Sachverständige einen Bericht über die Gesprächssituation und seine Eindrücke vom Probanden liefert, über das interpersonale Geschehen und über seine unmittelbaren Wahrnehmungen, wenn er diese bei der Interpretation der standardisiert erhobenen Befunde berücksichtigt. Gleichwohl ist es häufig so, dass bei der Schuldfähigkeitsbegutachtung die allgemeinen Persönlichkeitsverfahren wie FPI, MMPI etc. wenig an Zusatzinformation liefern. Die Reduktion der Persönlichkeit auf 5–12 Dimensionen (Hysterie-, Paranoia-, Extraversions- etc. -skalen) fällt zumeist hinsichtlich Spezifität und individueller Ausprägungsform deutlich hinter das zurück, was im Gespräch mit dem Probanden zu ermitteln ist. Das Gleiche gilt, wenn eine komplexe Persönlichkeit vom Psychiater nur daraufhin angeschaut wird, welche Symptome einer kategorialen Persönlichkeitsstörung bei ihr sichtbar werden. Mitbedingt wird dies nicht zuletzt durch das, was Steller in seinem einleitenden Beitrag anmahnt: Persönlichkeit entwickelt und offenbart sich in Situationen, die wiederum auf die Persönlichkeit zurückwirken. Die von dem Probanden tatsächlich durchlebten oder erinnerten Situationen beleuchten die Persönlichkeit in ihren Einstellungen und Verhaltensbereitschaften sehr viel authentischer als seine Antworten auf imaginierte Standardsituationen.

Gerade auch der Beitrag von Dahle (in diesem Band) zur Methodik der kriminalprognostischen Begutachtung verdeutlicht, dass die Untersuchungsmethoden abhängig sind vom Gegenstand und Ziel der Begutachtung. Um überdauernde Verhaltensbereitschaften eines Probanden zu erkennen, wird man nie auf das explorative Gespräch, auf die Rekonstruktion der Lebens- und Delinquenzgeschichte, auf die Wahrnehmung des Verhaltens in der direkten Interaktion mit dem Sachverständigen verzichten können. In diesem Zusammenhang haben auch testpsychologische Verfahren ihren Stellenwert: Gerade im Abgleich mit den explorativ gewonnenen Informationen können sie zusätzliche Gesichtspunkte beisteuern. Allein anhand von testpsychologischen Befunden, so zeigt Dahle, kann man ebenso wenig eine Prognose stellen wie allein anhand von „intuitiven" Gesprächseindrücken über die nunmehrige Rechtschaffenheit des Probanden, die Momentaufnahmen bleiben müssen. Ohne Frage sind all die Erhebungen notwendig, die Dahle angibt, und ist die schrittweise Rekonstruktion der „individuellen Handlungstheorie der Delinquenz" des jeweiligen Probanden erforderlich: Flüchtiger und billiger ist eine *solide,* aussagefähige prognostische Begutachtung nicht zu haben.

Der Beitrag von Steller verdeutlicht auch, dass die einstige Vorstellung, man könnte „Schuldschwere" objektiv quantifizieren (vgl. die einstige Debatte, Schöch 1983; Mende 1983; Schüler-Springorum 1986; Nedopil 1988) oder testpsychologisch „Steuerungsfähigkeit" messen, gleich mehrere Irr- tümer implizierte (Kröber et al. 1994). Erstens wird dabei verkannt, dass „Steuerungsfähigkeit" ein Rechtsbegriff ist und kein empirisch vorfindli- cher psychologischer Sachverhalt. Zweitens wird verkannt, dass eine psy- chologisch verstandene „Steuerungsfähigkeit", also z. B. eine Fähigkeit zur Selbstkontrolle zum Tatzeitpunkt, keine überdauernde (später messbare) Persönlichkeitseigenschaft wäre, sondern die aktuelle Resultante aus den Vektoren soziale Rahmenbedingungen, Situation und Person. Entsprechend lassen sich natürlich auch andere zentrale Fragen, wie die nach Motiv, Handlungsalternativen, Persönlichkeitsentwicklung und Entwicklung von Tatbereitschaft, nur im Gespräch über Situationen und Erleben und nicht mit standardisierten Instrumenten klären.

8.1.3 Was und wann testpsychologisch untersuchen?

Wann also ist im Rahmen der Schuldfähigkeitsbegutachtung eine testpsy- chologische Begutachtung sinnvoll? Wenn man Fragen hat, die man auf diese Weise genauer abklären kann. In der Regel sind bei einer hinreichend ausführlichen psychiatrischen Exploration allgemeine Persönlichkeitsfra- gebogen entbehrlich, eher schon interessieren Ergebnisse in speziellen Ver- fahren zum Umgang mit Belastungssituationen und zur Aggressivität. Ein interessanter Gegenstand ist die Intelligenzausstattung eines Probanden, selbst wenn es gar nicht um die Abklärung von „Schwachsinn" im Sinne der §§ 20, 21 StGB geht. Auch bei nicht stark Minderbegabten ist die intel- lektuelle Leistungsfähigkeit diagnostisch und prognostisch von Belang, und zwar weniger im Hinblick auf „den" IQ (Gesamt-IQ), sondern im Hinblick auf das Leistungsprofil, auf Leistungsstärken und -schwächen. Das ist im Rahmen der psychiatrischen Exploration nur begrenzt zu leisten. Interes- sant sind die leistungspsychologischen Befunde gerade im Hinblick auf dis- krepanzdiagnostische Fragen und im Hinblick auf die Abklärung von Ursa- chen von Schulversagen und späteren Problemen im Leistungsbereich. Im- mer wieder finden wir interessante Befunde: Probanden mit einem IQ von 127, die die Sonderschule für geistig Behinderte besucht haben, Probanden mit einem IQ von 109, die das Abitur mit einem Notenschnitt von 1,3 be- standen haben und rätselhafte Probleme im Studium haben. Dabei scheint mir bei der „klassischen" Trias HAWIE, Brickenkamp d2 und Benton-Test Letzterer zumindest so lange entbehrlich, bis man herausgefunden hat, was der Benton-Test misst. Nach eigenen Untersuchungen ist der Benton-Test entgegen einer verbreiteten Annahme *nicht* gut geeignet zum Nachweis einer hirnorganischen Störung bzw. einer frühkindlichen Hirnschädigung (Scheurer u. Kröber 1993; Scheurer et al. 1994; siehe auch Littmann in die- sem Band), eher schon lassen sich aus schlechten Ergebnissen im Benton Hinweise auf eine Depression gewinnen. Statt allein anhand des Benton-Er- gebnisses eine hirnorganische Beeinträchtigung zu unterstellen (für die es oft keine sonstigen Hinweise gibt), sollte man bei Vorliegen des Verdachts auf eine hirnorganische Störung eine breitere Leistungsdiagnostik durchführen entsprechend den Vorschlägen von Littmann. Im Übrigen ist es beim Wunsch nach einer differenzierten Leistungsdiagnostik unbefriedigend, wann man diese auf die 4 Skalen des WIP (Dahl 1986) oder gar auf eine Intelligenzschätzung anhand des Wortschatzes mit dem MWTB (Lehrl 1977) begrenzt.

8.1.4 Testpsychologische Untersuchung ausländischer Tatverdächtiger

Die Begutachtung nicht deutschsprachiger Tatverdächtiger ist schwierig (siehe dazu auch Kap. 5 in diesem Band), besonders aber die testpsychologische Begutachtung solcher Probanden: Sie ist zumeist unmöglich. Eine sinnvolle testpsychologische Untersuchung ist in diesen Fällen nur dann gewährleistet, wenn ein Psychologe, der sowohl deutsch wie die Sprache des Probanden fließend spricht, in der Sprache des Probanden standardisierte Instrumente vorlegt und auswertet und deren Resultate dann ins Deutsche überträgt. Es widerspricht jedoch allen methodischen Vorgaben, wenn standardisierte Tests von Dolmetschern ad hoc in die Sprache des Probanden übersetzt werden: Weder ist sichergestellt, dass der Dolmetscher das Spezifische der Frage richtig verstanden hat, noch dass er die standardisierte Form der Frageformulierung beibehält (z. B. negative oder positive Frageform), noch ist so der Mangel zu beheben, dass die Fragen nun mündlich und nicht schriftlich vorgegeben werden. Schließlich wäre das Ergebnis anhand einer Normstichprobe auszuwerten, die dem soziokulturellen Herkommen des Probanden entspricht, und nicht anhand deutscher Stichproben. Bei nicht deutschsprachigen Probanden können also Intelligenztests allenfalls einen sehr groben, keinesfalls in Zahlen zu fassenden Hinweis liefern, der kaum informativer sein dürfte als das Gesprächsverhalten des Probanden; überzeugend wäre allein ein exzellentes Abschneiden, während schlechte Ergebnisse kaum interpretierbar sind. Dies gilt umso mehr, wenn der Proband sowohl in seiner Herkunftssprache wie im Deutschen nur eine sehr geringe Sprachkompetenz hat (weil er z. B. mit 6 Jahren nach Deutschland kam und sowohl zu Hause wie in der Schule wenig gefördert wurde, beide Sprachen z. B. nur phonetisch, aber nicht als Schriftsprache kennt). Gerade hier hilft ein gedolmetschter Test gar nicht weiter: Die Fragen sind nach der Übersetzung nicht verständlicher als zuvor. Unlängst kam ein psychologisch wenig Sachverständiger bei einem Jugendlichen mit dieser Methode auf einen IQ von 43, was zur Zuschreibung von „krankheitswertigem Schwachsinn" führte (was man bei einem IQ von 43 auch ohne Test gemerkt hätte); gleichwohl gab der Testleiter, mit Dolmetscherhilfe, dann noch eine Reihe von Persönlichkeitsfragebögen vor, für deren auswertbare Beantwortung, wie wir wissen, ein Mindest-IQ von etwa 80 Voraussetzung ist. Der psychiatrische Hauptgutachter übernahm die („objektiven") „Testergebnisse", in der nächsten Etappe wurden die Resultate als feststehender Sachverhalt ins Urteil geschrieben und die Einweisung in eine jugendpsychiatrische Klinik gemäß § 63 StGB angeordnet. Dies verdeutlicht nochmals, dass auch der Psychiater ein hinreichendes Basiswissen über Testmethoden und -methodik haben muss – und dass dies auch für die erkennenden Gerichte sehr wünschenswert ist.

8.1.5 Aussagepsychologische Gutachten (Glaubhaftigkeit)

In aussagepsychologischen Fragestellungen gibt es nur selten eine Kooperation von psychiatrischen und psychologischen Sachverständigen, nämlich dann, wenn die grundsätzliche Zeugentüchtigkeit infolge einer psychotischen oder hirnorganischen Erkrankung fraglich ist (Psychiater) und zudem die Glaubhaftigkeit der Aussage dieses Zeugen beurteilt werden soll (Psychologe). Ansonsten ist die Beurteilung der Glaubhaftigkeit von Zeugenaussagen in Deutschland eine Domäne der Rechtspsychologen, die der mit dem Angeklagten befasste psychiatrische Sachverständige allenfalls als Aktenleser oder Prozessbeteiligter zur Kenntnis bekommt. So bleibt ihm nur, erfreut zu konstatieren, dass hier bereits durch den Bundesgerichtshof Qualitätsstandards für Gutachten etabliert sind (BGH 1 StR 618/98, vgl. NJW 1999, Heft 37, S. 2746–2751), die wesentlich auf ein wissenschaftliches Gutachten (veröffentlicht in: Steller u. Volbert 1999) sowie die Forschungsarbeiten von Steller und Volbert zurückgehen (siehe den Beitrag Volbert in diesem Band). Es wird die Aufgabe der Gerichte sein, diesen Kriterien auch in der Praxis Geltung zu verschaffen. Zudem bewegt den psychiatrischen Sachverständigen die Hoffnung, dass er künftig in den Hauptverhandlungen nicht mehr endlosen Versuchen von Juristen beiwohnen muss, Zeugen als „unglaubwürdig" zu demontieren, obwohl es fraglos nicht auf deren „allgemeine Glaubwürdigkeit" ankommt, sondern auf die Glaubhaftigkeit der konkreten entlastenden oder belastenden Aussage. Neben der oft unzumutbaren Belastung für die Zeugen peinigen diese Befragungen durch die sich offenbarende Inkompetenz des Fragenstellers, wobei diese Inkompetenz hier und da durch einen erstaunlichen Mangel an Takt und Fairness ergänzt wird. Entscheidend ist, dass Versuche zur Abschätzung der „allgemeinen Glaubwürdigkeit" eines Zeugen sehr wenig beitragen zur Klärung der Frage, ob die konkrete Aussage zutreffend oder unzutreffend ist. Die Beurteilung der Glaubhaftigkeit einer Zeugenaussage ist, sofern keine besonderen Schwierigkeiten vorliegen, ureigenste Aufgabe des Gerichts; wissenschaftliche Grundlagen dieser Beurteilung finden sich in der angeführten aussagepsychologischen Literatur und der BGH-Entscheidung. Die Kompetenz eines Richters, Staatsanwalts oder Verteidigers wird sich künftig darin erweisen, ob sie diese Grundlagen kennen und verstanden haben.

8.2 Psychiater und Psychologen: Wo sind die Unterschiede?

Die Begutachtung von Beschuldigten im Hinblick auf ihre Schuldfähigkeit oder von Verurteilten zur Kriminalprognose ist kein Arbeitsbeschaffungsprogramm für Psychowissenschaftler, sondern entspricht einem begründeten Bedürfnis nach einem rationalen Umgang mit Rechtsbrechern. Die Frage „wer macht was?" bzw. „wer darf was?" sollte entsprechend nicht nach standes- und arbeitsmarktpolitischen Gründen entschieden werden, sondern nach dem Gegenstand der Begutachtung. Um es gleich vorweg zu sagen: Ohne Zweifel gibt es eine Reihe von Fragen, zu deren Beantwortung Psychologen und Psychiater gleichermaßen geeignet sind, sofern sie Kompetenz für diese Fragestellung erworben haben. Offensichtlich ist, dass man diese Kompetenz nicht in der universitären Ausbildung zum Arzt und dann Psychiater und ebenso wenig im Psychologiestudium erwirbt. Gerade bei der Begutachtung als einer sehr persönlichen Leistung ist nicht zu verkennen, dass die individuelle Kompetenz oft bedeutsamer ist als die primäre Ausbildung: Ein guter Psychologe ist besser als ein schlechter Psychiater, ein guter Psychiater besser als ein schlechter Psychologe. Die Zeiten, in denen sich die guten Psychiater und Psychologen darum gestritten haben, wer wen bei welcher Frage begutachten darf, sind ohnehin vorbei. Als Faustregel kann heute gelten: Die Psychologen begutachten die vermeintlichen oder tatsächlichen Opfer, die Psychiater die Angeklagten, beide erstatten Expertisen zur Kriminalprognose, und wenn die Psychiater freundlich darum bitten oder regelhaft mit einem Psychologen kooperieren, erhalten sie auch testpsychologische „Zusatzgutachten". Gibt es denn (mindestens) einen Unterschied, und wenn ja, worin besteht er?

Eine Zeitlang hatten die Psychiater die Sorge, dass sie den Psychologen, die unter dem Banner der „objektiven" Befunderhebung auf große Erwartungen bei den Juristen trafen, das forensische Feld würden teilweise überlassen müssen. Tatsächlich schien sich bei manchen Juristen festgesetzt zu haben, Psychologen seien für „objektive", „testpsychologische" Befunde zuständig; sie wurden zu „Testpsychologen" verkleinert. Dass Psychologie mehr ist, Quantifizierung aber nur sehr begrenzt möglich, wurde oben bereits unter Verweis auf die „Quantifizierungsdebatte" festgestellt und hat sich allmählich auch herumgesprochen.

Um die Frage nach den Übereinstimmungen und den Unterschieden, den Vor- und Nachteilen psychologischer Methodik im Vergleich mit der forensischen Psychiatrie zu beantworten, müsste man die Beiträge mit entsprechenden forensisch-psychiatrischen Beiträgen parallelisieren: psychiatrische Krankheits- und Persönlichkeitsdiagnostik, psychiatrische Motivationsanalyse, neuropsychiatrische Funktionsdiagnostik, psychiatrisch basierte Kriminalprognose. Ein Feld, das kampflos den Psychologen zu überlassen wäre, ist jenes der Aussagediagnostik und der psychophysiologischen Bedeutsamkeitsdiagnostik; die Psychologen allerdings machen keine Anstalten, irgendein Feld der Psychiatrie den Psychiatern zu überlassen. Man muss das in keiner Weise bedauern, geistige Konkurrenz belebt, nicht nur das Geschäft, und vielleicht haben wir es ja auch mit notwendigen Ergänzungen zu tun.

Tatsächlich gibt es Unterschiede, die Psychologen kommen von der Psychologie der normalen psychischen Abläufe, Psychiater kommen von der Psychopathologie (die sie mit normalen psychischen Abläufen zu kontrastieren haben). Aber niemand ist gehindert, im Nachbargebiet dazu zu lernen, und sicher feststellen kann man nur die Unterschiede in den individuellen Ausbildungsgängen. Dies nutzt man, um eine möglichst breite Fundierung von Forschungsprojekten zu erreichen: In nahezu jedem psychiatrischen Forschungsprojekt werden psychologische und psychiatrische Methodik angewandt und sind Mitarbeiter aus beiden Berufsgruppen beteiligt; oft könnte man die Mitarbeiter am Ende des Projekts austauschen.

Was sind die Unterschiede? Es sind Unterschiede hinsichtlich der Schwerpunkte der basalen Methodik. Keineswegs ist das besonders „Psychiatrische" die Erhebung körperlicher Befunde (von der körperlichen Untersuchung über EEG, Neuroradiologie und Laborbefunde bis hin zu Neurotransmittern und genetischen Untersuchungen).

Das genuin Psychiatrische ist die kasuistisch-biografische Auseinandersetzung mit der real existierenden einzelnen Person unter Handlungs- und Entscheidungsdruck. Psychiatrie ist eine medizinische Disziplin, ein wissenschaftlich fundiertes Handwerk, und beschäftigt sich mit einzelnen Personen, nicht mit Forschungsobjekten. Psychologie hingegen ist primär eine Wissenschaft und beschreibt psychische Vorgänge bei einzelnen Menschen oder Menschengruppen; sie präsentiert sich gegenwärtig und in den letzten Jahrzehnten (mithin nach der expliziten Trennung von Psychiatrie/Psychopathologie und Philosophie), gerade auch in ihren forensischen Anwendungen, als eine empirisch-positivistische Wissenschaft. Insofern ist ein wegweisendes Symptom, das zur Diagnose „Psychologe" führt, eine profunde Kenntnis statistischer Verfahren, während dieses Merkmal bei Psychiatern primär eher schwach ausgeprägt ist. Psychologen machen Wahrscheinlichkeitsaussagen („der Proband ist im Vergleich mit einer Normstichprobe seiner Altersgruppe überdurchschnittlich depressiv"), Psychiater treffen Entscheidungen im Einzelfall (stationäre Aufnahme, antidepressive Medikation etc.). Die Entscheidung im Einzelfall basiert sehr viel stärker auf dem intraindividuellen Vergleich (der Patient berichtet, dass er gegenwärtig bestimmte Beschwerden hat, die er früher nicht hatte) und eher auf dem qualitativen als intensitativen Abgleich dieser Beschwerden mit den Beschwerden anderer. Kurzum: Der Psychiater stützt sich in seinen Entscheidungen primär auf die Beschwerdeschilderung des Patienten und von dessen Angehörigen und auf die biografische Anamnese. Der Psychologe hingegen würde stärker auf die Anwendung standardisierter Fragebögen und von Leistungstests sinnen, also auf eine objektivierende querschnittliche Befunderhebung. Natürlich aber kann der Psychiater Fragebögen vorlegen und der Psychologe eine biografische Anamnese erheben, und überall da, wo Forschung betrieben wird, geschieht dies auch, wo es sinnvoll ist. Mit der zunehmenden Integration der Psychologen in den klinischen Betrieb der Psychiatrie, also in die Behandlung und Beratung in

Krankenhäusern und Ambulanzen, verwischen sich zunehmend Unterschiede, die meinem Eindruck nach zeitweilig noch bestanden. Eine Zeitlang konnte man als psychiatrischer Betrachter den Eindruck haben, in der universitären Psychologie gelte nur noch als „wissenschaftlich", was mit standardisierten Verfahren erhoben wurde. Inzwischen scheinen jedoch Verfahren wie die explorative Gesprächsführung und generell der ideografische Ansatz, die der traditionellen psychiatrischen Methodik sehr eng verschwistert sind, wieder an Boden zu gewinnen.

8.2.1 Psychiatrische Exploration und Diagnostik

Die kasuistisch-biografische Methode der psychiatrischen Begutachtung findet sich kaum anders auch in entsprechenden Vorgehensweisen der psychologischen Begutachtung, wie sie z. B. Dahle (in diesem Buch) im Hinblick auf die Prognosebegutachtung schildert. Fächerübergreifend kann man sich sicherlich auf folgende Standards einigen: Die Begutachtung umfasst die Integration von Akteninformationen (die kaum mit standardisierten Instrumenten zu erfassen sind und deren standardisierte Erfassung allenfalls im Rahmen von Forschungsprojekten sinnvoll ist), Explorationsergebnissen und weiteren, aktuell erhobenen Befunden. Es geht bei der Auswertung des Akteninhalts (Ermittlungsakten, Anstaltsakten, Krankenhausakten) wie auch bei der Exploration im forensisch-psychiatrischen Kontext insbesondere um die folgenden Gesichtspunkte:

- *Rekonstruktion der Lebensgeschichte* anhand der Exploration sowie früherer Einlassungen zur Biografie, anhand von Angaben von Angehörigen, Partnerinnen, Lehrern und Vorgesetzten über Verhalten und Persönlichkeit des Untersuchten, Jugendgerichtshilfeberichte zum familiären und sozialen Umfeld. Nicht selten wird im Lebensverlauf eine justiz- oder begutachtungsgerechte Legende der eigenen Biografie entwickelt, die an markanten Punkten von der objektivierbaren Lebensgeschichte abweicht. Gerade diese Abweichungen von der Realität sind erhellend, während andererseits auch die Fähigkeit eines Probanden aufschlussreich ist, keine ganz einseitige und eindimensionale, sondern eine differenzierte und abwägende Lebensgeschichte zu präsentieren, welche die objektiven Fakten berücksichtigt.
- *Rekonstruktion der objektiven Delinquenzgeschichte* anhand Bundeszentralregisterauszug, früheren Urteilen, ggf. genaueren Tatschilderungen in den Akten und der jetzigen Exploration. Belangvoll sind insbesondere Hinweise auf Frühdelinquenz, Art und Hintergründe der ersten aktenkundigen bzw. abgeurteilten Straftat, weiterer Delinquenzverlauf, Haftgeschichte sowie Integrationsgrad/-formen in Freiheit, Rückfallgeschwindigkeit, Intensitätsveränderungen, Konstanz/Veränderlichkeit des Tatbildes etc. Ziel dieser Rekonstruktion ist eine kriminologische oder kriminalpsychiatrische Diagnose hinsichtlich Struktur und, im Verein mit den biografischen Daten, Hintergründen der bisherigen Delinquenz.

▌ *Rekonstruktion der subjektiven Delinquenzgeschichte* anhand der jetzigen Exploration und früherer Stellungnahmen des Probanden zu seinen Taten, die anders als die Urteile nicht nur zutreffende oder bestreitende oder beschönigende Darstellungen des Tatablaufs enthalten, sondern vielfach auch Bewertungen der Tat und des Opfers durch den Beschuldigten, Ursachen- und Schuldzuweisungen, die es mit seinen jetzigen Stellungnahmen abzugleichen gilt.

▌ *Rekonstruktion der psychiatrischen Vorgeschichte und Erfassung des aktuellen Befundes*: Erfassung bisher erhobener medizinischer, psychiatrischer, psychologischer und pädagogischer Befunde seit der Kindheit, bisheriger Diagnosen, sowie Art und Dauer von Therapien in Freiheit, Straf- und Maßregelvollzug. Diese Befunde ergeben sich teilweise aus vorhandenen oder beizuziehenden Krankenakten, teilweise aus früheren Begutachtungen. Natürlich ist zu fordern, dass alle früheren Gutachten beigezogen werden.

Im Untersuchungsgespräch ist dem Probanden obligatorisch Gelegenheit zu geben, seine gegenwärtige Lebenssituation darzustellen, seine Lebensgeschichte, ggf. gerade auch im Hinblick auf seine Delinquenzvorgeschichte, die Vorgeschichte der jetzt angeklagten Tat und den Tatablauf, seine Selbsteinschätzung sowie seine einstigen und gegenwärtigen Zukunftserwartungen. Jeder einigermaßen sozial angepasste Proband präsentiert sich selbstredend so, wie er es für geschickt und tunlich hält, wobei diese präsentierte Oberfläche mehr oder weniger geschönt oder auch aggraviert sein kann. Der Sachverständige tut gut daran, diese Selbstdarstellung möglichst umfangreich, ohne Einwände, Vorhalte und Korrekturen anzuhören, er soll keine Ahnungslosigkeit vortäuschen, muss andererseits sein exakteres Wissen nicht sogleich offenbaren. In der zweiten Etappe der Exploration jedoch soll er unter Offenbarung eigenen Wissens gezielt nachfragen, in durchaus freundlicher und verbindlicher Form mit anderen Darstellungen der Realität oder anderen früheren Einlassungen konfrontieren, Korrekturen ermöglichen.

Das Untersuchungsgespräch soll, soweit möglich, auch hinter die präsentierte Oberfläche gelangen, jede Begutachtung verlangt nach „Diskrepanzdiagnostik" (Steller 1994), nach Erhellung der Verwerfungen zwischen Selbstdarstellung und Realität. Das Gespräch über die Lebensgeschichte und die Delinquenzgeschichte ist dazu ein geeignetes Mittel, auch wenn beide schon mehrfach Thema in früheren Begutachtungen waren. Es geht dabei nicht primär darum herauszufinden, ob der Proband den Hauptschulabschluss hat oder wann die Mutter das zweite Mal geheiratet hat, sondern darum, wie der Proband heute die wichtigen Menschen und Erfahrungen seiner Lebensgeschichte sieht und bewertet. Diese Bewertungen ändern sich mit den Wertmaßstäben und der Differenziertheit der Persönlichkeit.

Gesichtspunkte im Untersuchungsgespräch, auf die der Sachverständige achtet, sind beispielsweise Authentizität und emotionale Konturierung der Äußerungen, Anbiederung, Unterwerfung, Theatralik im Umgang mit dem

Sachverständigen, Reaktionen auf diesbezügliche Änderungsbemühungen des Sachverständigen, Wahrnehmung und Einbeziehung des Gesprächspartners durch den Probanden.

Geachtet wird darauf, ob der Proband über die Themen aktuell nachdenkt, statt in starrer Zielgerichtetheit Erlerntes abzuspulen, ob er sich den Fragen und dem Gesprächspartner öffnen kann, wie er mit früheren Aussagen umgeht, und ob es festgefahrene Aussagemuster, wiederkehrende Floskeln oder Redemuster gibt.

Deutlich wird aus den Berichten des Probanden zu verschiedensten Themen, ob er zum Externalisieren von Verantwortung oder aber zum Internalisieren oder Differenzieren neigt. Von großer Bedeutung ist die Beschreibung der signifikanten Anderen im Lebensverlauf: Werden sie schwarz-weiß oder differenzierend gezeichnet, liebevoll, hasserfüllt oder gleichgültig, führt das Sprechen über solche Menschen zu einem spontanen, aktuellen Gefühlsausdruck, werden enttäuschende oder übermächtige Menschen auch im Nachhinein abgewertet und geschmäht oder mit Verständnis bedacht, haben sich die Einstellungen im Rahmen eines Reifungsprozesses gewandelt? Aufschlussreich ist, ob der Proband typische eigene Verhaltensmuster erkennen und adäquat beschreiben kann, ob er eigene Gefühle und körperlicher Sensationen wahrnehmen und konstruktiv in Worte fassen kann etc. Von Bedeutung ist schließlich auch, dass der Sachverständige seine eigenen psychischen und körperlichen Reaktionen im Gesprächsverlauf sorgsam registriert und nachforscht, was diese Reaktionen ausgelöst hat. All diese Informationen können nicht standardisiert (im Vergleich zu anderen) erfasst werden, sie sind letztlich nur in der dialogischen Situation erhältlich und unersetzlich (zum Untersuchungsgang vgl. auch Kröber 1999).

Wenn also die Wahrnehmung von stabilen oder zumindest gegenwärtig dominierenden Einstellungen, Bewertungen, emotionalen Äußerungsweisen, Interaktionsformen und psycho(patho)logischen Wahrnehmungs-, Denk- und Handlungsmustern im Mittelpunkt der psychiatrischen Exploration steht, so ist doch auch die Ermittlung biografischer Fakten keineswegs unbedeutend. Die Untersuchungssituation ist keine psychoanalytische Sitzung, in der zu freiem Assoziieren angehalten wird und der Realitätsgehalt der Einfälle zweitrangig ist. Dass z. B. jemand als Kind immer wieder körperlich misshandelt wurde, dass jemand von seinem Partner immer wieder bloßgestellt und betrogen wurde, ist von ganz unterschiedlicher Relevanz je nach dem, ob diese Information stimmt oder erfunden wurde. In Strafverfahren wird viel und oft gelogen, gutachterliche Schlussfolgerungen sollten sich vor allem auf solche Fakten stützen, die als erwiesen gelten können und unsichere, gar sehr unsichere Sachverhalte nur mit großer Vorsicht berücksichtigen.

Unverzichtbar ist für die psychiatrische Methodik als Resultat der Untersuchungen ein „psychischer Befund", also eine ausführliche und anschauliche Beschreibung des psychischen Istzustandes des Probanden. Der Sachverständige ist nicht nur als Explorationsexperte bestellt, sondern nicht minder als jemand, der mit professioneller Kennerschaft das Interaktionsverhalten, die Selbstdarstellungsweisen, die emotionalen Abschattungen, den Denkstil von Menschen in Untersuchungssituationen wahrnehmen, beschreiben und psychopathologisch sowie (persönlichkeits)diagnostisch zuordnen kann. Es ist dies eine äußerst fruchtbare Arbeit der Verdichtung, die direkt an eine diagnostische Einordnung heranführt.

Unstreitig dürfte sein, dass die Exploration und Anamneseerhebung nicht durch andere Vorgehensweisen ersetzbar ist. Sie ist für ihre Zwecke – die Rekonstruktion einer Lebensgeschichte, einer Leidensgeschichte, einer Delinquenzgeschichte, einer Tat – sehr viel geschmeidiger, zupackender und ökonomischer als die Vorgabe von Fragebögen oder andere, z. B. standardisierte Interviewverfahren. So viele Fragen kann man in keinen Fragebogen und keinen Interviewleitfaden hineinpacken, dass er alle im Einzelfall möglicherweise relevanten Fragen umfasst, und andererseits sind viele standardisierte Fragen im Einzelfall überflüssig.

„Psychiatrische" Exploration und Anamnese bezeichnet dabei nicht primär die Suche nach pathologischen Merkmalen, sondern eine bestimmte klinische Methode der Einzelfallabklärung, die gleichermaßen bei – wie sich dann herausstellen mag – psychisch vollkommen Gesunden anzuwenden ist und der Erhellung von deren Handlungsmustern und Motivationen dient. Ohnehin ist das Pathologische nur vor dem Hintergrund eines breiten psychiatrischen Wissens über „normale" Spielarten seelischen Lebens, „normale" (auch delinquente) Biografien, normale Handlungsbereitschaften möglich; dieses Wissen ist am leichtesten in der ärztlichen Ausbildung zum Psychiater zu erwerben, wo der Arzt mit einem eminent weiten Spektrum von Menschen und menschlichen Problemen konfrontiert wird, von der Beratung psychisch gesunder Angehöriger, der Behandlung psychisch gesunder, aber neurologisch Kranker, über die Behandlung von Menschen mit reaktiven Störungen (z. B. nach schweren Verlusterlebnissen), suizidalen Krisen, akuten Alkoholintoxikationen und Abhängigkeitserkrankungen bis hin zur Behandlung von Menschen mit schweren psychischen Störungen und Krankheiten. Insofern Begutachtung, ob im strafrechtlichen oder im sozialrechtlichen Kontext, zu einem erheblichen Teil dem Ausschluss unerkannter Störungen dient, ist im Regelfall der Psychiater einem Spezialisten (z. B. für „Spielsucht" oder für „Affektdelikte") überlegen. Begutachtung ist schließlich eine eminent integrative Aufgabe: Die Befunde aus den unterschiedlichsten Erhebungsbereichen sind zusammenzuführen und gegeneinander differenzialdiagnostisch zu gewichten; das kann nur, wer das gesamte Spektrum übersieht. Zu dem gesamten Spektrum, dies wendet sich gegen psychiatrische Gelegenheitsforensiker, gehört allerdings auch ein gediegenes kriminologisches Wissen (über „normale" Delinquenzverläufe, -formen und -ursachen), das man nicht in der allgemeinpsychiatrischen oder psychologischen Ausbildung erwirbt, sondern sich aktiv aneignen muss.

Sorgen macht gegenwärtig nicht die Fachdisziplin, sondern die konkrete Berufserfahrung im Einzelfall. Vermehrt scheinen Psychologen direkt im Anschluss an das Studium in eine relativ schmal angelegte Begutachtungstätigkeit (z. B. für TÜV, Dekra, Begutachtungspraxen) hineinzukommen, ohne eine klinisch-psychologische Erfahrung zu haben. Das Zertifikat „Rechtspsychologie" enthält wesentlich geringere Anforderungen als das Zertifikat „forensische Psychiatrie". Für die ärztliche Schwerpunktbezeichnung „forensische Psychiatrie" wie auch das gleichnamige DGPPN-Zertifikat „forensische Psychiatrie" wird die mindestens 5-jährige Facharztausbildung in Psychiatrie und Psychotherapie vorausgesetzt sowie eine weitere, zusätzliche 3-jährige Tätigkeit in der forensischen Psychiatrie, davon 1 Jahr im Bereich des psychiatrischen Maßregelvollzugs oder eines psychiatrischen Haftkrankenhauses. Nachgewiesen werden müssen 240 Stunden spezifisch forensischer Fortbildung und 70 eigene, supervidierte Gutachten, davon 50 im strafrechtlichen Bereich. Für das Zertifikat „Rechtspsychologie" (von BDP und DGP) wird keine Ausbildung als klinischer Psychologe oder Psychotherapeut verlangt, sondern allein eine 3-jährige „einschlägige rechtspsychologische Berufspraxis", theoretische Weiterbildung von 240 Stunden, supervidierte Fachteamarbeit von 120 Stunden, 10 eigene Gutachten in mindestens 3 der 5 Bereiche Zeugenaussage, Strafverfahren, Straf- und Maßregelvollzug, Zivilrecht und Sozialrecht und schließlich Prüfungen. Für eine methodengerechte aussagepsychologische Arbeit mag das ausreichen, für den Nachweis besonderer Kompetenz in Verfahren zur strafrechtlichen Verantwortlichkeit und insbesondere zur Kriminalprognose hingegen bedarf es eines klinisch-psychologischen Fundaments und der Erfahrung mit vielen Straffälligen. Hier besteht im rechtspsychologischen Feld sicherlich noch Nachholbedarf, um das Zertifikat Rechtspsychologie auch für den nichtaussagepsychologischen Bereich zu einem Qualitätsausweis zu machen. Dass es durchaus eine stattliche Reihe kriminalprognostisch kompetenter Rechtspsycholog(inn)en gibt, ist damit in keiner Weise in Abrede gestellt.

8.2.2 Wissenschaftliche Kooperation von Psychiatrie und Psychologie

Wissenschaft profitiert von Interdisziplinarität, vom Blick in die Forschungsergebnisse der Nachbarfächer. Den Psychiatern schmeichelt es, dass ein großer Teil der Inhalte von Fragebögen und standardisierten Interviews aus Erkenntnissen der wissenschaftlichen Psychiatrie gewonnen wurden. Die Psychologie hat z. B. das psychiatrische Wissen über Persönlichkeitsstörungen, nachzulesen in mehr als 100 Jahre alten Lehrbüchern der Psychiatrie, transformiert in Fragen, deren wahrheitsgemäße Beantwortung dann auf das Vorliegen entsprechender Persönlichkeitseigenheiten verweist. Sie hat mit einer solchen Standardisierung und dem Vorgehen, die Ergebnisse des Einzelfalls mit „Normstichproben" abzugleichen, einen methodischen Fortschritt und eine Erweiterung des Repertoires erreicht. Sie hat damit zugleich bestätigt, dass die einst „intuitiv", „klinisch" im Einzelfall erhobenen und aus vielen Einzelfällen zusammengetragenen Befunde in aller Regel zutreffend waren; sie hat mithin die recht hohe Zuverlässigkeit der genuin psychiatrischen Vorgehensweise „objektivierend" bestätigt. Wir finden dies Phänomen der wechselseitigen Bestätigung im Kleinformat jeweils im Abgleich des klinisch, im Gespräch gewonnenen „psychischen Befundes" mit den zusätzlichen testpsychologischen Befunden; trotzdem ist bei guter Arbeit zu hoffen, dass jedes Verfahren noch etwas an zusätzlichen Informationen erbringt, welche das andere nicht geliefert hat.

Sehr schön lässt sich die Transformation psychiatrischen Wissens in psychologische Untersuchungsverfahren am Beispiel der Symptomatik hirnorganisch bedingter psychischer Störungen illustrieren (siehe den Beitrag zur Neuropsychologie von Littmann in diesem Band). Befördert durch 2 Kriege, die Hunderttausende zu Hirnverletzten machten, und durch die früher sehr viel häufigeren entzündlichen Hirnerkrankungen haben die Psychiatrie und Neurologie in den ersten Jahrzehnten dieses Jahrhunderts ein unvergleichlich umfassendes, vielfach bereits in Vergessenheit geratenes Wissen über die *klinischen Zeichen* von Hirnverletzungen und Hirnerkrankungen angesammelt, zumal damals keine aussagefähigen bildgebenden Verfahren zur Verfügung standen. Diese klinischen Symptome erlaubten (u. a. durch die pathologisch-anatomische Objektivierung der gestörten Areale post mortem) sowohl hirnlokalisatorische Zuordnungen als auch, darüber hinausgehend, eine Theoriebildung über die Funktionsweise des Gehirns. Das von der Neuropsychologie betonte „Gesetz der Unspezifität" (siehe Littmann in diesem Buch) geht zurück auf die von Karl Bonhoeffer, Ordinarius für Psychiatrie an der Charité, aufgestellte Regel von der „Unspezifität organisch bedingter Syndrome" (1905, 1909). Diese besagt a) dass bei gleicher organischer Ursache (z. B. Alkoholintoxikation) unterschiedliche psychische Störungsbilder (psychopathologische Syndrome) auftreten können, und b) dass gleichartige psychische Störungsbilder ganz unterschiedliche organische Ursachen haben können (z. B. Alkoholintoxikation, aber auch beginnende Hirnentzündung, Kleinhirninfarkt etc.). Es gibt aber c) eine umschriebene Anzahl von möglichen klinischen Syndromen als Folge einer organischen Störung, die Bonhoeffer (1908, 1917) unter dem Namen „akute exogene Reaktionstypen" beschrieben hat. Es wurden damals sehr subtile psychiatrische Untersuchungen der organisch bedingten Leistungs- und Funktionsausfälle durchgeführt, die sich zum Teil auch im Rahmen der Neuropsychologie wiederfinden. Die „theoriegeleitete" Konstruktion neuropsychologischer Tests greift auf den wissenschaftlich gesicherten neuropsychiatrischen Wissensstand zurück und bedeutet zugleich, in der Entwicklung standardisierter Prüfverfahren, einen Fortschritt. Die Psychologie hat zudem wertvolle Ergänzungen in der Symptomerfassung, nicht nur bei hirnorganischen Erkrankungen, sondern z. B. auch hinsichtlich der kognitiven Störungen bei schizophrenen Erkrankungen, beigesteuert, sodass wiederum genuin psychologische Konzepte (u. a. viele lern- und kognitionspsychologische Ansätze) in der Psychiatrie heimisch wurden. Die Fächer liegen, in ihrer Anwendung auf verhaltensgestörte, psychisch gestörte und psychisch kranke Menschen, inzwischen dicht beieinander, nicht nur in der Diagnostik, sondern auch im therapeutischen Betrieb von Krankenhäusern, Ambulanzen und Kliniken des Maßregelvollzugs. Grundsätzlich ließen sich binnen weniger Jahre alle Psychologen zu Psychiatern und alle Psychiater zu Psychologen umschulen. Aber warum sollte man? Ungleich vorteilhafter ist die zielbestimmte Kooperation.

Literatur

Bonhoeffer K (1905) Die alkoholischen Geistesstörungen. Dtsch Klin 6: 511–540

Bonhoeffer K (1908) Zur Frage der Klassifikation der symptomatischen Psychosen. Berl Klin Wochenschr 45: 2257–2260

Bonhoeffer K (1909) Zur Frage der exogenen Psychosen. Zentralbl Nervenheilkd 32: 499–505

Bonhoeffer K (1917) Die exogenen Reaktionstypen. Arch Psychiat 58: 58–70

Dahl G (1986) WIP. Handbuch zum reduzierten Wechsler-Intelligenztest. Hain, Meisenheim

Kröber H-L (1997) Strafrechtliche Begutachtung von Persönlichkeitsstörungen. Persönlichkeitsstörungen – Theorie und Therapie 1: 161–171

Kröber H-L (1999) Gang und Gesichtspunkte der kriminalprognostischen psychiatrischen Begutachtung. NStZ 12: 593–599

Kröber H-L, Faller U, Wulf J (1994) Nutzen und Grenzen standardisierter Schuldfähigkeitsbegutachtung. Eine Überprüfung des Forensisch-Psychiatrischen Dokumentationssystems. Mschr Krim 77:339–352

Lehrl S (1977) Der Mehrfachwahl-Wortschatztest. Perimed, Erlangen

Mende W (1983) Zur Frage der Quantifizierung in der forensische Psychiatrie. Mschr Krim 66: 328–333

Nedopil N (1988) Operationalisierung und Standardisierung als Hilfen bei der psychiatrischen Begutachtung. Mschr Krim 71: 117–128

Scheurer H, Kröber H-L (1993) Diskrete neurologische Zeichen und Benton-Test – Testtheoretische Ergebnisse einer Stichprobe männlicher Gewalttäter. In: Baumann P (Hrsg) Biologische Psychiatrie der Gegenwart. Springer, Wien New York, S 580–584

Scheurer H, Quast A, Richter P, Erbacher H, Kröber H-L (1994) Testtheoretische Analyse des Benton-Tests aufgrund einer Stichprobe männlicher Gewalttäter. Diagnostica 40: 363–374

Schöch H (1983) Die Beurteilung von Schweregraden schuldmindernder oder schuldausschließender Persönlichkeitsstörungen aus juristischer Sicht. Mschr Krim 66: 333–343

Schüler-Springorum H (1986) „Benzin nach Metern"? Schuldminderung, Schuldausschluss und das Problem der Quantifizierung. In: Pohlmeier H, Deutsch E, Schreiber H-L (Hrsg) Forensische Psychiatrie heute. Festschrift für U Venzlaff. Springer, Berlin Heidelberg New York, S 52–63

Steller M (1994) Diagnostischer Prozess. In: Stieglitz RD, Baumann U (Hrsg) Psychodiagnostik psychischer Störungen. Enke, Stuttgart, S 37–46

Steller M, Hunze D (1984) Zur Selbstbeschreibung von Delinquenten im Freiburger Persönlichkeitsinventar (FPI) – eine Sekundäranalyse empirischer Untersuchungen. Zeitschr Different Diagnost Psychol 4: 233–242

Steller M, Volbert R (1999) Forensisch-aussagepsychologische Begutachtung (Glaubwürdigkeitsbegutachtung). Gutachten für den BGH. Praxis der Rechtspsychologie 9: 46–112

Druck: Strauss GmbH, Mörlenbach
Verarbeitung: Schäffer, Grünstadt